중국 대륙 속의 한민족 디아스포라 지명

중국 대륙 속의 한민족 디아스포라 지명

박현규 저

보고사
BOBOSA

땅이름, 즉 지명(地名)에는 예로부터 그 땅에서 살아온 사람들과 지역의 역사가 고스란히 담겨 있다. 지명이란 본시 사람들이 모여 살아가면서 알맞은 이름을 지어 사람들과 함께 살아가고자 하는 사고방식에서 나왔다. 우리는 지명에 담긴 뜻을 통해 그 땅의 유래, 변천, 언어, 지형, 지역민의 사고, 의지, 생활, 가치관 등 인문환경과 자연환경을 살펴볼 수 있다. 근자에 들어와 세계 각국은 '지명학(地名學)'이라는 학문 영역을 열어 연구와 업적을 쌓고 있다.

전 세계의 수많은 종족이나 민족이 자의든 타의든 집단으로 자신들이 살고 있던 지역을 떠나 다른 지역으로 옮겨 살아가는 이산(離散) 현상, 즉 디아스포라(Diaspora)가 있다. 한민족(韓民族)도 마찬가지였다. 아주 오래전부터 한민족의 많은 사람이 우리가 영위했던 한반도와 만주 지역에서 떠나 해외 국가로 집단 이주했고, 이주 국가 또한 전 세계의 여러 지역에 분포되어 있어 아주 광범하다. 한민족이 가장 많이 이주한 해외 지역은 국경이 접해있고 교류가 빈번한 중국 대륙이다.

중국 대륙의 지명을 찾아보면 흥미로운 현상을 찾아볼 수 있다. 옛 한민족의 국명이나 지역명과 동일한 지명을 꽤 많이 찾아볼 수 있는데,

이러한 지명이 혹 우리와 어떤 관련이 있는지 몹시 궁금하다. 만약 이러한 지명 속에서 한민족의 디아스포라 정착촌 흔적을 살펴볼 수 있다면 한민족의 디아스포라 역사를 규명하는 데 아주 유용하다.

오늘날 한국 사회에서는 중국 대륙에 소재한 옛 한민족의 국명, 지역명과 동일한 지명에 대한 조사 작업과 관심도가 무척 뜨겁다. 이것은 한민족의 디아스포라 역사를 규명해주는 학술적 성과에 대한 기대감에서 나온 것도 있지만, 일부 커뮤니티나 인터넷 공유 사이트를 중심으로 한국사를 미화하고자 하는 심리 작용에서 나온 것도 있다. 물론 자국 역사를 미화하고자 하는 행위는 일종의 애국심에서 발로된 현상이지만, 지나친 미화는 자칫 왜곡된 선전으로 이어져 우리 구성원과 상대국 구성원에게 불필요한 자극과 마찰을 불러일으키고, 무엇보다도 역사의 진실을 망각하게 한다.

한중 문화교류를 좋아하는 필자는 중화권 지역을 참으로 많이 다녔다. 중국 대륙만 하더라도 지금까지 행했던 학술 조사의 횟수가 1백 차례를 훌쩍 뛰어넘었고, 현장 속에 살아있는 흔적을 찾아 문헌 기록의 부족함을 보완했다. 주로 양국 교류가 전개된 장소를 찾아다녔고, 특히 중국 대륙 속의 한국 문물이나 유적지를 찾는 작업에 많은 노력을 펼쳤다. 중국 대륙 속의 옛 한국 지명을 조사하는 작업은 평소 장기 목표로 세웠던 연구과제 중의 하나였다.

중국 전역에 소재한 옛 한국의 국명, 지역명을 지녔거나 지녔을 개연성이 있는 검토 대상 지명은 의외로 많았다. 양국의 동일한 지명은 말할 것도 없고, 음가가 상통한 지명도 꽤나 존재했다. 그래서 이들 지명에 대한 조사 작업을 원활하기 수행하기 위해 장기 계획을 세워 여러 차례 나누어 일일이 현장을 다녀오고, 또한 이들 지명이 한국과 어떤 관련이 있는지를 차근차근 살펴보았다.

중국 대륙 속의 옛 한국 지명을 조사하는 데 반드시 지켜야 할 기본 자세는 무엇일까? 여러 가지가 있겠지만, 가장 중요한 자세는 평정심을 유지하는 것이다. 평정심이야말로 필자 자신뿐만 아니라 논고의 정확성을 지켜주는 원천이 된다는 사실을 잘 알고 있었다. 평정심을 잃어버리면 진실을 망각할 뿐만 아니라 오히려 독자들의 사고와 판단을 흐리게 하여 더 많은 것을 잃어버리는 나쁜 결과를 초래하기 때문이다.

그렇다고 하더라도 조사 과정에서 느끼는 묘한 감정을 전혀 배제할 수는 없었다. 어떤 지명은 한국과 직접 연계되었고, 또 어떤 지명은 한국과 연계 고리가 약하거나 무관했다. 한국과 연계가 깊은 지명을 조사할 때는 디아스포라나 교류 관계를 규명할 수가 있다는 생각에 뿌듯함을 느꼈고, 반면 한국과 연계 고리가 약하거나 무관한 지명을 조사할 때는 아니었구나 아쉬워했다. 그러나 한국과 연계 고리가 약하거나 무관한 지명도 나름대로 의미는 존재한다. 앞으로 우리들의 노력 여하에 따라 양쪽 지역의 교류가 활발하게 바뀔 수도 있다.

논제: 『중국 대륙 속의 한민족 디아스포라 지명』

01. 북경(北京) 지역 한민족 디아스포라 지명
02. 하북(河北) 북부 한민족 디아스포라 지명
03. 풍윤(豊潤) 고려포(高麗鋪) 지명
04. 교동반도(膠東半島) 고려수(高麗戍) 지명
05. 중국 소재 신라(新羅) 행정지명
06. 복건(福建) 남부 신라(新羅) 지명

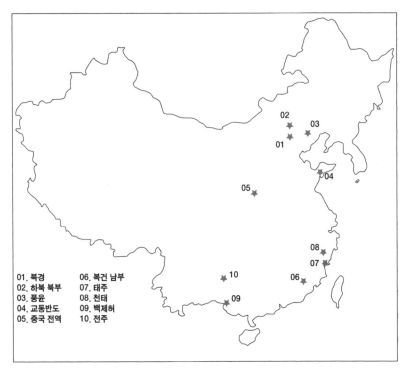

중국 대륙 속 한민족 디아스포라 지명 논제

07. 태주(台州) 지구 나려(羅麗) 유적과 지명

08. 천태(天台) 소재 나려(羅麗) 유적과 지명

09. 광서(廣西) 백제허(百濟墟) 지명

10. 광서(廣西) 전주(全州) 지명과 한국 교류

아래에 각 장의 주요 내용을 적어본다.

01. 북경(北京) 지역 한민족 디아스포라 지명

본 논고에서는 중국 북경 지역에 소재한 한민족의 디아스포라
(Diaspora; 離散) 현장을 살펴보고, 한민족과 어떤 관계가 있는지를 살펴
보는 데 중점을 두었다.

북경 지역에는 한민족 디아스포라와 관련된 지명과 유적이 꽤 남아
있다. 동쪽 통주(通州)에는 고구려 유민이 세웠을 것으로 보이는 대고
력장촌(大高力莊村: 원명 고려장)이 있고, 그 주변에는 원나라 때 세운 사
찰인 고려사(高麗寺)와 청나라 초에 형성된 촌락인 소고력장촌(小高力莊
村)이 있다. 동북쪽 순의(順義)에는 고구려 유민이 세웠을 것으로 보이
는 소고려영촌(小高麗營村)과 고려영진(高麗營鎭)이 있다. 북쪽 창평(昌
平)에는 고려영 부근으로 흘렀던 것으로 보이는 고려하(高麗河)가 있었
다. 서북쪽 해정(海淀)에는 시대 미상의 한민족 후예와 관련된 것으로
보이는 고려장촌(高里掌村: 원명 고려장촌)이 있다. 서남쪽 방산(房山)에
는 한때 신라인의 정착촌 귀의주(歸義州)가 있었던 북광양성촌(北廣陽城
村)과 남광양성촌(南廣陽城村)이 있다.

상기 한민족 디아스포라 지명은 여러 차례 다양한 경로를 통해 이루
어졌다. 당나라 초기에 고구려와 신라인들이 주로 전쟁과 국가 멸망,
본국과의 갈등으로 인하여 북경 일대로 들어와 디아스포라 촌락을 형
성하였다. 또 원나라 때 많은 고려인이 대도(大都: 북경)와 그 주변으로
들어오면서 자연스럽게 디아스포라 촌락을 형성하였다. 또 청나라 초
기에 주로 강제로 나포된 조선인 출신이 만주기인의 팔기군(八旗軍)에
편입되어 북경 일대로 배속되면서 디아스포라 촌락을 형성하였다.

02. 하북(河北) 북부 한민족 디아스포라 지명

본 논고에서는 중국 하북 북부지역에 소재한 한민족 디아스포라 지역을 답사한 뒤 문헌 조사와 병행해서 한민족의 디아스포라 실체를 고찰하는 데 중점을 두었다.

하북 북부는 중국 북경 북쪽에 자리하고 있고, 또한 한민족 디아스포라 현상이 많은 지역 중의 하나이다. 한민족 디아스포라 지역으로 풍윤(豊潤) 고려포촌(高麗鋪村), 노룡(盧龍) 신나채촌(新挪寨村; 원명 新羅村), 청룡(靑龍) 고려포촌(高麗鋪村), 청룡(靑龍) 노원촌(老院村), 청룡(靑龍) 박장자촌(朴杖子村), 평천(平泉) 박장자촌(朴杖子村), 융화(隆化) 고립영촌(高立營村; 원명 高麗營), 무녕(撫寧) 조선족촌(朝鮮族村) 등이 있다.

풍윤 고려포촌은 고당전쟁 때 붙잡혀간 고구려 유민들의 정착지로 보인다. 노룡 신나채촌은 당나라에 정착한 귀의주 신라인이 새로 이주한 집단 마을로 추측된다. 청룡 고려포촌, 융화 고립영촌은 조선 출신 민주기인들이 이주한 집단 마을이다. 청룡 노원촌은 정묘호란 때 끌려간 김신달례 일족이 거느린 제이고려좌령(第二高麗佐領)의 군사 주둔지 또는 집단 마을로 추정된다. 청룡 박장자촌, 평천 박장자촌은 조선 출신 만주기인 박씨 일족의 집단 마을이다. 무녕 조선족촌은 민국 시기에 한인(韓人), 중국 정부 이후에 조선족(朝鮮族)이 두 차례 이주한 집단 마을이다.

03. 풍윤(豊潤) 고려포(高麗鋪) 지명

본 논고에서는 중국 대륙 속에 남아 있는 한민족 디아스포라(Diaspora; 離散) 지명인 풍윤(豊潤) 고려포촌(高麗鋪村)의 제반 사항을 살펴보는 데 중점을 두었다.

고려포는 일명 고려보(高麗堡), 고려촌(高麗村)이며, 현 행정구획으로
하북성(河北省) 당산시(唐山市) 풍윤구(豊潤區) 풍윤진(豊潤鎭)에 소속된
행정촌이다. 고려포촌은 원래 고당전쟁 때 당나라 군대에 붙잡힌 고구
려 유민들이 정착한 마을이다. 마을에 당 태종이 고구려군의 염탐이나
역공을 저지하기 위해 만들었다는 황량타(謊糧坨) 유적이 전해오고 있
다. 최근 1551년(가정 30)에 고려포 마을에 세워졌던 '고려포보(高麗鋪
堡)'가 출토되었다. 훗날 '고려포보(高麗鋪堡)' 석비는 당산시 풍윤구문
물관리소에 이관되었다.

풍윤 고려포촌은 옛 한중 육로 사행노선의 길목에 있다. 조선 사행들
은 육로 사행 때 늘 고려포를 지나갔고, 또한 고려포를 대상으로 읊었
던 시문들이 많이 남아 있다. 풍윤 고려포에는 한국의 옛 국가를 떠오
르게 하는 동질 요소가 많다. 지명에 한민족 국가의 국호가 들어가 있
고, 무논, 가옥, 떡은 한민족의 모습과 비슷하였다. 많은 조선 사신은
고려포를 지나면서 동족 의식을 느끼고 깊은 감회와 향수에 젖곤 했다.
각종 사행록에 적힌 고려포촌의 기록을 보면 때로는 고려포촌의 유래
에 대해 정확하게 짚어 나갔고, 때로는 자국에 대한 자긍심에 지나치게
도취해 자의적으로 풀이하기도 했다.

04. 교동반도(膠東半島) 고려수(高麗戍) 지명

본 논고에서는 교동반도 남단에 남겨진 고려수(高麗戍)를 대상으로
위치 고증, 설치 목적에 대해 집중적으로 고찰해보았다.

238년(경초 2)에 위나라 사마의(司馬懿)가 요동반도 공손연(公孫淵) 정
권을 침공할 때 교동반도에 소재한 옛 내양(萊陽) 지역에 고려수(高麗
戍)를 설치했다. 고려산(高麗山)은 고려수가 소재한 산의 이름이다. 이

기록은 『태평환우기(太平寶宇記)』를 비롯한 각종 문헌에 기록되어 있다. 고려수의 위치에 관해서는 차아산(嵯峨山), 행촌진(行村鎭), 양군진(羊郡鎭) 등 세 가지 설이 있는데, 그중에서 행촌진(현 海陽市 소속) 서촌(庶村; 옛 촌락명 [戌村]) 일대가 가장 유력하다.

위나라가 교동반도 남단에 고려수를 설치한 목적에 대해서는 크게 오나라와 요동 공손연의 연계 침공을 방비, 요동 공손연이나 낙랑·대방군의 역공을 방비, 오나라와 요동 공손연의 연계 침공을 방비, 고구려와 외교협력을 강화, 고구려의 침공을 방비하거나 고구려를 침공할 목적 등 다섯 가지 가설로 나눌 수 있다. 이들 가운데 위나라가 고구려와 외교협력을 강화하기 위한 가설이 가장 유력하고, 위나라가 고구려와 전쟁 준비를 하기 위한 가설이 그다음이다. 당시 고구려는 뛰어난 항해능력을 갖춘 해양 국가였다. 고구려 선단은 서해를 가로질러 위나라 경내의 교동반도, 오나라 경내의 항주만 지역까지 오가며 해상 교류를 전개했다.

05. 중국 소재 신라(新羅) 행정지명

본 논고에서는 중국 전역에 소재한 신라 행정지명을 찾아보고 한반도 신라국과의 관련성 여부를 고찰하는 데 중점을 두었다.

1949년 중국 정부가 수립된 이후부터 현시점까지 한반도 신라국과 같은 신라 명칭을 사용하거나 사용된 적이 있는 행정지명은 총 15곳 있다. 즉, 하북 노룡(盧龍) 신나채촌(新挪寨村; 원명 신라채[新羅寨]), 산동 내주(萊州) 신라촌(新羅村), 상해 송강(松江) 신라촌(新羅村), 청포(靑浦) 신라촌(新羅村), 강소 상숙(常熟) 신라촌(新羅村), 절강 상산(象山) 신라오촌(新羅墺村), 선거(仙居) 신라촌(新羅村), 복건 용암(龍巖) 신라구(新羅

區), 영정(永定) 신라촌(新羅村), 연성(連城) 신라촌(新羅村), 남정(南靖) 신라촌(新羅村), 남안(南安) 신라촌(新羅村), 강서 심오(尋烏) 신라촌(新羅村), 광서 빈양(賓陽) 신라촌(新羅村), 사천 성도(成都) 신라로(新羅路) 등 이다.

상기 신라 행정지명을 고찰해 보면 전통시기부터 사용된 절강 상산 신라오촌, 하북 노룡 신나채촌, 복건 남안 신라촌, 절강 선거 신라촌은 한반도 신라국과 관련 또는 관련 가능성이 크다. 반면 1949년 중국 정부가 수립된 이후 새로 생겨났거나 주로 '신(新)'자와 '라(羅)'자가 결합해서 만들어진 신라 행정지명은 한반도 신라국과 무관하다.

06. 중국 복건(福建) 남부 신라(新羅) 지명

본 논고에서는 복건(福建) 남부 지역의 신라 명칭이 한반도 신라국과 상관성이 있는지에 대해 집중적으로 고찰하였다.

복건 남부 지역은 크게 내륙에 속하는 민서(閩西) 지역과 연해안을 끼고 있는 민남(閩南) 지역으로 나뉜다. 민서 지역에 각종 지방지에 신라현(新羅縣)을 비롯하여 장정(長汀) 신라서원(新羅書院), 영정(永定) 신라도(新羅渡) 등 명칭이 나오고, 오늘날에도 용암(龍巖) 신라구(新羅區), 연성(連城) 신라촌(新羅村) 등 행정지명으로 활용되고 있다. 신라현은 282년(태강 3)에 처음 설치되었다. 이 시기는 한반도 신라국의 국명이 확정된 503년(지증왕 4)보다 빠르다. 신라 지명은 신라현, 현 장정현 경내에 소재한 신라산에서 유래되었다. 민서 지역의 신라 명칭은 모두 중국 자생적으로 만들어졌던 것이고, 한반도 신라국과 관련이 없다.

민남 지역에 남안(南安) 신라촌(新羅村), 신라사(新羅寺)와 하문(廈門) 신라송(新羅松)이 있다. 남안 신라촌은 진강 강변에 소재한 자연촌인데, 그 명칭은 현존 문헌상 최소한 송나라 말기까지 거슬러 올라간다. 남안 신라촌에 송말 가사(柯使)가 세운 신라사가 있고, 인근 지역에 신라승 현눌(玄訥)이 주석한 복청사(福淸寺), 신라승들의 기록을 자세히 적은『조당집(祖堂集)』의 산실인 초경사(招慶寺), 대외 교역과 창구로 알려진 구일산(九日山)과 천주항이 있다. 하문 신라송은 당말 진암(陳黯)이 거주한 석실 옆에 있는 소나무이다. 진암은 남안 출신이다. 만약 진암이 남안 신라촌 또는 그 인근에 살았더라면, 신라송의 이름은 그에 의해 명명되었고 남안 신라촌의 명칭도 당말 시기에 존재하고 있었을 가능성이 크다.

이상 종합하면 민서 지역의 신라 명칭은 중국에서 자생적으로 만들어졌고, 민남 지역의 신라 명칭은 한반도 신라국과 관련이 있을 개연성이 높다.

07. 태주(台州) 지구 나려(羅麗) 유적과 지명

본 논고에서는 절강 태주(台州)에 소재한 나려, 즉 신라국·고려국과 관련된 지명과 유적에 대해 고찰하는데 중점을 두었다.

태주 지역은 중국 절강 연해안 중부에 소재한다. 이 지역에는 일찍부터 신라인과 고려인들이 진출하여 여러 유적과 지명을 남겼다.『[가정] 적성지(赤城志)』에 임해(臨海) 신라산(新羅山) 기록이 있는데, 「산(山)」 기록과 「주경(州境)」 지도가 서로 다르게 기술되었다. 선행학자들은 임해 신라산을 임해 시내 뒤편인 후산(後山)으로 보고 있으나, 「주경」, 「산」의 기록과 차이가 있다. 만약 「주경」 지도에 의하면 후산보다 뒤편에 소재한 석암두(石岩頭)나 대강두(大崗頭)일 것으로 추정되고, 또 「산(山)」 기록에 의하면 임해 서쪽 방계(芳溪) 주변의 산으로 추정된다.

『[가정]적성지』에 기술된 선거(仙居) 신라(新羅) 지명은 오늘날 선거현 횡계진(橫溪鎭)에 소재한 신라촌(新羅村)을 지칭한다. 신라촌은 김씨(金氏)의 세거지이다. 『[가정]적성지』에는 동진산(東鎭山)의 고려두산(高麗頭山)이 뱃사람들이 고려로 향할 때 항해 지표로 삼았다고 했다. 동진산은 오늘날 대진도(大陳島)를 지칭하고, 고려두산(高麗頭山)은 상대진도(上大陳島) 바닷가에 소재한 고리두(高梨頭)를 지칭한다. 고리두(高梨頭)와 고려두(高麗頭)는 중국어(漢語) 음가가 상통한다.

08. 천태(天台) 소재 나려(羅麗) 유적과 지명

본 논고에서는 천태(天台) 지역에 소재한 나려인, 즉 신라인·고려인이 활동한 유적, 유물, 지명, 구전 가운데 선행학자들이 언급하지 않거나 미흡한 점을 중심으로 고찰했다.

천태 지역은 절강 동북쪽 내륙에 자리하고 있다. 천태 이름에서 보듯이 한중 불교사의 커다란 한 획을 그은 천태종의 본사가 있던 곳이다. 예로부터 많은 나려인이 천태 지역에 들어와 구법을 하거나 활동했다. 천태종의 본사인 국청사(國淸寺) 앞에 신라승 오공(悟空)이 세운 신라원(新羅園)이 있었다. 천태 동남쪽 신룡원촌(新龍園村) 또는 그 주변에 국청사 신라원과 별개의 신라원(新蘿園)이 있었다. 천태 옛 팔도(八都) 지역에는 시냇물을 막기 위해 제방을 쌓았던 신라폐(新羅硨)가 있었다. 신라폐의 위치는 신라촌(新蘿村) 또는 갱변촌(坑邊村) 십라패(十羅壩)가 유력하다. 천태 남서쪽에 최씨 집단촌인 최가오(崔家嶴)가 있다. 이곳에 삼국 오나라 시대 한반도에 살던 최씨 삼형제가 중국 남방에 표착했다가 훗날 최가오로 들어와 정착했다는 구전이 있다.

천태 도원경구(桃源景區) 수마령촌(水磨嶺村) 아래의 산골짜기에는 고려승 제관, 의통이 불법을 닦았던 운거사(雲居寺) 터가 있다. 천태 불롱경구(佛隴景區) 지자탑원(智者塔院)의 탑에는 천태종 제16대 조사 고려승 의통의 영정이 새겨져 있다. 의통 영정의 저본은 국청사에 보관된 『천태종역대종사도영략전(天台宗歷代宗師道影略傳)』으로 추측된다. 또 수선사에는 고려에서 만든 동령저(銅鈴杵)가 보존되어 있었다. 또 천태산 자락의 도관인 동백숭도관(桐栢崇道觀)에 고려 승통, 즉 의천이 시주한 직물로 만든 경렴이 보존되고 있었다.

09. 광서(廣西) 백제허(百濟墟) 지명

본 논고는 광서(廣西) 백제허(百濟墟)가 옛 한반도 백제인의 집단 거주지인지에 대해 문헌 조사와 현지답사를 통해 심층 고찰한 문장이다.

광서 백제허는 한반도에서 수만 리 떨어진 중국 대륙의 최남단, 현 행정구역으로 광서 남녕시(南寧市) 옹녕구(邕寧區) 백제진(百濟鎮)에 소재한 옛 지명이다. 일부 국내 학자와 방송에서는 백제허 중 '백제(百濟)' 지명이 한반도 백제국과 같다는 점에 착안하여 백제국의 대륙 경영지인 진평군(晉平郡), 백제 장수 흑치상지(黑齒常之) 집안의 분봉지, 백제 왕자 부여풍(扶餘豊)의 유배지와 연계시켜 옛 백제인의 집단 거주지라는 견해를 내세웠다.

그러나 본 논고에서 고찰한 결과는 선행학자의 견해와 정반대였다. 광서 백제허는 중국 자생적으로 만들어졌고, 옛 백제인의 집단 거주지와 무관하다. 광서 백제허는 청나라 때 촌락이 처음으로 건립되었다. 광서 백제허의 지명 유래는 보습날(犁頭口)과 닮았던 지형 모습에서 나왔다. 백제허의 '백제' 글자는 장족어에서 한어로 바꾸는 과정에서 나왔다. '백제(百濟)' 글자 또한 동음이체자인 '백제(佰濟)', '백제(百躋)'라고 적었다. 백제허의 '허(墟[圩])'자는 유적 또는 유허를 지칭하는 것이 아니고, 광서 지역에서 널리 사용하는 '허시(墟市)', 즉 장터를 지칭한다.

10. 광서(廣西) 전주(全州) 지명과 한국 교류

본 논고에서는 전북 전주(全州)와 동일한 지명을 가진 중국 광서(廣西) 전주(全州)의 유래와 명칭, 그리고 광서 전주와 한국의 역사 교류에 대해 집중적으로 고찰하였다.

광서 전주는 중국 대륙의 최남단 광서장족자치구에 소속된 현급 행정구획이다. 광서 전주와 전북 전주는 동일한 지명을 가졌다. 전북 전주 지명은 광서 전주 지명보다 더 일찍 작명되었다. 두 지역 간 소속 관할지의 지명이나 사찰 명칭에서도 동일한 작명을 찾아볼 수 있다. 선행학자들과 방송 다큐멘터리에서는 이러한 현상을 근거로 후백제가 멸망한 후 일부 유민들이 광서 전주로 이주 정착했다는 후백제 연계설을 제기했다.

그러나 광서 전주는 후진 시대 초왕 마희범(馬希範)이 상산사(湘山寺) 개산조 전진(全眞)을 존종해서 생긴 지명이고, 광서 완산은 명 중엽 전주지부 명 고린(顧璘)이 산의 형태가 완정하고 인재가 많이 모인다는 데에서 생긴 지명이다. 광서 전주 견내향(梘塘鄕) 금산사(金山寺)는 후백제가 멸망한 뒤 천년이 지난 명대 후기에 창건되었다. 이들 명칭은 모두 중국에서 자생적으로 만들어졌고, 후백제 연계설과 무관하다.

광서 전주는 옛 한국과 교류 역사가 있었던 지역이다. 상산사는 광서 전주에 소재한 초남제일명찰(楚南第一名刹)이다. 고려 충선왕은 고려국 왕사 철산소경(鐵山紹瓊; 鐵山明眼)의 청을 받아들여 상산사에 진귀한 보물을 보시했다. 충숙왕 때 철산소경이 증맹(証盟)한 종이 상산사 용천암(龍泉庵) 서선당(西禪堂)에 보존되어 있었다. 임진왜란 때 광서 전주 출신 조학정(曹學程)은 일본과 협상을 통한 강화회담의 부당함을 지적하다가 갖은 고초를 당했다. 조학정 고향인 전주 전심촌(田心村) 조가항(曹家巷)에는 조가사당(曹家祠堂)이 남아 있다. 광서 전주가 옛 한국과 교류했던 역사 사례를 통해 앞으로 지명이 같은 전북 전주와 새로운 교류 관계를 맺어 양측 간의 우호 교류가 한층 더 높아지기를 기대한다.

차례

풍윤 고려포 지명

교동반도 고려수 지명

천태 소재 나려 유적과 지명

광서 백제허 지명

광서 전주 지명과 한국 교류

북경 지역
한민족
디아스포라 지명

창평 고려하
★

★ 순의 소고려영

순의 고려영

해정 고리장촌
★

북경고성
천안문 ●

★ 통주 소고력장

★ 통주 대고력장

★ 방산 광양성

I. 서론

사람들은 종종 본래 살던 지역을 떠나 다른 지역으로 옮겨 살아간다. 이러한 현상은 개개인에게만 일어나는 것이 아니라 종족이나 민족 따위의 집단에서도 종종 일어난다. 디아스포라(Diaspora; 離散)에 대한 정의는 여러 설이 존재하지만, 통상 종족이나 민족 단위의 집단이 자의든 타의든 본래 살던 지역을 떠나 다른 지역으로 옮겨가는 현상을 지칭한다.

한민족은 일찍이 한반도와 만주에 정착하며 여러 국가를 세우고 역사를 줄곧 이어갔지만, 일부 구성원은 여러 원인으로 인하여 집단으로 다른 지역으로 옮겨가야만 했다. 근대화 이전에 한민족이 집단으로 이주한 지역은 주로 중국 대륙과 일본 열도이다. 이들 지역은 한민족 국가와 접해 있어 자연히 집단 이주한 사례가 많을 수밖에 없었다. 한민족의 디아스포라 현상은 과거에만 일어나는 것이 아니라, 오늘날 아니 앞으로도 계속 발생할 것이다.

필자는 오래전부터 중국 대륙에 분포된 한민족 관련 지명과 유적들을 찾아 나섰다. 이번에 그 작업의 일환으로 북경 지역에 분포된 지명

과 유적을 대상으로 한민족의 디아스포라 현장을 살펴보려고 한다. 북
경은 화북(華北)에 소재하며 오늘날 중국의 수도이다. 북경 지역은 방
산(房山) 주구점(周口店) 동굴에서 북경원인(北京原人)의 두개골이 발견
되었고, BC 1045년에 계(薊)라는 도읍이 건치되어 오래 역사를 가졌다.
춘추전국 시대에 연나라의 수도가 되었고, 진시황이 전국을 통일한 이
래 줄곧 화북 일대의 중요한 행정 중심지로 남았다. 938년에 요나라의
배도(陪都)가 된 이후 금, 원, 명, 청, 민국, 중국의 수도가 되었다. 북경
시는 현 행정구획으로 16개 구를 관할하고 있다.

북경 지역은 일찍이 한민족 역사와 관련이 깊은 곳이다. 49년(모본왕
2)과 403년(광개토왕 13)에 고구려 군대가 북평(北平; 북경) 일대로 진격한
적이 있고, 최근 남포 덕흥리에서 광개토왕 때 북경 지역을 관장한 유
주자사(幽州刺史)의 무덤이 발굴되었다. 북경 지역에는 한민족이 정착
한 촌락과 유적이 곳곳에 남아 있다. 여기에 관해서는 각종 언론 보도
와 인터넷 매체에서 보듯이 많은 한국인이 오래전부터 많은 관심을 쏟
아왔고, 이들 가운데 더러는 현지를 답사하여 옛 한민족의 디아스포라
모습을 찾아보기도 했다. 다만 이들이 남긴 자료들을 개괄해보면 북경
지역의 일부 촌락에만 국한되어 아직 전면적인 조사까지는 미치지 못
하고 있다.

본 논고에서는 현장 답사에서 조사한 바를 일종의 보고서 형식을 빌
려 한민족 디아스포라와 관련된 제반 사항을 고찰해본다. 북경 지역에
보이는 한민족 디아스포라와 관련된 지명과 유적이 어디에 있는지? 이
들 지명과 유적이 한민족 디아스포라와 어떠한 관련이 있는지? 이들
지명과 유적의 오늘날 모습은 어떠한지? 한민족과 관련된 지명과 유적
이 가지고 있는 의미는 무엇인지?

Ⅱ. 통주(通州) 대고력장촌(大高力莊村)

대고력장(大高力莊)은 현 행정구획으로 북경시 통주구 장가만진(張家灣鎮)에 속해 있는 행정촌이다. 통주는 북경 도심에서 동쪽에 자리한 행정구획이다. 서한 초기에 독립된 구획이 설치되어 노현(路縣)이라고 불렀다. 후한 광무제 때 수로 교통의 발달로 인하여 물 '수(水)'변이 들어간 노현(潞縣)으로 개칭했다. 금나라가 북경을 수도로 정한 후 '조운통제(漕運通濟)'의 의미를 따서 통주라고 불렀다. 이곳은 지명에서 알 수 있듯이 북경을 드나드는 교통의 요충지이며, 특히 경항대운하의 최북단에 위치하여 내수로 교통이 발달했다. 소속 관할지에는 11개 가도(街道), 10개 진(鎮), 1개 민족향(民族鄉)이 있다. 장가만진은 원나라 때 장선(張瑄)이 발해만에서 물자를 운송해와 이곳에 머물렀던 데에서 나왔다. 소속 관할지에는 57개 행정촌이 있다.

통주 시내에서 대고력장으로 가는 길은 쉬운 편이다. 팔통선(八通線) 경전철을 타고 임하리참(臨河里站)에서 내려 남쪽 이서중이로(頤瑞中二路)를 따라 2km 정도 가면 대고려장로(大高力莊路)가 나온다. 대고력장 입구에 1998년 통주구향건설위원회(通州區城鄉建設委員會)가 세운 '대고력장(大高力莊)'이라는 비석이 있다. 이 석비에서 몇십 m 가면 옛 촌위회(村委會)사무실이 나온다. 1983년에 대고력장대대(大高力莊大隊)에서 대고력장촌으로 바뀌었다.

예전의 대고력장은 운하 변에 촌락이 들어섰다. 촌락 중심을 가로지르는 도로 양편으로 가옥과 공장들이 들어섰고, 그 뒤편으로 널따란 농지가 펼쳐져 있었다. 농지에 옥수수, 밀을 많이 재배했고, 근자에 들어와 묘목 재배로 바꾸었다. 오늘날 이 일대가 도시구역으로 편입되어

대대적인 도심 재개발이 이루
어져 예전의 촌락 모습이 사라
졌다. 향후 통주 당국은 문화여
유단지(文化旅遊團地)로 조성할
계획을 세우고 있다. 2013년에
대고력장은 인근으로 옮겼다.
새로 옮긴 촌위회는 7호선 고루
금참(高樓金站)의 서북쪽 고려
원소구(高麗園小區)에 자리하고 있다.

통주 대고력장(옛 고려장)

대고력장의 촌락 유래는 어떠한가? 통주 학자나 관련 문헌에는 당
태종이 고구려를 침략하여 많은 고구려인을 포로로 잡아 유주(幽州; 북
경 일대)의 각지로 분산 수용시켰는데, 일부 고구려인들이 이곳으로 들
어와 정착했기에 고려장이라 불렀다고 했다.[1] 『구당서(舊唐書)』 「고[구]
려전(高[句]麗傳)」에 의하면, 고당 전쟁 때 당 태종은 요동성을 공략하여
잡아 온 고구려인 1만 4천 명을 유주에 집결시켜 병사들에게 나누어주
려고 하다가, 나중에 고구려 피로인으로부터 몸값을 받고 민초로 살아
가게 했다.[2] 고구려 피로인들은 유주 각지로 분산되어 거주하였다. 이
러한 풀이는 북경과 하북에 소재한 각종 고구려 관련 지명에서 공통적

---

1 韓萬珍, 「大高力莊與小高力莊」, 『文史選刊』 13輯, 北京市通縣委員會文史資料委員
  會, 1993.9, 21쪽.; 袁濤主編, 『中國村鑒』(北京卷), 中國農業大學出版社, 北京,
  2004.11, 169쪽.
2 『舊唐書』 권199상 「高[句]麗傳」: "初, 攻陷遼東城, 其中抗拒王師, 應沒爲奴婢者一
  萬四千人, 並遣先集幽州, 將分賞將士. 太宗愍其父母妻子一朝分散, 令有司準其直,
  以布帛贖之, 赦爲百姓."

으로 나타나고 있다.

대고력장(大高力莊)은 원래 고려장(高麗莊)이라 불렀다. 원나라 때 웅몽상(熊夢祥)이 북경 지역의 지방지를 편찬한 『석진지(析津志)』가 있다. 이 책자 중 완평현(宛平縣) 금구신하(金口新河)를 논한 대목에 '고려장(高麗莊)'이 보인다.[3] 그런데 1483년(성화 19)에 적은 「대방묘지명(戴芳墓志銘)」을 보면 묘주 대방(戴芳)을 '장고력장지원(葬高力莊之原)'에 묻었다고 기술해놓았다. '려(麗; lì)'자와 '력(力; lì)'자는 중국어(漢語) 음가가 동일하다. 민간에서는 때로 획수가 많은 '려(麗)'자를 획수가 간편한 '력(力)'자로 바꾸어 사용하였다. 이러한 현상은 중국 경내의 '고려' 글자가 들어간 지명에서도 종종 일어나고 있다. 예를 들면 순의(順義) 소고려영(小高麗營)은 때로 소고력영(小高力營)이라 불렀고, 태안(台安) 고려방(高麗房)은 훗날 고력방(高力房)으로 바뀌었으며, 개원(開原) 고려둔(高麗屯)은 훗날 대고력둔(大高力屯), 소고력둔(小高力屯)으로 분화되었다.

통주 고려장(高麗莊) 이름은 곧장 소실되지 않고 한동안 계속 사용되었다. 1735년(옹정 13)에 이위(李衛) 등이 북경과 하북 지역의 제반 사항을 적어놓은 『[옹정]기보통지(畿輔通志)』가 있다. 이 책자 중 「포사(鋪司)」에 북경과 하북 지역에 설치된 각종 포사들을 나열해 놓았는데, 통주성 동쪽에 소리점포(召里店鋪)가 있고, 남서쪽에 고려장포(高麗莊鋪)가 있다고 했다.[4]

1783년(건륭 48)에 고천봉(高天鳳)이 편수하고 금매(金梅)가 편찬한 『[건륭]통주지(通州志)』가 있다. 이 책자에 고려장(高麗莊)과 고력장(高

---

3 『析津志輯佚』「屬縣·宛平縣·古迹」: "東南至董村, 高麗莊, 李二寺運粮河口."
4 『[옹정]畿輔通志』 권44 「鋪司·順天府」: "通州. 城東爲召里店鋪, 西南爲高麗莊鋪."

力莊) 이름이 혼용되었다. 「향둔(鄕屯)」 조항에는 고력장(高力莊)의 옛
이름이 고려장(高麗莊), 고력둔(高力屯)의 옛 이름이 고려둔(高麗屯)이
라고 했다. 반면 「수준(修濬)」 조항에는 원래의 명칭인 고려장(高麗莊)
으로만 적혀 있다.[5]

1885년(광서 11)에 주가미(周家楣)·무전손(繆荃孫) 등이 순천부 지역
의 제반사항을 적어놓은 『[광서]순천부지(順天府志)』가 있다. 이 책자 중
「역전(驛傳)」에 통주 지역에 설치된 역참 14곳을 나열해 놓았는데,
고력포(高力鋪)는 통주 남쪽 18리에 있다고 했다.[6] 1941년에 편찬된
『[민국]통현지요(通縣志要)』를 보면 대고력장(大高力莊)으로 바뀐 촌락
지명을 계속 사용하고 있다.[7]

필자가 대고력장촌을 찾아보았을 때 지명과 관련된 재미있는 상호가
하나 보였다. 옛 촌위회사무소 부근에 '북경시 고려공무 유한책임공사
(北京市高麗工貿有限責任公司)'라는 공장이 들어와 있었다. 상호는 옛 지
명인 고려장(高麗莊)에서 따왔다. 이것으로 미루어보면 명나라 때 민간
에서는 간혹 고려장(高麗莊)을 고력장(高力莊)으로 불렀고, 청 건륭 연
간 즈음에 촌락 명칭이 공식적으로 고력장(高力莊)으로 바뀌었던 것으
로 추측된다. 그러나 원 고려장(高麗莊) 지명은 소실되지 않고 후대에
들어와서도 민간에서 간간이 사용되었다.

원나라 이전에 고려장 주변에 인가가 드물었다. 원나라 때 고려장은

---

5 『[건륭]通州志』 권1 「封域·鄕屯」: "高力莊, 舊名高麗莊, 在州城南二十里. 高力屯,
　舊名高麗屯, 在州城南二十里."; 동서 권3 「漕運·修浚」: "起自通州南高麗莊."
6 『[광서]順天府志』 권64 「經政志十一·驛傳」: "通州曰在城, 召裏, … 高力, … 兩家,
　凡十有四鎭, 司兵五十有四. … 在城鋪南十八里至高力鋪."
7 『[민국]通縣志要』 권1 「疆域·鄕村」 第五警區管界 참조.

운하가 건설되면서 내륙 수로의 중요 지역으로 등장했다. 이곳에 사방
에서 사람과 물자가 들어와 촌락이 크게 발전했다. 1291년(지원 28)에
곽수경(郭守敬)은 통주와 북경을 잇는 통혜하(通惠河) 운하 건설을 주청
했다. 창평현(昌平縣) 백부촌(白浮村) 신산천(神山泉)에서 발원한 통혜하
는 쌍탑(雙塔), 유하(榆河), 일무(一畝), 옥천(玉泉)에서 나오는 물과 합
쳐 남으로 흘러 대도(大都; 북경) 적수담(積水潭)에 모였다. 적수담에서
다시 문명문(文明門)으로 빠져나와 동쪽으로 흐르다가 통주 고려장(高
麗莊)에 와서 백하(白河)로 들어간다. 백하는 직고(直沽)에서 위하(衛河)
와 합쳐 바다로 들어간다. 통혜하 운하 건설은 1292년(지원 29) 봄에 시
작하여 이듬해(1293) 가을에 완성되었다.[8] 고려장의 해발 높이는 21m
에 불과하다.

　　산서 대동(大同) 천지(天池)에서 발원한 상건하(桑乾河)가 있다. 상건
하는 일명 노구하(蘆溝河), 탑하(漯河), 혼하(渾河), 소황하(小黃河)라고
부른다. 상건하는 여러 지역을 거쳐 간주구(看舟口)에 이르러 두 갈래
로 갈라진다. 그중의 한 갈래는 통주 고려장을 통해 백하로 들어간다.[9]

---

8 『元史』 권64 「河渠一·通惠河」: "通惠河, 其源出於白浮·甕山諸泉水也, 世祖至元二
　十八年, 都水監郭守敬奉詔興擧水利, 因建言: 疏鑿通州至[大]都河, 改引渾水漑田,
　於舊㶚河蹤跡導淸水, 上自昌平縣白浮村引神山泉, 西折南轉, 過雙塔·楡河·一畝·
　玉泉諸水, 至西[水]門入都城, 南匯爲積水潭, 東南出文明門, 東至通州高麗莊入白
　河, 總長一百六十里一百四步. 塞淸水口一十二處, 共長三百一十步. 壩㶚一十處,
　共二十座, 節水以通漕運, 誠爲便益. 從之. 首事於至元二十九年之春, 告成於三十
　年之秋, 賜名曰通惠."
9 『明史』 권87 「河渠五·桑乾河」: "桑乾河, 盧溝上源也. 發源太原之天池, 伏流至朔州
　至馬邑雷山之陽, 有金龍池者渾泉溢出, 是爲桑乾. … 東南至看舟口, 分爲二. 其一,
　由通州高麗莊入白河."; 『完署雜記』 권4 「水·蘆溝河」: "在縣西南二十里. 本桑乾河,
　又名漯河, 俗呼渾河, 亦曰小黃河, 以流濁故也. 其源出山西大同府桑乾山, … 東南
　至看丹口, 分爲二派. 其一, 流至通州高麗莊, 入白河."

1342년(지정 2)에 패라첩목아(孛羅帖木兒)와 부좌(傅佐)가 통주 고려장에서 서산(西山) 금구하(金口河)까지 이르는 또 하나의 운하를 건설하고자 주청했다. 그러나, 신운하 건설은 물길 예측 실패와 토사 유입으로 인하여 끝내 무산되었다.[10]

오늘날 태후하(太后河) 운하는 대고려장 가운데로 흐르고 있다. 운하에는 대고려장교(大高力莊橋)가 놓여 있다. 다리 위에서 바라보면 운하의 양쪽 제방이 곧게 뻗어져 있어 이곳이 예전에 인공적으로 파낸 수로였음을 알 수 있다. 오늘날 태후하로 흐르는 수량은 각종 수중보와 도시 건설로 인하여 크게 줄어 선박 운항이 불가능해졌다. 대고려장교에서 동쪽으로 제방을 따라 4km 정도 장만촌(張灣村)이 나온다. 이곳에는 예전에 운하를 건너다녔던 통운교(通運橋)가 남아 있다. 통운교 옆에는 이 일대를 관할했던 장가만성(張家灣城)과 성곽 유적지가 펼쳐져 있다. 이곳에서 다시 아래로 조금만 내려가면 수량이 풍부한 양수하(凉水河)와 만난다.

대고려장은 수로와 육로의 교통 요지였다. 청나라 때 이곳에 봉수대와 역참을 두어 북경과 외지 사이에 통신과 변방 업무를 맡게 했다. 청 고사기(高士奇)의 『송정행기(松亭行紀)』에 의하면 통주 경내에 설치된 봉수대 다섯 곳 가운데 한 곳이 고려장이다.[11] 『일하구문고(日下舊聞

---

10 『원사』 권66 「河渠三·金口河」: "至正二年正月, 中書參議孛羅帖木兒, 都水傅佐建言: 起自通州南高麗莊, 直至西山石峽鐵板開水古金口一百二十餘里, 創開新河一道, 深五丈, 廣十五丈, 放西山金口水東流至高麗莊, 合御河, 接引海運至大都城內輸納."

11 청 高士奇 『松亭行紀』 권상: "按通州境上有煙墩五, 曰: 石里, 燕郊, 東留村, 大黃莊, 高麗莊."

통운교

考)』중『변방고(邊防考)』에 의하면 통주 경내의 고려장에 봉수대가 있다.[12] 각종 지방지에도 봉수대 기록이 보인다.『[강희]통주지(通州志)』에 의하면 고려장과 고려둔(高麗屯)은 모두 통주 남쪽 20리에 소재한다.[13]『[광서]순천부지』에 의하면 고력장에 역참을 설치했다.[14]『[옹정]기보통지』에 의하면 고려장은 관군의 주둔지이다.[15]

부록으로 원나라 때 통주 고려장촌 부근에 들어선 고려사(高麗寺)에 대해 적어본다.『일하구문고』권110「경기통주삼(京畿通州三)」중『통주지(通州志)』를 인용한 대목에서:

---

12 『日下舊聞考』권109「京畿·通州二」중「邊防考」: "州境有烟墩五: 曰召里店, 烟郊, 東留村, 大黃莊, 高麗莊."

13 『[강희]通州志』권1「封域志·鄕屯」: "高麗莊, 在城南二十里. 高麗屯, 在城南二十里."

14 『[광서]순천부지』권64「經政志十一·驛傳」참조.

15 『[옹정]畿輔通志』권40「關隘·順天府」: "燕郊店, 在通州東十里. 『方輿紀要』: 烟郊店, 召里店, 高麗莊, 大黃莊, 皆官軍巡哨處也."

廣福寺, 本元高麗寺舊址, 明正統己未更建, 賜今額.
　광복사(廣福寺)는 본래 원나라 때 고려사의 옛 자리이다. 명 정통 기
미년에 다시 세워졌고, 지금의 사액을 받았다.

　정통(正統) 기미년(4년)은 1439년에 해당한다. 광복사(廣福寺)의 전신
은 고려사이다. 고려사는 옛 통주성의 바깥, 고려장촌 동쪽에 위치한
다. 오늘날 이곳에는 통주구 장만촌소학(張灣村小學)이 들어섰다. 통주
시내에서 938지2로를 타고 장가만촌(張家灣村)에서 내리면 된다. 장만
촌소학 입구에 통주구문물관리소(通州區文物管理所) 소장을 지낸 주량
(周良)이 쓴 '고성금로(古城今路)' 비석과 '장가만촌(張家灣村)' 비석이 서
있다. 고려사 옆에는 대도(북경)와 전국 각지를 연결하는 운하가 흐르고
있어 운송과 상업이 번창했고, 사람들이 늘 북적거렸다. 고려사라는
사찰명이 고려장촌 부근에 소재한 장소에서 나왔는지 아니면 한반도
고려국과 모종의 관계가 있었는지는 명확하지 않다. 다만 고려사가 원
나라 때 창건된 점으로 보아 후자일 가능성이 높다. 원나라 간섭시기에
많은 고려인이 대도(북경)와 그 주변 지역에 거주하였는데, 통주 지역도
그중의 한 곳이다. 이들 고려인이 통주에 불교 사찰을 세우고 국호를
따서 고려사라고 명명했을 것으로 추측된다.
　1368년(홍무 1)에 서달(徐達)과 상우춘(常遇春)이 이끄는 명나라 군대
가 통주 일대에 진입하였다. 이때 고려사가 훼멸되었다. 1439년(정통
4)에 사찰을 중건하고 명 영종으로부터 광복사(廣福寺)라는 사액을 받
았다. 청 순치 연간(1644~1661)에 통주 장운상(張雲祥)은 사찰 건물을 대
대적으로 증수했다.[16] 본전은 대웅보전이고, 좌향은 북쪽에서 남쪽을

16 『[강희]통주지』 권2 「建置志·寺觀菴堂」: "廣福寺, 在張家灣. 元時高麗寺舊址, 明正

바라보고 있다. 중국 정부 초기까지만 하더라도 이곳에는 많은 향배객이 드나들었으나, 그 후 종교배격 정책으로 사찰이 폐쇄되고 소학교로 활용되었다.

Ⅲ. 통주(通州) 소고력장(小高力莊)

대고력장(大高力莊) 외에 소고력장(小高力莊)이 있다. 소고력장은 현행정구획으로 북경시 통주구 이원 지구(梨圓地區) 고루금촌(高樓金村)에 속해 있는 자연촌이다. 1946년 장가만향의 행정구역을 조정할 때에 소고력장은 인근의 누자장(樓子莊), 금장(金莊)과 합병되어 촌락 명칭이 고루금장(高樓金莊)으로 바뀌었다.[17] 고루금촌은 대고력장에서 북동쪽으로 2km 떨어져 있다. 대고력장로에서 거슬러 가다가 이서중이로(頤瑞中二路)가 나오기 직전의 금장(金莊) 입구에서 동쪽으로 꺾어 들어가면 소고력장이 나온다. 최근 북경 시내와 통하는 지하철 7호선이 개통되어 대규모 아파트 단지가 형성되었다. 고루금역 동북쪽에 고려원소구(高麗園小區)가 세워졌다.

『[광서]순천부지』에는 통주진에 소속된 촌락들을 나열한 단락이 있다. 당시 통주진은 순천부 관할이다. 이 책자의 권27 「지리 지구(地理志九)·촌진일(邨鎭一)·통주(通州)」에서:

統己未勅賜今額. 本朝順治間張雲祥修."
17 韓萬珍, 앞의 논문, 21쪽.

(南)十里, 金莊, 土橋, 小高力莊.
(남쪽)10리에 금장(金莊), 토교(土橋), 소고력장(小高力莊)이다.

여기에 소고력장이 보인다. 소고력장은 금장, 토교와 함께 통주진에
서 남쪽 10리에 소재한다. 오늘날 장가만진에는 토교촌(土橋村)이라는
행정촌이 있다. 『[광서]순천부지』 중 통주진 소속 촌락 명단에서 대고
력장이 보이지 않는다. 필자는 당초 상기 문헌의 소고력장이 혹시 대고
력장의 오기가 아닌지를 생각해 보았는데, 다른 문헌에서 대고력장 외
에 소고력장이 따로 존재한다는 기록을 찾을 수 있었다. 『[민국]통주지
요(通州志要)』에 1936년에 통주 지역을 5개 행정구획으로 나누어 놓은
대목이 있다. 제5경구관계(第5警區管界)에 소속된 향촌을 보면 '대고력
장(大高力莊)'과 '소고력장(小高力莊)'이 따로 기술되어 있다.[18] 대고력장
은 통주성에서 남쪽으로 18리 떨어져 있고, 소고력장은 남쪽으로 10리
떨어져 있다.

소고려장은 언제 어떻게 촌락이 형성되었는가? 이것에 대해 통주학
자 한만진(韓萬珍)은 다음과 같이 풀이하였다. 청 강희 연간에 일부 사
람들이 고력장 인근으로 이주해 와서 촌락을 형성하였다. 훗날 촌락
명칭을 기존의 고려장과 구분하기 위해 촌락 규모에 따라 '대(大)'자와
'소(小)'자를 붙였다. 기존의 고려장은 대고려장이라 불렀고, 새로 건설
된 촌락은 소고려장이라 불렀다.[19]

필자가 만난 전 통주구문물관리소 소장 주량(周良)은 청나라 초 팔기

---

18 『[민국]通州志要』 권1 「疆域·鄕村」 참조.
19 韓萬珍, 앞의 논문, 21쪽.

군이 통주 일대에 배치되었는데, 이 중의 일부 군사들이 고려장 북쪽에 주둔했다고 했다. 그렇다면 소고력장을 형성한 팔기군의 구성원은 누구일까? 팔기군의 구성원은 주로 만주족으로 이루어졌지만, 일부 조선인, 몽골족, 회족 등 여러 민족이 들어가 있다. 청나라는 심하(深河)전투(사르후전투의 일부분), 정묘·병자호란 등을 통해 많은 조선인들을 피랍해갔고, 또 정치 문제와 생활 곤경으로 자발적으로 압록강을 건넌 일부 조선인들을 받아들였다. 훗날 청나라는 군사력을 강화하기 위해 이들 조선인을 팔기군의 일원으로 편성했다. 예를 들면 정황기(正黃旗)에 고려(조선)좌령 2명, 정홍기(正紅旗)에 조선좌령(朝鮮佐領) 2명이 있다.[20] 입관 이후 청나라는 황성을 보호하기 위해 팔기군의 주둔지를 전면 재조정하였다. 통주 지역은 원래 정황기의 주둔지였다가, 나중에 정백기(正白旗)의 주둔지로 바뀌었다.

따라서 강희 연간에 팔기군에 편입된 조선인 출신의 하부 조직이 옛 한민족이 건설한 통주 고려장으로 이주되었을 가능성을 생각해 볼 필요가 있다. 물론 이에 대한 명확한 자료는 없지만, 다른 한민족 디아스포라 촌락의 유래를 보면 그 가능성이 없지는 않다. 다음 문장에서 자세히 밝히겠지만, 오늘날 하북 청룡(靑龍) 일대에 소재한 고려포촌, 박장자촌, 노원촌 등이 팔기군에 소속된 조선인 출신들이 형성한 집단 촌락이다.

---

20 『欽定八旗通志』 권5 「八旗佐領·正黃旗」와 권8 「八旗佐領·正紅旗」 참조.

Ⅳ. 순의(順義) 소고려영촌(小高麗營村)

소고려영촌(小高麗營村)은 현 행정구획으로 북경시 순의구 조전영진 (趙全營鎭)에 속해 있는 행정촌이다. 순의는 북경 도심에서 북동쪽으로 30km 떨어진 근교 도시이다. 한 고조 연간에 호노(狐奴)와 안낙(安樂) 을 두고 어양(漁陽)에 속했다. 648년(정관 22)에 거란 석흘편부(析紇便部) 가 귀순하자 귀순주(歸順州)를 두었다. 1368년(홍무 1)에 순의현으로 개 명되었다. 순의는 북경 관문인 수도국제공항이 있어 사방으로 통하는 교통이 발달되었다. 소속 관할지에는 6개 가도, 7개 지구, 12개 진이 있다. 조전영진은 순의 서북쪽에 소재하고 1973년에 우란산공사(牛欄 山公社)에서 분리되었다. 소속 관할지에는 1개 사구(社區), 25개 행정촌 이 있다.

순의에서 소고려영촌으로 들어가는 길은 그다지 어렵지 않다. 순의 시내에서 1로를 타고 소고려영촌의 동편 입구에서 내리든지, 947로를 타고 조전영동구(趙全營東口)에서 내려 북쪽 조홍로(趙紅路)를 따라 1km 정도 걸어가면 소고려영촌의 동편 입구가 나온다. 여기에서 200m 들 어가면 소고려영촌이 나온다. 촌락 형태는 북경 근교 농촌의 전형적인 특징을 갖추고 있다. 가옥들은 한 곳에 집단으로 모여 있고, 그 사방 주변에 널따란 농지가 펼쳐져 있다. 주로 옥수수와 밀을 재배하고, 일 부 채소류와 화훼류를 재배하고 있다. 촌락 중심을 가르는 도로는 여흥 대가(麗興大街)라고 부르고, 촌위회 사무소는 촌락 서쪽 입구에 있다. 2021년 기준으로 665호, 인구는 1,215명이다. 주요 성씨는 왕(王), 조 (趙), 장(張) 등이고, 민족은 모두 한족이다.

1719년(강희 58)에 황성장(黃成章)이 편찬한 『[강희]순의지(順義志)』가

순의 소고려영

있다. 당시 순의현에 소속
된 촌락은 모두 201개이
고, 10개 구역으로 나누어
놓았는데, '소고려영(小高麗
營)'은 제8로 구역에 속해
있다.[21] 1933년에 양득형
(楊得馨) 등이 편찬한 『[민
국]순의현지(順義縣志)』가
있다. 당시 순의 지역을 8개 구역으로 나누어 놓았는데, '소고려영'은
제7구 제17향에 속해 있다. 소고려영은 순의로부터 20리가 떨어져 있
다. 호수는 137호이고, 인구수는 825명이다. 지세는 높고, 주요 농산물
은 옥수수, 양곡이다.[22]

소고려영(小高麗營)은 때로 소고력영(小高力營)이라고 적었다. 앞서
통주 고려장에서 보듯이 '려(麗)'자는 통용자 '력(力)'자로 대체되었다.
『[광서]순천부지』 중 「순의현도(順義縣圖)」에는 촌락명을 '소고려영(小
高麗營)'이라고 적었고, 순의 지역의 촌락을 언급한 대목에는 북쪽 16리
에 '소고력영(小高力營)'이 있다고 적었다.[23] 『[민국]순의현지(順義縣志)』
중 「순의현전도(順義縣全圖)」에는 '소고력영(小高力營)'이라고 적었고,
「향촌(鄕村)」에는 '소고려영(小高麗營)'이라고 적었다.

소고려영은 아래에서 언급할 고려영과 밀접한 관련이 있다. 소고려

---

21 『[민국]順義縣志』 권1 「疆域志·區域」 중 黃成章 『順義志』 인용부분 참조.
22 『[민국]순의현지』 권1 「疆域志·鄕村」 참조.
23 『[광서]순천부지』 권28 「地理志十·邨鎭二·順義縣」: "(北)十六里, 小高力營, 陳各
   莊."

영 관계자들은 당나라 때 고구려인들이 이곳에 들어와 촌락을 형성했는데, 나중에 이곳 장소가 협소하여 남쪽 고려영으로 옮겨갔다고 했다. 촌락 남쪽에 예전에 토성을 쌓았다고 전해오고 있다. 필자가 이곳을 답사해보니 촌락 남쪽의 농지가 있는 곳에 성곽 해자처럼 동서로 길게 파여 있고, 중간에 석회로 판축한 흔적이 남아 있다. 향후 발굴 조사를 통해 구체적인 축성 시대와 모습이 밝혀지기를 기대한다.

V. 순의(順義) 고려영진(高麗營鎭)

고려영진(高麗營鎭)은 현 행정구역으로 북경시 순의구에 속해 있는 행정진이다. 고려영진은 북경 도심에서 북쪽으로 20km 떨어져 있고, 순의 도심에서 서쪽으로 13km 떨어져 있다. 이곳은 예로부터 도로망이 사통팔달로 뻗어있어 교통편이 매우 편리하다. 북경에서 경승고속도로(京承高速公路)와 육환로(六環路)를 타고 고려영진 나들목에서 빠져나오던지, 북경 시내 동직문(東直門)에서 다오(茶塢)행 942로를 타고 고려영진에 내리면 된다. 또 순의에서 사하(沙河)행 945로를 타고 고려영진에서 내리면 된다.

'고려영' 이름은 관내 각종 관공서나 학교는 말할 것도 없고, 점포나 회사의 명칭에서 쉽게 찾아볼 수 있다. 고려영진인민정부는 원래 고사로(高泗路) 사촌단(四村段)에 있었는데, 2014년에 장희장(張喜莊)사거리에서 서북쪽 100m 떨어진 곳으로 옮겼다. 2021년 기준으로 고려영진의 소속 관할지에는 1개 사구, 25개 행정촌이 있다. 전체 인구수는 2.61만 명이다. 고려영진의 중심 지역인 고려영촌을 열거해보면, 일촌

은 257호 650명, 이촌은 276호 874명, 삼촌은 227호 518명, 사촌은 392
호 1,006명, 오촌 247호 700명, 육촌은 235호 595명, 칠촌은 312호 815
명이다. 민족은 한족이 절대 다수이고, 회족, 만주족 등이 일부 있다.

고려영은 원래 창평(昌平)에 소속되었다. 『[강희]창평주지(昌平州志)』
에 고려영은 창평 동쪽 50리에 소재한다고 했고,[24] 『[옹정]기보통지』와
『[광서]순천부지』에 고려영은 창평으로부터 45리에 소재한다고 했다.[25]
『[광서]창평주지(昌平州志)』에 고려영의 관할 지역이 동쪽으로 하진영
(河津營), 서쪽으로 뇌마장(賴馬莊), 남쪽으로 왕로(王路), 북쪽으로 백랑
하(白浪河), 남동쪽으로 양방(羊坊), 남서쪽으로 산조령(酸棗嶺), 북동쪽
으로 수천(水泉), 북서쪽으로 동관장(東官莊)의 접경까지라고 했다.[26]
1955년에 순의현 제1구(第1區)에 편입되었다. 1958년에 장희장인민공
사(張喜莊人民公社)에 소속되었다가, 1975년에 분리되어 고려영인민공
사(高麗營人民公社)가 되었다. 1983년에 공사(公社)에서 향(鄕)으로 바뀌
었다가 1990년에 향에서 진(鎭)으로 승격되었다.

고려영촌은 고려영진에 속해 있는 행정촌이다. 고려영촌은 동서로
17.7km, 남북으로 4.9km로 관할지가 매우 광대하다. 청말 때 이곳에
하북(河北), 서관(西關), 남가(南街), 남후가(南後街), 동관(東關), 옥석정
(玉石井), 북후가(北後街), 대대(大隊) 8개 부락이 있었다. 민국 연간에

---

24 『[강희]昌平州志』 권6 「賦役志·村店·州城東路」: "高麗營, 五十里."

25 『[옹정]기보통지』 권40 「關津·順天府」: "高麗營在昌平州東四十五里. 接順義縣
界.";『[광서]순천부지』 권28 「地理志十·邨鎭二·昌平州」: "(治東)四十五里, 高麗營
汎, 外委駐此, 有鋪."

26 『[광서]昌平州志』 권4 「土地記·高麗營」: "采訪册: 距城五十里, 東至順義縣屬河津
營六里, 南至順義縣屬王路五里, 西至賴馬莊二里, 北至白浪河六里, 東南至順義縣
屬羊坊八里, 西南至酸棗嶺六里, 東北至順義縣屬水泉四里, 西北至東官莊六里."

순의 고려영

이들을 각각 제일보(第一保)에서 제팔보(第八保)로 개칭했다가, 1949년에 모두 보에서 촌으로 바뀌어 오늘날까지 이어지고 있다. 고려영촌은 해발 36m이고, 지형은 편평하다.

순의 고려영의 유래에 관해 학자나 기관에 따라 내용이 조금씩 다르나, 모두 고구려와 연계시키고 있다. 신채호(申采浩)는 일찍이 고려영을 지날 때 옛 역사를 회상하며 「고려영(高麗營)」이라는 시를 남겼다. 이 시에서 연개소문(淵蓋蘇文)은 고려영에 진을 쳤다는 말을 남겼다.[27] 고려영진정부 공식사이트에는 당나라 때 일부 조선인(고구려인을 지칭함)이 이곳에 들어와 정착했고 이후 발전을 거듭하여 진이 되었다고 했다.[28]

순의 고려영의 '영(營)'자는 군영을 의미한다. 신채호는 바로 이러한 점에 주목했다. 고당 전쟁 때 고구려 연개소문의 명성은 중국 전역에 널리 퍼졌다. 요동 침략을 실패한 당 태종은 후방으로 퇴각하는 때 연개소문의 고구려 군사로부터 역공을 당하는 것을 대비하기 위해 연로 곳곳에 거짓 방어진을 쳤지만, 고구려 군사가 북경까지 내려오지 않았다. 이에 따라 고구려 군대가 순의 고려영에 주둔했다는 말은 다소 어

---

27 신채호 「高麗營」: "高麗營 지나가니 눈물이 가리워라, 나는 書生이라 蓋蘇文을 그리랴만. 가을풀 욱어진곳에 옛자취를 설워하노라." 제목 자주: "高麗營은 淵蓋蘇文留陣處니 北京安定門外五十里에 있다."(『朝光』 2권 4호, 1936.4, 207쪽)

28 http://www.gaoly.bjshy.gov.cn/ 참조.

폐가 있다.

하지만 여기에 검토해야 할 사항이 더 있다. 북경 지역에 고구려 군대가 한때 진출한 적이 있었다. 49년(모본왕 2)에 고구려 군대가 북평(北平; 북경), 어양(漁陽)을 지나 하북의 상곡(上谷), 산서의 태원(太原)까지 진출한 적이 있었다.[29] 403년(광개토왕 13)에 고구려 군대가 후연(後燕) 연군(燕郡)을 공격하여 후연 1백여 명을 죽였다.[30] 이때 북경으로 진공한 고구려 군대가 소고려영과 고려영에 주둔했고, 이러한 연유로 촌락 명칭으로 명명되었을 가능성이 없는지? 또 고당 전쟁이나 고구려 멸망 때 많은 고구려인이 북경과 하북 지역으로 강제 이주를 당했다. 이때 일부 고구려인들이 소고려영과 고려영으로 강제 이주되어 촌락을 형성했을 가능성이 없는지? 아쉽게도 이 모든 추측에 대해 문헌 사료의 결핍으로 인하여 사실 여부를 확인할 수 없다.

고려영은 예나 지금이나 북경의 배후 도시답게 신선한 채소가 많이 생산되고 있다. 청말에 고려영에 상당한 규모의 시장이 형성되었다. 『[광서]창평주지』에 의하면 고려영에는 3일, 6일, 8일, 10일마다 장이 열린다고 했다. 당시 고려영장에서 사용하는 도량과 화폐 단위는 북경장과 달랐다. 고려영장에서는 곡물 1두가 북경장 3두, 은 1량이 북경장 1량 3분 3리, 동전 6백 전이 북경장 1백 전에 해당된다. 당시 고려장의 동전을 동전(東錢)이라고 불렀다.[31] 여기의 동전(東錢)은 해동인, 즉 고구려인 후손이 사용했다는 의미에서 나왔던 것으로 추측된다.

----

29 『三國史記』 권14 「高句麗本紀」 慕本王: "二年春, 遣將襲漢北平·漁陽·上谷·太原."
30 『晉書』 권124 「慕容熙載記」: "會高句驪寇燕郡, 殺略百餘人."
31 『[광서]昌平州志』 권4 「土地記·高麗營集市」: "采訪册: 三·六·八·十日爲集期. 糧以京市斛三斗爲一斗, 銀以京市平一兩三分三釐爲一兩錢, 以一百爲六百, 俗稱東錢."

고려영이촌에서 북쪽으로 1km 떨어진 곳에 와사지(瓦碴地)가 있다. 표충에는 곳곳에 기와 조각이 널려있고, 풀이 잘 자라지 않는다. 이곳에서 출토된 기와 조각은 당나라 때 제작된 것으로 알려진다. 또 이곳에 역참이 들어섰다.[32] 전체 너비가 70무(畝) 정도로 꽤나 넓어 관사 크기도 어느 정도 규모를 갖추었던 것으로 추정된다. 향후 발굴 조사가 필요하다.

VI. 창평(昌平) 고려하(高麗河)

창평(昌平)은 북경 북쪽 근교 태행산(太行山)과 연산산맥(燕山山脈)이 교차하는 지역에 소재한다. 주나라 때 계국(薊國)에 속했다가, 훗날 연국(燕國)에 편입되었다. 1513년(정덕 8)에 창평주(昌平州)가 되었다가, 1914년에 현이 되었다. 소속 관할지에는 8개 가도, 4개 지구, 10개 진이 있다.

창평 일대에 예로부터 전해오는 고려하(高麗河)가 있었다. 청 건륭 연간에 화신(和珅) 등이 중국 전역의 지리를 모아 편찬한 『대청일통지(大淸一統志)』가 있다. 이 책자의 권5 「순천부이(順天府二)·고려하(高麗河)」에서:

高麗河, 在昌平州東五十里, 源出州東龍泉寺, 泉分二流: 一入順義縣, 名日浪河; 一南流, 名高麗河. 又南流復合入溫楡河.

---

32 秦胜利, 「探訪北京郊區高麗營鎭」, 『法制晚報』, 2004년 10월 6일자.

고려하는 창평주(昌平州) 동쪽 50리에 있고, 주의 동쪽 용천사(龍泉寺)에서 발원한다. 샘물은 두 갈래로 나누어지는데, 한 줄기는 순의현으로 들어가 낭하(浪河)라 부르고, 한 줄기는 남쪽으로 흘려 고려하(高麗河)라 부른다. 또 남쪽으로 흘러가다 다시 합쳐 온유하(溫榆河)로 들어간다.

여기에서 고려하는 창평주 동쪽 50리에 소재한 용천사(龍泉寺)에서 발원해서 남쪽으로 흐르다가 온유하(溫榆河)로 들어간다고 했다. 『[강희]창평주지(昌平州志)』의 기록에 따르면, 창평 소재의 용천사가 두 곳이 있다. 한 곳은 근성(芹城) 북쪽에 있고, 다른 한 곳은 주 동남쪽 5리 용천산(龍泉山)에 있다.[33] 고려하의 발원지인 용천사는 근성 북쪽에 소재한 사찰이다. 근성은 훗날 중국어(漢語) 음가가 비슷한 진성(秦城)으로 바뀌었다. 진성포(秦城鋪)는 청나라 때 역참이 있었고, 현 북경 창평구 흥수진(興壽鎭) 진성촌(秦城村)이다. 진성촌 북쪽에는 신령산(神嶺山; 일명 三思嶺)이 있는데, 그 산 아래에 용담(龍潭)이 있다. 용담 옆에 904년(천우 1)에 창건된 용천사가 세워졌다. 해정(海淀)의 봉황령풍경구(鳳凰嶺風景區)에도 용천사(龍泉寺)가 있는데, 고려하 발원지인 용천사와 다른 사찰이다. 봉황령 용천사는 요나라 초기에 창건되었고, 이화원(頤和園)에서 27km 떨어져 있다.

용천사에서 발원한 고려하는 진성촌을 지나간다. 1953년에 진성촌에서 흥수촌(興壽村)까지 새로운 관계 수로를 건설하여 예전의 수로가 폐쇄되었다. 용천사에서 발원한 또 하나의 하천이 낭하(浪河)이다. 낭

---

33 『[강희]창평주지』 권18 「雜志・寺」: "龍泉寺, 有二. 一在芹城北, 天佑元年建. 一在州治東南五里龍泉寺頂."

하는 『[광서]순천부지』「순의현도(順義縣圖)」에 보이는 백랑하(白浪河)
이다. 백랑하는 창평 고려영을 지나 사하(沙河)로 들어가고, 또 대흥(大興)을 지나 온유하로 들어간다. 고려하의 지명 유래에 관해 문헌 기록
에서 알려진 바가 없지만, 혹시 하천이 고려영 부근으로 흘러가기 때문
에 명명되었는지 모르겠다. 진성촌은 고려영으로부터 그다지 멀리 떨
어지지 않았다. 고려영 관내에 온유하의 지류가 흐른다.

Ⅶ. 해정(海淀) 고리장촌(高里掌村)

고리장촌(高里掌村)은 현 행정구획으로 북경시 해정구(海淀區) 온천
지구(溫泉地區)에 속해 있는 행정촌이다. 고리장촌은 원래 완평현(宛平
縣)에 속해 있었다. 1952년 9월에 고리장촌은 북경시 해정구로 편입되
었다. 해정은 해전(海甸), 해점(海店)이라 부르고, 북경 서쪽부에 소재한
다. 지명은 원나라 초 해정진(海淀鎭)의 해정호(海淀湖)에서 나왔다. 이
곳에는 청나라 별궁인 이화원(頤和園)과 원명원(圓明園)이 있다. 소속 관
할지에는 22개 가도, 7개 지구가 있다. 온천 지구는 해정구의 서북쪽에
소재하고, 2011년에 진이 철폐되고 지구로 승격되었다. 지명은 관할지
현룡산(顯龍山)에 온천이 나온 데에서 나왔다. 오늘날 이곳에 많은 요
양원과 휴양지가 들어서 있다. 소속 관할지에는 13개 사구(社區), 7개
행정촌이 있다.

이화원에서 고리장촌까지 거리는 13.1km이다. 한 길은 이화원 정문
에서 330로 버스를 타고 온천진을 지나가면 온천신장북참(溫泉辛莊北
站)에서 내리면 된다. 동편이 중관촌학원(中關村學院) 온천캠퍼스(溫泉校

區)이고, 서편이 중관촌취호과기원(中關村翠湖科技園)이다. 중관촌취호과기원의 남쪽이 고리장로(高里掌路)의 동편 입구이다. 또 한 길은 북경에서 팔달령고속도로를 타고가다 북청로교(北清路橋) 톨게이트에서 빠져나오면 고리장북교(高里掌北橋)가 보인다. 여기에서 서쪽으로 200m 정도 가면 첫 번째 신호등이 나오고, 신호등에서 남쪽으로 꺾어 소가타서로(蘇家坨西路)로 따라 500m 가면 고리장로의 서편 입구이다.

고려장촌 입구에 '고리장(高里掌)' 간판과 2006년 7월에 완성한 고리장문화휴한원(高里掌文化休閑園)이 조성되어 있다. 촌위회사무소는 예전의 관제묘(關帝廟) 자리에 들어섰다. 2021년 기준으로 인구는 638명이다. 민족은 모두 한족이다. 주요 성씨는 최(崔), 이(李), 창(昌), 유(劉)이다. 학생들은 고리장촌과 붙어 있는 신장소학(辛莊小學)에 다닌다. 촌락 북쪽에 경밀인수거(京密引水渠)가 지나가고, 주변에 평탄한 농지가 펼쳐져 있다. 예전에는 옥수수, 밀을 많이 재배했으나, 근래에는 주로 묘목을 생산하고 있다. 고리장촌은 예전에 묘봉산(妙峰山)으로 들어가는 길목에 자리하여 많은 향배객이 지나갔다.

고리장촌(高里掌村)은 원래 고려촌(高麗村)으로 불리었다. 1593년(만력 21)에 심방(沈榜)이 완평 지역의 제반 사항을 기술한 『완서잡기(宛署雜記)』가 있다. 여기에 완평 지역에 소속된 촌락에 대해 자세히 적혀 있다. 이 책자 권5 「가도(街道)」에서:

縣之西北, 出西直門, … 又十里曰北海店, 其旁曰小南村, … 曰新莊
村, 曰高麗村.
현 북서쪽 서직문에서 나선다. … 또 10리이면 북해점(北海店)이고,
그 옆에 소남촌(小南村)이다. … 신장촌(新莊村), 고려촌(高麗村)이다.

여기에서 촌락 명칭이 원래 고려촌(高麗村)이라 불렸다는 사실을 알 수 있다. 고려촌은 서직문(西直門)에서 북서쪽에 위치한다고 했는데, 현 고리장촌도 서직문 북서쪽에 자리하고 있다. 고려촌과 병기된 신장촌(新莊村)은 고리장촌과

해정 고리장(옛 고려장)

붙어 있는 신장촌(辛莊村)이다. 촌락 명칭은 훗날 획수가 간편하고 음가가 통하는 글자로 바뀌었다. 고려촌의 '려(麗)'자는 '리(里)'자로 바뀌었고, 신장촌(新莊村)의 '신(新)'자는 '신(辛)'자로 바뀌었다. '려(麗; li)'자와 '리(里; li)'자, '신(新; xin)'자과 '신(辛; xin)'자는 모두 중국어(漢語) 음가가 상통한다.

청 광서 연간에 나온 책자를 보면 고려촌(高麗村)은 '고립장(高立掌)' 또는 '고립장(高立莊)'으로도 불렸다. 『[광서]순천부지』중 「완평현도(宛平縣圖)」에는 촌락명을 '고립장(高立掌)'이라고 적었고,[34] 『[광서]창평주지(昌平州志)』중 소가타소영(蘇家坨小營)과 전류림(前柳林)의 촌락 경계를 논하는 대목에는 완평현 소속 '고립장(高立莊)'이라고 적었다.[35] '려(麗; li)'자와 '립(立; li)'자 또는 '리(里; li)'자, '장(莊; zhuang)'자와 '장(掌; zhang)'자는 모두 중국어(漢語) 음가가 상통한다.

---

34 『[광서]순천부지』권1 「宛平縣圖」 참조.

35 『[광서]昌平州志』권4 「土地記・蘇家坨小營」: "西南至宛平縣屬高立莊一里."; 동서 권4 「土地記・前柳林」: "南至高立莊."

　고려촌은 어디에서 유래되었는가? 촌락 명칭으로 보면 한민족 디아
스포라와 모종의 관련이 있는 것으로 추정되지만, 각종 관련 문헌에서
구체적인 자료를 찾지 못했다. 필자가 고리장촌과 온천진 관계자들을
만나보았으나, 이들도 막연하게 고리장촌이 한민족과 연관이 있을 것
이라는 말만 했다.

　필자가 조사한 바에 의하면 한민족이 북경과 하북 지역에 정착한 경
우는 크게 세 부류로 나눌 수 있다. 첫째, 당 태종 때 고구려를 침략하
여 많은 고구려 피로인을 유주 지역으로 강제 이주시킨 경우이다. 예를
들면 순의 고려영, 통주 고력장, 풍윤 고려포 등이다. 둘째, 원나라 때
많은 고려인이 대도(북경)와 그 주변 지역에 들어와서 정착한 경우이다.
예를 들면 1331년(지순 2)에 고려인 김백안찰(金伯顔察)과 부인 손씨(孫
氏)가 자신들의 원당을 완평현 지수촌(池水村)에 세웠고,[36] 1349년(지정
9)에 광동 광주(廣州)에서 작고한 고려인 출신 다루가치 라마단(剌馬丹)
은 완평(宛平)에 거주했다.[37] 셋째, 청나라 때 많은 조선인이 만주족 팔
기(八旗)에 편입되어 하북 지역으로 들어와 정착한 경우이다. 예를 들
면 청룡 고려포촌, 박장자촌, 노원촌 등이다. 아쉽게도 해정 고리장촌
이 이 중의 어느 부류에 속하는 경우인지 사료 부족으로 알 수 없다.

李穀 『稼亭先生文集』 권2 「京師金孫彌陁寺記」 참조.

37 朴現圭, 「최근 발굴된 중국 소장 海東 관련 금석문: 고려인 이슬람교도 剌馬丹 묘비」,
　『中國學論叢』 17집, 韓國中國文化學會, 2004.6, 309~323쪽.

Ⅷ. 방산(房山) 광양성촌(廣陽城村)

광양성촌은 크게 북광양성촌(北廣陽城村)과 남광양성촌(南廣陽城村)
으로 나뉜다. 북광양성촌과 남광양성촌은 현 행정구획으로 북경시 방
산구(房山區) 장양진(長陽鎭)에 속해 있는 행정촌이다. 방산은 북경 서
남쪽 광활한 평지와 산악 지역에 소재한다. 지명은 경내 소재한 방산에
서 유래되었다. 소속 관할지에는 8개 가도, 14개 진, 6개 향이 있다.
장양진은 방산구 북동쪽에 소재한 평지 지역이다. 소속 관할지에는 24
개 사구와 36개 행정촌이 있다.

예전에 장양진은 양향현(良鄕縣)에서 관할했다. 북경 시내에서 장양
진과 양향역으로 들어가는 교통망은 잘 갖추어져 있다. 이들 지역에
경광선(京廣線) 철도와 경석고속도록(京石高速公路), 국도 107공로(公路)
등 여러 노선이 지나간다. 광양성촌은 예전에 북경의 천교기차참(天橋
汽車站)이나 전문(前門)에서 버스를 타고 장양진이나 양향역을 거쳐 들
어갔으나, 2010년 지하철 방산선(房山線)에 개통된 이래 교통 접근성이
훨씬 좋아졌다. 광양참(廣陽站)에 내려 북쪽으로 700m 정도 걸어가면
북광양성촌이 나온다. 북광양성촌 입구에는 표지석과 안내표지판이
세워져 있고, 인구는 557명이다. 남광양성촌은 북광양성촌으로부터 남
쪽으로 1km 정도 떨어져 있다. 촌락 입구에 표지석이 세워져 있고, 인
구는 약 1,800명이다.

당나라는 유주 지역에 타민족들을 집단 거주시킨 기미주(羈縻州)를
10여 개 만들었다. 그중에 신라인들을 집단 거주시킨 귀의주(歸義州)가
포함되어 있다. 『구당서』 권39 「지리지(地里志)·기미주(羈縻州)·하북도
(河北道)」에서:

歸義州, 總章中置, 處海外新羅, 隷幽州都督, 舊領縣一, 戶一百九十五, 口六百二十四. 歸義, 在良鄕鎭之古廣陽城, 州所治也.

귀의주는 총장 연간에 설치하여 해외 신라인을 살게 했다. 유주도독에 속했다. 예전의 관할은 현이 1개이고, 호수는 195호이며, 인구는 624명이다. 귀의주는 양향진의 옛 광양성에 있으며, 주가 다스린 바이다.

여기에서 귀의주의 설립과 장소, 구성원에 대해 기술되어 있다. 당 총장 연간(668~670)에 해외 신라인들을 거주시킨 귀의주를 설치했다. 귀의주는 단독 행정구획으로 되어 있고, 호수는 195호, 인구는 624명이다. 1780년(정조 4) 박지원은 자제군관의 일원으로 연경(북경)과 열하(承德)를 다녀왔다. 그는 연경의 북동지역에 고려장(高麗莊)이 많이 있고, 당 총장 연간에 양향 광양성에 신라호를 두었다고 했다.[38]

귀의주는 옛 광양성에 자리하였다. 광양성은 한나라 초에 광양군(廣陽郡)이 설치하면서 조성된 성이다. 광양성 유적지는 오늘날 북광양성촌과 그 일대에 소재한다. 성곽의 동쪽은 소청하(小淸河), 남쪽은 남광양성촌 철도, 서쪽은 장양농장(長陽農場), 북쪽은 52922부대의 담까지이다. 1970년 유적조사 때에 이곳에서 철제 화로, 솥과 많은 양의 동전이 나왔고, 특히 남동쪽 모서리와 북서쪽 모서리가 있는 곳에서 홍도(紅陶)와 승문회도(繩紋灰陶)가 나왔다. 2021년에 북경시 제9차 시급문물보호단위로 지정되었다.

귀의주에 정착했던 해외 신라인은 어떤 부류일까? 당시 당나라 경내에는 많은 신라인이 머물고 있었다. 신라 사신들은 외교 관계를 유지하

---

38 『熱河日記』 「口外異聞·新羅戶」: "燕之東北郡縣, 非但多高麗莊, 唐總章中, 以新羅戶置僑治良鄕之廣陽城."

기 위해 중국 대륙을 드나들었고, 신라 왕족들은 질자의 신분으로 장안
에 머물고 있었다. 신라 화상들은 대륙 각지의 불교 성지를 답파하며
불도를 수행하고 있었고, 신라 상인들은 주로 수로 지역을 오가면서
교역을 하고 있었다. 그러나 이들 부류의 사람들이 귀의주에 머물렀다
고 풀이하기에는 무리가 따른다. 귀의주가 설치된 북경 장양진은 당시
신라인들이 많이 거주한 지역이거나 신라와 당나라를 잇는 교통로에서
북쪽으로 한참 올라가 있다.

　기미주는 당나라 국경 또는 그 주변 지역에 귀화한 타민족의 집단이
거주하는 일종의 자치주이다. 귀의주가 기미주의 한 곳이다. 귀의주는
글자의 뜻과 설립목적으로 본다면 당나라에 귀화한 신라인들을 머물게
했다는 말로 풀이된다. 귀의주를 설치한 총장 연간은 668년~670년, 불
과 3년뿐이다.

　당시 당나라와 신라 간의 외교 관계를 살펴보면 귀의주에 거주한 해
외 신라인의 성격을 엿볼 수 있다. 668년(문무왕 8; 총장 1)에 나당 연합
군은 북쪽 평양성을 함락시키고 고구려를 전복시켰다. 당시 신라와 당
나라는 비록 군사동맹국 관계였지만, 내부적으로 향후 일어날 영토 문
제로 서로 강력하게 견제하고 있었다. 당나라는 백제와 고구려를 장기
적으로 점거할 목적으로 옛 영토를 각각 분할하고, 부여에 웅진도독부,
평양에 안동도호부를 각각 설치하였다. 신라 조정은 당나라가 장차 신
라를 포함한 한반도 모든 지역을 차지하려는 야욕을 알아채고, 백제와
고구려 유민들을 받아들이고 이들과 힘을 합쳐 당나라 군대와 격돌하
였다. 나당전쟁은 670년(문무왕 10; 함흥 1)부터 676년(문무왕 16; 의봉 1)까
지 7년간 펼쳐졌다. 나당전쟁 때 신라군의 극일부가 당나라 군대에 의
해 피랍되어 중국 대륙으로 끌려갔을 것이다. 하지만 나당전쟁 시기는

귀의주가 설치된 당 총장 연간(668~670) 이후의 일이다. 신라군 피로설
은 귀의주 기록과 부합되지 않는다.

그렇다면 생각할 수 있는 사항은 당시 당나라에 머물고 있던 신라인
이다. 신라는 나당연합군을 결맹하기 위해 왕족들을 당나라 수도 장안
(현 서안)으로 보내어 질자로 삼았다. 그 대표적인 인물이 문무왕의 동
생 김인문(金仁問)이다. 당나라는 장차 신라를 침공할 목적으로 장안이
머물던 김인문을 신라왕으로 내세우며 신라 내분을 획책하고 민심을
교란시켰다. 또 669년(문무왕 9; 총장 2)에 신라 조정은 당나라와 경색된
외교관계를 풀기 위해 김유신의 동생 김흠순(金欽純)과 파진찬 김양도
(金良圖)를 사절로 삼아 당나라로 보냈다. 그러나 당 고종은 신라의 처
분에 분노한 나머지 사신 김흠순과 김양도를 감옥에 집어넣고 폭거를
자행했다. 이때 당나라는 이들을 장차 신라와 협상 용도로 활용하기
위해 특정 지역에 안치해놓았을 것이다. 이것이 바로 옛 광양성에 귀의
주를 만들어 해외 신라인들을 집단으로 안치했던 목적일 것으로 추정
된다. 나당전쟁 이후 김인문, 김흠순 등 일부 고위층은 훗날 신라로 귀
국했지만, 일부 친당계 신라인들은 계속 당나라에 머물렀다.

해외 신라인들이 거주한 귀의주는 그다지 오래가지 못하고 폐쇄되었
다. 『신당서』에 의하면 귀의주는 훗날 폐쇄되었다가 개원 연간(713~
741)에 귀의주를 복원시키고 신안왕(信安王) 이위(李褘)가 투항시킨 거
란족과 혜족 이시쇄고(李詩鎖高)의 부락을 모아 두었다고 했다.[39] 그렇

---

[39] 『新唐書』 권43하 「地理志·羈縻州·河北道」: "歸義州歸德郡." 자주: "總章中以新羅
戸置, 僑治良鄉之廣陽城, 縣一, 歸義. 後廢, 開元中, 信安王褘降契丹·李詩部落五
千帳, 以其衆復置."

다면 원 귀의주에 거주한 해외 신라인들은 어디로 갔을까? 하북 노룡
(盧龍)에 신나채촌(新挪寨村)이 있다. 신나채(新挪寨)는 원래 신라채(新羅
寨)라고 불렀다. 노룡 관계기관이나 『[1994년]노룡현지(盧龍縣志)』에는
신나채촌이 당 정관 연간에 고구려 유민들이 정착한 촌락이라고 기술
하고 있다. 원 촌락명인 신라채의 '신라(新羅)'는 한반도 신라국을 지칭
한다. 따라서 노룡 신나채촌이 귀의주의 신라인들이 옮겨와 거주한 촌
락이지 아닐까 추측해 본다.[40] 여기에 관해서는 다음 문장인 하북 지역
한민족 디아스포라에서 다시 자세히 논하고자 한다.

IX. 결론

한민족은 원래 다양한 민족이 구성된 공동체이다. 한민족의 디아스
포라는 예전에 주로 전쟁과 정복에 의해 이루어져 유랑이라는 부정적
인 의미를 떠올리게 하지만, 근래에는 세계 속으로 진출하여 타민족과
융합하며 한민족 문화와 지역을 확산시키는 긍정적인 모습도 보여주고
있다.

중국 대륙은 예로부터 한민족의 디아스포라가 가장 많이 이루어졌던
지역이다. 각종 한중 문헌에 한민족 디아스포라에 관한 기록을 찾아볼
수 있고, 오늘날 중국 지명에서도 그 실체를 확인할 수 있다. 북경 지역
은 화북(華北) 지역에 소재하며 오늘날 중국의 수도이다. 이 지역에 한

---

40 朴現圭, 「중국 소재 新羅 행정지명 고찰」, 2007년도 해상왕장보고연구회 학술발표회,
해상왕장보고연구회, 코엑스 컨퍼런스센타, 서울, 2007.9.29.

민족 디아스포라와 관련된 지명과 유적이 여러 곳 보인다. 동쪽 통주에
는 대고력장촌(大高力莊村)이 있고, 그 주변에는 고려사(高麗寺)와 소고
력장촌(小高力莊村)이 있다. 동북쪽 순의에는 소고려영촌(小高麗營村)과
고려영진(高麗營鎭)이 있다. 북쪽 창평에는 고려하(高麗河)가 있고, 서
북쪽 해정에는 고리장촌(高里掌村)이 있으며, 서남쪽 방산에는 북광양
성촌(北廣陽城村)과 남강양성촌(南廣陽城村)이 있다.

　이들 지명과 유적을 분석해 보면 그 양상이 상당히 복잡하다. 통주
대고력장촌(원명 高麗莊), 순의 소고려영촌과 고려영진은 고구려 군대
와 유민이 관련되었을 것으로 보인다. 통주 고력장촌에 소재한 고려사
는 원나라 때 창건되었다. 당시 통주를 비롯한 대도(북경) 주변에 많은
고려인이 살고 있었다. 통주 소고력장촌은 청나라 초 팔기군의 일원이
대고력장촌의 인근으로 이주해 왔는데, 팔기군의 편입된 조선인과 관
련되지 않았을까 추측된다. 창평 고려하는 순의 고려영 부근으로 지나
가는 강으로 추정되는데, 현 지명에서 사라져 정확한 위치는 확인되지
않는다. 해정 고리장촌(원명 高麗莊)은 조대가 확인되지 않는 한민족 사
람들이 정착했던 것으로 추정된다. 옛 광양성인 방산 북광양성촌과 남
광양성촌은 해외 신라인으로 구성된 귀의주(歸義州)가 들어선 곳이다.
훗날 귀의주의 해외 신라인은 노룡 신나채(新挪寨: 원명 新羅寨)로 이주
했지 않았을까 추측된다.

　한민족 디아스포라와 관련된 지명과 유적은 우리에게 매우 소중한
자료이다. 이것을 통해 북경 일대의 현장에서 그동안 구전되어 전해온
기억과 문헌의 실체를 확인할 수 있다. 필자의 바람은 두 가지가 있다.
하나는 앞으로 유관 학계에서 이들 지역을 답사하고 실체를 명확하게
확인하는 작업이 있기를 기대한다. 다른 하나는 이들 지역에 한중 우호

의 기념물이 들어서기를 바란다. 이러한 생각은 필자의 관견에서 나왔
지만, 이들 촌락은 한때 한민족 디아스포라의 장소였고, 지금은 중국
인들이 살고 있기에 한중 양국의 역사가 공히 존재하는 장소이다. 따라
서 우리는 이들 장소의 기념물로 통해 한중 양국 사람들이 역사를 상호
이해하고 미래 세계로 함께 나아가는 좋은 사례로 활용될 수 있다. [燁
爀之樂室]

하북 북부
한민족
디아스포라 지명

융화 고립영

평천 박가원

청룡 고려포

청룡 박장자   청룡 노원촌

풍윤 고려포   산해관

노룡 신나채

무녕 조선족촌

북경

천진

I. 서론

한민족이란 어떤 민족일까? 퉁구스족의 일파에서 나와 한반도와 만주 지역을 중심으로 활동했던 여러 계통의 민족으로 구성되었다. 역사적·지리적 관점과 생물학적 특성에서 한민족은 크게 예맥, 숙신에서 출발하는 북방계와 삼한에서 출발하는 남방계로 구분한다. 우리는 통상 특정 민족이 자의든 타의든 자신들이 살고 있는 지역을 떠나 다른 지역으로 이주해 가는 현상을 민족 단위의 디아스포라(Diaspora; 離散)라고 부른다. 한민족과 주변 민족들도 아주 오래전부터 이와 같은 현상이 빈번하게 일어났다.

중국 대륙에 분포된 한민족의 디아스포라 지역을 살펴보는 작업은 무척 흥미롭다. 이들 지역은 한민족의 디아스포라 실체와 과정을 알아보는 데 매우 중요하다. 한때 중국 대륙의 북방 지역을 영유했던 여진족, 대륙 전역을 강토로 삼은 만주족을 제외하더라도 한민족이 중국 대륙으로 들어가 거주했던 디아스포라 지역은 꽤 존재한다. 어떤 디아스포라 지역은 지명으로만 남아 있고, 어떤 디아스포라 지역은 문헌 기록으로만 기술되어 있다. 따라서 한민족 디아스포라 지역에 대한 고

찰 작업은 문헌 조사와 현지답사를 병행해야 좋은 결과물을 얻을 수
있다.

　필자는 일전에 중국 대륙에 소재한 한민족 디아스포라 지역에 대해
여러 차례 조사한 적이 있었다. 예를 들면 중국 대륙 전체에 분포된
신라촌, 백제인들이 정착했다고 잘못 전해진 광서 백제향, 나려인들이
활동한 절강 지명, 북경 지역에 소재한 한민족 디아스포라 지역, 풍윤
고려포촌의 유래 등에 대해 고찰한 바가 있다.[1] 이번에 하북 북부를 대
상으로 한민족 디아스포라 지역에 대해 집중적으로 고찰해 본다. 하북
북부는 중국 수도 북경 이북 지역에 해당한다. 이들 지역은 예로부터
한민족과 밀접한 관련이 있다. 만주 지역을 제외한 중국 대륙에서 한민
족의 디아스포라 지역이 많이 집중되어 있다. 본 논고에서 언급한 한민
족 디아스포라 지역은 마을 단위급 이상 지역으로 한정한다.

Ⅱ. 풍윤(豊潤) 고려포촌(高麗鋪村)

　풍윤(豊潤) 고려포촌(高麗鋪村)은 현 행정구획으로 하북 당산시(唐山
市) 풍윤구(豊潤區) 풍윤진(豊潤鎭)에 속해 있는 행정촌이다. 풍윤은 당

1　朴現圭, 「중국 福建 남부 新羅 명칭 고찰」, 『新羅文化』 28집, 東國大學校 新羅文化硏
　究所, 2006.08, 167~188쪽; 「중국 소재 新羅 행정 지명 고찰」, 『對外文物交流硏究』
　7집, 海上王張保皐硏究會, 2007.12, 57~89쪽; 「台州地區 羅麗 유적과 지명에 관한
　고찰」, 『新羅文化』 31집, 東國大學校 新羅文化硏究所, 2008.02, 165~180쪽; 「廣西
　百濟墟 지명 고찰」, 『中國學論叢』 38집, 韓國中國文化學會, 2013.04, 175~194쪽;
　「북경 지역 韓民族 離散 지명과 유적」, 『韓民族硏究』 7호, 韓民族學會, 2009.06,
　71~90쪽; 「豊潤 高麗鋪村의 유래 고찰」, 『韓國實學硏究』 20호, 韓國實學學會,
　2010.12, 177~211쪽.

산에서 북쪽으로 22km, 북경에서 동쪽으로 120km 떨어져 있다. 진나라 때 어양군(漁陽郡), 당나라 때 옥전현(玉田縣)에 속했다. 1207년(대정 27)에 옥전현에서 분리되어 영제현(永濟縣)이 되었다. 1209년(대안 1)에 풍윤현(豊閏縣)으로 바뀌었고, 1368년(홍무 1)에 다시 물 '수(水)'변이 들어간 풍윤현(豊潤縣)으로 바뀌었다. 2002년에 현이 철폐되고 당산 소속의 구로 바뀌었다. 소속 관할지에는 3개 가도(街道), 17개 진, 3개 향이 있다. 풍윤진은 시내를 둘러싼 외곽지에 자리한다. 경내에 북송 휘종이 금나라로 잡혀가면서 고향으로 돌아가고 싶다는 전설이 전해 오는 환향하(還鄕河)가 흐른다.[2] 소속 관할지에는 45개 행정촌이 있다.

고려포촌은 풍윤 시내에서 서쪽 옥전(玉田) 방향으로 7.5km 떨어져 있다. 촌락명은 예로부터 고려포(高麗鋪)라고 불렀고, 간혹 획수가 간편한 동음자 고력포(高力鋪)라고 불렀다. 『[광서]풍윤현지』에는 '고려포(高麗鋪)'와 '고력포(高力鋪)'가 혼용되어 있다.[3] 고려포촌은 1987년까지만 하더라도 6개 행정촌을 가진 고려포향(高麗鋪鄕)의 치소였으나, 지금은 하나의 행정촌으로 격하되었다. 경무공로(京撫公路) 양편으로 가옥들이 늘어서 있고, 곳곳에 고려포 이름이 들어간 촌위회, 위생원, 신용사, 소학 등이 보인다. 마을 주변에 광활한 농지가 펼쳐져 있다. 2019년 기준으로 전체 인구는 229명이고, 면적은 2.192km²이다. 주요 성씨는 김, 이, 전, 주, 왕, 유, 종 등이고, 주요 농산품은 옥수수, 생강

---

2 『[옹정]畿輔通志』권42 「津梁·永平府」: "還鄕橋. 在豊潤縣西還鄕河上, 自昔高麗遼東往來要路也. 舊志: 宋徽宗北轅過橋, 駐馬四顧, 曰: 吾安得似此水還鄕也. 因不食而去."

3 『[광서]豊潤縣志』권1 「倉儲」: "城鎭西關屬二十屯: 霍家莊, 距城二里, … 高力鋪, 距城十五里."; 동서 권3 「雜記」: "舊志云: 自縣西渡洰水十五里高麗舖."

등이다.

풍윤 고려포촌은 어떻게 세워졌을까? 여기에 관해 크게 네 가지 설이 있다. 첫째, 고구려 유민설이다. 18세기 조선사신 이기지(李器之), 윤급(尹汲), 노이점(盧以漸) 등은 고당전쟁 때 당 태종이 요동을 침공하여 붙잡아온 고구려 사람들을 이주시킨 마을이라고 했다.[4] 풍윤 지역과 조선족 학자들도 고당전쟁과 황량타(謊糧坨) 전설에 근거하여 고구려 유민설을 받아들이고 있다.[5] 황량타는 일명 황초타(黃草坨)이다. 풍윤 서북쪽 15리, 즉 현 고려포촌 경내에 소재하며 당 태종이 고구려를 기만하기 위해 거짓 군량 더미를 설치했다고 전해 온다.[6] 『[1993년]풍윤현지(豊潤縣志)』에서도 고려포촌이 당나라 때 세워졌다고 했다.[7]

둘째, 원나라 급체포(急遞鋪)와 고려인 정착설이다. 왕득성(王得成)·이쌍운(李雙雲)이 급체포설을 제시했다. 원나라는 각지의 교통 요지에 급체포를 설치하여 전국 사방으로 오가는 문서와 운송을 맡게 했다. 고려포는 촌명에서 보듯이 급체포이고, 고려인들이 모여 살았다.[8]

---

4 李器之『一菴燕行日錄』권2 숙종 46년(1720) 9월 14일조: "盧家庄至高麗堡, 此乃唐太宗征遼所移之民也."; 尹汲『燕行日記』영조 22년(1746) 12월 24일조: "抵高麗堡, 堡有水田, 可播數石種. 傳言唐太宗征時所得麗民於此."; 盧以漸『隨槎錄』경자년(1780) 7월 28일조: "所謂高麗堡者, 唐太宗征遼時, 我國人被捉而來居生於此, 未知其是否?"

5 王得成, 「中朝·中韓交往的重要驛站 - 高麗鋪」, 『河北學刊』82호, 1995, 111쪽; 황유복·전홍렬·김경식, 「옛 고구려 사람들이 살았던 고려포(하북성 풍윤현)를 찾아서」, 『한민족』2집, 한민족학회: 敎文社, 서울, 1990.5, 202~211쪽.

6 『[광서]豊潤縣志』권1 「古蹟」: "謊糧坨, 在縣西北十五里. 相傳唐太宗設, 以狂高麗."

7 豊潤縣志方志編纂委員會, 『[1993년]豊潤縣志』, 中國社會科學院, 북경, 1993.10, 69쪽.

8 王得成·李雙雲, 「朝鮮人進京的重要驛站: 高麗鋪」, 『唐山宣傳』, 1993년 7기(총71기), 中共唐山市委宣傳部, 10쪽.

1988년에 고려포 경내에 '고려포보(高麗鋪堡) / 대명가정삼십년사월길
일립(大明嘉靖參拾年肆月吉日立)'이라는 석물이 발견되었다.[9] 이후 풍윤
문물관리소(豊潤文物管理所)의 수장고로 옮겼다. 가정 30년은 1551년이
다. 원나라 때에도 고려포촌에 급체포가 설치되어 있었다.

셋째, 명 가정 연간 환향하 홍수설이다. 황보기(黃普基)가 환향하 홍
수와 권벌(權橃) 『조천록(朝天錄)』의 고려포 기록을 연계시켜 제시했
다.[10] 1537년(가정 16)에 환향하에 대홍수가 발생하여 풍윤·삼하(三河)
지역의 마을들이 파괴되었다. 이로부터 2년 뒤에 고려포가 세워졌다.
현존 연행록 가운데 고려포 지명이 등장하는 가장 빠른 책자는 권벌의
『조천록』이다. 1539년(중종 34)에 권벌은 풍윤에서 출발하여 환향하를
건너 고려포를 지나갔다.[11]

넷째, 병자·정축호란 때 조선 피로인설이다. 이 설은 조선 후기에
고려포를 지나가던 박지원(朴趾源), 김익(金熤), 이기헌(李基憲), 한필교
(韓弼敎) 등 많은 조선 사절들이 언급했다. 병자·정축호란 때 조선인들
이 청군에게 붙잡혀 가서 고려포촌에 모여 마을을 세웠다.[12] 이헌구(李

9 황유복·전홍렬·김경식, 「옛 고구려 사람들이 살았던 고려포(하북성 풍윤현)를 찾아서」,
   앞의 서지, 209~210쪽.
10 黃普基, 「"心存即爲鄕":淸代朝鮮使者對"高麗鋪"歷史的構建」, 『社會科學』, 2013年
   2期, 155~163쪽.
11 權橃 『朝天錄』(『冲齋先生文集』 권8) 10월 14일조:"早發涉還鄕河, 過高麗鋪, 夕至
   玉田縣陽樊驛. 高麗鋪, 問之未詳."
12 朴趾源 『熱河日記』 「關內程史」:"(경자 7월)二十八日甲辰. … 自豊潤曉發, 至高麗堡
   十里. … 行至高麗堡, 廬舍皆茅茨, 最寒儉, 不問可知爲高麗堡也. 丁丑被擄人自成一
   村."; 金熤 『竹下集』 권4 「高麗村」 자주:"在豊潤縣界. 丙丁之亂, 東民被俘者聚居于
   此, 名其居曰高麗村云."; 李基憲 『燕行日記』 순조 1년(신유) 12월 21일조:"(高麗堡)
   世傳此丙丁被擄人聚居成村."; 韓弼敎 『隨槎錄』 권3 「遊賞隨筆下·高麗鋪」:"又五里

憲球)는 여기에서 한 걸음 더 나아가 정축호란 때 조선 피로인이 심양에서 고려포촌으로 옮겨왔고, 나중에 또다시 산서(山西)로 이주해 가서 지금은 남아 있는 자가 없다고 했다.[13]

상기 네 가지 설 가운데 고구려 유민설이 가장 유력하다. 645년(보장왕 4)에 제1차 고당전쟁이 발발했다. 당 태종은 고구려의 거점 도시 요동성을 두 차례 침공하여 끝내 성을 함락시켰다. 성안에 있던 고구려인 1만 4천 명을 붙잡아 유주 지역으로 강제로 끌고 갔다. 처음에는 고구려 피로인을 장병들에게 나누어주려고 하다가 나중에 이들로부터 몸값을 받고 석방하여 민초로 삼았다.[14] 이때 유주 일대에 고구려 피로인의 집단 마을이 여러 곳 세워졌는데, 그중의 한 곳이 풍윤 고려포촌이다. 통주(通州) 대고력장(大高力莊: 원명 高麗莊), 순의(順義) 고려영(高麗營), 순의 소고려영(小高麗營)도 당나라 때 고구려 유민의 집단 마을로 전해지고 있다.

풍윤 고려포촌의 황량타 전설은 고당전쟁의 산물이다. 고당전쟁에서 참패한 당 태종은 퇴각하면서 추격해오는 고구려군을 기만하기 위해 곳곳에 마치 군사가 주둔한 것처럼 거짓 군량 더미를 만들어놓았다. 난현 황량타(謊糧坨), 북경 황량대(謊糧臺)에서도 풍윤 고려포촌 황량타와 비슷한 내용의 전설이 전해 온다. 또 풍윤의 상급지인 당산 지구에

而到高麗舖, 村間頗盛, 皆覆茅茨. 盖東人之俘於丙丁者, 多居此地. 自成一村." 정축년은 병자호란의 익년인 1637년(인조 15)을 지칭한다.

13 李憲球『燕槎錄』「高麗店」자주: "高麗堡, 在豊潤地方. 丁丑我國被擄人, 自瀋陽徙居此, 自成一村, 故名. 而高麗人已徙去山西, 今無餘者云."

14 『舊唐書』권199상「高(句)麗傳」: "初, 攻陷遼東城, 其中抗拒王師, 應沒爲奴婢者一萬四千人, 並遣先集幽州, 將分賞將士. 太宗愍其父母妻子一朝分散, 令有司準其直, 以布帛贖之, 赦爲百姓."

는 고당전쟁과 관련된 전설이 많이 전해 온다. 당 태종이 낚시를 했다
는 대성산(大城山) 조어대(釣魚臺), 당 태종이 갑옷을 말렸다는 옥전 양
갑산(晾甲山)과 양갑점(亮甲店), 당나라 군대가 개울을 건넜다고 하는
천안(遷安) 삼도간(三跳澗), 당나라 군대가 군고로 전투 연습했다는 난
현의 뇌고대(擂鼓臺) 등이 있다.[15]

　반면 나머지 세 가지 설은 근거가 부족하다. 원나라 급체포설은 풍윤
고려포촌에 세워진 역참에서 착안한 자의적인 해석이다. 송나라 때 전
국 교통로에 이미 급체포 제도가 운영되고 있었다. 이때 수도 변경(汴
京)과 요동을 잇는 교통로에 소재한 풍윤 고려포촌에도 급체포가 세워
져 있었을 개연성이 있다. 그리고 원나라 때 고려인이 고려포촌에 정착
한 것에 대한 어떠한 근거를 제시하지 않았다.

　명 가정 연간 환향하 홍수설은 사건 기록의 우연성에서 착안한 자의
적인 해석이다. 가정 연간에 환향하에 대홍수가 발생한 것은 맞지만,
풍윤 고려포촌 일대가 전부 수몰되었는지가 불분명하다. 고려포촌 마
을의 지세는 높고, 가장 가까운 환향하까지는 3km 정도 떨어져 있다.
달리 말하자면 지형상 환향하에서 범람한 물이 고려포촌 마을 전체를
훼멸시킬 수가 없는 구조이다. 그리고 무엇보다도 이 설을 주장한 황보
기는 고려포촌에 오래전부터 전해 오는 고구려 유민설에 대한 검토 작
업을 하지 않았다.

　병자·정축호란 때 조선 피로인설은 어디까지나 조선 사행자들의 착
오 또는 향수에서 나온 것이다. 병자·정축호란이 발발한 시점보다 훨

---

15 唐山市政協文史資料委員會等, 『唐山歷史寫眞』, 中國文史出版社, 北京, 1999. 2,
　48~49쪽.

씬 이전에 풍윤 고려포촌이 이미 존재하고 있었다. 1818년(순조 18)에 성우증(成祐曾)은 풍윤 고려포를 지나가면서 명나라 때 이미 고려포가 존재하고 있었기에 정축년 피로인 설이 틀렸다고 명확하게 설명해 놓았다.[16]

풍윤 고려포촌에는 '고려포보' 석물 외에 많은 문물이 발굴되었다. 이 가운데 주목해야 할 문물은 고려장군묘와 비석이다. 왕득성·이쌍운이 고려포를 현지 조사한 바에 의하면 1966년까지만 하더라도 촌락에는 고려분(高麗墳) 70여 기가 있었다. 그중에 큰 무덤이 4기 있는데, 가장 큰 것은 고려장군묘(高麗將軍墓)이다. 고려 고관이 고려포를 지나치다 갑자기 돌아가서 본국의 풍속에 따라 촌락 남쪽에 묻었고, 나중에 본국인이 와서 조선어로 '조선국이문형장군묘(朝鮮國李門炯將軍墓)'라는 쓴 비석을 세웠다고 한다.[17]

여기에서 지칭한 고려장군묘는 조선 사신 이문형(李文炯)의 무덤이다. 1465년(세조 11)에 이문형은 사은정사가 되어 북경으로 나아가다가 고려포에서 작고했다.『명사(明史)』「조선전(朝鮮傳)」에 이문형(李門炯)의 사망과 치제에 관한 기록이 수록되어 있다.[18] 다만『명사』에서는 이문형(李文炯)을 이문형(李門炯)으로 오기했다. 이것은 '문(文)'자와 '문(門)'자의 발음이 상통한 데에서 나온 오기이다.

16　成祐曾『茗山燕詩錄』권4「高麗堡」자주: "已自皇明時有此堡, 非丁丑被擄也."

17　王得成·李雙雲,「朝鮮人進京的重要驛站: 高麗鋪」, 앞의 서지, 22쪽; 勁馳·順新,「尋訪"高麗鋪驛站"」,『鄕音』, 2002년 8期, 41쪽; 金虎林,「북경으로 가는 길목의 역참 풍윤 고려포」,『고구려가 왜 북경에 있을까』, 글누림, 서울, 2012.3, 209~210쪽.

18　『明史』권320「朝鮮傳」: "成化元年冬, 陪臣李門炯來朝, 卒於道, 命給棺賜祭, 并賜綵幣慰其家."

『세조실록』에도 이문형이 통주에 이르렀을 때 갑자기 돌아갔다고
했다. 여기의 통주는 광의의 지역을 말한다. 당시 사행 노정상 풍윤에
서 고려포를 지나면 곧 통주에 도달한다. 또 조선 조정은 아우 이문병
(李文炳)을 보내어 이문형의 유해를 호상해 왔다.[19] 따라서 고려장군묘
의 비석은 이문병이 이문형을 추도하기 위해 세운 비석으로 추정된다.

이밖에 고려포촌에서 많은 유물이 나왔다. 2003년에 장홍하(張洪河)
는 풍윤 고려포촌 주임 근국강(靳國剛)의 말을 빌려 유물 발굴과 보존
에 관해 보도한 바가 있다. 고려포촌 경내에서 '고려포보' 석물 외에
홍동분(紅銅盆), 철쾌자(鐵筷子), 도부(陶釜), 도옹(陶瓮), 도증(陶甑), 도
관(陶罐) 등이 발굴되었다. 이것들을 장차 새로 지을 촌위소에 전시할
목적으로 창고에 옮겨놓았다. 훗날 관리 소홀로 상당수가 유실되었
다.[20] 이때 남은 유물은 풍윤문물관리소에 이관 보존되고 있다.

끝으로 풍윤 고려포촌에서 팔고 있는 각찰(略扎)에 대해 적어본다.
각찰은 밀가루와 녹두가루를 물에 섞어서 크고 둥근 형태로 만든 뒤
열판에 구워서 만든 병이다. 병에다 기호에 따라 부추, 고기 등 섞어
먹기도 한다. 당산 일대에서 각찰이 널리 팔고 있다. 조선 사절들이 고
려포촌을 지나갈 때 촌민들이 팔았던 고려병(高麗餅) 또는 황량병(黃粱
餅)이 있다.[21] 김정중(金正中)은 황량병이 조선의 두병(豆餅)과 같다고
했는데, 혹 이것이 옛 각찰이 아닐까 생각된다. 풍윤 고려포에 관한 자

---

19 『세조실록』12년 2월 8일(경진), 2월 10일(임오), 13일(을유)조.

20 張洪河, 「唐山高麗鋪堡文物毀壞嚴重亟待保護」, 新華网, 2003년 10월 17일자.

21 李基憲『燕行日記』순조 1년 12월 21일조: "(高麗堡)路傍市上爭賣折餅, 稱以高麗餅,
一行人皆買喫."; 金正中『燕行錄』정조 15년 12월 19일조: "余行過時, 舖胡數十人,
持黃粱餅, 環擁馬前, 齊聲買餅, 餅如我東豆餅樣."

세한 내용은 다음 문장인 「풍윤(豊潤) 고려포촌(高麗鋪村) 지명」이 있으니, 이를 참고하기 바란다.

Ⅲ. 노룡(盧龍) 신나채촌(新挪寨村)

노룡(盧龍) 신나채촌(新挪寨村)은 현 행정구획으로 하북 노룡현(盧龍縣) 진관둔진(陳官屯鎭)에 속해 있는 행정촌이다. 노룡은 진황도시에 소속된 현급 행정구획이다. 진황도에서 서쪽으로 82km 떨어져 있고, 북경에서 동쪽으로 235km 떨어져 있다. 상나라 때 고죽국(孤竹國)에 속해 있으며, 백이(伯夷)·숙제(叔齊)가 고사리를 캐 먹은 수양산(首陽山)이 있는 지역이다. 주나라 때 유주에 속해 있었고, 명나라 때 영평부(永平府)에 속해 있었다. 소속 관할지에는 9개 진, 3개 향, 1개 경제개발구가 있다. 진관둔진은 노룡 현성에서 동북쪽으로 15.8km 떨어져 있다. 1953년에 향이 설치되었고, 2016년에 진으로 승격되었다. 소속 관할지에는 34개 행정촌이 있다.

신나채촌은 진관둔진에서 동남쪽으로 3.8km 떨어져 있다. 노룡현에서 신나채촌을 갈 때 두 길이 있다. 한 길은 현도 노진선(盧陳線)을 따라가다가 노룡참(盧龍站)에서 동쪽으로 꺾어 7km 정도 들어가면 신나채촌이 나오고, 다른 한 길은 국도 경노선(京盧線)을 따라가다가 쌍망진(雙望鎭)에서 북쪽으로 꺾어 6km 정도 들어가면 신나채촌이 나온다. 신나채촌은 하북 북쪽의 전형적인 농촌 형태를 하고 있다. 가옥들은 집단으로 몰려 있고, 주변에 광활한 농지가 펼쳐져 있다. 동편에 양하(洋河)가 흐르고 있고, 북쪽에 신나채소학(新挪寨小學)이 세워져 있다. 2007

년 기준으로 전체 인구는 1,400여 명이고, 호수는 250여 호이다. 성씨
는 이(李), 손(孫), 장(張), 양(楊) 등이고, 모두 한족이다. 주요 농산물은
갓, 브로콜리, 생강, 키위, 호도 등이다.

신나채(新挪寨)는 원래 신라채(新羅寨)라고 불렀다. 청 강희 연간에
고조우(顧祖禹)가 편찬한『독사방여기요(讀史方輿紀要)』가 있다. 이 책
자의 권17「北直八·永平府·盧龍塞」에서 :

> 府東三十里, 日新羅寨. 又東五里, 日雙望堡.
> (영평)부의 동쪽 30리에 신라채(新羅寨)이다. 또 동쪽 5리에 쌍망보
> (雙望堡)이다.

여기에서 영평부 소속 촌락을 언급했
다. 당시 노룡은 영평부의 치소였다. 영
평부에서 동쪽으로 30리 가면 신라채(新
羅寨)가 있고, 또 동쪽으로 5리 가면 쌍망
보(雙望堡)가 있다. 여기에서 신나채의 원
촌락명이 신라채였다는 사실을 알 수 있
다. 쌍망보는 현 쌍망진을 지칭한다. 옛
조선현(朝鮮縣)이 있었던 자리이다. 또 옹
정 연간에 편찬된『[옹정]기보통지(畿輔
通志)』와 1931년에 편찬된『[민국]노룡현
지(盧龍縣志)』에도 모두 노룡현 동쪽 30
리에 신라채(新羅寨)가 있다고 했다.[22]

노룡 신나채(옛 신라채)

---

22 『[옹정]畿輔通志』 권40「關津·永平府」: "新羅寨. 在盧龍縣東三十里.";『[민국]盧龍

현 신나채촌 입구에는 1986년 4월에 노룡현인민정부가 세운 '신나채
(新挪寨)' 비석이 세워져 있다. 비면에 '신나(新挪)' 두 자는 조각이 떨어
져 나갔고, '채(寨)'자만 온전하게 남아 있다. 후면에 노룡지명판공실(盧
龍地名辦公室)이 신나채촌의 제반 사항에 대해 적어 놓았다. 여기에서는
신나채촌의 유래 부분만 옮겨본다.

> 唐貞觀年間, 因將分散村莊, 重新挪動, 合倂一起, 故名新挪寨.
> 당 정관 연간에 장차 촌락을 분산하고 다시 이동하여 합병하니 신나
> 채라고 명명했다.

여기에서 당 정관 연간에 촌락들을 조정하면서 새로 옮긴 촌락을 신
나채라고 불렀다고 했다. 비문의 작성처인 노룡지명판공실은 현 촌명
신나채촌의 '나(挪)'자를 주목했다. '나(挪)'자는 옮기다 또는 이동하다
는 뜻을 가지고 있다.

1994년에 편찬한 『노룡현지』에서도 이러한 견해를 따르고 있다. 당
정관 연간(627~649)에 고구려인들이 여러 지역에 나뉘어 거주했는데,
'당왕정동(唐王征東)' 때 고구려인들을 이곳으로 집단 이주시키고 촌락
명칭으로 삼았다.[23] 여기의 '당왕정동(唐王征東)'은 645년(정관 19)부터
648년(정관 22)까지 당 태종이 고구려를 침략한 전쟁, 즉 제1차 고당전
쟁을 지칭한다.

縣志』권1 「疆域·城池」: "新羅寨. 在城東三十里."
23 『[1994년]盧龍縣志』第十二章 「村·陳官屯鄕」: "新挪寨, 住于鄕政府駐東南3.8公
里. 340戶, 1268人. 唐貞觀年間(約644年), 高麗人散居此地, 爲便于管理, "唐王征
東"時, 將這一帶零散村莊集中于此, 遂名."

그러나 노룡현의 견해는 문제점이 있다. 원래 촌명은 신라촌(新羅村)
이었다. 앞서 언급했듯이 1931년에 편찬된『[민국]노룡현지』에서도 지
명을 신라촌이라고 명명했다. 신라촌(新羅村)에서 신나촌(新挪村)으로
바뀐 시점은 빨라도『[민국]노룡현지』가 편찬된 1931년 이후이다. 따
라서 노령지명판공실에서 '신나촌(新挪村)'의 '나(挪)'자에 근거하여 고
구려인들이 신라촌으로 옮겼다고 풀이한 견해는 잘못되었다.

그렇다면 원 노룡 신라촌은 어떻게 생긴 것인가? '신라촌' 촌명에서
문제 해결의 단서를 찾을 수 있다. 당나라 때 재당신라인이 집단 거주
하는 마을인 신라촌이 여러 곳 세워졌다. 신라촌의 분포지역을 보면
신라국과의 해상교통이나 물자교역이 편리한 산동, 절강, 복건, 강소
등지의 연해안이나 운하 지역에 몰려 있고, 귀의주(歸義州) 1곳만 내륙
에 소재하고 있다.[24]

『구당서(舊唐書)』에 의하면 "귀의주는 총장 연간에 설치되었고, 해외
신라인이 거주했다. 유주도독에 속했고, 예전에 현 1개를 두었다. 호수
는 195호이며, 인구는 624명이다. 귀의주는 양향진(良鄉鎮)의 옛 광양성
에 있으며, 주의 치소이다."[25] 당 총장 연간은 668년~670년에 해당한
다. 귀의주의 소재지인 광양성은 현 행정구획으로 북경 방산구(房山區)
장양진(長陽鎮) 북광양성촌(北光陽城村)과 남광양성촌(南光陽城村)이다.

양향 귀의주는 당 총장 연간 직후 홀연히 사라졌다. 그 이유에 대해
정확하게 알 수 없지만, 혹시 귀의주에 거주한 해외 신라인이 원 노룡

24 朴現圭, 「중국 소재 新羅 행정 지명 고찰」, 앞의 서지, 57~89쪽.
25 『舊唐書』 권39 「地里志·羈縻州·河北道」: "歸義州, 總章中置, 處海外新羅, 隸幽州都
督, 舊領縣一, 戶一百九十五, 口六百二十四. 歸義, 在良鄉鎮之古廣陽城, 州所治也."

신라채로 옮겼을 가능성을 살펴볼 필요가 있다. 양향 귀의주와 원 노룡 신라채는 내륙에 자리하고 있다. 양향 귀의주는 하북도(河北道) 유주(幽州)에 속하고, 원 노룡 신라채는 하북도 평주(平州)에 속한다. 당시 하북도에는 고구려, 해, 거란 등 많은 해외 민족들이 이주해서 살고 있었다. 원 노령 신라채는 촌락 명칭에서 보듯이 신라와 연관되었다고 암시하고 있다. 다만 아쉽게도 현존 문헌에서 다른 방증을 찾지 못해 결론을 내리기가 어렵지만, 원 노룡 신라채가 신라인의 집단 마을이고, 또 양향 귀의주에 거주했던 해외 신라인들이 옮겨왔던 장소일 가능성은 나름대로 존재한다.

Ⅳ. 청룡(靑龍) 고려포촌(高麗鋪村)

청룡(靑龍) 고려포촌(高麗鋪村)은 현 행정구획으로 하북 청룡만족자치현(靑龍滿族自治縣) 초영자진(肖營子鎭)에 속해 있는 행정촌이다. 청룡은 진황도 소속의 현급 행정구획이다. 연산(燕山) 동록(東麓) 지역에 해당한다. 산해관에서 출발한 만리장성이 청룡 지역을 지나간다. 청나라 때 청룡은 만주족의 거점 지역이었다. 1929년에 무녕(撫寧), 임유(臨榆), 천안(遷安) 등 3개 현의 장성 이북 지역을 분리해서 도산설치국(都山設置局)을 설치했고, 1933년에 청룡현으로 승격시켰다. 지명은 경내에 흐르는 청룡하(靑龍河)에서 따왔다. 1986년에 만족자치현이 되었다. 소속 관할지에는 1개 가도, 11개 진, 13개 향이 있다. 초영자진(肖營子鎭)은 청룡에서 남서쪽으로 17.5km 떨어져 있다. 초영자진은 원래 천안현(遷安縣)에 속했다가 1931년에 도산설치국으로 이관되었고, 1933

년에 청룡현에 귀속되었다. 소속 관
할지에는 24개 행정촌이 있다.

　청룡 고려포촌은 초영자진에서
동남쪽으로 2.3km 떨어져 있다. 초
영자진에서 남쪽으로 가면 왕영자
촌(王營子村)이 나오고, 왕영자촌 끝
부분에서 왼쪽으로 꺾어 계속 걸어
가면 고려포촌을 환영하는 표지판
과 부강로(富康路) 석비가 나온다.
이곳이 고려포촌 경계이다. 부강로
를 따라 조금만 걸어가면 '고려포(高
麗鋪)' 석비와 언덕 위에 무공해 밤

청룡 고려포

(板栗) 생산지라는 글자가 적힌 대형 표지판이 보인다. 여기에서 조금
만 걸어가면 고려포소학(高麗鋪小學)을 필두로 촌락 가옥이 나온다.

　마을 곳곳에는 고려포 이름이 들어간 촌위회사무소, 위생소, 상점
등이 보인다. 마을 앞쪽에 평탄한 농지가 펼쳐져 있고, 농지 건너편에
사하(沙河)가 흐르고 있다. 고려포촌에는 12개 소조가 있다. 1983년에
출간한 『청룡현지명자료회편(青龍縣地名資料匯編)』에 의하면 고려포촌
의 전체 인구는 1,121명인데, 만주족이 1,019명이고, 한족은 102명이
다.[26] 조선족은 1명도 없다. 2019년 기준으로 호수는 464호이고, 인구
는 1,683명으로 늘어났다. 주요 성씨는 마(馬), 퉁(佟), 왕(王), 장(張),
유(劉), 우(于), 양(楊) 등이다. 전지에 옥수수, 밀, 고량 등을 짓고, 산지

---

26 『青龍縣地名資料匯編』, 앞의 서지, 218쪽.

에 밤을 생산한다. 2019년에 중국민족위원회가 제3비 중국소수민족 특색촌채(第3批中國少數民族特色村寨)로 지정하였다.

요금 시대에 고려포촌 일대에 성채가 들어섰다. 성채의 면적은 약 45,000㎡이며, 동서로 300m, 남북으로 150m이다. 북쪽으로 고려포 촌락, 남쪽으로 사하, 동쪽으로 금계구(金鷄溝), 서쪽으로 마을 앞 농토까지이다. 1964년 발굴 조사 때 이곳에서 황유대항(黃釉大缸), 해청유자항(蟹靑釉瓷缸) 등 많은 유물이 나왔고, 1975년 발굴 조사 때 크고 작은 장요자항(醬釉瓷缸) 등이 나왔다. 오늘날에도 땅을 파보면 전돌, 기와, 도자기 조각들이 나온다.

고려포촌은 촌락 명칭에서 보듯이 한민족의 디아스포라 지역이다. 일개촌이동판(一個村移動版)에서 만든 「고려포촌간개(高麗鋪村簡介)」 사이트에 촌락 유래에 대해 적어놓았다. 고려포촌 지역은 원래 고려인(고구려인을 지칭함)의 집단 거주지이다. 수·당이 고구려를 침략할 때 고려인(고구려인)이 이곳으로 도망쳐 왔다.[27] 하지만 이 주장을 뒷받침할 증거가 없다. 고구려 군사가 한때 청룡 일대로 들어왔던 것은 사실이지만, 고수전쟁, 고당전쟁 때 고구려인이 고려포촌으로 도망쳤다는 기록을 찾아볼 수 없다.

『청룡현지명자료회편(靑龍縣地名資料匯編)』에 고려포촌은 1670년(강희 9)에 정백기 소속의 고려인 150명이 냉구(冷口)에서 들어와서 소포(小鋪)를 개설한 데에서 촌명이 유래되었다고 했다.[28] 여기의 고려인은 조선 출신 만주기인을 지칭한다. 냉구는 관내 천안현에 소속된 지명이다.

---

27 「高麗鋪村簡介」, 『一個村移動版』(m.yigecun.com)
28 河北省靑龍縣地名辦公室編, 『靑龍縣地名資料匯編』, 靑龍縣政府, 靑龍, 1983.4, 218쪽.

뒤에서 언급하겠지만 청룡 지역에는 조선 출신 만주기인들이 정착한 박장자촌과 노원촌이 있다. 특히 박장자촌은 고려포촌으로부터 불과 13km 정도 떨어져 있다. 박장자촌의 건립 시기도 강희 연간에 이루어졌다.

청룡현에서 초영자진을 거쳐 고려포촌까지 들어가는 버스가 있다. 버스 앞창에 부착한 노선 표지판을 보면 흥미로운 글자가 적혀 있다. 노선 표지판에 정식 촌명인 '고려포(高麗鋪)'라고 적지 않고, 이명인 '고력포(高力鋪)'라고 적어놓았다. '려(麗: li)'자와 '력(力: li)'자는 중국어(漢語)의 음가가 같다. 앞서 언급했듯이 풍윤 고려포촌(高麗鋪村), 통주 대고력장촌(大高力莊村), 순의 고려영(高麗營)과 소고려영(小高麗營)에서도 모두 '려(麗)'자와 '력(力)'자를 섞어 사용한 역사 사례를 가지고 있다. '려(麗)'자와 '력(力)'자의 혼용 현상은 비단 예전에만 일어나는 것이 아니고, 오늘날에도 계속 일어나고 있다. 청룡 고려포의 노선표지판도 바로 이러한 사실을 증명해주고 있다.

V. 청룡(靑龍) 노원촌(老院村)

청룡 노원촌(老院村)은 현 행정구획으로 하북 청룡만족자치현 용왕묘향(龍王廟鄕)에 속해 있는 행정촌이다. 용왕묘향은 1956년에 건립되었다. 청룡 시내로부터 동쪽으로 45.5km 떨어져 있다. 소속 관할지에는 14개 행정촌이 있다. 이곳은 진황도시와 경계지역과 가까운 관계로 진황도에서 곧장 들어가도 된다. 북쪽으로 S251로를 따라가다가 다시 S265로로 꺾어 10여 km 가면 용왕묘향이 나온다. 노원촌은 용왕묘향에서 동북쪽 4.5km 떨어져 있다. 면적은 9.94km²이고, 인구는 약 1,300명이다. 동쪽으로 학장자(郝杖子), 서쪽으로 편령석(偏嶺石), 남쪽으로 북간수(北干樹), 북쪽으로 진장(陳莊)을 각각 접하고 있다. 하북 북쪽의 전형적인 산간마을이다. 농지에 여주, 옥수수, 녹두, 아스파라거스 등을 생산하고, 산지에 버섯, 살구, 배, 밤, 구기자 등을 생산한다. 살구와 쌀을 섞어 끓인 죽이 유명하다.

노원촌은 청나라 때 조선 출신 만주기인 김씨 일족들이 정착한 마을이다. 노원촌 김씨 집안에서 전해 오는 구술에 의하면 선대 김조귀(金朝貴)는 만주족 무관으로 내무부대신(內務府大臣)을 지냈고 노원촌에 묻혔다고 한다. 현존 문헌에서 김조귀의 이름을 찾지 못했지만, 만주기인 조선 출신 김신달례(金新達禮) 일족을 주목할 필요가 있다.

청룡 동쪽 일대는 팔기군들이 주둔한 지역이다. 노원촌은 촌락 명칭에서 보듯이 옛 군사 본부를 두었던 곳이다. 이곳이 제이고려좌령(第二高麗佐領)의 주둔 지역일 가능성이 있다. 뒤에서 언급하겠지만 김신달례 일족은 대대로 제이고려좌령을 지낸 무관이자 청 궁실의 제반 사무를 담당하는 내무부대신을 역임했다. 또 노원촌 김씨의 선대 김조귀(金朝貴)는 김신달례의 후손 김부귀(金富貴)와 같은 항렬자를 쓰고 있다.

김신달례 일족은 조선 의주(義州) 출신이다. 조부는 김준량(金俊良)이고, 부친은 의주지인(義州知引) 김덕운(金德雲)이다. 조부, 부친은 모두 의주 지역에 묻혔다.[29] 1627년(인조 5) 정월에 후금(훗날 청)이 의주를 침

---

29 『賓禮總覽』 보권1 「通官省掃」: "故尙書金常明卽被虜人子孫也. 其先墓在義州." 자주: "常明曾祖德雲, 高祖俊良墓在南山峴. 始祖墳在府西六十里. 雍正乙巳, 因大臣陳達樹碑文, 則使行便受來." 김상명은 김신달례의 증손자이다.

공하면서 정묘호란을 일으켰다. 이때 조부와 부친은 피살당하고, 김신달례 4형제는 나포되어 만주로 끌려갔다.[30] 첫째는 김신달례(金新達禮; 先達), 둘째는 김음달례(金音達禮; 二達), 셋째는 김삼달례(金三達禮; 三達), 넷째는 김계달례(金季達禮; 四達)이다.[31]

만주로 들어간 김신달례는 정황기 능격리(楞格理) 좌령 소속의 포의(包衣)로 편입되었다. 처음에 통사가 되어 조선과 교섭 역할을 맡았고, 이후 청군 주변에서 일어난 정보 유출을 잇달아 막아내는 공을 세워 내무부로 들어갔다. 1639년(숭덕 4)에 홍타이지의 신임을 얻어 새로 편성된 조선인들로 구성된 제이고려좌령을 맡았다. 이후 제이고려좌령직은 김음달례 — 호주(胡住) — 김화주(金花住) — 타목보(他穆保) — 삼보(三保) — 쌍보(雙保) — 김휘(金輝) — 복극정액(福克精額) 등 김씨 일족들이 대대로 이어받았다.[32]

1644년(순치 1)에 청나라는 성경(현 심양)에서 북경으로 천도했다. 김씨 일족도 청 황실을 따라 북경으로 들어왔다. 김신달례는 1657년(순치 14)에, 김화주는 1681년(강희 20)에 각각 작고하자, 모두 집안 묘지인 완

---

30 俞拓基 『燕行錄(辛丑)』 壬寅 정월 2일조: "(金)常明, 即義州人. 其祖先被擄於丁卯之亂, 遂爲淸人."

31 「金新達禮神道碑」: "公姓金氏, 諱新達禮, 朝鮮翼州人. … 公於天聰元年率其弟音達禮、三達禮、季達禮來歸." 翼州는 義州의 차음이고, 來歸는 청나라 입장에서 적었던 것이다.

32 『欽定八旗通志』 권5 「旗分志五」: "第四參領第二高麗佐領, 系國初編立, 始以新達禮管理. 新達禮故, 以其弟尹達禮管理. 尹達禮故, 以辛達禮之子胡住管理. 胡住緣事革退, 以其弟花柱管理. 花柱故, 仍以胡住管理. 胡住故, 以胡住之子他穆保管理. 他穆保因疾辭退, 以其子花色管理. 花色故, 以其族人三保管理. 三保調公中佐領, 以常明之弟藍翎侍衛雙保管理. 雙保故, 以兵部侍郎金輝管理, 金輝故, 以郎中福克精額管理."

평현(宛平縣) 서산(西山) 언덕에 묻혔다.[33] 최근 북경 해정구(海淀區) 창운궁(昌運宮) 서측에서 김신달례와 김화주의 묘지석이 발견되었다.[34]

김상명(金常明)은 김신달례의 손자이다. 조모(일설 모친)가 청 황궁에서 유모로 있었던 관계로 황실의 구성원과 돈독한 관계를 맺었고, 옹정제 초 총관내무부대신(總管內務府大臣)에 오르면서 조정 중신으로 활약했다. 또 김휘(金輝), 김간(金簡), 숙가황귀비(淑嘉皇貴妃)는 김삼달례의 증손자이다. 김휘는 총관내무부대신 등, 김간은 공부상서, 이부상서 등 조정 중신으로 활약했다. 김씨 일족은 숙가황귀비가 건륭제로부터 총애를 받은 것을 계기로 청 황실과 같은 상삼기(上三旗)에 편입되고 김가씨(金佳氏)라는 성씨를 받았다.

김씨 일족은 조선 사절을 만나거나 조선에 사절로 나갈 때마다 자신들의 뿌리가 조선 땅에 있다며 조선과 연계하는 데 많은 노력을 펼쳤다. 김상명은 조선 조정의 도움으로 의주에 묻힌 선조 묘소를 보수하고 또한 옹정제로부터 받은 고명비를 세웠다. 김휘, 김간과 족속 김부귀, 왜극정액(倭克精額)은 선대 묘소에 치제하거나 재물을 보냈다. 조선 조정도 김상명, 김간 등을 통해 『명사』 변무, 세자 책봉, 공세 감면 등 여러 외교 현안을 풀어나갔다.

---

33 「金新達禮神道碑」: "墓在順天府宛平縣西山之原." 「金花住神道碑」: "以康熙二十年正月十七日卒於第, 春秋四十有五. 溯其政績, 誠銘竹而無慚, 緬彼風儀, 悵騎鯨而不返. 即以其年葬於西山之原."

34 朴現圭, 「조선출신 滿洲旗人 韓氏·金氏 일족 묘비문과 정착 특징」, 『中國史研究』 132집, 中國史學會, 2021.06, 69~107쪽.

VI. 청룡(靑龍) 박장자촌(朴杖子村)

[탑구촌(塔溝村), 맹가와포촌(孟家窩鋪村)]

여기에서는 청나라 때 조선 출신 만주기인 박씨 집단촌이었던 청룡 박장자촌(朴杖子村)과 청 중엽 이후 박씨 후손들이 집단 이주한 탑구촌 (塔溝村), 맹가와포촌(孟家窩鋪村)에 대해 적어본다.

청룡 박장자촌은 현 행정구획으로 하북 청룡만족자치현 누장자진(婁丈子鎭)에 속해 있는 행정촌이다. 누장자진은 청룡 현성에서 서남쪽으로 15.5km 떨어져 있다. 2010년에 향에서 진으로 승격되었다. 소속 관할지에는 15개 행정촌이 있다. 박장자촌은 누장자향에서 남쪽으로 1.5km 떨어져 있다. 하북 북부의 전형적인 농촌 마을이다. 농산품은 주로 옥수수, 밤, 자두, 사과 등을 짓고 있다. 1983년에 출간한 『청룡 현지명자료회편(靑龍縣地名資料匯編)』에 의하면 박장자촌의 전체 인구는 513명인데, 한족은 422명이고, 만족은 91명이다.[35] 조선족은 한 명도 없다. 이후 박장자촌은 주변의 자연촌과 합병되어 전체 인구가 약 1천 4백 명, 호수가 약 260호로 늘어났다. 한족이 90%이고, 만족이 10%이다. 주요 성씨는 관(關), 이(李), 마(馬) 등이다.

탑구촌은 현 행정구획으로 청룡 팔도하진(八道河鎭)에 소속된 행정촌이다. 팔도하진은 청룡 현성에서 서쪽으로 14km 떨어져 있다. 2010년에 향에서 진으로 승격되었다. 소속 관할지에는 19개 행정촌이 있다. 탑구촌은 팔도하진에서 동쪽 2.5km 떨어진 청송령(靑松嶺) 아래에 자

---

35 河北省靑龍縣地名辦公室編, 『靑龍縣地名資料匯編』, 河北省靑龍縣地名辦公室, 靑龍, 1983.4, 184쪽.

청룡 맹가와포촌

리하고 있다. 경건공로(京建公路)가 마을 남쪽으로 지나가 교통이 편리
하다. 지형은 동쪽이 높고 서쪽이 낮은 편이다. 도로 주변으로 가옥들
이 형성되어 있다. 탑구촌의 박씨들은 주로 마을 동쪽에 살고 있다.

맹가와포촌은 현 행정구획으로 청룡 청룡진(靑龍鎭)에 소속된 행정촌
이다. 청룡진은 청룡 현성을 외곽으로 둘러싸고 있다. 소속 관할지에
는 28개 행정촌이 있다. 맹가와포촌은 청룡진에서 서북쪽으로 8.5km
떨어져 있다. 지명은 청 가경 연간에 맹씨(孟氏)가 조그만 가옥을 짓고
정착한 데에서 나왔다. 맹가와포촌 박씨들은 위당구(葦塘溝)와 팔일수
고(八一水庫)에 나누어 살고 있다. 위당구는 맹가와포촌에서 6km 떨어
진 도산(都山) 아래쪽 골짜기에 자리하고 있다. 팔일수고는 청룡현의
물을 공급하기 위해 맹가와포촌 뒤편에 조성한 저수지이다. 팔일수고
박씨 사람들은 위당구에서 이주해 왔다.

1983년에 출간한 『청룡현지명자료회편』에 의하면 탑구촌의 전체 인

구는 1,653명인데, 한족은 1,607명이고, 조선족은 46명이다. 또 맹가
와포촌의 전체 인구는 374명인데, 한족은 330명, 만주족은 44명이
다.[36] 조선족 학자 유병호(劉秉虎)의 기록에 의하면 1982년 중국 전국
제3차 인구조사 때 청룡 경내에 조선족이 160여 명이었는데, 훗날 조
사 때 조선족이 180여 명이 더 늘어나 350여 명이 되었다. 이들 가운데
탑구촌에 106명, 맹가와포촌에 73명이 거주한다.[37] 또 1997년에 출간
한 『청룡만족자치현지(青龍滿族自治縣志)』에 의하면 청룡 경내에 조선
족은 373명이 있는데, 이들은 박씨이며 주로 탑구촌과 맹가와포촌에
거주한다.[38]

  탑구촌 박씨 사람들은 주로 채소 농사를 짓고 있고, 위당구와 팔일수
고 박씨 사람들은 주로 목재, 버섯 등 산림경영과 양, 돼지를 키우고
있다. 청룡 박씨 사람들은 중국 대륙에 정착한 지 오래되어 한국어를
구사할 줄 몰랐다. 2007년 기준으로 탑구촌과 맹가와포촌에 거주하는
박씨 인구는 대폭 감소하였다. 탑구촌에 총 15가구 60명, 위당구에 총
6가구 23명, 팔일수고에 총 6가구 25명이다. 박씨 구성원 가운데 청룡
현성과 외지로 이주한 사람들이 많아 실거주 인구는 많이 줄어졌다.
예를 들면 박서영(朴書英)은 원래 맹가와포촌 팔일수고에 살다가 근자
에 청룡 현성으로 이주하였다. 또 탑구촌 박씨의 일부는 승덕(承德), 평

36 『青龍縣地名資料匯編』, 앞의 서지, 184쪽.
37 劉秉虎, 「河北省青龍縣朴氏朝鮮族社會歷史調查」, 『朝鮮族歷史論叢』(一), 延邊大
   學 民族研究所, 延邊大學出版社, 延吉, 1987.12, 78~79쪽. 『朝鮮族歷史論叢』(一),
   延邊大學 民族研究所, 延邊大學出版社, 延吉, 1987.12, 78~79쪽.
38 青龍滿族自治縣志編纂委員會編纂, 『[1997년]青龍滿族自治縣志』, 中國城市出版社,
   北京, 1999.5, 227쪽.

천(平泉)으로 이주해 갔다.

1980년 이래 여러 학자가 나서 청룡 박씨의 유래와 정착 과정에 관해 기술한 바가 있다.[39] 여기에서는 청룡 박씨 일원인 박서영의 문장, 유병호가 탑구촌 박만은(朴萬銀)의 구술을 정리한 문장을 바탕으로 요약해 본다.[40] 청룡 박씨의 시조는 조선 출신 박동안(朴東安)이다. 훗날 만주에 편입되어 내무대신(內務大臣)을 지냈고, 팔기군을 따라 입관하여 북경에 머물렀다. 순치 연간에 궁중 정변이 일어나 주군의 관직이 혁파되었고, 박동안 자신도 창려(昌黎)로 배치되었다. 1670년(강희 9)에 칙명으로 박장자(朴杖子)로 이주했다.[41] 촌락 명칭은 성씨를 따서 박장자라고 불렀다. 박씨 후손들은 박장자촌에서 2백여 년 동안 살았다. 1887년(광서 13)에 박씨 후손들이 다시 팔도하향 탑구촌으로 이주했다. 이듬해 탑구촌의 경작지가 부족하자, 일부 박씨 후손들이 또 다시 대영자향(大營子鄉: 현 청룡진) 맹가와포촌으로 이주했다.

청룡 박씨 집안에서 구전으로 내려오는 시조 박동안은 어떤 인물일까? 『팔기만주씨족통보(八旗滿州氏族通譜)』에 따르면 "박동안은 양백기

---

39 朴書英, 「靑龍縣朴氏朝鮮族史」, 『靑龍文史資料』 4輯, 政辦靑龍滿族自治縣委員會文史資料研究委員會編, 1988.11, 16~19쪽; 劉秉虎, 「河北省靑龍縣朴氏朝鮮族社會歷史調查」, 앞의 서지, 1987.12, 77~91쪽; 金城, 「靑龍少數民族槪況」, 『靑龍文史資料』, 4집, 政辦靑龍滿族自治縣委員會文史資料研究委員會編, 1988.11, 10~11쪽; 千壽山, 「論淸朝時期朝鮮族的遷入」, 『中國朝鮮族史研究』, 延邊大學出版社, 延吉, 1993.7, 46쪽; 張國中, 「靑松嶺下朴姓朝鮮族來歷」, 『燕趙都市報』 2018년 9월 2일자 11면.

40 朴書英, 「靑龍縣朴氏朝鮮族史」, 『靑龍文史資料』 4輯, 政辦靑龍滿族自治縣委員會文史資料研究委員會編, 1988.11, 16~19쪽; 劉秉虎, 「河北省靑龍縣朴氏朝鮮族社會歷史調查」, 앞의 서지, 77~91쪽.

41 『靑龍縣地名資料匯編』(앞의 서지, 184쪽)에 의하면 1670년(강희 9)에 박장자의 박씨 사람들은 永平府 昌黎縣에서 이주해 왔다고 했다.

(鑲白旗) 소속의 포의(包衣)이다. 대대로 조선 익주(易州) 지방에서 거주
하다 천총 연간(1627~1636)에 청나라에 귀부하였다. 원임 내대신(原任內
大臣)을 지냈다."[42] 여기의 익주(易州: Yizhou)는 의주(義州: Yizhou)의 중
국어 차음이다. 오늘날 청룡 박씨 집안에 족보가 전해 오지 않아 박동
안이 과연 이들의 시조인지는 확인할 길을 없으나, 최소한 박동안은
조선 출신 가운데 유력 기인으로 성장했던 인물임은 분명하다. 『팔기
만주씨족통보』에 박동안이 올랐다고 한 내대신의 품계는 종1품이다.
통상 어떤 인물이 종1품에 오른 고위직 관원이라면 다른 문헌에서 그
행적을 찾아볼 수 있는데, 아쉽게도 박동안에 관한 다른 기록들은 찾지
못했다.

　　인조 시기에 잦은 전란으로 자의든 타의든 만주기인으로 편입된 조
선 출신들이 아주 많았다. 조선 출신 가운데 청나라에서 유력 기인으로
성장한 인물들이 일부 있다. 그 대표적인 인물이 앞서 언급한 김신달례
일족이다. 박동안과 김신달례가 걸어왔던 과정은 닮은 면이 많다. 박
동안의 고향은 의주이고, 김신달례도 의주이다. 박동안이 청나라에 들
어간 시점은 천총 연간(1627~1636)이고, 김신달례는 천총 연호가 시작
되는 1627년이다. 문헌 기록에는 보이지 않지만, 박동안도 김신달례처
럼 정묘호란 때 피랍되었을 가능성이 높다. 박동안은 포의에 소속되었
고, 김신달례도 포의에 소속되었다. 박동안과 김신달례는 모두 내무부
에서 활동했다.

　　청룡학자 김성(金城)과 『[1999년]청룡현지(靑龍縣志)』는 박씨들이 청

---

42 『八旗滿州氏族通譜』 권72 「附載滿洲旗分內之高麗姓氏·朴氏」: "東安, 鑲白旗, 包
衣人. 世居易州地方, 天聰時來歸. 原任內大臣."

룡 지역에 정착한 과정에 대해 부연 설명해 놓았다. 17세기 청나라 군대가 조선을 침공하여 많은 조선인을 끌고 갔다. 조선인들의 일부는 팔기군에 편입되었고, 일부는 만주족의 포의(包衣)가 되어 심양 부근에 거주했다. 입관(1644년) 이후 이들은 난주(灤州: 현 灤縣) 진자진(榛子鎭)으로 들어왔다. 1670년(강희 9)에 박씨 1가구가 관외로 도망하여 박장가촌에 정착하였다.[43] 도광 연간에 박씨 후손들은 주변의 관성(關姓) 사람들과 불화로 인하여 팔도하향 탑구촌으로 집단 이주하였다. 그 후 박씨 가족들이 늘어나 생계가 곤란하자 일부 가족은 관성현(寬城縣) 양갑대(亮甲臺)로 이주했고, 일부는 흑룡강으로 이주하였다. 1887년(광서 13)에 동탑구촌(東塔溝村) 박씨 2형제가 맹가와포촌로 이주하였다.[44]

민국 초에 탑구촌 박씨 일부가 조선족들이 많이 거주하는 흑룡강성(黑龍江省)으로 이주하였고, 박만순(朴萬順)의 부친도 한때 이주할 계획을 세웠다. 1949년 직후 중국 정부가 민족을 표기할 때 박씨 사람들은 각각 만주족과 한족으로 편입되었다. 1957년에 박만순 등은 조선족으로 바꾸어 달라고 요구했으나 좌파 사상의 영향으로 실패하고,[45] 1964년에 되어야 조선족으로 바꿀 수가 있었다. 요녕 개주(蓋州) 박가구촌(朴家溝村)과 본계(本溪) 박보(朴堡) 등도 이와 비슷한 사례가 나왔다. 이들 지역의 박씨 사람들이 조선족으로 환원된 과정이 중국 조선족 사회에 알려지면서 커다란 반향을 불러일으켰다. 조선족 학자들은 박씨 사

43　金城, 「靑龍少數民族槪況」, 『靑龍文史資料』 4집, 政辦靑龍滿族自治縣委員會文史資料硏究員會編, 1988.11, 10~11쪽.

44　靑龍滿族自治縣志編纂委員會編纂, 『[1999년]靑龍滿族自治縣志』, 中國城市出版社, 北京, 1999.5, 227쪽.

45　劉秉虎, 앞의 서지, 88~91쪽.

람들이 자신들의 뿌리를 찾고자 노력했던 일화를 민족의 혼과 의식을
고취시키는 대표적인 사례로 꼽고 조선족 사회에 널리 알렸다.[46]

VII. 평천(平泉) 박장자촌(朴杖子村)[박가원촌(朴家院村)]

여기에서는 청나라 때 또 하나의 조선 출신 만주기인 박씨 집단촌인
하북 평천시(平泉市) 칠구진(七溝鎭) 박장자촌(朴杖子村)과 나중에 박씨
후손들의 일부가 이주한 당패진(黨壩鎭) 박가원촌(朴家院村)에 대해 알
아본다.

평천은 하북 승덕시에 소속된 현급시 행정구획이다. 하북성의 동북
단에 소재하며 요녕성·내몽골성과 접해 있다. 오대 때 해족과 거란족
의 거주지였다. 요나라 때 중경도(中京道) 대정부(大定府)에 속했고, 금
나라 때 북경로(北京路) 대정부(大定府)로 바뀌었다. 1729년(옹정 7)에 경
내에 팔구청(八溝廳)을 두었다. 1778년(건륭 43)에 승덕부 관할의 평천주
(平泉州)로 강등되었다. 1913년에 평천현으로 바뀌었고, 1993년에 평천
시로 승격되었다. 지명은 강희제가 평지에서 샘물이 나온다고 말한 데
에서 나왔다. 소속 관할지에는 7개 진, 5개 향, 8개 민족향이 있다. 칠
구진은 평천 시내에서 서쪽으로 19.5km 떨어져 있다. 1956년에 칠구
향이 되었고, 1989년에 진으로 승격되었다. 소속 관할지에는 23개 행
정촌이 있다.

---

46 金信子, 「淺淡朴氏村落朝鮮族的民族意識」, 『延邊大學學報』, 2001年 1期, 延邊大
學, 2001.3, 82~84쪽.

평천 박장자촌

　박장자촌은 칠구진정부에서 동쪽으로 1.5km 떨어져 있다. 승덕과 평천으로 이어지는 경심선(京沈線)의 길목에 있어 교통이 편리하다. 마을 북쪽은 석호구(石壺溝)이고, 나머지는 넓은 평지가 있다. 주요 농산물은 옥수수이다. 2013년 기준으로 촌위서기는 양우전(楊雨田)이고, 촌주임은 박준평(朴俊平)이다. 박씨 가구가 50여 호 있는데, 모두 만족이다. 촌로 박서창(朴瑞昌)의 말에 의하면 선조는 압록강을 이웃한 조선출신이다. 청나라 때 만주기인으로 편입되어 요녕성에 살다가 팔기군을 따라 관내로 들어왔고, 또다시 옮겨 평천 박장자에 자리 잡았다. 집안의 돌림자는 세(世), 문(文), 천(天), 존(尊), 영(永), 광(廣), 수(修), 청(淸), 점(占), 창(昌), 준(俊), 방(芳), 걸(杰), 서(瑞), 경(景), 홍(興), 의(義), 옥(玉), 상(祥)이다. 박서창의 돌림자가 10대인 점으로 미루어보아 박씨 선조는 300년 전, 즉 청나라 초에 만주로 들어왔던 것으로 보인다.[47]
　훗날 박씨 후손의 일부가 박장자촌에서 나와 당패진 박가원촌으로 옮겼다. 당패진은 평천 시내에서 서쪽으로 32km 떨어져 있다. 홍산문화의 발상지 중의 한 곳이다. 1956년에 당패향이 되었고, 1989년에 진으로 승격되었다. 소속 관할지에는 16개 행정촌이 있다. 박가원촌은 당패진으로 남쪽으로 3.5km 떨어져 있다. 마을 동편은 박가원소학과 골짜기 입구이고, 서편은 넓은 평지가 있다. 주요 농산물은 옥수수이다. 전체 가구는 130여 호인데, 박씨 가구가 40여 호이다. 촌위서기는 호계생(胡啓生)이다. 촌로 박옥창(朴玉昌)은 칠구 박장자촌과 같은 돌림자를 쓴다고 했다.[48]

김육불(金毓黻)이 청 위소경(魏劭卿)의『길림지리기요(吉林地理紀要)』를 인용하면서 요동 고려인(만주기인)의 거주지에 대해 논한 바가 있다. 김, 한, 박, 우씨는 모두 내무부에 속해졌고, 박씨는 도의둔(道義屯), 사태자(四台子)에 거주하는데, 모두 옛 승덕현에 있다고 했다.[49] 평천 박장자촌은 예나 지금이나 승덕 관할에 있다. 따라서 박장자촌의 박씨 선조는 조선 출신 만주기인으로 추정된다.

Ⅷ. 융화(隆化) 고립영촌(高立營村)

융화(隆化) 고립영촌(高立營村)은 현 행정구획으로 하북 융화현(隆化

47　金虎林,「한족으로 사라진 만주족 박씨의 마을」,『고구려가 왜 북경에 있을까』, 글누림, 서울, 123쪽.

48　金虎林,「한족으로 사라진 만주족 박씨의 마을」, 앞의 서지, 124쪽.

49　金毓黻『遼東文獻徵略』권8「八旗」:"魏劭卿『吉林地理紀要』謂遼東高麗有金·韓·朴·于四姓, 語殊渾括. 李蓬仙云: 此四姓, 皆隷內務府. 金姓居英什牛彔及撫順, 于姓居文官屯, 朴姓居道義屯·四台子, 皆在舊承德縣, 韓姓所居未詳."

縣) 백호구만족몽고족향(白虎溝滿族蒙古族鄕)에 속해 있는 행정촌이다. 융화는 승덕시 소속의 현급 행정구획이다. 하북 북부 지역에 위치하며, 승덕으로부터 북서쪽으로 60km 떨어져 있다. 몽고족과 만주족들이 일찍부터 이곳에 들어와 정착하였다. 1910년(선통 2)에 풍녕현(豊寧縣)에서 분리되어 독립 현이 되었다. 융화 지명은 융성(隆盛)과 개화(開化)가 합쳐진 데에서 나왔다. 소속 관할지에는 1개 가도, 10개 진, 15개 향이 있다. 백호구향은 융화현에서 서북쪽으로 45km 떨어져 있고, 이마도하(伊瑪圖河)가 향을 가로지르고 있다. 소속 관할지에는 6개 행정촌이 있다.

고립영촌(高立營村)은 백호구향에서 남쪽으로 5km 떨어져 있다. 백호구에서 반통선(半通線)을 따라 보고구(步古溝) 방향으로 4km 조금 넘게 가면 이마도하를 건너는 구름다리 동강교(同康橋)가 나온다. 2007년 초에 구름다리가 세찬 풍랑에 의해 파괴되었다. 동년 여름에 방문했을 때 북쪽으로 1km 정도 더 올라가 나무와 돌로 가설해 놓은 징검다리를 건너갔다. 근자에 새로운 콘크리트 다리가 건설되었다. 다리를 건너 400m 가면 고립영촌 마을이 나온다.

고립영촌은 이마도하를 따라 남북으로 길게 뻗은 평지가 펼쳐져 있고, 동편에 높은 산이 있다. 마을 북서쪽에 고립영소학(高立營小學)이 있고, 그 옆에 위생원이 있다. 소학 건물은 2002년에 빈곤 지역을 도와주는 희망공정(希望工程)에 의해 신축되었고, 학생 수는 약 200명이다. 촌위서기는 왕해봉(王海鳳)이다. 주요 농작물은 양상추, 양배추, 토마토, 홍당무, 살구 등이다.

고립영촌은 북쪽의 공구영촌(共溝營村), 동구촌(東溝村)과 남쪽의 아파구촌(啞吧溝村) 등 자연촌을 관장하고 있다. 고립영의 전체 호수는

융화 고립영소학(옛 고려영)

456호이고, 인구는 1,750명이다. 민족은 한족, 만주족, 몽고족, 회족이 섞여 있다. 만주족은 전체의 20%를 차지하고, 주요 성씨는 한(韓)이다. 한씨 집안은 청나라 초기 이곳에 정착했다고 전해온다. 한족은 70%를 차지하고, 주요 성씨는 왕(王)이다. 1924년생 왕정상(王井祥)의 말의 의하면 200년 전에 산동 유현(濰縣: 현 濰坊)에서 왔다고 한다. 몽고족은 약 10%를 차지하고, 주요 성씨는 백(白), 황(黃)이다. 회족은 몇 가구뿐이고, 모두 조(趙)이다.

아래에 융화 고려영촌의 지명과 유래에 대해 고찰해 본다. 고립영(高立營)은 원래 고려영(高麗營)이라고 불렀다. 1781년(건륭 46)에 화신(和珅) 등이 칙명으로 편찬한 『흠정열하지(欽定熱河志)』가 있다. 이 책자의 권52「강역사(疆域四)·풍녕현(豊寧縣)」에서:

高麗營, 在白虎溝西北十五里. … 柳條溝, 在高麗營北十五里.
고려영(高麗營)은 백호구(白虎溝) 서북쪽 15리에 있다. … 유조구(柳條溝)는 고려영 북쪽 15리에 있다.

여기의 고려영은 고립영촌을 지칭한다. 고립영촌의 상위 행정단위가 백호구향(白虎溝鄉)이다. 고립영촌에서 남쪽으로 5km 정도 떨어져 있다. 청 도광 연간에 해충(海忠) 등이 착수하여 광서 연간에 완성한 『승덕부지(承德府志)』가 있다. 이 책자에서도 고려영은 백호구 서북쪽

15리에 있다고 했다.[50] 고려영 북쪽 15리에 유조구(柳條溝)가 있다. 고립영촌 인근 지역을 살펴보니 유조구 또는 유사 지명이 꽤 보인다. 고립영촌으로부터 남쪽 3km 정도 떨어진 곳에 유조구(柳條溝), 북쪽 15km 정도 떨어진 곳에 유조자구(柳條子溝), 동쪽 9km 정도 떨어진 곳에 전유조구(前柳條溝) 등이 있는데, 모두 거리와 방향이 일치하지 않는다. 반면 고립영촌으로부터 북쪽으로 4.5km 정도 떨어진 곳에 유구영촌(柳溝營村)이 있는데, 거리와 방향이 일치한다. 따라서 『흠정열하지』의 유조구는 유구영촌으로 추정된다.

융화 고려영은 어디에서 나왔을까? 우선 지명과 유사한 국명을 가진 고구려를 떠올릴 수 있다. 통주 대고력장, 순의 고려영, 소고려영이 고구려 유민과 관련이 있다. 하지만 당나라 때 융화 일대는 해족 영토에 속했다. 해족 영토에 고구려 유민을 안착시켰다고 보기에는 어폐가 있다. 따라서 융화 고려영은 당나라에 붙잡혀 온 고구려 유민과 무관하다.

다음으로 생각해 봐야 할 사항은 청나라 때 만주기인 조선 출신이다. 고립영촌은 군영이 들어선 곳이다. 청나라 초 풍녕, 융화 일대는 남몽골 차하르(察哈爾)족의 동익정람기(東翼正藍旗), 정백기(正白旗), 양백기(鑲白旗), 양황기(鑲黃旗)가 주둔했다. 1675년(강희 14)에 차하르친왕 부르니(布爾尼)가 반란을 일으키자, 청 조정은 대거 군사를 보내어 진압하였다. 이때 정홍기(正紅旗) 소속의 조선 출신 한걸음(韓傑音: 傑殷)이 소속 군사를 거느리고 참전하였다.[51]

---

50 『[광서]承德府志』 권7 「疆域·豊寧縣」: "高麗營, 在白虎溝西北十五里."
51 盛昱 『雪屐尋碑錄』 권14 「韓傑音墓碑」: "其列傳曰: 傑音, 滿洲正□旗人. 其先世居

고립영촌 한씨 집안에 족보가 없어 정확하게 알 수 없지만, 혹 한씨 집안의 선조가 이 지역에서 활동한 조선 출신 만주기인 한걸음과 관련이 있는지 모르겠다. 1624년(인조 2)에 귀성부사 한명련(韓明璉)이 이괄의 난에 참가했다가 살해당하고, 아들 한윤(韓潤; 韓雲)과 동생 한니(韓尼)는 압록강을 건너 후금(청)에 들어갔다. 한걸음은 한니의 차자이다. 향후 사실 여부를 판단하기 위해 정밀 조사가 필요하다.

1736년(건륭 1)에 건륭제는 직례총독 이위(李衛)의 주청에 따라 차하르족의 세력을 약화시키기 위해 융화 일대를 관할하던 차하르족의 몽골 4기를 직례성 소속의 사기리사통판청(四旗理事通判廳)으로 편입시켰다. 이후 건륭제는 사기청(四旗廳)을 풍녕현(豊寧縣)으로 바꾸는 등 행정 변화를 통해 팔기 군사를 이동 배치했다. 현존 문헌에는 기록을 찾을 수 없지만, 여러 정황상 조선 출신 만주기인들이 융화 지역으로 들어가 고려영촌을 세웠을 가능성이 있다. 청룡 노원촌, 고려포촌도 조선 출신 만주기인들이 외지에서 들어와 군영을 건립했다.

청말 때 고려영은 토성자순검사(土城子巡檢使) 관할에 있었다. 1903년(광서 3) 이래 풍녕현의 일부를 분할하여 새로운 행정구획을 설치하자는 제안이 잇달아 논의되었고, 1910년(선통 2)에 이르러 융화현이 건립되었다. 이때 고려영은 융화현에 편입되었다. 민국 초에 융화 지역은 군벌 통치하에 있었다. 고려영은 백호구(白虎溝)에 치소를 둔 제4구(第4

朝鮮, 有韓明璉者, 仁龜城府使, 與昌城總兵李适, 謀逐其纂位國王李倧, 為他將所殺. 子潤與弟尼, 脫走來歸. 太祖高皇帝以潤為遊擊, 尼為備禦. 傑音, 尼次子也. … 十四年四月, 察哈爾布爾叛, 命同內大臣佟國綱率兵鎮宣府. 五月, 察哈爾平詔平逆將軍畢力圖率師赴榆林, 會勦叛賊. 朱龍以傑音參贊軍務." 비문 속의 누락자 □는 '紅'자이다.

區)에 속해 있었는데, 이때쯤 촌락 명칭이 고립영(高立營)으로 바꾸었다. 1933년부터 1945년까지 만주국에 속했다. 오늘날 마을 사람들은 때로 옛 지명인 고려영을 계속 사용하고 있다. 고립영소학 옆에는 촌명 변화와 관련된 흥미로운 간판 글귀가 보인다. 홍약초시(鴻躍超市) 간판 상단에 옛 촌명인 '고려영촌(高麗營村)'이라고 적어 놓았다.

IX. 무녕(撫寧) 조선족촌(朝鮮族村)

무녕(撫寧) 조선족촌(朝鮮族村)은 현 행정구역으로 하북 진황도시(秦皇島市) 무녕구(撫寧區) 유수영진(留守營鎭)에 속해 있는 자연촌이다. 무녕은 하북 진황도의 서북부에 자리한다. 상나라 때 고죽국(孤竹國)에 속했다. 619년(무덕 2)에 무녕현이 처음 설치되었고, 지명은 백성들을 편안하게 돌본다는 뜻에서 나왔다. 624년(무덕 7)에 노룡현에 편입되었다가 1189년(대정 29)에 다시 독립했다. 2015년에 현이 폐지되고 진황도 소속의 행정구로 바뀌었다. 소속 관할지에는 1개 가도, 6개 진, 1개 향이 있다.

유수영진은 무녕구에서 남쪽으로 12km 떨어져 있다. 지명은 명말 오삼계(吳三桂)와 풍수업(馮守業)이 이곳에 군영을 두었던 데에서 나왔다. 1953년에 유수영향이 처음 설치되었다. 1958년에 발해공사(渤海公社)로 바뀌었다가 1961년에 유수영공사로 다시 바뀌었고, 이때 상급지가 창려(昌黎)에서 무녕으로 바뀌었다. 1984년에 향으로 바뀌고, 1988년에 진으로 승격되었다. 소속 관할지에는 53개 행정촌이 있다.

유수영진에서 동남쪽으로 4km 정도 가면 종양촌(宗楊村)과 서하남촌

(西河南村)이 차례로 나오는데, 서하남촌 아래 지역이 바로 조선족촌이다. 조선족에 대한 정의는 여러 가지로 풀이할 수 있지만, 통상 1949년 중국 정부가 수립된 이후 한국계 혈통을 가진 중국 국적자를 지칭한다. 중국 정부는 국가 수립 직후부터 자국 내 모든 사람들에 대해 민족 식별 작업에 나섰고, 이후 삼 단계를 거쳐 1979년에 민족 식별 작업을 마쳤다. 반면 중국 정부 수립 이전에 중국 지역에 거주한 한국인은 통상 한인(韓人; 조선인)이라 부른다.

무녕 조선족촌은 장성(長城) 이남에 유일한 공식 조선족촌이었다. 최근 조선족촌이 인근 상원촌(桑園村)에 병합되었으나, 촌락 곳곳에서 조선족의 집단 거주지임을 확인할 수 있다. 조선족촌 입구의 기둥에는 '조선족촌'과 '어서오세요'라는 홍색 글씨가 적혀 있다. 입구 왼편에 옛 조선족촌 촌위회사무소가 있고, 그 안쪽에 '조선고육점(朝鮮烤肉店)' 간판을 내건 음식점이 있다. 촌락은 당산대지진 이후 새로 건립된 관계로 전반적으로 규격화된 모습을 하고 있다. 촌락 주변에 널찍한 농지가 펼쳐져 있다. 예전에는 주로 쌀농사를 지었으나, 최근에 들어와 치커리, 상추, 마 등 채소류와 양송이로 바꾸어 재배하고 있다.

조선족촌 입구에 1999년 12월 31일에 촌민들이 자체적으로 작성한 표지석이 세워져 있다. 비면에는 한글로 '조선족촌'이라는 촌락 명칭을 새겨놓았고, 후면에는 한어(漢語)로 촌락 유래에 대해 새겨놓았다. 표지석의 기록에 따르면, 1952년에 이종택(李鍾澤), 임우섭(林又燮), 한태원(韓太原), 최무술(崔武述) 등 14가구가 서하남 지역으로 이주해 오면서 조선족촌이 형성되었다. 1954년에 영선사(寧鮮社)를 조직했고, 1959년에 수전전업대대(水田專業大隊)로 바뀌었다. 1984년에 서하남조선족촌(西河南朝鮮族村)이 되었다.

무녕 서하남 지역의 한인 이주와 조선족촌의 유래에 관해 박태봉(朴太峰)·양효문(杨曉文)이 발표한 문장이 있다.[52] 여기에다 필자가 현지 조사한 내용을 더하여 요약해 본다. 서하남 지역의 한국인 이주는 크게 두 차례 있었다. 한 차례는 민국 시기이고, 다른 한 차례는 중국 정부 이후이다.

1938년 겨울에 무녕 동하남촌(東河南村) 양자봉(楊子峰)이 흑룡강으로 장사하러 갔을 때 벼농사를 잘 짓는 한인 박씨 형제를 만나 벼농사에 적합한 서하남 땅을 소개해 주었다. 1939년 봄에 박씨 형제는 서하남 지역에 와서 살펴보고 노룡현 연하영진(燕河營鎮) 설자행(薛子行)으로부터 황무지 200무(畝)를 구입했다. 이곳에 쌀농사를 지어 많은 작물을 거두었다. 곧이어 박씨 형제가 불러온 박씨, 김씨, 최씨, 우씨, 황씨 등 친척과 친지 30여 가구가 서하남, 수연장(水沿莊), 전주건타촌(前朱建坨村)에 들어와 황무지 1,843무를 개간했다. 이곳 지역이 해안가와 가까워 염분이 많아 농작물이 자라기 힘들였는데, 한인들은 수로를 끌어와 염분을 희석해 많은 작물을 거둘 수 있었다. 1946년 5월에 서남하를 포함한 하북 지역에 거주한 모든 한인들은 국민당 정부의 방침에 따라 모두 본국으로 되돌아갔다.

1949년에 중국 해방군이 예전에 한인들이 경작한 농지를 201사(師) 농장으로 편입하였다. 1952년에 요녕 창도현(昌圖縣) 1구(區) 신민촌(新民村), 개원현(開源縣) 11구(區) 마가와방(馬家窩房), 창북현(昌北縣) 애모

52 朴太峰、楊曉文, 「西河南郷朝鮮族村發展史」, 『撫寧文史資料』 2집, 1994년(王遠新, 「河北省抚寧縣朝鮮族村的語言使用狀況和雙語教學」, 『民族教育研究』, 2004年 6期, 47~48쪽에서 재인용).

촌창신둔(艾母村昌新屯), 흑룡강 조남현(洮南縣) 등지에서 조선족 14가
구 55명이 무녕현으로 이주해 왔다. 1954년 봄에 이들은 초급농업합작
사 영선사(寧鮮社)를 조직하여 농경 작업에 나섰다. 1956년 봄에 영선
사는 고급농업합작사로 승격하고, 발해인민공사(渤海人民公社)에 속했
다. 동년에 농경 작업에 편리한 서하남 지역에 집단 촌락을 건설했다.

1958년에 조선족들은 현정부(縣政府)의 동의를 받아 201사 농장 중
1,059무를 경작했다. 1958년 말부터 1959년 봄까지 부족한 인력을 보
충하기 위해 만주, 내몽골 등지에 있던 친족과 친지 37가구, 183명을
불러왔다. 새로 입주한 조선족 가운데 일부는 당초 영하현(寧河縣)의 고
려권(高麗圈; 蘆臺農場)으로 갈 작정이었으나, 고려권(노대농장)의 농지가
황폐화되어 부득불 서하남 지역에 정착했다. 고려권(노대농장)은 1937
년 일제 당국이 계획하고 1940년부터 본격 개간했던 한인 집단 농장이
었다. 1959년에 영선사는 수전전업대대(水田專業大隊)로 개칭되었고,
1982년에 다시 조선족촌으로 개칭되었다.

2012년 기준으로 무녕 조선족촌에는 156가구 513명이 있었다. 이들
가운데 152가구는 조선족으로만 구성되었고, 4가구는 조선족과 한족
또는 만주족이 통혼한 가구였다.[53] 근자에 많은 조선족이 한국이나 타
지에 나가 살아가는 바람에 촌락 내 실거주자는 많이 줄었다. 조선족들
은 무녕 조선족촌을 조선족 문화특구로 조성하기 위해 큰 노력을 펼치
고 있고, 또 상급 진황도시인민정부에서도 산해관 이남의 유일한 조선
족촌이라는 특징을 살려 많은 지원을 해주고 있다.

---

53 「朝鮮族民俗村建設的構想和建議」. 2012.01.30.(https://wenku.baidu.com/view/31f
67848e518964bcf847c1c.html)

무녕 조선족촌

조선족은 예나 지금이나 교육열이 상당히 높다. 1953년에 서하남소학(西河南小學)의 부설 조선족반을 개설했고, 1963년에 조선족소학(朝鮮族小學)을 정식 개교했다. 2000년 이후 전교생의 숫자가 점차 줄어 들어갔다. 2000년에 36명, 2001년에 28명, 2002년 19명, 2003년에 12명, 2004년에 7명으로 줄었다. 2010년에 무녕 당국의 허가를 받아 인근 서하남소학과 합병하여 새로운 형태의 북대하신구(北戴河新區) 조선족소학(朝鮮族小學; 교장 金鎭一)으로 변신했다. 학교 당국은 조선족소학에서 이중 언어교육, 즉 한어(漢語)와 한국어를 동시에 배울 수 있다는 기치를 내세우고 학생들을 널리 모집하여 큰 효과를 거두었다. 오늘날 전체 12개 반, 학생 330명이다. 절대다수가 한족(漢族)이다. 교사는 34명이다. 부설 유아원은 원 조선족소학 자리에 들어섰다. 전체 4개 반, 원생 150명이다.

X. 결론

한민족은 퉁구스족에 속하는 여러 민족으로 구성되었다. 한민족도 여타 민족처럼 예로부터 디아스포라 현상이 빈번하게 일어났다. 일부는 자의적으로 해외 지역에 이주했고, 일부는 타의에 의해 해외 지역에 강제 이주를 당했다. 역사상 디아스포라로 한민족이 가장 많이 옮겨간 지역은 중국 대륙이다. 오늘날 중국 대륙에 한민족 디아스포라 지역을 알려주는 지명이나 문헌 기록이 꽤 많이 남아 있다.

하북 북부는 한민족과 아주 밀접한 지역이다. 예로부터 한민족이 많이 활동했고, 한민족 디아스포라가 많이 분포된 지역 중의 하나이다. 하북 북부에 소재한 한민족 디아스포라 지역은 풍윤 고려포촌(高麗鋪村), 노룡 신나채촌(新挪寨村; 원명 新羅村), 청룡 고려포촌(高麗鋪村), 노원촌(老院村), 박장자촌(朴杖子村), 평천 박장자촌(朴杖子村), 융화 고립영촌(高立營村; 원명 高麗營), 무녕 조선족촌(朝鮮族村) 등이 있다. 이들 마을이 형성된 시기는 크게 당나라, 청나라, 민국 시기 등으로 구분할 수 있다.

풍윤 고려포촌은 고당전쟁 때 붙잡혀온 고구려 유민들의 정착지이다. 촌락 경내에 조선 세조 때 사행 도중에 작고한 사은사 이문형의 비석이 있었다. 노룡 신나채촌은 당나라 때 해외 신라인의 집단 마을로 추측된다. 당 총장 연간에 신라인들을 모아 만든 귀의주가 북경 광양성 지역에 세워졌다. 얼마 후 귀의주가 홀연히 사라졌는데, 혹 가까운 위치에 소재한 청룡 신나채촌으로 옮겼을 가능성이 있다.

청룡 노원촌은 정묘호란 때 피로된 조선 출신 만주기인 김신달례 일족들이 세습한 고려제이좌령의 주둔지로 추정된다. 청룡 박장자촌, 평천 박장자촌은 청나라 때 조선 출신 만주기인 박씨 일족들이 각각 형성한 지역이다. 청룡 박장자촌 박씨 후손들은 훗날 인근 탑구촌(塔溝村), 맹가와포촌(孟家窩鋪村)으로 이주했고, 평천 박장자촌 박씨 후손의 일부는 훗날 인근 박가원촌(朴家院村)으로 이주했다. 청룡 고려포촌, 융화 고립영촌은 조선 출신 민주기인들이 집단 이주한 지역으로 추정된다. 무녕 조선족촌은 민국 시기와 중국 정부 시기 두 차례 형성된 한인 또는 조선족 마을이다.

끝으로 본 논문을 마치면서 소감을 적어본다. 중국 경내의 한민족 디아스포라 지역을 조사하는 작업은 한민족의 디아스포라 실체를 알아보는 데 아주 중요하다. 본 작업은 현장 답사와 문헌 조사를 병행했다. 하지만 이것만으로 여전히 부족한 점이 있다. 앞으로 유전자 검사 등 과학적 조사를 통해 디아스포라의 실체가 밝혀지기를 기대한다. 그리고 여기에 대해 국내외 학자들의 많은 관심과 연구 성과가 계속 나오기를 기대한다. [燁爀之樂室]

풍윤
고려포 지명

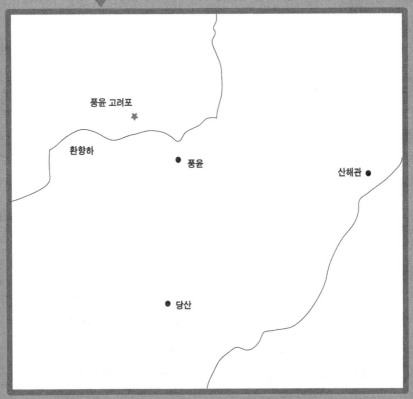

풍윤 고려포

환항하

● 풍윤

산해관 ●

● 당산

I. 서론

국명 표기 디아스포라(Diaspora; 離散)는 통상 특정 국가의 민족이나 종족이 원래 살았던 고국을 떠나 타국으로 이주해서 살아가는 현상을 지칭한다. 중국 대륙에는 한민족 디아스포라 현상을 말해주는 지명이 상당수 보인다. 이들 지명을 조사해 보면 옛 한국의 국명을 그대로 간직한 곳이 많다. 디아스포라 한인들은 비록 고국을 떠나 머나먼 이역의 땅에서 살아가야만 했지만, 자신들의 출신과 흔적을 남기기 위해 디아스포라 지명 속에 고국의 국명을 담아놓았다.

한중 양국은 오래전부터 많은 사신이 오갔다. 한국과 중국 사이에 오가는 사행 노선은 양국 수도의 위치와 국제 정세에 따라 여러 노선이 개설되었다. 조선 시대에 양국 사절들은 주로 한양과 북경(연경) 사이에 개설된 육로 사행 노선을 따라오갔다. 육로 사행 노선은 시대에 따라 조금 변형이 있지만, 한반도 북단, 요동과 하북을 거치는 일정한 노선이 개설되어 있었다. 오늘날 하북 북쪽 풍윤(豊潤)의 외곽지에 고려포촌(高麗鋪村)이 있다. 풍윤 고려포촌은 한민족 디아스포라와 관련된 촌락이다. 이곳은 예전에 육로 사행 노선의 길목에 소재하여 많은 조선 사신들이 지나가며 옛 한인의 디아스포라 현장을 보고 깊은 감회와 향수를 느꼈다.

국내외 학자들은 풍윤 고려포에 많은 관심을 가졌다. 필자 이전에 고려포를 답사한 학자들을 열거해보면 조선족 학자로는 황유복(黃有福), 전홍렬, 김경식,[1] 김호림(金虎林) 등,[2] 한국 학자로는 허세린(許世麟), 김성훈(金成勳), 허세욱(許世旭) 등,[3] 중국 학자로는 이종(李琮), 한진사(韓振社) 등이 있다. 풍윤 선전부(宣傳部) 소속의 왕득성(王得成)과 이쌍운(李雙雲)도 고려포를 살펴보고 이곳이 북경으로 들어가는 조선 사절의 중요한 역참이라고 주장했다.[4]

필자는 2007년 이래 풍윤 고려포를 여러 차례 답사했고, 풍윤구문물관리소(豐潤區文物管理所) 소장 융립신(隆立新)으로부터 명 가정 연간에 세워졌던 '고려포보(高麗鋪堡)' 석물 사진을 확인했다. 지금까지 풍윤 고려포에 관해 국내외 학자들의 관심이 높았지만, 아쉽게도 종합적인 고찰은 부족한 편이다. 이에 따라 본 논고에서는 풍윤 고려포촌과 관련된 각종 자료를 수집하여 명칭, 유래, 유물, 위치, 현황, 사신 소감 등 제반적인 사항을 종합적으로 고찰하는 데 중점을 둔다.

1 황유복·전홍렬·김경식, 「옛 고구려 사람들이 살았던 고려포(하북성 풍윤현)를 찾아서」, 『한민족』 2집, 한민족학회: 敎文社, 서울, 1990.5, 202~211쪽.

2 金虎林, 「고려인들이 숨결 서려있는 고려포」, 『통일한국』 1997년 4월호, 평화문제연구소, 1997.4, 81~83쪽.

3 許世旭, 『허세욱교수의 속열하일기』, 동아일보사, 서울, 2008.4, 106~107쪽.

4 王得成·李雙雲, 「朝鮮人進京的重要驛站: 高麗鋪」, 『唐山宣傳』, 1993년 7기(총71기), 中共唐山市委宣傳部, 19~22쪽.

II. 풍윤(豊潤) 고려포(高麗鋪)의 위치와 현황

풍윤 고려포(高麗鋪)는 때로 고력포(高力鋪)로 기술되었다. 청 광서
연간에 편찬된『[광서]豊潤縣志』가 있다. 이 책자「창저(倉儲)」에서 고
력포(高力鋪)는 풍윤성 서쪽 15리에 있다고 했다.[5] 여기의 고력포(高力
鋪)는 고려포(高麗鋪)를 지칭한다. 이 책자의「잡기(雜記)」에서 고려포
(高麗鋪)는 풍윤현 서쪽 경수(涇水; 환향하) 건너 15리에 있다고 했다. 또
풍윤현 지도 중 풍윤과 옥전(玉田)을 잇는 역참을 나열한 부분에서 고려
포(高麗鋪)라고 기술했다.[6] 중국에서는 왕왕 복잡한 획수를 가진 지명
을 간편한 획수를 가진 동음자로 대체하는 경우가 종종 있다. 이러한
현상은 비단 예전에만 일어난 것이 아니고 오늘날에도 계속 일어난다.
'려(麗)'자가 획수가 많아 동음자인 '력(力)'으로 대체되었다. '려(麗: li)'
자와 '력(力; li)'자는 중국어(漢語) 음가가 같다. 북경 순의(順義) 소고려
영(小高麗營), 고려영(高麗營), 통주(通州) 대고력장(大高力莊) 등에서 '려
(麗)'자와 '력(力)'자를 혼용하거나 바뀌는 현상을 찾아볼 수 있다.[7]

풍윤 고려포촌은 현 행정구획으로 하북 당산시(唐山市) 풍윤구(豊潤
區) 풍윤진(豊潤鎭)에 속해 있는 행정촌이다. 풍윤은 하북성 동부에 위
치한다. 남쪽으로 당산시, 서쪽과 남쪽으로 천진(天津) 영하현(寧河縣),

---

5 『[광서]豊潤縣志』권1「倉儲」: "城鎭西關屬二十屯: 霍家莊, 距城二里, … 高力鋪,
  距城十五里."
6 『[광서]豊潤縣志』권3「雜記」: "舊志云: 自縣西渡涇水十五里高麗鋪." 및 동서 풍윤
  성 지도 중 高麗鋪 참조.
7 朴現圭,「북경 지역 韓民族 離散 지명과 유적」,『韓民族研究』7호, 韓民族學會,
  2009.6, 71~90쪽; 한민족학회 2009년도 춘계 세미나, 한민족학회, 한국학중앙연구원,
  2009.5.27, 19쪽, 22쪽.

북쪽으로 연산(燕山)을 각각 접하고 있다. 지형은 동북쪽에서 서남쪽으로 야산, 평원, 저습지로 나누어진다. 풍윤은 당산에서 북쪽으로 22km, 북경에서 동쪽으로 120km, 진황도에서 서쪽으로 120km 떨어져 있다. 이곳은 예로부터 북경과 요동을 잇는 길목인지라 사방으로 뻗어가는 교통망이 발달했으며, 오늘날에도 경진철도(京秦鐵道), 당준철도(唐遵鐵道)와 경하고속(京哈高速), 장심고속(長深高速), 국도102선, 국도112선 등 많은 교통 노선이 형성되어 있다.

풍윤은 경내에 6천 년 전 부락지와 석기가 출토되어 오랜 거주 역사를 지니고 있다. 상나라 때 고죽국(孤竹國)에 속했고, 주나라 때 연국(燕國)에 속했으며, 진나라 때 어양군(漁陽郡)에 속했다. 1187년(대정 27)에 영제현(永濟縣)이 세워졌고, 1209년(대안 1)에 풍윤현으로 바뀌었다. 1958년에 풍윤현이 철폐되고 당산시 풍윤구가 되었다. 1959년에 다시 풍윤현으로 되돌아갔다. 2002년에 풍윤현과 원 당산시 신구(新區)가 합쳐져 당산시 소속의 풍윤구로 바뀌었다. 풍윤구정부(구청)는 행복도(幸福道)에 소재한다. 소속 관할지에는 3개 가도, 17개 진, 3개 향이 있다.

풍윤진은 시내의 동쪽 외곽지인 환향하(還鄉河)의 양편 지역에 자리 잡았다. 환향하는 일명 경수(浭水)이다. 지명은 금나라에 의해 북쪽으로 끌려가던 북송 휘종이 환향하를 바라보고 모든 강물은 동쪽으로 흐르지만 유독 이 강물만 서쪽으로 흐르고 있다며 자신은 언제 강물처럼 고향으로 돌아갈 수 있느냐고 탄식한 데에서 나왔다. 풍윤진정부(진사무소)는 원 풍윤현정부가 들어선 조설근서도(曹雪芹西道)에 소재한다. 소속 관할지에는 45개 행정촌이 있다.

고려포촌은 한때 6개 행정촌을 가진 고려포향(高麗鋪鄉)의 행정중심지였으나, 1987년에 당산시 행정구획 개편으로 인하여 행정촌으로 격

풍윤 고려포 촌위회

하되었다. 동쪽으로 국도102선, 남쪽으로 대안락장(大安樂莊), 서쪽으로 조가와(曹家洼), 북쪽으로 압고산(壓庫山)까지이다. 풍윤 시내에서 서북쪽으로 7.5km 떨어져 있다. 고려포촌은 풍윤 근교에 자리하고 있어 시내버스가 다닌다. 당산북참(唐山北站: 옛 풍윤역)에서 6로 버스를 타거나 풍윤 버스터미널에서 4로 버스를 타고 고려포촌에 내리면 된다. 이곳은 풍윤과 옥전을 잇는 국도102선이 지나가고 있어 교통량이 매우 많다. 풍윤과 옥전을 오가는 시외버스를 이용해도 된다.

고려포촌 마을은 하북 북방의 전형적인 근교 모습을 띠고 있다. 가옥과 상점은 대로변을 따라 기다랗게 형성되어 있고, 마을 바깥쪽에는 광활한 농지가 펼쳐져 있다. 마을 곳곳에는 고려포 이름이 들어간 각종 관공소와 학교, 상점이 들어서 있다. 촌위회사무실은 서쪽 대로변에 소재한다. 이곳은 예전에 고려포 역참이 들어선 곳이다. 소학교는 마을 북쪽에 소재하고, 중학교는 마을 남쪽, 위생소는 마을 동쪽에 각각 소재한다. 2011년 말 기준으로 전체 인구는 229명이고, 전체 면적은 192km²이다. 주요 농산품은 옥수수, 생강 등이다. 오늘날 고려포촌 사람들은 주로 풍윤 시내에 나가 경제 활동을 전개하고 있다.

III. 풍윤(豊潤) 고려포(高麗鋪)의 유래와 유물

앞서 「하북(河北) 북부 한민족 디아스포라 지명」에서 언급했듯이 고려포의 마을 유래에 관해 여러 설이 존재하는데, 그중에 가장 유력한 설은 당나라 시기 고구려 유민의 정착설이다. 여기에서는 세부적인 내용을 자세히 논해본다.

본격적인 논의에 앞서 고려포촌에 전해 오는 황량타(謊糧坨) 전설부터 살펴본다. 얼마 전까지 고려포향정부는 동구 밖 황토무지 옆에 마을 유래를 담은 석물을 세워 놓았다. 이 패석의 기록에 수 양제, 당 고종이 고려포를 지나 고구려를 침공했던 사실과 당 태종이 고려포에 황량타를 설치한 전설을 곁들여 놓았다.[8] 『[1993년]풍윤현지(豊潤縣志)』는 고려포가 당나라 때 세워졌다고 했고,[9] 고려포를 현지답사한 황유복(黃有福) 일행, 왕득성(王得成) 일행은 당 태종의 황량타 전설을 언급했다.[10]

황량타는 일명 황초타(黃草坨)이며, 고당 전쟁의 산물이다. 『[광서]

---

8 황유복·전홍렬·김경식, 「옛 고구려 사람들이 살았던 고려포(하북성 풍윤현)를 찾아서」, 앞의 서지, 202~203쪽.
9 豊潤縣志方志編纂委員會, 『[1993년]豊潤縣志』, 中國社會科學院, 북경, 1993.10, 69쪽.
10 王得成·李雙雲, 「朝鮮人進京的重要驛站: 高麗鋪」, 앞의 서지, 19쪽.; 王得成, 「中朝·中韓交往的重要驛站－高麗鋪」, 『河北學刊』82호, 河北學刊編輯部, 1995.6, 111쪽.

풍윤현지』「고적(古蹟)」에 의하면, 당 태종이 고구려를 침략할 때 고구
려 첩자의 이목을 교란하기 위해 고려포에 황량타, 즉 거짓 군량 더미
를 쌓아놓았다고 했다.[11] 당나라 때 유주 지역(현 북경, 천진, 하북 동북부
지역)은 요동으로 진출하는 길목이다. 당 태종은 고구려를 침략할 때
유주 지역을 요동 전선으로 군대와 물자를 보내는 후방 군사기지로 활
용했고, 또 요동으로부터 퇴각할 때 고구려 군대로부터 역공을 방비하
기 위해 군사 방어시설을 설치했다.

　그래서인지 당산 지구에는 당 태종의 고구려 침공과 관련된 전설을
담아놓은 지명이 많다. 예를 들면 당 태종이 당산 대성산(大城山) 북쪽
에서 낚시를 했다는 조어대(釣魚臺), 대성산 동쪽과 옥전 동남쪽에서 각
각 갑옷을 말렸다는 양갑산(晾甲山)과 양갑전(亮甲店), 천안(遷安) 동쪽
에서 개울을 건넜다는 삼도간(三跳澗), 난현(灤縣) 서쪽에서 군고(軍鼓)
를 연습했다는 뇌고대(擂鼓臺) 등이 있다.[12] 특히 난현 황량타(謊糧坨)
전설은 풍윤 황량타, 북경 황량대(謊糧臺) 전설과 비슷하다.

　다만 풍윤 황량대 전설이 당 태종의 고구려 침공과 관련 있다는 학설
로 정립되려면 유적지 발굴 조사가 필요하다. 풍윤과 가까운 지역인
계현(薊縣) 별산진(別山鎮) 이리점촌(二里店村) 일대에 적골돈(積骨墩) 유
적지가 있다. 적골돈은 적곡돈(積穀墩) 또는 칠십이대자(七十二臺子)라
고 불린다. 『[민국]중수계현지(重修薊縣志)』는 적골돈 유적지가 고구려
침공에 실패한 당 태종이 후방으로 퇴각하면서 자국 병사들의 유해를

---

11 『[광서]豊潤縣志』 권1 「古蹟」: "謊糧坨, 在縣西北十五里. 相傳唐太宗設, 以誑高麗."
12 唐山市政協文史資料委員會等, 『唐山歷史寫眞』, 中國文史出版社, 北京, 1999.2,
　　48~49쪽.

이곳에 묻었거나 고구려 첩자의 이목을 교란하여 고구려 군사의 추격을 대비하는 차원에서 거짓 군량 더미를 쌓아두었던 것이라고 했다.[13]

그러나 1976년 문물 당국이 적골돈 유적지를 발굴 조사해 보니 의외의 결과가 나왔다. 적골돈 유적지는 동한 시대 이 일대에 거주했던 호족들의 무덤 군락지로 당 태종 전설과 무관함이 밝혀졌다.[14] 풍윤 황량타 유적지도 혹시 계현 적골돈의 경우처럼 다른 시대의 유적지인지 검증할 필요가 있다. 향후 관계 기관이 나서 풍윤 황량대 유적지에 대해 발굴 조사가 필요하다. 향후 결과가 어떻게 나오든 풍윤 황량대가 고려포 사람들 사이에 오랫동안 전해오는 전설이었던 점을 감안해야 한다.

다시 본론으로 돌아간다. 고려포촌 부근에 설령 당 태종과 관련된 황량타 유적이 있다고 하더라도 마을 명칭에 왜 고려라는 이름이 들어갔는지는 여전히 의문점으로 남는다. 앞 논고에서 언급했듯이 북경과 하북 지역에 옛 한국 국명이 들어간 지명이 많이 남아 있다.[15] 이들 지명은 크게 고구려인 관련설, 고려인 관련설, 조선인 관련설로 나눠진다. 고구려인 관련설 가운데 중요한 근거는 『구당서(舊唐書)』「고[구]려전(高[句]麗傳)」의 기록이다. 고당 전쟁 때 당 태종은 요동 고구려성을 함락시키고 1만 4천 명이나 되는 많은 고구려인을 붙잡아 일차적으로 유주 지역에 집결시켰다. 당초 고구려 피로인들을 각 장병들에게 나누

---

13 『[민국]重修薊縣志』권1「地理·勝境」: "積骨墩, 又名積穀墩, 在州東南二十五里王槓子莊起, 至二里店東止, 絡繹不絕, 有二十餘土阜. 相傳唐太宗征高麗時, 兵敗, 死傷甚多, 收其骸骨, 積於此地, 以土覆於上而成阜. 又相傳云: 唐太宗征高麗不利, 退兵於此. 恐高麗追襲下, 以土築阜, 上堆糧米, 使高麗諜者見糧米廣貯, 使之懼而不追, 二說未知孰是."

14 『[1991년]薊縣志』第20編 第6章 중「別山漢墓群」참조.

15 朴現圭,「북경 지역 韓民族 離散 지명과 유적」, 앞의 서지, 17~31쪽.

어 주려고 하다가, 나중에 이들로부터 몸값을 받고 민초로 삼아 살아가
도록 했다.[16] 이때 고구려 피로인들은 유주 각지로 분산하여 집단 정착
하였다. 오늘날 통주 대고력장(大高力莊; 원명 高麗莊), 순의 고려영(高麗
營), 소고려영(小高麗營), 하간 고려성(高麗城) 등이 고구려 피로인이 정
착한 지역으로 알려지고 있다.

왕득성(王得成)·이쌍운(李雙雲)은 풍윤현 선전부에 근무했다. 이들은
1990년대 초에 고려포촌 사람들과 만나 마을 유래와 유물에 대해 집중
적으로 조사하였다. 이때 촌로 풍호(馮浩; 당시 82세)가 윗대에서 전해오
는 말을 인용해서 당나라 때 조정이 이곳에 구역을 정하고 고려인(고구
려인을 지칭함)에게 정착하도록 했고, 청나라 초기까지 고려 군인들이 지
키고 있었다고 했다.[17]

그런데 왕득성·이쌍운은 고구려 피로인설 외에 원나라 때 고려인 관
련설도 함께 거론했다. 원나라 때 각 지역 사이의 정보 연계를 강화하
기 위해 급체포(急遞鋪)를 설치하여 사방으로 오가는 문서를 전달하였
다. 고려포 이름은 바로 여기에서 나왔고, 많은 고려인이 거주했다고
했다.[18] 필자가 왕득성·이쌍운이 내세운 논리를 분석해보니 여러 시대
를 통섭하고 있어 다소 모호한 점이 있지만, 일부 내용은 검토해볼 가
치는 있다.

고려포(高麗鋪) 지명에는 급체포를 지칭하는 '포(鋪)'자가 들어가 있

---

16 『舊唐書』권199상 「高(句)麗傳」: "初, 攻陷遼東城, 其中抗拒王師, 應沒爲奴婢者一
    萬四千人, 並遣先集幽州, 將分賞將士. 太宗愍其父母妻子一朝分散, 令有司準其直,
    以布帛贖之, 赦爲百姓."
17 王得成·李雙雲, 「朝鮮人進京的重要驛站: 高麗鋪」, 앞의 서지, 20쪽.
18 王得成·李雙雲, 「朝鮮人進京的重要驛站: 高麗鋪」, 앞의 서지, 20쪽.

다. 급체포는 송나라 때 처음 만들어
져서 원나라 때 널리 운용되었고, 명
나라에 들어와서 수마역(水馬驛)·체운
소(遞運所)와 더불어 역참의 3대 기구
로 발전하였다. 급체포는 각 지역 사
이에 긴급한 정보를 원활하게 전달하
기 위해 만들어졌다. 당국자가 차사에
게 각 역마다 준비된 역마를 교대로
갈아타고 계속 이어 달리게 하여 공문
서를 먼 곳까지 신속하게 전달시키도
록 했다. 따라서 고려포 지명은 왕득
성·이쌍운이 주장한 원나라 시대에서

풍윤 고려포중학

거슬러 올라가 급체포가 처음 생긴 송나라에도 존재하고 있었을 개연
성이 검토해봐야 한다.

　조선 시대에 사절들은 빈번히 고려포를 지나갔다. 조선 사신들은 고
려포의 유래에 대해 어떻게 생각하고 있는가? 고려포 지명을 구체적으
로 기술한 현존 문헌 중 가장 빠른 기록은 권벌(權橃)의『조천록(朝天錄)』
이다. 권벌은 1539년(중종 34)에 주청정사가 되어 북경을 향해 나가면서
고려포를 지나갔다. 이때 권벌은 고려포 지명에 우리의 옛 국호가 들어
가 있는 점을 보고 지명 유래에 대해 주위에 물어보았으나, 자세한 내
력을 듣지는 못했다.[19]

---

19 權橃『朝天錄』(『冲齋先生文集』권8) 10월 14일조: "早發涉還鄕河, 過高麗鋪, 夕至
　　玉田縣陽樊驛. 高麗鋪, 問之未詳."

1720년(숙종 46)에 이기지(李器之)는 고부사(告訃使)로 북경을 다녀왔
다. 이때 고려보(고려포)를 지나면서 이곳이 당 태종이 요동을 침공하여
사람들을 이주시킨 촌락이라고 했다.[20] 1746년(영조 22)에 윤급(尹汲)은
동지부사로 북경에 나가 이듬해 돌아왔다. 이때 고려보(고려포)를 지나
면서 마을 유래에 대해 이기지와 같은 견해를 남겼다.[21] 1780년(정조 4)
에 조선 조정은 청 건륭제의 70세 탄신을 축하하기 위해 진하사(進賀使)
를 보냈다. 이때 노이점(盧以漸)과 박지원(朴趾源)은 자제군관의 신분으
로 사행에 따라나섰다. 노이점은 고려포를 지나면서 마을 유래에 대해
견해를 남겼다. 『수사록(隨槎錄)』 경자 7월 28일조에서:

> 所謂高麗堡者, 唐太宗征遼時, 我國人被捉而來居生於此, 未知其是
> 否?
> 이른바 고려보(高麗堡)라는 것은 당 태종이 요동을 정벌할 때 우리나
> 라 사람들이 붙잡혀 이곳에 와서 거주했다고 한다. 이것이 사실인지 아
> 닌지는 알지 못한다.

당 태종의 요동 정벌은 고구려 침공을 지칭하고, 우리나라 사람(我國
人)은 고구려인을 지칭한다. 앞서 살펴보았듯이 중국 문헌에는 대부분
고려포의 마을 유래가 당나라 시대 고구려 피로인에 의해 건설되었다
는 설을 견지하고 있다. 노이점은 고구려인 정착설을 듣고 나서 사실
여부에 대해 궁금하였다. 길에 있는 사람들에게 아직도 우리 사람들이

---

20 李器之 『一菴燕行日錄』 권2 숙종 46년 9월 14일조: "盧家庄至高麗堡, 此乃唐太宗征
遼所移之民也."
21 尹汲 『燕行日記』 영조 22년 12월 24일조: "抵高麗堡, 堡有水田, 可播數石種. 傳言唐
太宗征時所得麗民於此."

있느냐고 물어보니, 마을 사람들은 대답하지 않고 웃기만 하였다.

그런데, 여기에 흥미로운 기록이 있다. 이번 사행에 노이점과 동행한 박지원은 이와 전혀 다른 견해를 내놓았다. 『열하일기(熱河日記)』 「관내정사(關內程史)」에서:

> 二十八日甲辰. … 自豊潤曉發, 至高麗堡十里. … 行至高麗堡, 廬舍皆茅茨, 最寒儉, 不問可知爲高麗堡也. 丁丑被擄人自成一村.
> (7월) 28일 갑진. … 풍윤성에서 새벽에 떠나 고려보까지 10리였다. … 고려보에 이르니, 집들이 모두 띠 이엉을 이어서 몹시 쓸쓸하고 검소해 보인다. 이는 묻지 않아도 고려보임을 알겠다. 정축년에 잡혀 온 사람들이 저절로 한 마을을 이루어 산다.

여기의 정축년은 1637년(인조 15)이다. 1636년(병자년; 인조 14)부터 1637년(정축년; 인조 15)까지 청나라는 조선을 침략한 이른바 병자·정축호란을 일으킨다. 이때 청나라 군사들은 조선국에 막대한 피해를 주고 많은 조선인을 붙잡아 자국으로 끌고 갔다. 조선 피로인 가운데 극일부는 몸값을 내고 풀려났지만, 대다수는 만주기인의 포의(包衣)가 되거나 팔기군에 편입되었다.

박지원은 정축년, 즉 병자·정축호란 피로인들이 고려포에 들어와 절로 한 마을을 이루었다는 견해를 남겼다. 이 견해는 일전에 이재학(李在學) 등이 들었던 전문(傳聞)을 확대 해석한 것이다. 박지원·노이점보다 2년 앞서 북경을 다녀온 이재학은 정조를 알현하는 자리에서 고려포는 옛 고려인이 병란을 피해 들어가 저절로 한 마을을 이르고 있다고 했다.[22] 이재학의 진술과 박지원의 견해 사이에 미묘한 차이를 보인다. 이러한 차이는 고려포 마을의 형성이 옛 한인의 이주가 자발

적으로 이루어졌는지 아니면 강제적으로 이루어졌는지를 판단하는 데
중요하다.

당시 북경을 오가던 조선 사신들 사이에 병자·정축호란 피로인설이
널리 퍼졌고, 후대에 들어와서도 이러한 전문(傳聞)은 계속 이어갔다.
1784년(정조 8)에 김익(金熤)은 병자·정축호란 때 조선 피로인들이 이곳
에 모여 살았다고 했고,[23] 1801년(순조 1)에 이기헌(李基憲)은 병자·정축
호란 때 피로인들이 모여 촌락을 이루었다고 했으며,[24] 1831년(순조 31)
에 한필교(韓弼敎)는 병자·정축호란 때 조선 피로인들이 이곳에 많이
거주하여 마을이 형성되었다고 했다.[25]

1846년(헌종 12)에 이헌구(李憲球)는 연행 도중 고려포를 지나면서 병
자·정축호란 피로인설에 대해 좀 더 구체적으로 언급하였다. 『연사록
(燕槎錄)』 「고려점(高麗店)」 자주에서:

> 高麗堡, 在豊潤地方. 丁丑我國被擄人, 自瀋陽徙居此, 自成一村, 故
> 名. 而高麗人已徙去山西, 今無餘者云.
> 고려보(高麗堡)는 풍운 지방에 있다. 정축년 우리나라 피로인들이 심
> 양(瀋陽)에서 이곳으로 옮겨와 한 마을을 만들었기에 명명되었다. 고려
> 인들은 이미 산서(山西)로 이주해서 지금 남아 있는 자들이 없다고 한다.

---

22 『承政院日記』 정조 2년 4월 2일조: "高麗舖者, 卽古之高麗人, 避兵入居, 自成一村,
  仍名爲高麗舖."
23 『竹下集』 권4 「高麗村」 자주: "在豊潤縣界. 丙丁之亂, 東民被俘者聚居于此, 名其居
  曰高麗村云."
24 李基憲 『燕行日記』 순조 1년(신유) 12월 21일조: "(高麗堡)世傳此丙丁被擄人聚居
  成村."
25 韓弼敎 『隨槎錄』 권3 「遊賞隨筆下·高麗舖」: "又五里而到高麗舖, 村間頗盛, 皆覆
  茅茨. 盖東人之俘於丙丁者, 多居此地. 自成一村."

　정축년, 즉 병자·정축호란 때 조선인들이 청나라 군대에 의해 심양으로 붙잡혀 갔다. 조선 피로인들은 심양에서 이곳으로 옮겨 고려포를 만들었다. 그 후 고려포를 형성한 원 조선인들은 산서(山西)로 이주하여 지금 남아 있는 이들이 없다. 이헌구의 서술 내용이 구체적인 것은 사실이지만, 그가 어떤 근거에서 이러한 말을 했는지는 알 수 없다.

　다만 하나 분명한 사실은 고려포 촌락이 만들어진 시기가 병자·정축호란 피로인설보다 훨씬 빠르다는 점이다. 그 근거를 나열해본다. 첫째, 고려포의 촌락 유래에 관해 당나라 시기 고구려 피로인에 의해 마을이 세워졌다는 설이 있다. 둘째, 권별, 배삼익(裵三益), 이호민(李好閔), 이안눌(李安訥) 등은 병자·정축호란 이전에 고려포를 지나간 조선 사신들이다. 이들은 모두 촌락 이름을 고려포라고 명기했다. 셋째, 명 가정 연간에 고려포 마을에 세운 '고려포보'라는 석물이 현존한다. 이것으로 보아 고려포가 병자·정축호란 피로인에 의해 세워졌다는 설은 성립되지 않음을 알 수 있다.

　병자·정축호란 이후에 고려포를 지나간 일부 조선 사신도 고려포 유래가 병자·정축호란 피로인설과 관련이 없다는 기록을 남겼다. 1737년(영조 13)에 주청사 서장관 이철보(李喆輔)는 북경을 다녀오면서 연로에 소재한 고려보(고려포)를 지나갔다. 북경으로 향할 때는 고려보(고려포)가 조선인 피로인에 의해 세워졌다고 하다가, 나중에 기존 언급을 접고 병자년, 즉 병자·정축호란 이전에 촌락이 이미 존재한다는 말을 남겼다.[26] 1818년(순조 18)에 성우증(成祐曾)은 정만석(鄭晩錫)의 종사관

---

26 李喆輔『丁巳燕行日記』영조 3년(정사) 윤9월 2일조: "初二日, 晴. 早發過高麗堡, 盖東民之被虜者聚成一村, 村民之稱高麗以此也."; 李喆輔『燕槎錄』중「高麗堡」자

이 되어 북경으로 향할 때 고려포를 지나갔다. 이때 고려보(고려포)가 명나라 때 이미 존재하기 때문에 병자년, 즉 병자·정축호란 피로인이 세우지 않았다는 점을 분명히 짚고 있다.[27]

아래에 결론을 내리기에 앞서 혹시 일어날지도 모르는 경우의 수를 검토해본다. 명청 교체기에 중국 대륙에 들어간 조선인들이 아주 많았다. 이들 가운데 대다수가 심하전투(사르후전투의 일부), 정묘호란, 병자·정축호란 때 청나라 군사에 의해 강제로 나포된 사람들이지만, 더러는 정치 문제, 생활 곤경 등으로 자발적으로 요동으로 넘어간 사람들도 있다. 예를 들면 한윤(韓潤; 韓雲)과 한니(韓尼)는 이괄의 난에 가담한 부친 한명련(韓明璉)이 피살당하자 조선에 남아 있을 수 없어 압록강을 넘어 청나라에 들어갔다.

청나라는 자국의 군사력을 강화하고자 자국 영토에 이입된 조선인들을 대거 팔기군의 일원으로 편입시켰다. 팔기군에는 조선 출신 만주기인으로 편성된 독립된 부대가 있었다. 조선 출신 만주기인의 좌령을 꼽아보면 정황기(正黃旗)에 고려[조선]좌령(高麗[朝鮮]佐領) 2명, 정홍기(正紅旗)에 조선좌령(朝鮮佐領) 2명이 있었다.[28] 예를 들면 정묘호란 때 나포된 김신달례(金新達禮) 형제와 그 일족들이 세습한 제이고려좌령이다. 청나라는 입관 이후 황성 북경을 보호하기 위해 팔기군의 주둔지를 전면 재조정하였다. 이때 하북 북부 지역에는 팔기군과 그 하부 포의들이 많이 정착하였다. 이들 정착촌 가운데 조선 출신 만주기인의

주: "追聞此非丙子所虜, 丙子以前亦有此堡云云."

27 成祐曾『茗山燕詩錄』권4「高麗堡」: "四面中州土, 一區高麗土." 자주: "已自皇明時有此堡, 非丁丑被擄也."

28 『欽定八旗通志』권5「八旗佐領·正黃旗」와 권8「八旗佐領·正紅旗」

집단 촌락도 생겼다. 예를 들면 청룡 소재 고려포촌(高麗鋪村), 박장자
촌(朴杖子村), 노원촌(老院村)은 조선 출신 만주기인이 세운 집단 촌락
으로 추정된다.

　풍윤 고려포가 고구려 피로인에 의해 마을이 처음 건립된 이후에 병
자·정축호란 때 조선 피로인들이 재차 이주해왔을 가정이다. 달리 말
하자면 풍윤 고려포는 옛 한민족의 이주가 크게 두 차례 있었다는 가정
이다. 한 차례는 당나라 초기에 고구려 피로인들이 고려포로 강제 이주
했고, 다른 한 차례는 병자·정축호란 때 나포된 조선 피로인들이 또다
시 고려포로 강제 이주했던 가정이다. 그러나 이러한 가정은 어디까지
나 혹시 있을 줄도 모르는 경우의 숫자를 고려한 것이고, 현존 문헌에
서 이 가정을 뒷받침해 줄 일말의 기록을 찾을 수 없다.

　다음으로 풍윤 고려포에서 발굴되었던 유물에 대해 알아본다. 명나
라 때 고려포에 포사가 세워져 있었다. 1988년에 고려포에서 이러한
사실을 입증하는 비석이 나왔다. 길이는 75cm이고, 너비는 45cm이며,
재질은 홍석이다. 테두리는 덩굴무늬이고, 글씨는 음각이다. 비문의
가운데에는 가로로 대자 '고려포보(高麗鋪堡)'라고 새겨져 있고, 좌측
옆에 세로로 소자 '대명가정삼십년사월길일립(大明嘉靖參拾年肆月吉日
立)'이라고 새겨져 있다. 고려포를 답사한 황유복 일행은 마을의 한 가
옥에서 대문 주춧돌로 괴어 있는 이 석물을 발견한 당시의 모습을 생생
하게 기술해 놓았다.[29]

　가정 30년은 1551년이다. 당시 고려포는 군사 기지였다. 고려포 마

29 황유복·전홍렬·김경식, 「옛 고구려 사람들이 살았던 고려포(하북성 풍윤현)를 찾아서」,
　앞의 서지, 209~210쪽.

을에서 가정 30년에 작성된 「순천부계주풍윤현 위여전수대계이실효비
(順天府薊州豊潤縣爲子戰守大計以實效碑)」가 나왔다. 비문에 '흠차총독계
료보정등처군무병부시랑 겸 도찰원우첨도어사 하(欽差總督薊遼保定等處
軍務兵部侍郎兼都察院右僉都御史何)'라는 글자가 들어가 있다. 『명실록(明
實錄)』에 의하면 여기의 '하(何)'는 하동(何棟)을 지칭한다. 하동은 하북
과 요동 지역을 지키는 변방 관원으로 소속지인 고려포에 주둔한 적이
있었다.[30]

청나라에 들어와서도 고려포는 여전히 주요 역참으로 활용되었다.
『[옹정]기보통지(畿輔通志)』에는 당시 고려포를 비롯한 풍윤 일대에 설
치된 역참에서 사용했던 전체 비용과 둔전답의 면적을 기술해 놓았다.
고려포에는 포사를 지키는 병사 20명을 두었고, 매년 비용은 120량이
다. 또 인근 노각장(盧各莊) 등과 함께 둔전 크기가 16경 25무 1분이
다.[31] 고려포는 주요 역참답게 공문 전달과 관인 접객을 맡아 운영할
수 있는 전담 인력을 두고 왕성한 활동 모습을 보여주었다. 그러다가
민국 초에 들어와 교통 운송수단이 발달하고 풍전과 옥전을 잇는 신작
로가 개통됨에 따라 고려포는 더 이상 역참으로서의 활용 가치가 소멸
되었다. 이후 고려포는 풍윤의 외곽지에 소재한 하나의 촌락으로 격하
되었다.

이밖에 고려포 촌락에서 여러 종류의 유물이 출토되었다. 출토 유물

---

30 王得成·李雙雲, 「朝鮮人進京的重要驛站: 高麗舖」, 앞의 서지, 21쪽.
31 『[옹정]畿輔通志』 권44 「舖司·永平府·豊潤縣」: "城東爲垠城舖·板橋舖·鐵城舖,
   西爲七里舖·高麗舖·閻家舖·沙流河舖, 西北爲梁家舖·黨峪舖. 設舖司兵二十
   名, 每年支銀一百二十兩.": 동서 권46 「水利營田·豊潤縣」: "雍正四年, 縣治正西高
   麗舖·盧各莊等處, 營治稻田, 共一十六頃二十五畝一分."

은 홍동분(紅銅盆), 철쾌자(鐵筷子), 도부(陶釜), 도병(陶瓶), 도옹(陶瓮), 도증(陶甑), 도관(陶罐) 등이다. 이 중에 도관(陶罐)은 무늬가 정제하고 아름다웠다. 고려포촌 관계자들은 촌위회사무소 옆에 고역참문물(古驛站文物) 전시실을 꾸며 출토 유물들을 전시 운영하였다. 그 후 관리 소홀로 인하여 상당수 유물이 도난당하거나 파손되었다. 2003년 장홍하(張洪河)의 보도에 따르면, 당시 남아 있는 유물은 도병(陶瓶) 1기, 도옹(陶瓮) 1기, 석구(石臼) 2점과 무거운 비석뿐이라고 했다.[32] 이후 이들 유물은 당국으로 이관되어 당산시풍윤구문물관리소(唐山市豊潤區文物管理所) 수장고에 보존되어 있다.

문화대혁명(1966년 발발) 이전에 마을에 고려 분묘가 70여 기가 있었다. 비교적 큰 분묘가 4기가 있었는데, 그중에 가장 큰 무덤이 고려장군묘이다. 고려포 촌로 늑국존(勒國存; 당시 80세)은 10세 전후 때 친구들과 함께 장군묘에 가서 글자가 희미한 비석이 세워져 있었던 것을 보았다. 훗날 이곳에 가옥들이 들어서 분묘의 흔적을 찾아볼 수 없다. 고려국의 한 고관이 고려포에서 갑자기 작고했다. 본국 풍속에 따라 석관을 촌락 남쪽에 묻었다. 나중에 본국 사신들이 조선어로 '조선국이문형장군묘(朝鮮國李門炯將軍墓)'라는 새긴 비석을 세웠다.[33]

고려장군묘에 관한 고려포 촌로 늑국존의 구술은 사서(史書)에서도 확인할 수 있다. 『명사(明史)』「조선전(朝鮮傳)」에 의하면 1465년(성화 1) 겨울에 조선 배신 이문형(李門炯)이 조정에 왔다가 길에서 죽자 널을

32 張洪河, 「唐山高麗鋪堡文物毀壞嚴重亟待保護」, 新華网, 2003年 10月 17日字.
33 王得成·李雙雲, 「朝鮮人進京的重要驛站: 高麗鋪」, 앞의 서지, 22쪽; 勁馳·順新, 「尋訪"高麗鋪驛站"」, 『鄕音』, 2002年 8期, 41쪽; 金虎林, 「북경으로 가는 길목의 역참 풍윤 고려포」, 『고구려가 왜 북경에 있을까』, 글누림, 서울, 2012.3, 209~210쪽.

주고 사제(賜祭)하고 그의 집에 채폐(綵幣)를 보내어 위로하라는 조치를 내렸다.[34] 여기의 이문형(李門炯)은 이문형(李文炯)의 오기이다. '문(門)' 자와 '문(文)'의 한국어 발음은 동일하다. 고려포 촌로 늑국존(勒國存)도 『명사』「조선전」처럼 이문형(李門炯)으로 잘못 알고 있었다.

『세조실록』에도 이문형의 사망과 호상(護喪)에 대한 기록이 보인다. 진응사(進鷹使) 배맹달(裵孟達)은 사은사 이문형(李文炯)이 통주에 이르렀을 때 갑자기 죽어 명 예부에 주달하니, 명나라가 채단을 보내어 그의 집을 위로하라는 공문을 담아 치계(馳啓)하였다. 이에 의정부가 이문달의 아우, 조카 중 한 사람을 요동으로 보내어 호상해 오도록 계청(啓請)하니, 세조가 허락하였다.[35] 며칠 후 세조는 아우 이문병(李文炳)을 보내어 호상해 오고, 또 평안도 관찰사에게 이문형의 유해가 올라올 때 관을 주고 치제(致祭)하도록 했다.[36]

한중 기록에 보이는 전반적인 내용은 서로 일치하나, 이문형의 장소와 분묘에 대해 약간 차이가 보인다. 고려포 촌로 늑국존은 이문형이 풍윤 고려포촌에서 죽어 마을 남쪽에 석관에 담아 묻었다고 했다. 반면 진응사 배맹달은 이문형이 통주에서 돌아갔다고 치계했다. 배맹달이 치계한 통주는 이문형의 사망한 장소가 아니고, 대략의 장소를 의미한다. 풍윤 고려포촌에서 걸어서 3일 정도이면 통주에 도달한다. 또 세조는 이문병을 중국 대륙으로 보내어 형 이문형의 유해를 호상해 오도록 명했다. 조선 시대에 중국 대륙에서 돌아간 사신급의 유해를 본

---

34 『明史』권320「朝鮮傳」: "成化元年冬, 陪臣李門炯來朝, 卒於道, 命給棺賜祭, 并賜綵幣慰其家."

35 『세조실록』 12년 2월 8일(경진)조.

36 『세조실록』 12년 2월 10일(임오), 13일(을유)조.

국으로 모셔온다는 관례가 있다. 예를 들면 1630년(인조 8)에 진하정사 이흘(李屹)이 북경에서 병사하자, 종사관들이 이흘의 유해를 모시고 본국으로 호상해 왔다. 따라서 풍윤 고려포에 세웠던 고려장군묘 비석은 이문병이 형 이문형의 죽음을 애도하기 위해 조성된 일종의 추모비로 추측된다.

Ⅳ. 조선 사신의 풍윤(豊潤) 고려포(高麗鋪) 기록과 소감

예로부터 한중 양국 사이에 무수히 많은 사절이 오갔다. 사행 노선은 양국의 수도 위치, 교통편의 종류에 따라 크게 달라졌다. 명 영락제가 등극하자 응천부(應天府; 남경)에서 자신의 정치 세력이 공고한 북경으로 옮기고 양경제(兩京制)를 실시하였다. 1409년(영락 7)에 조선의 사행 노선을 대폭 변경하였다. 이 이후 조선 사신들은 한반도 북단, 요동과 하북을 거쳐 북경으로 들어가는 육로 사행 노선으로 바뀌었다.

고려포는 북경과 요동으로 연결되는 중요한 역참 중의 하나이다. 조선 사신들이 육로 사행 노선에 소재한 고려포를 지나갔고, 때로는 고려포에서 잠시 휴식을 취하거나 숙박을 하기도 했다. 그래서인지 조선 사신들이 남긴 각종 사행록에는 고려포를 언급한 문장이 많이 보인다. 특히 이들은 옛 한국 국명이 들어간 지명을 보고 깊은 관심을 가지고 감회를 토로하거나 향수에 젖곤 했다.

1539년(중종 34)에 권벌은 풍윤을 떠나 고려포를 지나갔다. 고려 글자가 들어간 지명을 보고 유래에 관해 물어보았으나, 아쉽게도 자세한 내력을 듣지 못했다.[37] 이것은 현존 사행록 가운데 고려포 지명이 보이는 최초의 사례이다. 이후 사행록에서 고려포가 들어간 기록이 자주 출현한다. 1587년(선조 20)에 배삼익(裵三益)은 사행 길에 고려포를 지나가다가 「과고려포, 차왕천조운(過高麗鋪次王天祚韻)」이라는 시를 남겼다.[38] 1592년(선조 25) 임진왜란 발발 직후에 진주사로 나갔던 정곤수(鄭崑壽)는 귀국 길에 고려포에서 점심을 먹었다.[39]

1600년(선조 33)에 이호민(李好閔)은 동지중추 겸 사은부사가 되어 북경으로 향했다. 『오봉선생문집(五峰先生文集)』 권6에 이호민이 고려포를 지나가면서 지은 「도환향하, 과고려포(渡還鄉河過高麗鋪)」가 수록되어 있다. 여기에서는 이 시의 전반부만 들어본다.

客渡還鄉河	객은 환향하 건너
來入高麗鋪	고려포에 들어서니
青春喜還鄉	푸른 봄날 고향 돌아와 기쁘다가
旣喜翻自虞	기쁨은 근심으로 바뀌었네
駐馬問童子	말을 세워 동자에게 묻는다
此是吾鄉無	이곳이 내 고향이냐고
童子笑不應	동자는 웃으며 응대하지 않고
謂我眞狂奴	나한테 진짜 미친놈이라 말하네
客是朝鮮人	객은 조선 사람이고
是處近燕都	이곳은 연도(燕都)와 가깝다오
四海雖一家	사해가 비록 일가라지만

---

37 『冲齋先生文集』 권7 「朝天錄」: "(기해 10월)十四日, 晴. 早發涉還鄉河, 過高麗鋪, 夕至玉田縣陽樊驛. 高麗鋪, 問之未詳."

38 『臨淵齋先生文集』 권3 「過高麗鋪次王天祚韻」: "胡水通遼海, 胡山勢接連, 城中經賊火, 野外少人烟, 去矣何時了, 懷哉曷月還, 乘槎行萬里, 吾亦羨張騫."

39 『栢谷先生集』 권3 「赴京日錄」: "(임진 11월)初四日, 發行到高麗鋪中火."

謂鄕寧非愚	고향이라 말하니 어찌 어리석지 않으리
我聞亦不信	나 또한 들어도 믿을 수 없어
怒目張虯鬚	눈 부릅뜨며 수염을 세웠도다
高麗我國名	고려가 우리나라 명칭이고
還鄕指吾徒	환향이 우리 무리를 지칭하오
若說非我鄕	내 고향이 아니라 말한다면
此名胡爲乎	이 지명은 무엇이란 말인고
春是故園色	봄은 고향 동산의 빛이고
柳亦吾家株	버들 또한 내 집의 나무일세

상기 시편에 등장하는 객(客)과 아(我)는 모두 시인 자신을 지칭한다. 이호민은 이번 사행에서 한양을 떠나 압록강을 건넜고, 또한 요동과 산해관을 지나 풍윤에 도달하였다. 이때 장시일 먼 사행 길에 나서 육체적이나 심적으로 상당히 피곤한 상태였다. 이날도 여타 여정처럼 아침에 풍윤에서 출발하여 환향하를 건너 고려포에 들어섰다.

환향하는 오늘날 풍윤 서쪽으로 흐르는 강이고, 고려포는 환향하의 서편에 자리하고 있다. 앞서 언급했듯이 환향하에 예로부터 슬픈 전설이 전해온다. 북송 휘종은 금나라 군대에 잡혀 북쪽 만주로 끌려가면서 환향하를 건너갔다. 중국 대륙의 강들은 모두 서쪽에서 동쪽으로 향해 흘러가고 있는데, 환향하만 동쪽에서 서쪽으로 흘러가고 있다. 휘종은 환향하의 흐름을 보고 자신도 고향으로 돌아가고 싶은 절박한 심정을 토로했다. 그러나 생전에 다시 이 강물처럼 고향으로 돌아갈 수 없다는 사실을 잘 알고 있는지라 깊은 체념 속에서 쓸쓸히 저 멀리 북쪽 땅으로 끌려가야만 했다.[40]

이호민은 고려포 지명에서 민족의식을 느꼈다. 지명 고려는 우리의 옛 국명이고, 자신은 고려를 이어받은 조선의 사람이다. 일찍이 자국민이 이곳에 들어와 살았던 마을이다. 또 이민성은 환향하 지명에서 향수병이 단단히 도졌다. 환향하가 있는 이곳은 바로 자신의 고향이고, 봄은 고향의 빛이며, 버드나무는 고향 집의 나무라고 말했다. 동자가 이곳이 명나라 수도 연도(燕都; 북경)에 가까운 곳인데, 어찌 너의 고향이냐며 미친놈이 아니냐고 힐문했다. 하지만 이호민의 마음은 이미 고향에 가 있었기에 기쁨이 얼굴 밖으로 절로 묻어 나왔다.

이처럼 고려포 지명은 조선 사신들에게 동족 내지 동질 의식을 느끼게 하는데 충분하였다. 이안눌(李安訥)은 1601년(선조 34)에 진하사 서장관, 1632년(인조 10) 주청부사가 되어 각각 북경에 다녀왔다. 『조천후록(朝天後錄)』『동악선생집(東岳先生集)』권20에 1633년(인조 11) 북경에서 귀국하는 도중 고려포에서 지은 「고려포구호(高麗舖口號)」가 있다. 이 시를 감상해본다.

遠離鄕國滯孤身	멀리 고국 떠나 머무는 외로운 몸
歸路心驚見似人	귀로에서 비슷한 사람을 보고 놀라네
古舖翻傳號高麗	옛 포에 고려 이름이 계속 전해오고
一般村柳十分新	마을에 서 있는 버들이 아주 새롭구나

이안눌은 머나먼 타국에서 사신 업무를 무사히 마치고 고국으로 돌아오고 있었다. 귀로에서 어느 사신인들 고향 땅에 빨리 도달하고 싶은

---

40 『[옹정]畿輔通志』권42 「津梁·永平府」邊鄕橋條: "在豊潤縣西邊鄕河上, 自昔高麗遼東往來要路也. 舊志: 宋徽宗北轅過橋, 駐馬四顧, 日: 吾安得似此水還鄕也. 因不食而去."

마음은 간절했을 것이다. 이안눌도 고려포에서 고향 땅에 돌아온 느낌을 받았다. 고려포에는 고국의 옛 이름이 고려(고구려)라는 지명이 들어가 있었다. 이안눌은 고려포에서 동족 의식과 향수병을 느꼈다. 그는 고려포 사람들을 보고 마치 고향 사람들을 만나는 정감을 받았고, 또 고려포 마을이 고향 마을과 비슷한 모습을 발견했다. 봄을 맞이한 고려포가 고향 마을처럼 버들가지가 물이 올라 새싹이 새파랗게 돋아 올라와 있었다.

조선 사신들은 고려포의 마을 모습에 대해 정보를 남겨놓았다. 1780년(정조 4)에 박지원은 고려보(고려포)의 가옥들이 모두 띠 이엉을 이은 초가이고, 모습이 쓸쓸하고 검소하다고 했다. 고려포가 소략한 원인에 대해 1790년(정조 14)에 동지사 일원으로 나갔던 백경현(白景炫)은 황제가 고려포의 발전을 싫어해서 부유하고 건장한 사람들을 영고탑(寧古塔)으로 옮기고 쇠잔한 사람들만 남겨두어 마을이 퇴락했다고 했다.[41]

그런데 이와 반대의 기록도 보인다. 1799년(정조 23)에 삼절연공사 서장관 서유문(徐有聞)은 고려포에 들어서니 인구가 조밀하고 '태평옥추(太平玉秋)'라고 쓴 희자(戱子) 집이 있다고 했다.[42] 두 부류의 기록이 상충한 점은 아마도 고려포를 바라보는 관람자의 시각 차이에서 나온 현상으로 보이지만, 이곳에 예로부터 역참이 있던 촌락인 점으로 보아 후자 기록이 더 정확할 가능성이 크다.

고려포에는 조선에서 경작하는 무논 경작지를 찾아볼 수 있다. 1720

---

41 白景炫『燕行錄』정조 14년 12월 8일조: "高麗舖生齒漸盛, 將有興旺之意, 皇帝聞而惡之, 發富豪壯丁徙之於寧古塔, 餘其殘民仍居於此, 自是之後, 村落凋落, 生意蕭條矣."
42 『戊午燕行錄』권6 정조 23년 2월 12일조 참조.

년(경종 1)에 이의현(李宜顯)은 동지정사가 되어 북경을 다녀와서 『경자
연행잡록(庚子燕行雜錄)』을 남겼다. 한번은 고려보(고려포)를 지나가다
가 연로의 타지에서 볼 수 없는 무논 수십여 경(頃)이 펼쳐져 있는 모습
을 보고 소감을 남겼다. 이곳의 땅이 기름지고 벼를 심기에 알맞으며
우리 동인(東人)들이 거주하며 무논 경작에 나섰다고 했다.[43]

1778년(정조 2)에 정조는 사행에서 돌아온 이재학(李在學)을 접견하고
청나라에 관해 여러 사정을 탐문했다. 『승정원일기(承政院日記)』 정조
2년 4월 2일 중 고려포와 관련된 대목에서:

上曰: 彼地無水田云, 然否? 在學曰: 惟高麗舗有水田. 高麗舗者, 卽古
之高麗人, 避兵入居, 自成一村, 仍名爲高麗舗, 故獨有水田, 如我國樣
矣.

정조가 말하기를 그쪽 지역에는 무논이 없다는데, 그렇던가? 이재학
(李在學)이 아뢰기를 오로지 고려포에만 무논이 있습니다. 고려포는 옛
고려인들이 병란을 피해 들어가 저절로 한 마을을 이루었고, 여전히 이
름을 고려포라고 했습니다. 그래서 유독 무논이 있는데 우리나라의 모
습과 같습니다.

정조는 예전에 연행 연로에 무논이 없다는 정보를 듣고서 이재학에
게 그것이 사실인지를 물어보았다. 이재학은 고려포에만 무논이 있고,
그 모습이 우리나라(我國)와 같다는 사실을 언급했다. 이어서 고려포의
마을 유래에 대해 언급했다. 고려포는 옛 고려 사람들이 병란을 피해

---

43 『庚子燕行雜識』 권상(『陶谷集』 권29 「雜識」): "過高麗堡, 水田之開墾者, 可數十餘
頃. 土甚膏沃, 宜於種稻者, 不特此地爲然, 而唯此堡爲我東人所居, 故獨爲水田."

집단으로 들어와 정착한 마을이다. 여기의 고려가 어느 시대를 지칭하는 것인지 불분명하지만, 이들의 이주는 병란과 관련이 있다. 당시 하북 북부와 요녕 지역에는 쌀을 재배하는 기법이 발달하지 않아 무논이 없었다. 오로지 고려포촌에만 한반도와 같은 쌀농사를 짓는 무논이 있었다. 1784년(정조 8)에 김익(金熤)의 기록에서도 책문 바깥부터 북경까지 무논이 없고, 오로지 고려포촌에만 무논이 있다고 했다.[44]

그렇다면 고려포에 소재한 무논 경작지의 규모는 어느 정도일까? 앞서 언급했듯이 1720년(경종 1)에 이의현은 고려보에 소재한 무논의 규모가 수십여 경이 된다고 했다. 경무보법(頃畝步法)에 의하면 1경은 100무(畝)이고, 현대 도량으로 적으면 25,945.9m²이다. 수십여 경이면 한 들판을 차지할 정도로 매우 크다.

그런데 후대에 들어와서 고려포의 무논 면적은 대폭 축소된 것으로 보인다. 1736년(영조 12)에 진하부사(進賀副使) 정석오(鄭錫五)는 영조를 소견하는 자리에서 고려포에 10여 마지기 돌답이 있는데 심한 가뭄을 만나 말랐다고 했다.[45] 한 마지기 당 쌀의 소출량이 대략 2.5가마에서 3가마 정도이다. 이것으로 보아 고려포의 무논에서 생산되는 쌀의 소출량은 대략 30~40석 정도이다.

1780년(정조 4)에 노이점은 고려포의 무논이 대략 4, 5두락 정도라고 했다. 이 또한 무논 경작지의 규모가 별로 크지 않음을 말해 준다.[46]

---

44 『竹下集』 권4 「高麗村」: "可憐東俗今猶在, 白水耕田墓有碑." 자주: "自柵外至燕城無水田無墳墓之制, 獨高麗村有水田種禾, 且或有竪石之墓."
45 『승정원일기』, 영조 12년 7월 25일(정사)조: "至高麗浦, 有十餘石畓, 而遇旱枯損矣.".
46 盧以漸 『隨槎錄』 정조 4년 7월 28일조: "而第自柵至此, 無水田半畝, 此獨有四五斗落水田."

고려포 무논의 상황은 전반적으로 좋지 않았다. 1765년(영조 41)에 자제 군관으로 나선 홍대용(洪大容)은 고려포의 토지가 매우 거칠고 조잡하다고 했다.[47] 근자까지 고려포에서 무논에서 쌀을 경작했으나, 1992년부터 주변 개발로 인하여 물이 모자라 더 이상 벼를 심지 못했다고 전한다. 고려포 서쪽에는 자그만 언덕인 망마대(望馬臺)가 있는데, 망마대 앞 강냉이밭이 옛 무논 경작지이다. 지금도 이곳을 노도전(老稻田; 옛 무논)이라 부른다.[48]

1765년(영조 41)에 홍대용은 고려포를 지나면서 마을 풍속에 대해 언급하였다. 『담헌서(湛軒書)』 외집 권8 「연기(燕記)」 중 「연로기략(沿路記略)」 고려보조에서:

高麗堡, 在豊潤縣西二十里. 村前有水田, 雖甚粗蕪, 猶是東國制作, 關內外所未有也. 有小米糕, 雜以棗肉, 亦如東國蒸餠. 數十年以前, 堡人見我使, 極其歡迎, 享以酒食, 自稱高麗子孫. 近因驛卒輩, 强討酒肉, 奸騙器物, 不堪其苦, 遂漠然不相接. 或問其有高麗子孫者, 則皆怒曰有高麗祖公, 無高麗子孫.

고려보는 풍윤현의 서쪽 20리에 있다. 마을 앞에 무논이 있는데, 비록 매우 거칠고 조잡했으나, 역시 우리나라 방식과 같았다. (산해)관 안팎에서는 볼 수 없다. 대추를 섞어 놓은 좁쌀떡이 있는데 역시 우리나라 증병(蒸餠)과 같았다. 수십 년 전만 해도 보인(堡人)들이 우리 사행을 보면 극진히도 환영하여 주식을 대접하면서 스스로 고려의 자손이라고 말했다. 근자에 이르러 역졸들이 술과 고기를 강제로 빼앗아 먹고 기물을 속여서 편취하기도 하여 그 괴로움을 감내할 수 없었다. 드디어 막역

---

47 『湛軒書』 외집 권8 「燕記」 중 「沿路記略」 고려보조 참조.
48 김호림, 「고려인들이 숨결 서러있는 고려포」, 앞의 서지, 82~83쪽.

하게 서로 접촉하지 않았다. 혹 고려의 자손이 있느냐고 물으면, 모두 성을 내며 고려 조상은 있었지만, 고려 자손은 없다고 말했다.

여기에서 고려포의 농경지와 떡이 조선의 방식과 같았다고 했다. 이 곳에 무논 농경지가 있고, 대추가 들어간 좁쌀떡은 우리 증병(蒸餅)과 같았다. 고려포 사람들은 스스로 고려의 자손이라고 밝히고 조선 사행을 대하는 태도가 남달랐다. 수십 년 전까지만 하더라도 고려포 사람들은 조선 사행들을 같은 민족 출신이라고 여기고 극진하게 대접하였다. 그러다가 사절에 따라온 하인배들이 이러한 감정을 이용하여 자꾸 토색질이나 기물을 편취하는 바람에 끝내 고려포 사람들과의 불신이라는 반목을 불러일으켰다. 혹자가 고려포에 고려의 자손이 있느냐 물어보아도, 고려포 사람들은 고려 조상은 있어도 고려 자손은 없다고 비아냥거렸다.

이러한 내용은 얼마 후 연행에 나선 노이점과 박지원의 기록에서도 확인할 수 있다. 고려포의 무논, 초가지붕, 송병 등이 우리 제도와 같았다. 고려포 사람들은 고국 이야기만 나오면 눈물을 흘린 이가 많았다. 아녀자도 내외하지 않고, 음식 대금을 받지 않으며 조선 사신들을 후대했다. 그런데 훗날 사절에 따라온 하인배들이 토색질과 도둑질로 인하여 말썽을 일으켰다. 이로 인하여 양측 사람들은 마치 원수를 만나는 듯 충돌과 욕설이 일어났다.[49]

---

49 朴趾源『熱河日記』「關內程史」: "(高麗堡)關東千餘里無水田, 而獨此地水種, 其餅飴之物, 多本國風. 古時使价之來, 下隸所沽酒食, 或不收其值, 婦女亦不回避, 語到故國, 多有流涕者. 駏卒輩因以爲利, 多白喫酒食, 或別討器服. 主人以本國舊誼, 不甚防閑, 則乘間偸竊, 以此益厭我人. 每値使行則閉藏酒食, 不肯賣買, 懇要然後乃

그러나 이러한 불신 현상은 어디까지나 일부 하인배나 마을 사람들
사이에 일어난 사건에 불과하다. 다른 대다수의 사행 일원은 고려포
사람들에게 동족 의식을 느끼고 좋은 감정을 내비쳤다. 1791년(정조 15)
에 김정중(金正中)은 종사관의 신분으로 연행 사행에 나섰다. 『연행록
(燕行錄)』(일명 『연행일기(燕行日記)』) 정조 15년 12월 19일조에서:

平明發行, 歷趙家庄·張家庄, 渡還者河, 有漁陽橋, 歷魯家庄至高麗
舖.**50** 世傳我國人被虜至此地, 仍居焉. 號曰高麗舖. 其中有水田, 北來
後初見也. 余行過時, 舖胡數十人, 持黃粱餅, 環擁馬前, 齊聲買餅, 餅如
我東豆餅樣. 嗟夫, 使汝祖無流俘之患, 則冠帶物未猶是我輩中人, 一自
被拘之後, 後裔皆鳥言獸面, 可哀也. 然自作一村, 不失古國之名, 奇哉.
　　날이 밝자 출발하여 조가장(趙家莊), 장가장(張家莊)을 지나 환향하
를 지나갔다. 어양교(漁陽橋)가 있었다. 노가장(蘆家莊)을 지나 고려포
에 이르렀다. 대대로 전해오기를, 우리나라 사람이 피로되어 이 땅에
와서 계속 살았다고 해서 '고려포'라 불렀다. 그 가운데에 무논이 있는
데, 북쪽으로 온 이후로 처음 본다. 내가 지나갈 때 포사의 호인(胡人)
수십 명이 황량병(黃粱餅)을 가지고 말 앞을 둘러싸고 일제히 소리 내
어 병을 사라고 불렀다. 병은 우리나라의 팥병 모양 같았다. 아아, 너희
조상들이 포로로 잡혀 이곳으로 들어온 환란이 없었던들 너희의 관대
(冠帶)도 모두 우리 일행과 같았을 것이다. 한번 잡혀 온 뒤로 후예들이

賣而必討厚價, 或先捧其價. 駟卒必百計欺詐, 以爲雪憤, 互相乖激, 視若深讎, 過此
時必齊聲大罵曰: 爾是高麗子孫, 爾之祖公來了, 何不出拜? 堡人亦大罵, 我人反以
此堡風俗爲極惡, 足爲寒心."; 盧以漸 『隨槎錄』 정조 4년 7월 28일조: "而且以穀草盖
屋, 其制如我國, 必是我國人曾賣松餅, 而其制亦如我國松餅. 見我人亦必厚待, 其
後驛隷輩討食無厭, 且多叱辱, 故今則問其本, 諱之, 且或大怒曰: 我豈是爾國人云.
余於馬上問街上人, 曰: 高麗人好在否? 其人問之而笑."
50 원문 還者河와 魯家庄은 각각 還鄉河와 蘆家莊의 오기 내지 별명임.

모두 새의 말과 짐승 얼굴을 띠고 있으니 슬프도다. 그러나 한 마을을 이루어 옛 국가의 이름을 잃지 않았으니 기이하도다.

조선 사신 일행은 새벽에 풍윤에서 출발하여 환향하를 건너 노가장(蘆家莊)을 지나 고려포에 이르렀다. 김정중은 고려포 마을에 들어서자 타지역에서 느낄 수 없었던 묘한 감정에 휩싸였다. 마을 명칭에 고려라는 글자가 들어가 있고, 농경지도 우리나라처럼 쌀을 생산하는 무논을 가지고 있었다. 무논은 압록강을 건너면 볼 수 없던 풍경이었다. 고려포 사람들이 조선 사절의 말을 둘러싸고 황량병(黃粱餅)을 팔았다. 황량병은 고려포의 옛 지명인 황량타(謊糧坨)에서 유래된 것으로 보인다. 모양은 우리나라의 두병(豆餅)과 같았다. 훗날 이기헌이 고려보의 길가에서 판다고 한 고려병(高麗餅)이 황량병을 지칭하는 것으로 보인다.[51]

그래서인지 김정중은 고려포 사람들에게 애달픈 감회를 토로하고 있다. 고려포 사람들의 조상은 원래 우리나라 사람이었는데 오랑캐에게 포로로 잡혀 이 땅에 와서 살게 되었다. 만약 이들이 붙잡혀오지 않았더라면 우리와 함께 살았을 것이다. 그러나 이들은 오랑캐 말을 사용하고 오랑캐 복장을 하고 있으니 슬프기 짝이 없다. 다만 마을 명칭은 여전히 옛 고국 명칭을 사용하고 있으니 기특하다고 한 것이다. 이처럼 조선 사신들은 고려포 사람들을 대하는 감정이 자못 남달랐다. 조선 사신들은 고려포 사람들을 자국의 동포로 보았고, 고려포 사람들이 오랑캐 사람이 되어 오랑캐 풍속을 한 것에 대해 측은한 마음을 토로했다.

---

51 李基憲『燕行日記』순조 1년(신유) 12월 21일조: "(高麗堡)路傍市上爭賣折餅, 稱以 高麗餅, 一行人皆買喫."

V. 결론

풍윤 고려포촌은 현 행정구역으로 하북 당산시 풍윤구 풍윤진에 소속된 행정촌이다. 고려포촌의 마을 유래에 대해 여러 설이 존재하는데, 가장 유력한 설은 고구려 유민의 정착설이다. 고당 전쟁 때 당 태종은 많은 고구려인을 붙잡아 유주에 집결시켰다가 몸값을 받고 풀려나 여러 곳에 집단 분산 수용되었다. 유주와 그 주변 지역에는 고구려 유민들이 들어선 촌락이 다소 있는데, 풍윤 고려포촌도 그중의 하나이다. 풍윤 고려포촌에 고당 전쟁 때 당 태종이 고구려군의 염탐이나 역공을 대비하기 위해 세웠던 황량타(謊糧坨) 유적이 있었다고 전해온다. 이밖에 원나라 급체보와 고려인설, 명 가정 연간 환향하 홍수설, 조선 병자·정축호란설이 있으나 모두 성립되지 않는다.

풍윤 고려포촌은 조선 사행들이 한반도, 요동과 하북을 거쳐 북경으로 들어가는 육로 사행 노선의 길목에 소재하고 있다. 1539년(중종 34)에 권벌이 고려포를 지나면서 기록을 남긴 이후 많은 사행자의 사행록에서 고려포 관련 기록을 남겼다. 풍윤 고려포에는 한국의 옛 국가를 떠오르게 하는 동질 요소가 많이 갖추어져 있었다. 지명에 옛 한국의 국호가 들어가 있고, 무논, 가옥, 떡은 한민족의 모습과 비슷하였다. 그래서인지 많은 조선 사신은 풍윤 고려포에서 동족 의식을 각별하게 느꼈다. 때로는 자신의 고향으로 돌아온 것처럼 묘사하기도 하고, 때로는 옛 한민족의 디아스포라 모습에 대해 깊은 감회와 향수에 젖곤 하였다. 고려포 사람의 조상이 피랍되지 않았더라면 우리와 같은 모습을 하고 있었을 테지만, 그 후예들이 오랑캐 언어와 차림새를 하고 있다는 점에 몹시 애석하게 여겼다. 고려포 사람들도 예전에는 조선 사신들을 보면 동족 의식을 느끼며 눈물을 흘리고 음식 대금도 받지 않았다고 전해온다.

끝으로 본 논고를 작성하면서 느꼈던 사항을 적어본다. 고려포촌은 옛 한인 유민과 후예들이 살았던 마을이다. 얼마 전까지만 하더라도 마을에는 이들이 남겼던 유적과 유물이 발굴되었다고 전해지는데, 앞으로 관계 당국이 고려포에 대한 발굴 조사가 이루어져 실체가 밝혀지기를 바란다. 최근 출토된 1551년(가정 30)에 세워졌던 '고려포보(高麗鋪堡)'가 좋은 실례이다. 고려포촌은 일전에 고려포와 관련된 소규모 고역참문물 전시관을 마련했었으나, 나중에 여러 이유로 폐쇄되었다. 고역참문물 전시관이 재개관까지는 아니더라도 상급지 당산 지역의 박물관에 이와 관련된 전시공간이 꾸며지기를 바란다. 그리고 한중의 뜻있는 인사들이 나서 고려포촌에 마을 유래와 역사, 사행 노선과 역참, 그리고 한중 우호 교류를 담은 석물이나 기념패가 세워지기를 바란다.

[燁爀之樂室]

교동반도
고려수 지명

I. 서론

　교동반도(膠東半島)는 크게 협의의 지역과 광의의 지역으로 풀이되고 있다. 협의의 지역은 산동 교래하(膠萊河) 동쪽 지역을 지칭하고, 광의의 지역은 산동반도(山東半島)와 동일하게 지칭한다. 교동반도는 한반도, 요동반도와 함께 환황해권에 속해 있고, 그 주변 해역인 발해와 황해(서해)도 우리에게 매우 친숙한 명칭이다. 한반도 서해안 도서에서 교동반도에서 닭이 우는 소리가 들린다는 전설이 있을 정도로 두 지역 간의 해상 거리는 가깝다. 예로부터 한국과 교동반도는 바다를 통한 활발한 교류가 있었고, 오늘날에도 양쪽 지역의 수많은 사람과 선박들은 마치 이웃집을 드나들 듯이 빈번하게 오가고 있다.

　교동반도에는 동아시아 바다를 제패한 신라인 장보고(張保皐)가 세운 적산(赤山) 법화원(法華院), 해상 교역으로 큰 부를 축적한 신라인 김청(金淸)이 시주한 곤유산(昆嵛山) 무염선원(无染禪院), 교주만(膠州灣)에 도착한 고려사절과 대각국사(大覺國師) 의천(義天)을 접대한 고려관(高麗館), 봉래수성(蓬萊水城)에서 발굴된 여말 선초의 고선박(봉래 3호선, 봉래 4호선), 묘도열도(廟島列島) 해역을 오갔던 고려와 조선 사신 등 한국과 관련된 유적이나 문물이 많이 남아 있다. 최근 한중 학자들이 내놓은 학술서적, 논문과 보고서만 보더라도 이러한 사실을 잘 알 수 있다.[1]

위나라 사마의(司馬懿)가 요동을 공략할 때 교동반도에 수자리를 세웠다. 수자리의 이름을 고려수(高麗戍)라고 불렀고, 고려수가 있는 산을 고려산(高麗山)이라 불렀다. 고려수(高麗戍)의 '고려(高麗)'는 고구려(高句麗)를 지칭한다. 고려수(고려산 포함) 기록은 중국 고문헌이나 해당 지방지에서 쉽게 찾아볼 수 있다. 그러나 고려수는 일찍이 훼멸되어 역대 지명에서 사라진 지 오래되었고, 각 문헌에도 서로 다르게 기술되어 있다. 특히 고려수의 위치나 배경에 대해 정확히 파악하지 못하고 있다.

국내 학자들은 고구려의 요동 진출, 위나라·오나라와 요동 공손씨(公孫氏) 정권의 국제 관계, 요동·산동과 한반도 서해안을 둘러싼 외교와 충돌 등에 관해 상당한 연구 성과를 내놓았다.[2] 이들 논문은 대부분

---

1 劉鳳鳴, 『山東半島與東方方海上絲竹之路』, 人民出版社, 北京, 2007.12.; 山東大學 韓國研究中心, 『登州港與中韓交流國際學術討論會論文集』, 山東大學出版社, 濟南, 2005.6.; 申瀅植等, 『중국 동남연해지역의 신라유적조사』, 해상왕장보고기념사업회, 서울, 2004.12.; 朴現圭, 〈膠東半島 高句麗 관련 해양유적과 전설: 당 태종 연간 고구려 전쟁을 중심으로〉, 『中國史學報』 52집, 中國史學會, 2008.2, 113~134쪽.

2 여기에 관한 대표적인 국내 논문을 나열하면 다음과 같다. 吳舜濟, 「2C末~3C 中葉 高句麗의 遼東 進出에 대한 研究: 公孫氏 政權을 中心으로」, 『先史와 古代』 11권 1호, 韓國古代學會, 1998, 111~135쪽.; 徐榮洙, 「高句麗와 三國의 關係」, 『高句麗渤海研究』 14집, 高句麗渤海學會, 2002, 261~271쪽.; 林起煥, 「3세기~4세기초 위(魏)·진(晉)의 동방 정책: 낙랑군·대방군을 중심으로」, 『歷史와 現實』 36호, 2000, 韓國歷史研究會, 2~34쪽.; 박노석, 「서기 3세기 초의 고구려와 魏의 외교 관계」, 『全北史學』 24집, 全北史學會, 2001, 3~23쪽.; 尹龍九, 「三韓과 樂浪의 교섭」, 『韓國古代史研究』 34호, 韓國古代史學會, 2004, 125~144쪽.; 李基東, 「高句麗의 勢力圈 遼東에 대한 地政學的 考察」, 『高句麗研究』 21집, 고구려연구회, 2005, 291~304쪽.; 余昊奎, 「3세기 전반 동아시아 국제정세와 고구려의 대외정책」, 『歷史學報』 194호, 歷史學

공손씨 시대의 상황을 통시적, 거시적으로 분석하고 있다. 그러나 필자의 과문인지 모르겠으나, 아직 교동반도 고려수에 대해 전적으로 분석한 선행논문을 찾지 못했다. 교동반도 고려수가 선행학자들로부터 주목받지 못한 주된 이유는 무엇일까? 그 이유야 여러 가지가 있겠지만, 교동반도 고려수가 고구려가 지배했던 옛 강역 밖에 자리한 유적지였기에 존재 자체를 잘 몰랐거나 유의하지 않았던 데에서 그 근본 원인을 찾을 수 있을 것이다. 따라서 본 논고에서는 각종 문헌에서 지금까지 풀지 못했던 고려수의 위치와 배경에 대해 중점적으로 분석해 본다.

Ⅱ. 고려수(高麗戌)의 위치 고증

송 태평흥국 연간(976~984)에 낙사(樂史)가 송나라 전역의 지리를 편찬한 『태평환우기(太平寰宇記)』가 있다. 여기에 교동반도 소재 고려산에 대한 기록이 남아 있다. 이 책자의 권20 「하남도이십(河南道二十)·내주(萊州)·내양(萊陽)」에서:

> 高麗山, 在縣西南九十里, 魏司馬懿討遼東, 于此置戌, 以高麗爲名.
> 고려산은 (내양)현 서남쪽 90리에 있다. 위나라 사마의(司馬懿)가 요동을 공략할 때 이곳에 수자리를 설치하고 고려(高麗)라고 명명했다.

여기에서 위나라 사마의가 요동을 공략할 때 내양(萊陽) 고려산에 수자리를 설치하고, 수자리를 고려수라고 명명했다고 했다. 송 원풍 연

간(1078~1085)에 왕존(王存), 위숭산(魏嵩山) 등이 편찬한 『원풍구역지
(元豊九域志)』가 있다. 이 책자에도 내양 지역에는 고려산, 칠자산(七子
山), 오룡수(五龍水)가 있다고 했다.³ 원대 이후에 나온 각종 내양 문헌
에도 고려산과 고려수의 유래에 관한 기록이 보인다.⁴

　고려수의 위치는 어디인가? 『[강희]내양현지(萊陽縣志)』「내양현지
도(萊陽縣志圖)」는 내양 서남쪽 90리의 기록에 맞추어 천정산(天井山),
차아산(嵯峨山), 지하산(志霞山)의 삼각지, 즉 대고하(大沽河) 동편에 고
려수를 그려놓았다. 아래에서 살펴보겠지만 내양 서남쪽 90리는 내양
동남쪽 90리의 오류로 추정된다. 내양시지명판공실(萊陽市地名辦公室)
에서 편찬한 「금원시강역략도(金元時疆域略圖)」에는 정자만(丁字灣) 해
역 안에 고려산(高麗山)을 그려놓았다. 이 지도는 『금사(金史)』 기록을
근거로 대략의 위치만 그려놓은 것이다.⁵

　그렇다면 고려수의 구체적인 위치는 어디인가? 각종 문헌을 정리해
보면 고려수의 위치는 크게 차아산(嵯峨山)설, 행촌채(行村寨)설, 양군
진(羊郡鎭)설로 나뉜다. 이것들을 하나씩 검토해 본다.

(1) 차아산(嵯峨山)설

　첫째, 차아산과 관련된 설이다. 1339년(지원 5)에 우흠(于欽)이 산동

---

3 『元豊九域志』 권수 「中萊州東萊郡防禦」: "望萊陽東南一百四十里, 四鄕, 有高麗山, 七子山, 五龍水."
4 원 于欽 『齊乘』, 명 李賢 등 『明一統志』, 청 和珅 등의 『[건륭]大淸一統志』, 청 岳濬 등 『[건륭]山東通志』, 청 張鳳儀 등 『[강희]萊陽縣志』, 청 包桂 등 『[건륭]海陽縣志』, 민국 王丕煦 등 『[민국]萊陽縣志』.
5 萊陽市地名辦公室編, 『山東省萊陽市地名志』, 萊陽市人民政府, 萊陽, 1988.6.

지리서를 편찬한 『제승(齊乘)』이 있다. 이 책자의 권1 「산천(山川)」에서:

> 高麗山, 萊陽西南九十里, 司馬懿征遼東置戌于此, 以高麗爲名. 俗訛
> 作嵯峨山.
> 고려산은 내양 서남쪽 90리에 있다. 사마의가 요동을 공략할 때 이곳
> 에 수자리를 두고 고려산이라고 명명했다. 세상에서는 차아산(嵯峨山)
> 으로 잘못 적었다.

　상기 기록은 기본적으로 『태평환우기(太平寰宇記)』와 일치하고, 끝부
분에 세상에서는 고려산이 차아산(嵯峨山)으로 잘못 알려졌다는 사실
을 특별히 명기해놓았다. 『[강희]내양현지』에는 고려수 조항 외에 차
아산 조항이 있다. 고려수는 내양 동남쪽 90리라고 했고,[6] 차아산은 내
양 서남쪽 40리에 있다고 했다.[7] 고려수와 차아산은 내양으로부터 방
향과 거리가 서로 다르다. 또 「내양현지도(萊陽縣志圖)」에서도 고려수
와 차아산을 따로 그려놓았다. 이것만으로도 차아산은 고려산과 별개
의 산임이 분명하다. 차아산은 오늘날 내주시(萊西市) 망성가도(望城街
道)에 소재한 초화산(草花山)을 지칭한다. "차아(嵯峨)"와 "초화(草花)"는
발음이 상통한다.

---

6 『[강희]萊陽縣志』에 기술된 고려수 기록을 검토해 보았는데, 서울대 중앙도서관장본
　강희 원본과 중국 영인본에서 모두 고려수 주해 중 방향과 거리 부분이 희미하여 글자를
　판독할 수 없다. 다만, 1993년 내양시에서 편찬한 표점본에는 고려수가 현 동남 90리에
　있다고(高麗戌, 在縣東南九十里) 기술했다.
7 『[강희]萊陽縣志』권1 「山川」: "嵯峨山, 在縣西南四十里, 以峰巒參差, 故名."

(2) 행촌채(行村寨)설

둘째, 행촌채와 관련된 설이다. 1678년(강희 17)에 장봉의(張鳳儀) 등이 내양 지방의 제반 모습을 담아 편찬한 『[강희]내양현지』가 있다. 이 책자의 권1 「고적(古迹)」에서:

> 行村寨, 卽高麗戍. 金時因舊址築以防海, 設巡檢等官.
> 행촌채는 바로 고려수이다. 금나라 때 옛터에 바다를 방어하고자 설치하고 순검(巡檢) 등 관원을 두었다.

상기 문장에서 금나라 때 행촌채를 옛 고려수가 있던 자리에 설치했다고 밝히고 있다. 행촌채는 순검(巡檢) 등 관원을 둔 군사주둔지이다. 이밖에 1736년(건륭 1)에 악준(岳濬) 등이 칙명으로 편찬한 『[건륭]산동통지(山東通志)』와 1742년(건륭 7)에 포계(包桂)가 편찬한 『[건륭]해양현지(海陽縣志)』에도 고려수가 해양현(海陽縣) 서쪽 경내 행촌채(行村寨)에 소재한다고 밝히고 있다.[8]

행촌채는 오늘날 해양시(海陽市) 행촌진(行村鎭)을 지칭한다. 행촌진은 예전에 내양현의 관할지였다. 1735년(옹정 13)에 내양현의 남동쪽 3개 향을 떼어내어 새로 생긴 해양현으로 편입시켰다. 행촌진은 해양시에서 서남쪽으로 35km 떨어져 있고, 전체 면적은 88.6km²이다. 북쪽은 노산산맥(嶗山山脈)의 지맥이 뻗은 구릉 지대이고, 남쪽은 교동반도

8 『[건륭]山東通志』 권9 「古蹟志·登州府·海陽縣」: "高麗戍, 在縣西境. 『寰宇記』: 魏司馬懿討遼, 于此置戍, 故名. 金時因舊址築以防海, 今名行村寨."; 『[건륭]海陽縣志』 권3 「古蹟」: "高麗戍, 在縣西境. 『寰宇記』: 魏司馬懿討遼, 于此置戍, 故名. 金時因舊址築以防海, 今名行村寨."

남단 해역인 정자만(丁字灣)이다.

행촌은 원래 형촌(衡村)이라 불렀다. 옛 『내양현지(萊陽縣志)』에 의하면 627년(정관 1)에 작성된 비문에 촌락 명칭을 형촌(衡村)이라 적었다고 했다.[9] 원 형촌(衡村)은 현 행촌진에서 북쪽 1리 정도 떨어져 있다. 원 형촌(衡村) 옆에는 백사하(白沙河)가 흐르는데, 자주 큰물이 범람하여 촌락을 휩쓸곤 했다. 금나라 이후에 촌락을 남쪽으로 옮겼는데, 촌락 명칭을 이동한다는 뜻을 가진 '행(行)'자를 사용하여 행촌(行村)으로 개명했다. '행(行)'자와 '형(衡)'자는 발음이 상통한다.

행촌 지역은 예로부터 지방 행정지와 군사 요새로 활용되었다. 한나라 때 이곳 경내에 창양현(昌陽縣)의 치소를 두었다. 금나라 때 해양 방어를 위해 형촌채(衡村寨)를 설치했다. 원나라 초 정해군후(定海郡侯) 수세창(隋世昌)이 행촌을 지켰다. 명나라 때 계속 행촌채를 두었고, 청나라 때 영복영분방해양현행촌신(寧福營分防海陽縣行村訊)을 두었다.

상기 문장에서 고려수는 행촌진에 있고, 금나라가 옛 고려수 터에 군사 요새를 설치했다고 했다. 행촌진에는 고려수가 있었던 것으로 추정되는 유적과 마을이 남아 있다. 행촌진에서 북쪽으로 4km 떨어진 구릉 지대에 자리한 서촌(庶村) 촌락이 있다. 동경 120°54′이고, 북위 36°42′이다. 서촌(庶村)은 원래 수촌(戍村)이라 불렀다. 1404년(영락 2)에 촌락 서쪽에 있는 무덤에서 '수(戍)'자가 새겨진 석비를 발견했다. 이후 '수(戍)'자는 발음이 상통하는 '서(庶)'자로 바뀌었다. 오늘날 이곳에 수(隋), 이(李), 기(紀)씨들이 많이 살고 있다.[10] 서촌(庶村)과 접해 있는 묘

---

9 于建新·姜醉·孫永仁等編, 『行村鎮志』, 海陽縣行村鎮, 海陽, 1992.10, 40쪽에서 인용.

서촌 창양성

하전(廟河前)에 여러 야산이 펼쳐져 있고, 서촌 서쪽을 바라보면 멀리 해발 201m인 홍산(紅山)이 있다.

　서촌 일대가 바로 서한 시대에 창양성(昌陽城)이 있던 곳이다. 서촌 입구에는 1979년 10월 20일에 해양현에서 현급문물보호단위로 지정한 '창양성유지(昌陽城遺址)' 비석과 2004년 4월 30일에 연태시인민정부(烟台市人民政府)가 시급문물보호단위로 지정한 '창양고성유지급묘군(昌陽故城遺址及墓群)' 비석이 세워져 있다. 촌락 중심에 옛 창양(昌陽) 지명을 딴 가게 간판도 보인다. 옛 창양성의 면적은 서쪽으로 촌요창(村窯廠) 서쪽 50m, 북쪽으로 제이동서대가(第二東西大街), 남쪽으로 소학 남쪽 300m, 동쪽으로 촌위회사무실 동쪽 300m이다. 왕망(王莽) 때 숙경정(夙敬亭)으로 바뀌었다가 후한 때 원래 이름으로 바뀌었다. 298년(원강 8)에 내양 동남쪽 20리 떨어진 창산(昌山) 남쪽으로 옮겼다. 650년

---

10 『行村鎭志』, 앞의 서지, 31~32쪽.

서촌 사마대

(영휘 1)에 홍수로 성이 파괴되자, 성의 행정을 현 내양성으로 옮겼다.

서촌에는 선사시대부터 사람들이 거주하였다. 1973년 서촌 발굴조사 때 여러 계층의 유물들이 나왔는데, 가장 오래된 것이 신석기시대였다. 서촌에서 북동쪽으로 1리 정도 가면 백사하(白沙河) 서쪽에 사마대(司馬臺)가 현존한다. 사마대는 일명 시마대(試馬臺)이고, 백사하상(白沙河床) 구릉지에 세운 인공 토대이다. 사마대의 원 면적은 약 4,800m²이고, 높이는 15m이다. 하지만 훗날 토사가 무너지고 농지 개간으로 훼손되어 현재 둘레 40m, 높이 4m의 추형 기둥만 남아 있다. 전해오기를 위나라 사마의가 요동을 침공할 때 이곳에 흙을 쌓아 높은 누대를 만들고 병사와 군마를 연마시켰다고 한다. 그래서 이곳 사람들은 사마대(司馬臺) 또는 시마대(試馬臺)라고 불렀다.[11]

오늘날 서촌 지역은 정자만의 해안선으로부터 어느 정도 떨어져 있

---

11 『行村鎭志』, 앞의 서지, 383~384쪽.

지만, 서촌 동쪽에서 선사시대 사람들이 남긴 굴껍데기와 조개껍데기 무덤이 발굴되어 바닷물이 이곳까지 들어왔음을 알 수 있다. 서촌 옆에는 바다와 통하는 백사하의 하류 지역이다. 현지 주민의 말에 의하면 얼마 전까지도 백사하는 수량이 풍부하여 배들이 드나들었다고 한다. 서촌 아래 지역인 흑석취(黑石嘴) 서쪽에서 그릇 구멍 모양을 한 닻줄이 발굴되었고, 서소탄(西小灘)에서 고기잡이용 그물대가 발굴되었다.[12] 이것으로 보아 예전에는 바닷물이 현재 해안선보다 훨씬 북쪽으로 올라와 있었고, 백사하를 통해 배들이 드나들었음을 알 수 있다. 따라서 서촌 일대에 설치한 수자리가 정자만 해역을 지킬 수 있는 지리적 여건을 갖추었다고 하겠다.

상기 내용을 다시 정리해보면 다음과 같다. 서촌(庶村)은 원래 군사들이 머무는 장소를 의미하는 수촌(戍村)이라 불렸다. 사마대는 고려수를 개설한 사마의가 지휘했다는 전설이 전해오는 유적지이다. 서촌 소재 창양성은 지방행정의 중심지이자 정자만을 지키는 군사 요지이다. 따라서 서촌 일대가 고려수가 있었을 유력한 장소이고, 특히 사마의 전설이 전해오는 사마대일 가능성이 크다.

그렇다면 왜 후대 지명에서 고려수 또는 고려산이 보이지 않는가? 여기에 대해 『행촌진지(行村鎭志)』는 흥미로운 기록을 적어놓았다. 위나라 때 설치한 고려수는 훗날 붕괴로 인해 폐허가 되었다. 이후 이 지역에 행촌진이 새로 생기는 바람에 옛 이름도 인몰되었다.[13]

서촌 소재 창양성은 진(晉)나라 때 창양 지역으로 옮겨 갔다. 원 형촌

---

12 『行村鎭志』, 앞의 서지, 40쪽.
13 『行村鎭志』, 앞의 서지, 287쪽.

또한 잦은 홍수로 인하여 새로운 장소로 옮기고 행촌으로 개명했다. 이후 세월이 흘러감에 따라 예전의 유적이나 지명은 사람들의 기억 속에서 사라졌다. 따라서 고려수 또는 고려산이 후대 지명에서 사라졌다.

그러나 행촌진설이 성립되기 위해서는 해결되어야 할 사안이 남아있다. 여러 문헌에서 기술한 고려수 방향과 행촌진의 방향이 불일치하다는 점이다. 『태평환우기』 이하 대다수 문헌에는 고려수가 내양으로부터 서남쪽에 있다고 기술했다. 그러나 행촌진은 내양으로부터 동남쪽에 자리하고 있다. 이러한 문제점은 양군진설에도 공통으로 드러난다.

『[광서]증수등주부지(增修登州府志)』의 편자는 상기 문제점에 대해 확실히 짚고 나갔다. "형촌진(衡村鎭)은 금나라 때 설치했고, 현 행촌(行村)이다. 『[산동]통지([山東]通志)』에서 고려수는 이곳이다. 고려산은 내양 서남쪽에 자리하고 있고, 행촌은 내양 동남쪽에 자리하고 있다. 대개 『금사』에 고려산과 형촌진을 서로 연계해 적었는데, 하나로 잘못 합쳤다."[14] 즉, 『산동통지(山東通志)』에서 고려수가 행촌진에 소재한다고 했으나, 두 곳의 방향이 일치하지 않는다. 고려산은 내양 서남쪽에 자리하고 있고, 행촌은 내양 동남쪽에 자리하고 있다. 『금사』에 고려산과 형촌진(衡村鎭)을 연달아 기술해놓았는데, 『산동통지』의 편자가 이것을 잘못 이해하여 두 지역을 합쳐 동일한 곳으로 오기했다.

여기에 대해 풀이해본다. 『[광서]증수등주부지』의 견해에 대해 검토

---

14 『[광서]增修登州府志』 권4 「古蹟·海陽縣」: "衡村鎭. 金時設, 卽今行村. 『通志』謂高麗戍卽此. 按高麗山在萊陽西南, 行村萊陽東南. 蓋『金史』高麗山·衡村鎭, 相連而書, 誤合爲一也." 여기의 『通志』는 송 鄭樵의 『通志』가 아니고, 청나라 때 편찬한 『山東通志』를 지칭함.

해 볼 가치는 충분히 있으나, 논리 전개상 논란거리도 일부 보인다. 첫째, 『[건륭]산동통지』를 보면 고려수가 행촌진에 있다는 기록은 찾아볼 수 있으나, 이 기록이 『금사』에서 나왔다고는 언급하지 않았다. 둘째, 『금사』 기록에 대한 풀이에 문제가 있다. 『금사』 기록을 그대로 옮겨본다. "내양에 고려산, 칠자산이 있다. 진은 1곳인데, 형촌(衡村)이다."[15] 『금사』 기록은 내양 소속의 지역 현황을 소개한 것이다. 내양 경내에 고려산이 있다고만 했지, 고려산의 소재지가 행촌인지 아닌지에 대해 어떠한 언급도 하지 않았다. 따라서 『[광서]증수등주부지』에서 증거로 삼았던 『금사』 기록은 고려수의 위치 고증과 전혀 무관한 자료이다.

이처럼 『[광서]증수등주부지』의 전개 방식에 일부 논란거리가 있지만, 고려수 소재지가 실제 지리 사항과 부합되지 않는다는 문제 제기는 주목해볼 필요가 있다. 즉 고려수와 행촌진의 방향이 일치하지 않는다. 고려산은 내양 서남쪽에 자리하고 있고, 행촌은 내양 동남쪽에 자리하고 있다.

그렇다면 우리는 이러한 문제 제기를 어떻게 풀이해야 하는가? 만약 『태평환우기』의 기록처럼 고려수가 내양 서남쪽 90리에 있다고 한다면, 현 행정구획으로 내서(萊西) 서남쪽 경계나 즉묵(卽墨) 북서쪽 지역에 있어야 한다. 그런데 이들 지역은 해안으로부터 멀리 떨어진 내륙지역이다. 행촌진이나 양군진은 모두 정자만을 바라보는 해안지역이다. 아래에서 살펴보겠지만, 당시 고구려는 바다를 통해 위나라와 통교했고, 훗날이지만 교동반도에 분포된 고구려 관련 유적들은 거의가 해안

---

15 『金史』 권25 「地理志六·山東」: "萊陽. 有高麗山·七子山. 鎭一, 衡村."

지역에 분포되어 있다. 따라서 고려수가 내륙지역보다 해안지역에 소재할 가능성이 더 크다고 할 수 있다. 즉,『[강희]내양현지』나『[민국]내양현지』의 기록처럼 고려수는 내양으로부터 서남쪽 90리가 아니고, 동남쪽 90리일 가능성이 더 크다.

(3) 양군진(羊郡鎭)설

셋째, 양군진과 관련된 설이다. 1935년(민국 24)에 왕비후(王丕煦) 등이 내양 지방의 제반 모습을 담고 양병곤(梁秉錕) 등이 수정한『[민국]내양현지(萊陽縣志)』가 있다. 이 책자의 권1「강역(疆域)·고적(古蹟)」에서:

> 高麗戍, 在縣東南九十里, 今羊郡鎭南. 傳魏征遼東, 置戍於此, 故名.
> 고려수는 현 동남쪽 90리에 있고 지금 양군진 남쪽이다. 전해오기를 위나라가 요동을 공략할 때 이곳에 수자리를 두었기에 그래서 명명했다.

또 주해에서:

> 按高麗戍遺址,『一統志』、『方輿紀要』、『初志』俱云: 在縣西南九十里, 土人訛作高麗山.『金史』「地理志」萊陽注有高麗山.『續志』云: 在縣東南九十里. 查縣東南羊郡鎭, 距城適九十里. 其南有故城遺址, 俗呼爲高麗城. 城南爲半島,『登州志』作蠡島, 俗作裏島, 疑卽爲高麗山. 各地志中'西南'二字, 當係'東南'之誤.『續志』已訂正之. 但以高麗名城與山不無可疑, 或前代屯戍之所, 俗誤呼耳.
> 고려수 유지에 대해『일통지(一統志)』,『방여기요(方輿紀要)』,『초지(初志)』모두 (내양)현 서남 90리에 있으며, 지방 사람들은 고려산으로 잘못 적었다.『금사(金史)』「지리지(地理志)」중 내양 주해에 고려산이 있다.『속지(續志)』에서 말하기를 (내양)현 동남 90리에 있다. (내

양)현 동남족의 양군진을 조사해보니 (내양)성으로부터 마침 90리 떨어
져 있다. 그 남쪽에 고성(故城) 유적지가 있는데, 세상에서는 고려성이
라고 불렀다. 성의 남쪽은 반도이다. 『등주지(登州志)』에는 이도(螠島)
라고 적었는데, 세상에서는 이도(裏島)로 적는다. 이것이 즉 고려산
으로 의심된다. 각 지방지에서 '서남(西南)' 두 자는 마땅히 '동남(東
南)'의 잘못이다. 『속지』에서 이미 이를 정정했다. 그러나 고려로서 성
과 산을 명기하는 것은 의심이 가지 않을 수 없으니 혹 전대 수자리를
세속에서 잘못 불렀던 것인가?

여기에서 고려수의 소재지가 양군진 남쪽이 맞는다는 새로운 견해를
제시했다. 즉, 『일통지(一統志)』, 『방여기요(方輿紀要; 『독사방여기요』를
지칭함)』, 『초지(初志: [만력본 『내양현지』]를 지칭함)』 등은 내양현 서남쪽
90리에 있다고 했는데, 『속지(續志; [강희본 『내양현지』]를 지칭함)』는 내양
현 동남쪽 90리에 있다고 정정했다. 양군진은 내양현으로부터 동남쪽
90리 거리에 있다. 양군진 남쪽에 옛 성터가 남아 있는데, 속칭 고려성
이라고 한다. 성의 남쪽은 반도이다. 바다에 이도(螠島), 속칭 이도(裏
島)가 있는데, 이 섬이 고려산일 것으로 추측된다.

양군진은 오늘날 내양시에서 남쪽으로 35km 떨어진 행정구획이다.
전체 면적은 85.21km²이다. 동쪽으로 해양시 행촌진과 경계하고, 북쪽
으로 고격장진(高格莊鎭), 대천진(大夼鎭)과 접하고, 서쪽으로 내양과 통
하는 오룡하(五龍河)가 흐르며, 남쪽으로 정자만(丁字灣) 바다가 있다.
양군진도 행촌진처럼 예전에 해양을 지키는 군사주둔지가 있었다. 이
도(螠島), 속칭 이도(裏島)는 오늘날 간체자로 이도(里島)라고 적고 있다.
이도(里島)는 진에서 남동쪽으로 3.5km 떨어져 있다. 동경 120°50'이
고, 북위 36°38'이다. 원래 이곳은 정자만에 있는 섬이었으나, 훗날 해

양군 정자만 입구

안지역이 점차 매립되어 육지와 접해졌다. 전체 면적은 0.25km²이다. 이곳을 답사해보니 해발 수면에서 조금 올라온 언덕이며, 양식장 종묘장과 양식업 창고가 들어서 있었다. 섬에서부터 바다 저 먼 곳까지 주로 새우를 끼우는 양식장으로 변해 있었다.

필자는 양군진정부(羊郡鎭政府) 관계자로부터 위나라 사마의가 양군 남쪽 바닷가에 수자리를 건설했다는 얘기를 들었다. 나중에 이 얘기는 내양박물관(萊陽博物館) 관장 왕건화(王建華)로부터 다시 한번 확인했다. 왕건화를 비롯한 내양박물관은 연즉고속도로((烟卽高速公路) 건설할 때 양군진 일대에 대해 유적 조사에 나섰다. 이때 왕가탄촌(王家灘村) 촌로로부터 이곳이 위나라 사마의가 세운 수자리라는 얘기를 전해들었다고 했다.

왕가탄촌은 양군진에서부터 남쪽으로 1.5km 떨어져 있다. 진에서 남쪽으로 가다가 연즉고속도로 톨게이트에 못 미쳐 우측으로 꺾어서 조금만 들어가면 왕가탄촌이 나온다. 촌락 명칭은 청나라 초에 왕씨(王氏)들이 들어와 거주한 데에서 나왔다. 2007년 통계에 의하면 전체 호수는 117호이고, 인구는 350명이다. 주요 농산물은 소맥과 옥수수이다. 촌락 앞에서 서쪽으로 향해 조금만 가면 낮은 구릉이 나온다. 이 구릉이 사마의가 수자리를 세웠던 곳이라고 전해온다. 촌락 남쪽은 정자만이다.

위나라 사마의가 정자만의 해양 방어를 위해 이곳에 수자리를 세웠던 것으로 보인다. 정자만은 오늘날 해양, 내양, 즉묵 등 3개 시가 걸쳐져 있는 만이다. 지명은 만의 형태가 정자(丁字)처럼 생겼다는 데에서 비롯되었다. 옛날에 정자만은 선박들이 출입하기 좋은 조건을 갖춘 포구였다. 내륙 안쪽으로 움푹 파여 있어 파도가 심하지 않고, 주변에는 해발 70m급의 산들로 둘러싸여 바람을 피할 수 있다. 또 오룡하(五龍河), 행촌하(行村河), 양군하(羊郡河), 백사하(白沙河), 현우하(賢友河) 등 크고 작은 하천들이 모여 있어 선박의 내수 운항이 가능하다. 후대 기록이지만 멀리 소주(蘇州)와 영파(寧波)에서 바다를 통해 정자만 지역으로 들어오는 해로가 개설되어 있었다.[16]

오늘날 행촌진과 양군진은 행정구획이 확연히 구분된다. 행촌진은 해양시 소속의 행정구획이고, 양군진은 내양시 소속의 행정구획이다. 그렇지만 청 옹정 이전만 하더라도 같은 내양현 소속이었다. 고려수가 설치한 위나라 때 양군 지역은 행촌 지역에 소재한 창양성(昌陽城) 관할

---

16 『[건륭]海陽縣志』권4「海道」: "自蘇州至海陽行村口海道. 南起蘇州劉河口, … 至海陽牙島, 西入何家口, 至城七十里." 자주: "寧波至海陽亦蘇州進路."

에 있었다. 이 두 진 사이의 거리는 불과 8.2km이고, 모두 정자만의 해안지역에 소재하고 있다. 행촌진은 정자만 동쪽 지역, 양군진은 정자만 가운데 지역이다. 그러기에 이 두 지역에 모두 사마의와 관련된 얘기가 전해오는 것은 어쩌면 당연하다고 하겠다.

하지만 양군진설이 성립되려면 행촌진설보다 해결되어야 할 사항이 더 많다. 양군진설은 1935년에 편찬한 『[민국]내양현지』에서 처음으로 제기되었다. 즉, 양군진설은 행촌진설에 비해 매우 늦게 출현했다. 양군진 해안 일대에 사마의가 수자리를 세웠다는 얘기가 전해오지만, 이 사실을 뒷받침할 고문헌 기록이나 유물이 없다. 앞서 행촌진설의 경우처럼 문헌 기록과 현지 사정이 다르다는 문제점도 있다. 더구나 양군진은 내양으로부터 남쪽에 있다. 『[민국]내양현지』의 주해에서 양군진은 내양으로부터 남동쪽에 있다고 했으나, 각종 지도나 『[1995년]내양시지(萊陽市志)』 기록을 보면 양군진은 내양으로부터 남쪽에 있음이 분명하다. 따라서 양군진설은 보완해야 할 사항이 많이 남아 있다.

만약 양군진설이 틀렸다면, 『[민국]내양현지』에서 왜 양군진설을 끄집어내었을까? 필자가 추측하건대, 『[민국]내양현지』의 편찬자들이 혹시 『내양현지』의 기록에 집착하여 고려수가 반드시 내양현에 있어야 한다는 고정 관념에 잡혔을 가능성이 있다. 행촌 지역은 원래 내양현 소속이었지만, 청 옹정 연간 이후 내양현에서 분리되었다. 반면에 양군 지역은 줄곧 내양현 소속에 있었다. 비록 이들은 양군 남쪽의 고성(故城) 유적을 고려수 기록에다 접목했지만, 명확하게 이곳이 고려수라고 확신하지는 못했을 것이다. 그래서인지 『[민국]내양현지』 주해에서 왜 고려성 또는 고려산이라고 명기했는지에 대해 반문했다. 이들은 혹시 전대에 세운 수자리를 세상 사람들이 잘못 부르지 않았나 의

심한 것이다.

이상 고려수의 위치에 관해 세 가지 설을 정리했다. 이 가운데 행촌 진설이 가장 유력하다. 양군진설은 훗날 다른 유력한 증거가 나올 때까지 유보하는 편이 좋다. 차아산설은 선행문헌에서 이미 오류라고 밝혔듯이 제외해도 무방하다.

Ⅲ. 고려수(高麗戍)의 설치 배경

상기 각종 문헌에서 언급했듯이 고려수의 지명 유래는 위나라 사마의의 요동공략과 밀접한 관련이 있다. 후한 말 정치가 혼란에 빠지자 공손도(公孫度)는 요동 지역을 할거했다. 후한이 멸망한 이후 그의 손자 공손연(公孫淵)이 계속 요동을 할거했고, 외교적으로 위나라와 오나라를 오가며 번갈아 수교를 맺었다. 237년(경초 1)에 공손연이 위나라에 반발하여 스스로 연왕(燕王)에 올랐다. 238년(경초 2)에 위 명제는 사마의에게 요동 공손연 정권을 공격하라고 명했다.[17] 당시 요동공략에는 수륙 양면공략과 외교전이 동시에 전개되었다. 육로 공략은 하북 지역(孤竹, 碣石)을 거쳐 요동으로 들어갔고, 해로 공략은 교동반도에서 묘도열도 해역을 지나 요동반도로 들어갔다. 이와 동시에 위나라는 고구려와 연계하고, 요동 공손연은 오나라와 연계하는 복잡한 외교전이 펼쳐졌다.

---

17 『魏志』 권3 「明帝紀」: "(景初元年七月辛卯)淵自儉還, 遂自立爲燕王, 置百官, 稱紹漢元年. … 二年春正月, 詔大尉司馬宣王帥衆討遼東."

　위나라가 교동반도 남단에 고려수를 설치한 목적은 무엇일까? 여기에 대해 아래와 같이 다섯 가지 가설을 제시해본다.

　첫째, 요동 공손연이나 낙랑·대방군을 해로 공략하기 위해서이다. 위나라는 공손연을 토벌하기 위해 청(靑)·연(兗)·유(幽)·기(冀) 4개 주에서 해선을 건조하게 했다.[18] 이들 지역에서 만든 선박들은 교동반도에 집결했을 것이다. 이때 위나라의 해로 공략은 크게 두 지역으로 나뉜다. 한 곳은 교동반도 북단에서 발해만을 건너 요동 지역으로 공략하는 것이고, 다른 한 곳은 교동반도에서 서해를 건너 요동 공손연과 연계된 낙랑군(樂浪郡)과 대방군(帶方郡)을 공략하는 것이다. 요동 공손씨 정권은 일찍이 동방정책을 펼쳐 낙랑·대방군 일대를 자기 세력권으로 만들었다. 건안 연간에 공손강(公孫康)은 둔유현(屯有縣) 이남의 대방군을 만들고 공손모(公孫模)·장창(張敞) 등에게 군사를 일으켜 한·예를 치도록 했다.[19]

　경초 연간에 위나라 명제는 유흔(劉昕)과 선우사(鮮于嗣)에게 '월해(越海)', 즉 바다를 건너 낙랑군과 대방군을 침공하라고 명했다.[20] 교동반도에서 낙랑·대방군으로 가려면 크게 두 가지 해상 항로가 있다. 하나는 교동반도 북단에서 묘도열도를 통해 요동반도에 도착한 뒤 다시 요동반도 남단과 한반도 서해안을 따라 내려오는 연해안 항로이고, 다른 하나는 교동반도 동단 또는 남단에서 서해를 가로지르는 횡단항로이

18 『魏志』 권3 「明帝紀」: "(경초 1년 7월)詔靑、兗、幽、冀四州, 大作海船."
19 『魏志』 권30 「韓傳」: "建安中, 公孫康分屯有縣以南荒地爲帶方郡, 遣公孫模·張敞 等收集遺民, 興兵伐韓濊."
20 『魏志』 권30 「東夷·韓」: "景初中, 明帝密遣帶方太守劉昕、樂浪太守鮮于嗣, 越海定二郡."

다. 당시 요동반도 남단은 공손연이 차지하고 있는 영역이기에 위나라 군대가 이곳 해역을 지나가기 힘들다. 따라서 후자인 서해를 가로지르는 횡단항로를 택했던 것으로 보인다.

당시 요동 공손연은 오나라와 통교하기 위해 요동반도에서 출항하여 위나라가 차지했던 교동반도에 상륙하지 않고 곧장 장강으로 내려가는 서해직단항로를 활용했다. 뒤에서 언급하겠지만 고구려 또한 오나라와 통교하기 위해 압록강 하구에서 곧장 장강으로 내려가는 서해직단 항로를 활용했다.

둘째, 요동 공손연이나 낙랑·대방군의 역공을 방비하기 위해서이다. 공손연과 낙랑, 대방군의 군사들도 바다를 건너 위나라가 차지하고 있는 교동반도를 공략할 수 있다. 후한 헌제 말에 공손도는 한때 발해만을 건너 동래(東萊)지역을 점거하고 영주자사(營州刺史)를 둔 적이 있었다.[21] 공손연 관할의 낙랑·대방군도 위나라가 서해를 건너 자신들을 공략했듯이 역으로 서해를 건너 교동반도를 공략할 수 있다.

셋째, 오나라와 요동 공손연의 연계 침공을 방비하기 위해서이다. 오나라 손권(孫權)은 위나라를 배후에서 협공하기 위해 북방 외교에 힘을 쏟았다. 오나라는 요동 공손연과 고구려에 각각 사신을 보내어 군사 협력의 외교 관계를 맺기 원했다. 공손연은 한때 대륙 남방에 있는 오나라와 외교 관계를 맺었으나, 얼마 지나지 않아 외교 관계를 단절했다. 공손연의 입장에서는 국경을 맞대고 있는 위나라가 언제든지 자국을 침공해올 수 있는 전쟁 위협의 가시권에 있고, 반면 오나라가 바다 저 멀리 있어 위급할 때 긴급한 군사 지원을 받을 수 없다고 판단했다.

---

21 『魏志』 권8 「公孫度傳」: "越海收東萊諸縣, 置營州刺史."

공손연은 자국을 방문한 오나라 사신을 참수해서 위나라로 보냈다. 오나라는 공손연의 배반에 격노하여 해로로 요동을 공격하여 주민들을 나포해갔다. 얼마 후 공손연은 자신의 기대와 달리 위나라로부터 침공을 당한다. 공손연은 곧장 오나라에 사신을 보내어 다시 외교 관계를 회복하고 군사 지원을 요청했다. 그러나 오나라는 지난날 공손연이 배반했던 경험을 떠올리며 군사 지원 요청을 거절하고 관망 자세로 돌아섰다.[22]

교동반도 해역은 오나라와 요동 공손연이 통교하는 해상 길목에 있다. 232년(가화 1) 3월에 오나라는 사신 주하(周賀), 배잠(裴潛) 등을 연해안 해로를 따라 요동 공손연에게 보냈다. 동년 9월에 오나라 선박이 공손연 사절과 함께 귀국하던 길에 폭풍을 만나 부득불 교동반도 동단 성산(成山) 근처에 정박하였다. 이때 위나라 수비군에게 발각되어 오나라 사절의 일부가 피살당했다. 위나라 전예(田豫)는 성산 앞바다가 오나라 선박이 지나가는 길목이라는 사실을 알고 미리 군사들을 보내어 지키라고 했다.[23] 이 경우처럼 위나라는 오나라와 요동 공손연이 연계 침공하는 것을 대비하기 위해 교동반도 남단에 수자리를 세울 필요가 있었을 것이다.

넷째, 고구려와 외교 협력 관계를 강화하기 위해서이다. 『삼국사기

---

22 郝經 『郝氏續後漢書』 권50 「吳·孫權」: "(嘉和)六年春正月, 公孫淵自稱燕王, 聞魏將來討, 復稱臣, 乞兵北伐以自救. 權欲戮其使. … 謂淵使曰: 請俟後問."

23 『魏志』 권26 「田豫傳」: "會吳賊遣使與淵相結, 帝以賊衆多, 又以渡海, 詔豫使罷軍. 豫度賊船垂還, 歲晚風急, 必畏漂浪, 東隨無岸, 當赴成山. 成山無藏船之處, 輒便循海, 案行地勢, 及諸山島, 徹截險要, 列兵屯守. 自入成山, 登漢武之觀. 賊還, 果遇惡風, 船皆觸山沈沒, 波蕩着岸, 無所蒙竄, 盡虜其衆."

(三國史記)』권17 「고구려본기(高句麗本紀)·동천왕(東川王)」에서:

> 十二年, 魏太傅司馬宣王率衆, 討公孫淵. 王遣主簿大加, 將兵千人
> 助之.
> (동천왕) 12년에 위 태부(太傅) 사마선왕(司馬宣王)이 무리를 이끌고
> 공손연을 토벌하였다. (동천)왕은 주부(主簿) 대가(大加)를 보내어 병
> 사 1천 명으로 이를 돕도록 했다.

고구려 동천왕 12년은 238년이다. 사마선왕(司馬宣王)은 사마의를 지
칭하고, 태부(太傅)는 태위(太尉)의 오기이다. 사마의는 위나라 권신으
로 훗날 태위(太尉)에 올랐고, 사후에 진나라가 세워지자 고조선제(高祖
宣帝)로 추존되었다. 동천왕은 주부 대가(大加)로 하여금 군사 1천 명을
거느리고 사마의의 요동 공손연 공략을 돕게 하였다.

바로 이 직전부터 고구려와 위나라는 요동 공손씨 정권을 제거한다
는 전략적 공동 목표를 세우고 외교 관계를 발전시켰다. 고구려는 위
나라를 이용해서 공손씨 정권으로부터 침공의 위협을 제거하고자 했
고, 위나라는 고구려를 이용하여 공손씨 정권을 양편에서 협공하고자
했다.

236년(동천왕 10)에 오나라는 사신 호위(胡衛)를 보내 고구려에 통교를
청해왔다. 고구려는 오나라의 요청을 거절하고, 오히려 오나라 사신의
목을 베어 위나라에 바쳤다. 그 이유는 요동 공손연이 오나라 사신의
목을 베어 위나라에 바쳤던 이유와 비슷하다. 237년(동천왕 11)에 고구
려는 사신을 위나라에 보내어 경초(景初) 연호(年號)를 반포한 것을 경
하했다.[24] 이때 위나라는 요동 공손연을 공략하기 위해 외교 관계를 맺
고 있는 고구려에게 군사협력을 구했을 것이다.

당시 고구려 사신이 어떻게 위나라 경내로 들어갔을까? 요동반도를 거쳐 위나라 경내로 들어가는 육상 노선이 가장 안전하고 편리하겠지만, 공손연 정권이 요동 지역을 차지하고 있기에 부득불 사고 위험도가 높은 해상 노선을 통해 들어갈 수밖에 없었다. 또 해상 노선은 국제 정세에 따라 좌우되었다. 목측이 가능한 연안항로, 즉 요동반도 남단 해역과 묘도열도를 거쳐 교동반도 북단으로 들어가는 해상 노선이 항해 안전도에 있어 가장 뛰어나지만, 요동반도 남단 해역이 공손연 정권의 세력권에 들어가 있어 부득불 서해북단 사단항로를 활용할 수밖에 없었다. 고구려의 대외항구인 압록강 하류 안평구(安平口)에서 출항하여 서해를 비스듬히 가로질러 교동반도 남단으로 들어갔을 것으로 추정된다.

우리는 이러한 사실을 통해 교동반도 남단에 설치한 수자리의 명칭을 고려수라고 불렀던 연유를 유추해볼 수 있다. 위나라는 교동반도 남단에 서해북단 사단항로를 건너온 고구려 사절을 접대하거나 사절 업무를 추진할 변방부처가 필요했을 것이다. 고려수는 항로상 중요한 교동반도 남단에 소재한다. 만약 고구려 사신을 접대할 관사가 고려수에 소재한다면, 사마의가 이러한 연유로 수자리의 명칭을 고려수라고 지었을 가능성이 있다.

다섯째, 고구려로부터의 침공을 대비하거나 고구려를 침공하기 위해서이다. 위나라는 고구려와 외교 협력 관계를 유지하면서도 이와 정반대로 불의의 사태를 항상 대비해왔다. 당시 국제정세는 몹시 긴박하

---

24 『三國史記』 권17 「高句麗本紀・東川王」: "十年春二月, 吳王孫權, 遣使者胡衛通和. 王留其使. 至秋七月, 斬之, 傳首於魏. 十一年, 遣使如魏, 賀改年號, 是景初元年也."

게 돌아갔다. 고구려, 요동 공손연, 오나라 삼국이 공조하여 바다를 통
해 위나라를 침공할 수도 있을 것이다. 당시 고구려 선단은 바다를 통
해 강남 지역에 소재한 오나라 지역으로 진출할 정도의 상당한 항해능
력을 갖추고 있었다. 233년(동천왕 7)에 고구려 동천왕은 조의(皁衣) 25
명으로 하여금 오나라 진단(秦旦) 등을 호송하여 바다를 통해 오나라
경내로 보냈다. 1년 뒤 오나라 손권은 진순(陳恂) 등을 보내어 압록강
입구인 안평구(安平口)에 도착했다.[25]

　이처럼 고구려와 오나라는 한때 외교협력 관계가 돈독했고, 위나라
는 이러한 점을 우려했다. 만약 고구려 수군이 오나라 수군과 협동해서
바다를 통해 위나라를 공략할 때는 교동반도가 해상 방어의 제일선이
될 것이다. 위나라는 교동반도 남단에 고구려 군사의 침공을 대비하는
수자리를 쌓아야 했을 것이다. 『행촌진지(行村鎭志)』는 이러한 가설에
동의하는 글을 남겼다. 위나라가 일찍이 고려수를 설치한 것은 고구려
가 바다에서 침공할 것을 방어하기 위해 토성을 높이 쌓은 것이라고
풀이했다.[26]

　또 여기에서 한 걸음 더 나아가 위나라는 장차 고구려를 차지할 것을
꿈꾸었다. 242년(동천왕 16)에 고구려가 서안평을 습격하여 해상으로 진
출하는 안정한 통로를 확보했다. 244년(동천왕 18)과 246년(동천왕 20)에
위나라는 유주자사(幽州刺史) 관구검(毌丘儉)을 시켜 고구려를 침공했
다.[27] 당시 위나라가 고구려를 침략한 노선은 하북에서 요동으로 들어

---

25 『吳志』권2「孫權」嘉禾 2년조 중 『吳書』인용: "其年, 宮(동천왕)遣皁衣二十五人送
　旦等還, 奉表稱臣, 貢貂皮千枚, 鶡鷄皮十具. … 間一年, 遣使者謝宏、中書陳恂, 拜
　宮爲單于, 加錫衣物珍寶. 恂等到安平口."
26 『行村鎭志』, 앞의 서지, 287쪽.

가는 육로 외에 교동반도에서 바다를 건너 요동으로 들어가는 해로도
고려했을 것이다.

　한 무제 때 누선(樓船)장군 양복(楊僕)이 위만조선을 침략할 때 교동
반도를 전초기지로 삼아 묘도열도 해역을 건너 왕검성으로 침공하는
해상 노선을 활용했다. 훗날의 기록이지만 수·당나라가 고구려를 침
공할 때 교동반도를 전초기지로 삼아 묘도열도 해역을 건너 요동으로
침공하는 해상 노선을 활용했다. 이처럼 사마의는 장차 고구려를 침공
할 계획으로 교동반도 남단에 전초기지인 고려수를 건설했을지도 모
르겠다.

　이상 가설 다섯 개의 가설 가운데 어느 것이 위나라가 고려수를 설치
하기 위한 목적에 가장 합당할까? 그 해답은 수자리 명칭에서 찾아볼
필요가 있다. 수자리 명칭에 '고려'라는 글자가 들어가 있기 때문에 주
된 목적은 고구려와 관련이 있어야 한다. 넷째 가설과 다섯째 가설은
고구려와 직접 관련이 있는 것이고, 나머지 가설은 고구려와 직접 관련
이 없는 것이다.

　여기에서 잠시 자국의 지명에 외국 지명을 명기하는 국제간의 통상
적인 관례를 적어본다. 한 국가가 어떤 외국 국가와 우호 관계를 돈독
하게 맺을 때 자국의 지명에 우호 국가의 국명을 붙이는 경우가 종종
있다. 예컨대 고려와 송나라는 밀접한 우호 관계를 맺고 있으며, 수많
은 양국의 사신들이 바다를 통해 상대국을 방문했다. 송나라는 고려사

---

27 『三國史記』 권17 「高句麗本紀·東川王」: "十六年, 王遣將, 襲破遼東西安平. ⋯ 二十
　年秋八月魏遣幽州刺史毌丘儉, 將萬人, 出玄免來侵."; 『魏志』 권30 「東夷傳」: "正始
　三年, 宮寇西安平. 其五年, 爲幽州刺史毌丘儉所破. 語在儉傳."

절이 들어오는 연로 곳곳에 고려사절을 접대하기 위해 고려관(高麗館)을 세웠다. 예를 들면 교동반도 남단의 교주(膠州), 제성(諸城), 강소 내수로의 소주(蘇州) 등에 고려관이 있었다.

　이와 반대로 한 국가가 다른 국가를 침공할 준비를 하거나 다른 국가로부터 침공을 방어하기 위해 자국에 세운 군사 요새에 다른 국가의 국명을 붙이는 경우는 매우 드물다. 필자는 일전에 고당 전쟁 때 교동반도에 남겨진 당나라의 고구려 침공 및 방어 시설과 관련된 유적과 전설을 조사한 적이 있다. 이 시기에 만들어진 고구려 관련 각종 유적이나 지명에는 고구려라는 말이 들어간 곳이 하나도 없다.[28] 이것으로 본다면 넷째 가설이 다섯째 가설보다 타당성이 더 많다.

　다만 수자리는 군사기지이다. 군사기지의 본래 목적은 타국을 공격하거나 타국의 침공을 방어하는 데 있다. 고려수를 세운 시점이 사마의가 요동 공손연을 침공할 때이다. 따라서 위나라가 고구려를 침공하거나 고구려로부터 침공당하는 것을 방어하기 위해 고려수를 세웠다는 다섯째 가설의 경우도 고려해야 한다. 그리고 위나라가 고려수를 설치할 목적은 여러 복합적인 요소가 같이 들어있을 수도 있다. 넷째 가설과 다섯째 가설이 유력하겠지만, 당시 복잡하게 돌아가는 국제정세로 보아 첫째 가설, 둘째 가설, 셋째 가설도 복합적으로 곁들어졌을지도 모른다.

28　朴現圭, 「膠東半島與高句麗有關的海洋遺址和傳說－以唐太宗年間高句麗戰爭爲中心」, 앞의 서지, 220~233쪽.

Ⅳ. 결론

오늘날 중국 대륙에는 한국 관련 지명과 유적들이 곳곳에 남아 있다. 그 대표적인 사례 중의 하나가 교동반도 남단에 설치된 고려수와 고려산이다. 고려수는 238년(경초 2)에 위나라 사마의가 요동반도 공손연 정권을 침공할 때 옛 내양 지역, 즉 교동반도 남단에 설치한 수자리이다. 고려산은 고려수가 소재한 산의 이름이다. 고려수와 고려산은 모두 한국의 옛 국가인 고구려와 밀접한 관련이 있다.

고려수의 위치에 관해 크게 차아산, 행촌진, 양군진 등 세 가지 설이 있다. 이 중에 행촌진설은 가장 유력하다. 행촌진 북쪽에 예전에 수자리가 있었다는 서촌(庶村; 옛 촌락명 수촌[戍村])이 있다. 서촌 주변에 한나라 때 행정과 군사 중심지인 광양성(廣陽城) 유적과 사마의(司馬懿)가 열병했다는 전해지는 사마대(司馬臺) 유적이 남아 있다. 반면 양군진설은 민국 시대에 처음으로 제기되었다. 양군진 남쪽 이도(鎰島; 현 里島)에 사마의가 수자리를 세웠다는 얘기가 전해온다. 다만 양군진설을 뒷받침할만한 유물이 없다. 차아산설은 선행학자의 지적처럼 제외해도 무방하다.

위나라 사마의가 교동반도 남단에 고려수를 설치한 목적에 대해서는 크게 오나라와 요동 공손연의 연계 침공을 방비, 요동 공손연이나 낙랑·대방군의 역공을 방비, 오나라와 요동 공손연의 연계 침공을 방비, 고구려와 외교협력을 강화, 고구려의 침공을 대비하거나 고구려를 침공 등 다섯 가지 가설로 나누어 풀이해볼 수 있다.

이들 가운데 위나라가 고구려와 외교협력을 강화하기 위한 가설이 가장 유력하다. 당시 위나라는 고구려와 우호 관계를 맺고 있었고, 또한 군사 연맹하여 공손연의 요동을 정벌하였다. 위나라 사마의가 바다를 건너 교동반도에 들어온 고구려 사신을 위해 고려수를 설치했을 가능성이 있다. 그다음으로 고려해봐야 할 가설은 위나라 사마의가 고구려로부터 내침을 대비하거나 향후 고구려를 침공하기 위한 목적이다. 고려수는 군사 목적의 수자리이다. 위나라가 수자리라는 본래 용도에 걸맞게 고구려를 침공하기 위한 전초기지 또는 고구려의 내침을 대비하는 차원에서 조성되었을 가능성도 고려해봐야 한다.

향후 여기에 대해 어떤 결말이 나오든 간에, 우리는 최소한 당시 고구려는 뛰어나 항해능력을 갖춘 해양 국가였다는 사실을 알 수 있다. 3세기 중반에 고구려 선단이 자국의 사절단을 싣고 서해를 가로질러 멀리 위나라 경내의 교동반도, 오나라 경내의 항주만 지역까지 오갔다. 그리고 교동반도 남단에 소재한 고려수와 고려산 기록이 그 유력한 증거가 될 수 있다. [見野書室]

중국 소재
신라 행정지명
고찰

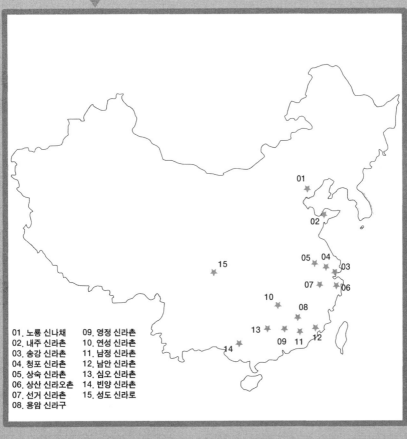

01. 노룡 신나채
02. 내주 신라촌
03. 송강 신라촌
04. 청포 신라촌
05. 상숙 신라촌
06. 상산 신라오촌
07. 선거 신라촌
08. 용암 신라구

09. 영정 신라촌
10. 연성 신라촌
11. 남정 신라촌
12. 남안 신라촌
13. 심오 신라촌
14. 빈양 신라촌
15. 성도 신라로

I. 서론

한·중 양국은 예로부터 전반에 걸쳐 다양하고 밀접한 교류 관계를 맺고 있었다. 양국 사이에 전개된 인적 교류는 셀 수 없을 정도로 아주 많았고, 그중에는 각각 상대방 국가로 진출하여 새로운 삶의 터전을 잡아 정착한 경우도 상당수 있다. 본 논고의 고찰 대상인 신라인만 하더라도 중국 대륙에 남긴 발자취를 쉽게 찾아볼 수 있다. 당나라 수도 장안(長安; 현 서안) 일대에는 신라 사신과 관료, 유학생 등이 진출했고, 천태산(天台山), 오대산(五臺山), 낙양(洛陽), 강서(江西), 사천(四川) 등 불교 승지에는 신라 구법승들이 주석하였으며, 산동, 절강 등 연해안 지역과 양주(揚州), 해주(海州) 등 수로 지역에는 신라 상인들이 드나들었다.

필자는 일전에 복건(福建) 남부 지역에 소재한 신라 명칭에 대해 고찰한 바가 있다. 복건 남부 지역에 신라라는 명칭이 들어간 지명이 다소 존재한다. 연해안에 소재한 민남(閩南) 지역은 한반도 신라국과 모종의 관련이 있고, 복건 내륙에 위치한 민서(閩西) 지역은 한반도 신라국과 관련이 없는 것으로 추정된다.[1] 이 결과에서 보듯이 복건 남부에 소재한 신라 명칭은 모두 한반도 신라국과 관련이 있다고 말하기는 어렵다.

중국 대륙의 행정지명에 신라 명칭이 들어간 지명이 꽤 있다. 이들 신라 지명은 한반도 신라국과 어떠한 관계가 있는가? 독자들도 여기에 대해 상당히 흥미를 느낄 것이다. 지금까지 많은 학자는 신라인의 중국 진출에 대해 상당한 관심을 가져왔고, 이 가운데 중국 일부 지역을 대상으로 신라 명칭을 고찰한 문장이 나왔다.[2] 다만 아쉽게도 아직 중국 전역을 대상으로 고찰한 연구물이 나오지 않고 있다. 이번에 필자는 그 아쉬움을 조금이나마 덜기 위해 본 논고를 착수하게 되었다.

본 논고의 조사 범위는 중국 전역에 소재한 신라 행정지명으로 정한다. 신라 행정지명은 '신라' 명칭이 들어간 도읍, 촌락, 거리 등 각종 행정지명을 지칭한다. 조사 범위는 중국 정부가 수립된 1949년 이후로 국한한다. 신라 행정지명 가운데 현 행정구획에서 사라졌더라도 1949년 이후에 사용된 적이 있는 경우는 본 논술 범주에 포함한다. 다만 중국 대륙 내에 신라 글자가 들어간 각종 유적지, 즉 신라사(新羅寺), 신라원(新羅園), 신라천(新羅泉), 신라초(新羅礁), 신라폐(新羅佛), 신라도(新羅渡), 신라산(新羅山) 등 명칭은 사안이 다소 다르므로 본 논술 범주에 포함하지 않는다.

논술 작업은 전산망 조사, 문헌 고찰, 현지답사 등 3단계 과정을 거

---

1 박현규, 「중국 福建 남부 新羅 명칭 고찰」, 『新羅文化』28집, 東國大學校 新羅文化硏究所, 2006.08, 167~188쪽.
2 최근에 나온 대표적인 저서를 열거하면 다음과 같다. 卞麟錫, 『唐 長安의 新羅史蹟』, 亞細亞文化社, 서울, 2000.6.; 卞麟錫, 陳景富, 李昊榮, 『중국 명산 사찰과 해동승려』, 주류성, 서울, 2001.2.; 신형석 등, 『중국 동남연해지역의 신라유적조사』, 재단법인 해상왕장보고기념사업회, 서울, 2004.12.

첬다. 먼저 중국 행정 전산망을 통해 신라 또는 발음이 유사한 행정지명을 찾아내어 조사 대상물을 선정했다. 그다음으로 조사 대상물과 연계된 각종 지방지와 문헌들을 찾아 관련 자료를 뽑았다. 끝으로 대상물의 현지를 답사하여 관청이나 현지인을 통해 지명 유래, 촌락 현황 등에 대해 살펴보았다.

II. 신라 행정지명 사례

1. 하북 노룡(盧龍) 신나채촌(新挪寨村)

노룡(盧龍) 신나채촌(新挪寨村)은 현 행정구역으로 하북 진황도(秦皇島) 노룡현(盧龍縣) 진관둔진(陳官屯鎭)에 속해 있는 행정촌이다. 노룡은 하북 진황도 지구에 속해 있는 현급 행정구획이다. 예로부터 요동과 북경을 잇는 길목에 자리하고, 오늘날에도 경하(京哈), 경진(京秦)철도, 경하(京哈)고속도로, 북경으로 향하는 국도 102로(路) 등이 지나간다. 상나라 때 고죽국(孤竹國)에 속했고, 백이(伯夷)·숙제(叔齊)의 고향이다. 주나라 때 유주(幽州)에 속했고, 명나라 때 영평부(永平府)에 속했다. 소속 관할지에는 9개 진, 3개 향이 있다.

노룡 도심에서 북동쪽으로 노진공로(盧陳公路)를 따라 15.8km 가면 진관둔진에 도착한다. 진관둔진의 소속 관할지에는 34개 행정촌이 있다. 진관둔진에서 동남쪽으로 3.8km 소로를 따라가면 신나채촌이 나온다. 진황도에서 출발하면 102로를 타서 노룡 쌍망진(雙望鎭)에 도착한다. 여기에서 북서쪽으로 안연공로(安燕公路)를 따라 4km 가다가 다시 오른쪽 소로를 따라 1km 정도 들어가면 신나채촌이 나온다. 촌락 형태는 하북 지역의 전형적인 농촌 마을이다. 가옥들이 농지 가운데 몰려 있다. 촌락 북쪽에는 신나채소학(新挪寨小學)이 있다. 2007년을 기준으로 전체 호수는 약 250호이고, 인구는 약 1,400명이다. 주요 성씨는 이(李), 손(孫), 장(張), 양(楊)이며, 모두 한족이다.

신나채(新挪寨)의 원 촌명은 신라채(新羅寨)이다. 청 강희 연간에 고조우(顧祖禹)가 편찬한 『독사방여기요(讀史方輿紀要)』가 있다. 이 책자의 권17 「북직팔(北直八)·영평부(永平府)·노룡새(盧龍塞)」에서:

> 府東三十里, 曰新羅寨. 又東五里, 曰雙望堡.
> 부 동쪽 30리는 신라채(新羅寨)이고, 또 동쪽 5리는 쌍망보(雙望堡)이다.

여기에서 영평부(永平府) 노룡채(盧龍寨)에 세운 보루를 소개했다. 영평부 동쪽 30리에 신라채(新羅寨)가 있고, 여기에서 다시 동쪽으로 5리를 가면 쌍망보(雙望堡)가 있다. 현재 신나채촌 인근에는 쌍망진이 있다. 『[옹정]기보통지(畿輔通志)』와 『[민국]노룡현지(盧龍縣志)』에도 모두 신라채(新羅寨)는 노룡현 동쪽 30리에 있다고 했다.[3] 『[민국]노룡현지』는 1931년(민국 20)에 편찬되었다.

신나채촌 입구에 1986년 4월에 노룡현인민정부가 세운 '신나채' 비석이 있다. 비석 앞면에 '신나(新挪)' 글자 조각이 떨어져 나갔고, '채(寨)'자만 남아 있다. 비석 뒷면에 노룡지명판공실(盧龍地名辦公室)이 당정관 연간에 촌락을 분산 이동하여 재조정하는 과정에서 신나채라고

---

3 『[옹정]畿輔通志』권40 「關津·永平府」: "新羅寨. 在盧龍縣東三十里.";『[민국]盧龍縣志』권10 「疆域·城池」: "新羅寨. 在城東三十里."

불렀다고 적어놓았다.[4] 노룡지명판공실은 현 촌명 신나채의 '나(挪)'자를 주목했던 것으로 보인다. '나(挪)'자는 '옮기다' 또는 '이동하다'라는 뜻을 가졌다. 1994년에 편찬한『노룡현지(盧龍縣志)』에도 이와 비슷한 견해가 기술되어 있다. '당왕정동(唐王征東)' 때 여러 촌락을 조정하여 이곳으로 집중 거주시키고 촌명을 신나채촌으로 삼았다고 했다.[5] 여기의 '당왕정동(唐王征東)'은 644년(정관 18)에 당 태종의 고구려 침략전쟁을 지칭한다.

그러나 노룡현의 풀이는 문제점이 내포되어 있다. 신나채의 원 촌명은 신라채이다. 1931년(민국 20) 이후에 신라채(新羅寨)에서 신나채(新挪寨)로 바뀌었다. 원 촌락명 신라채에는 훗날 개명된 '나(挪)'자, 즉 옮기다 또는 이동한다는 뜻이 없다. 원 촌락명 신라채로 본다면 고구려보다 신라와 관련이 있다고 보는 편이 더 타당하다.

당 총장 연간(668~670)에 해외 신라인들을 집단 거주시킨 귀의주(歸義州)가 있다.[6] 귀의주는 옛 광양성(光陽城) 지역, 현 북경 방산구 북광양성촌과 남광양성촌에 세워졌다. 당 총장 연간 직후에 귀의주는 홀연히 사라졌다. 그 사라진 이유에 대해 알려진 바가 없지만, 혹 귀의주에 거주한 해외 신라인이 노룡 신라채로 옮겼을 가능성을 고려해봐야 한다. 노룡 신라채는 귀의주로부터 멀리 떨어지지 않는 지역에 소재한다.

---

4 盧龍地名辦公室 新挪寨碑: "唐貞觀年間, 因將分散村莊, 重新挪動, 合併一起, 故名新挪寨."

5 『[1994년]盧龍縣志』: "新挪寨, 住于鄕政府駐東南3,8公里. 340戶, 1268人. 唐貞觀年間(約644年), 高麗人散居此地, 爲便于管理, "唐王征東"時, 將這一帶零散村莊集中于此, 遂名."

6 『舊唐書』권39「地里志·河北道」: "歸義州, 總章中置, 處海外新羅, 隷幽州都督, 舊領縣一, 戶一百九十五, 口六百二十四. 歸義, 在良鄕鎭之古廣陽城州所治也."

당나라 때 귀의주와 노룡 신라채는 모두 하북도(河北道)에 속해 있었다. 당시 하북도에는 해외에서 들어온 여러 민족들이 많이 사는 지역이었다. 기타 자세한 내용은 본 책자의 「하북 북부 한민족 디아스포라 지명」을 참조하기 바란다.

2. 산동 내주(莱州) 신라촌(新羅村)

내주(莱州) 신라촌(新羅村)은 현 행정구역으로 산동 연태(烟台) 내주시(莱州市) 금성진(金城鎮)에 속해 있는 행정촌이다. 내주는 교동반도 북서쪽 해안지역에 소재한다. 예전에는 내주부가 설치되어 교동 지역을 관할했으나, 오늘날에는 연태 지구에 소속된 현급시이다. 내주의 소속 관할지에는 6개 가도(街道), 11개 진이 있다. 금성진은 내주시 북동쪽으로 32km 떨어진 해안 지역과 초원시(招遠市) 경계 지역에 소재한다. 1958년에 주교(朱橋)에서 분리되어 등가(滕家)로 불렀다가, 1982년에 신등(新滕)으로 바뀌었다. 1984년에 이 지역에 황금이 난다고 해서 금성으로 개칭했다. 소속 관할지에는 1개 사구(社區), 35개 행정촌이 있다.

내주 신라촌은 국도 206선과 성도 304선이 교차하는 남서쪽 지역에 있으며, 금성진으로부터 4km 정도 떨어져 있다. 교차점에서 남쪽으로 1km 정도 가면 주곽이가촌(朱郭李家村)이 나오고, 여기에서 동쪽으로 1km 정도 가면 포리촌(鮑李村)이 나온다. 포리촌의 남쪽 촌락이 바로 신라촌이다. 포리촌과 신라촌 사이에는 물이 말라버린 시내가 있다.

2007년을 기준으로 전체 호수는 80호이고, 인구는 217명이다. 민족은 모두 한족이다. 주요 성씨는 나(羅)이며, 전체 인구수의 70%를 차지하고 있다. 나씨는 명나라 때 사천에서 금성 용부촌(龍埠村)으로 이주해왔고, 청말 때 용부촌에서 이곳으로 이주해왔다. 이밖에 곽씨 집안

내주 신라촌 전경

이 4가구 있는데, 근자에 주곽이가촌에서 이주해왔다. 마을 중앙에는 촌위회사무소가 있다. 촌락 전경은 비교적 단정하게 가꾸어져 있고, 촌락 주변에 구릉지와 농경지가 펼쳐져 있다. 주요 농산물은 밀이다.

필자는 당초 내주 신라촌이 한반도 신라국과 관련이 있을 가능성을 염두에 두었다. 내주 지역은 신라인들이 드나들었고, 내주 신라촌은 해안가로부터 가까운 위치에 소재하고 있다. 하지만 현지답사 후에 한반도 신라국과 관련이 없는 것으로 밝혀졌다. 내주 신라촌은 원래 나가촌(羅家村)이라 불렀다. 마을 입구에 소재한 배전실에는 '나가배전실(羅家配電室)'이라는 간판이 있다. 촌락 명칭은 나씨(羅氏) 집성촌에서 유래되었다. 내주 관할지에는 나가(羅家)라는 이름이 들어간 촌락이 여러 곳 있다. 내주 금성 나가촌(羅家村) 외에 평리점진(平里店鎮) 나가촌(羅家村), 정곽진(程郭鎮) 나가영촌(羅家營村), 곽가점진(郭家店鎮) 나가장자촌(羅家莊子村) 등이 있다. 나가(羅家) 글자가 들어간 이들 촌락은 모두 나씨 집단촌이다. 1980년대 내주 금성 나가촌(羅家村)은 이름이 유사한 이들 촌락과 구분하기 위해 새로운 나가 촌락이라는 뜻을 가진 신라촌(新羅村)으로 개칭했다.

3. 상해 송강(松江) 신라촌(新羅村)

송강(松江) 신라촌(新羅村)은 현 행정구역으로 상해 송강구(松江區) 사산진(佘山鎭)과 방송가도(方松街道)에 속해 있는 자연촌이다. 송강은 상해 남서쪽 지역, 황포강(黃浦江) 상류 지역에 소재한다. 별칭으로 화정(華亭), 운간(雲間), 용성(茸城), 곡수(谷水) 등이 있다. 219년(건안 24)에 육손(陸遜)이 화정후(華亭侯)로 봉해졌고, 751년(천보 10)에 화정현이 설치되었다. 1278년(지원 15)에 송강으로 바뀌었다. 청 도광 초까지만 하더라도 송강은 상해 지역을 관할했으나, 상해에 조계가 설치된 이후 상호 분리되었다. 그러다가 1958년부터 오히려 상해에 소속된 행정구로 편입되었다. 소속 관할지에는 6개 가도(街道), 11개 진이 있다. 사산진은 송강구의 북서쪽에 소재한다. 지명은 이 지역에 소재한 사산(佘山)에서 따왔다. 소속 관할지에는 4개 사구, 12개 행정촌이 있다. 방송가도는 송강구 서쪽 시내 구간에 소재한다. 소속 관할지에는 32개 사구가 있다.

송강 신라촌은 1949년 이전에 기항촌(奇港村)에 소속된 자연촌이었다. 1960년대 촌락 규모가 커지자 행정촌으로 승격되고 신라촌(新羅村)으로 불렀다. 신라촌 주변에 신기촌(新奇村)과 진가촌(陳家村)이 있었다. 2002년 행정개편 때 신라촌은 다시 두 개의 촌락으로 분리되었다. 촌락 중앙에 흐르는 유돈항(油墩港)을 중심으로 서편 부락은 사산진 횡산촌(橫山村)으로, 동편 부락은 방송가도 신진가촌(新陳家村)으로 편입되었다.

필자가 처음 송강 신라촌을 방문할 때 송강 시내에서 멀리 20여 km 떨어진 사산진 천마향(天馬鄕)으로 돌아 찾아갔으나, 요즘은 마을 뒤편에 있는 소로(陳家路)를 이용하면 쉽게 찾아갈 수 있다. 송강 시내에서 10km 정도 가면 화동정법대학(華東政法大學) 송강교구(松江校區)가 나오고, 대학 옆 광부림로(廣富林路)를 따라 1km 정도 가면 Forte복지(復地)라는 아파트단지가 나온다. 아파트단지 뒤편으로 가면 차량통행이 금지된 옛 다리가 나온다. 이 다리를 건너 진가로(陳家路)를 따라 1km 정도 걸어가면 신진가촌, 즉 옛 신라촌이 나온다. 2007년을 기준으로 송강 신라촌의 인구는 2,988명이고, 호수는 785호이다. 민족은 한족이다. 성씨는 육(陸), 장(張), 전(錢), 송(宋) 등이고, 현재 상당수 외지인이 거주하고 있다. 주요 농산물은 배와 묘목이다.

4. 상해 청포(靑浦) 신라촌(新羅村)

청포(靑浦) 신라촌(新羅村)은 현 행정구역으로 상해 청포구(靑浦區) 금택진(金澤鎭) 상탑거위회(商榻居委會)에 속해 있는 자연촌이다. 청포구는 상해 서쪽 지역에 소재한다. 1542년(가정 21)에 화정과 상해의 일부를 떼어내어 독립된 청포현을 설치하였다. 1999년에 현이 철폐되고 상해 소속의 행정구로 바뀌었다. 소속 관할지에는 3개 가도, 8개 진이 있다. 금택진은 청포 남서부 지역을 차지하고 있다. 2004년 3월 금택(金澤), 상탑(商榻), 서잠(西岑) 등 3개 진이 합병하였다. 소속 관할지에는 5개 사구, 30개 행정촌이 있다. 신라촌은 원래 상탑진에 소속된 행정촌이었으나, 훗날 행정개편으로 금택진으로 편입되었다. 상탑은 청포 시가지에서 서쪽으로 18km, 정산호(淀山湖) 서쪽 지역에 소재한다. 지명은 예로부터 상인들이 이곳에 모였다는 데에서 나왔다.

상탑진에서 급수항대교(急水港大橋)를 지나 금상공로(金商公路)를 타고 7백m 정도 가면 왼편에 진신로(陳新路)가 나온다. 여기에서 8km 정도 가면 막다른 촌락이 나온다. 이곳이 바로 옛 신라촌이다. 촌락은 물가에 세워졌다. 촌락 북쪽은 사정호(沙淀湖)로 들어가는 급수항(急水港)이고, 촌락 건너편은 수향(水鄉)으로 널리 알려진 주장(周莊)이다. 해방 이전에 이곳을 육가만(陸家灣)이라고 불렀다. 인민공사 때 신라촌으로 변경했다. 촌락 인근에 나청만(蘿淸灣)이 있었다. 2004년에 신라촌과 신화촌(新華村), 남차촌(南車村) 등 3개 촌락이 합병되어 남신촌(南新村)으로 바뀌었다. 촌락 곳곳에는 옛 신라촌의 흔적을 찾아볼 수 있다. 2003년 10월 28일 준공된 촌락 연계 다리에 '신라촌교(新羅村橋)'라고 새겨 놓았고, 마을 안에 '신라촌(新羅村)' 간판, 문패 주소에 '남신촌(南新村) 신라(新羅)'라고 걸어 놓았다. 옛 신라촌의 인구는 1천 7백여 명이다. 주요 성씨는 진(陳), 장(張), 완(阮) 등이다. 민족은 한족이다. 신라촌 주민은 예전에 주로 어업과 논농사에 종사했으나 최근에 들어와 도시로 출근하는 이들이 많아졌다.

5. 강소 상숙(常熟) 신라촌(新羅村)

상숙(常熟) 신라촌(新羅村)은 현 행정구역으로 강소 소주(蘇州) 상숙시(常熟市) 우산가도(虞山街道) 사교관리구(謝橋管理區)에 속해 있는 자연촌이다. 상숙은 강소 남동쪽 장강 하류 지역에 소재한다. 지명은 토양이 비옥하고 가뭄이 들지 않아 농산물을 상시 수확할 수 있다는 말에서 나왔다. 소속 관할지에는 6개 가도, 8개 진이 있다. 우산진은 상숙

상숙 신라촌 전경

의 중심 지역이고, 지명은 이 지역에 소재한 우산(虞山)에서 따왔다. 소속 관할지에는 1개 고신기술산업원(高新技術産業園), 7개 관리구(管理區)가 있다. 사교관리구(謝橋管理區)는 상숙항에서 북쪽으로 20km 떨어져 있다. 지명은 경내에 소재한 사가교(謝家橋)에서 따왔다. 2003년에 사교진과 막성진(莫城鎭)이 우산진에 합병되면서 사교관리구로 업무가 이관되었다. 소속 관할지에는 2개 사구, 9개 행정촌이 있다.

상숙 신라촌은 상숙 시내에서 사교로 가는 방향에 있다. 상숙 삼환(三環)을 지나면 해우북로(海虞北路)가 나온다. 여기에서 북쪽으로 1km 정도 가면 왼편에 근풍촌촌위회(勤豊村村委會)가 나온다. 여기에서 북쪽으로 2km 정도 가면 왼편 골목으로 들어가면 옛 신라촌이 나온다. 시내에서 1로 버스를 타고 신교로구(新橋路口)에서 내려도 된다. 사교진에서는 남쪽으로 2km 정도 떨어져 있다.

인민공사 때 동방성(東方紅)이라고 불렀고, 이후 신라촌으로 바뀌었다. 지명은 인근 신교(新橋)에 소재한 나씨(羅氏) 집단촌인 나가당(羅家塘)과 구별하기 위해 '신(新)'자를 덧붙였다. 2003년 4월에 행정개편으로 인하여 신라, 대모교(大毛橋), 승리(勝利), 근풍(勤豊) 등 4개 촌이 근풍촌(勤豊村)으로 합병되었다.

2007년을 기준으로 근봉촌의 전체 인구는 1,396명이고, 호구는 548호이다. 촌위서기는 장건창(張建昌)이다. 옛 신라촌의 주요 성씨는 육(陸), 장(蔣), 무(繆), 나(羅), 주(周) 등이다. 민족은 한족이다. 농산물은 쌀, 옥수수, 콩 등을 생산하고 있다. 이곳은 시내와 가까운 위치에 소재한 개발지역이라 주변에 많은 공장이 들어서 있다. 촌락에는 옛 신라촌 문패가 붙어있고, 마을 중심에는 옛 촌위회사무소가 남아 있다.

6. 절강 상산(象山) 신라오촌(新羅隝村)

상산(象山) 신라오촌(新羅隝村)은 현 행정구역으로 절강 영파(寧波) 상산현(象山縣) 대서진(大徐鎭)에 속해 있는 행정촌이다. 상산현은 절강 북동쪽 상산항(象山港)과 산문만(三門灣) 사이에 뾰족하게 뛰어나온 반도 지역에 자리하고 있다. 영파 시내에서 남쪽으로 55km 떨어져 있다. 706년(신룡 2)에 독립된 현이 건립되었다. 지명은 북서쪽에 소재한 코끼리 형상을 닮은 산의 형태에서 유래되었다. 소속 관할지에는 3개 가도, 10개 진, 5개 향이 있다. 대서진(大徐鎭)은 상산현에서 북동쪽 8km 떨어져 있다. 소속 관할지에는 1개 사구, 24개 행정촌이 있다.

신라오촌은 원래 아림계향(雅林溪鄉)에 속해 있었으나, 1992년에 행정개편으로 대서진으로 편입되었다. 신라촌은 대서진에서 남쪽으로 5km, 상산현에서 북쪽으로 5km 떨어져 있다. 2007년을 기준으로 전체 인구는 625명이고, 호수는 약 205호이다. 민족은 한족이다. 촌위서기

상산 신라오촌 호경묘

는 요청부(姚靑富)이다. 주요 성씨는 나(羅), 예(倪) 등이다. 나씨는 전체
인구의 절반 정도, 예씨는 30% 정도를 각각 차지한다. 주요 생산물은
쌀, 차(茶)이다. 마을 안쪽에는 마을을 지키는 수호당인 호경묘(護境廟)
가 있다. 호경묘에는 당경존신(當境尊神), 용왕(龍王), 재신(財神), 토지
신(土地神), 서존(書尊)을 모시고 있다. 또 마을 입구에는 연수선사(延壽
禪寺)가 있다. 일명 서운선사(瑞雲禪寺)이다. 사찰이 언제 창건되었는지
는 알 수 없으나, 경내에 1254년(보우 2)에 작성된 사액비가 있는 점으
로 미루어보아 늦어도 남송 시대에는 창건되었다. 훗날 훼철되었다.
2000년 7월에 중건되었다. 주지는 요청(了淸)이다.

　신라오촌은 일찍부터 한반도 신라인들의 거주 장소로 알려져 있다.
『[보경]사명지(四明志)』 권21 「상산현(象山縣)·산조(山條)」에서

新羅嶅山, 縣北七里, 耆舊相傳新羅國人嘗泊舟於此.

신라오산(新羅鏊山)은 현 북쪽 7리에 있다. 늙은이들이 전하기에 신
라국 사람들이 일찍이 이곳에 배를 정박했다.

여기에서 신라 선박들이 신라오산에 정박했다고 했다. 오늘날에는
개울물이 얕아 선박이 드나들 수가 없지만, 예전에는 마을 입구 서운교
(瑞雲橋)까지 바닷물이 들어왔다고 전해진다.[7] 사전산(射箭山), 하화산
(荷華山)을 비롯한 주변 산에서 흐르는 물이 안가계(安家溪)로 모여들고,
안가계는 진산(陳山) 앞쪽을 지나 백돈항(白墩港)으로 유입된다.

『안가계나씨종보(安家溪羅氏宗譜)』[나종영(羅宗榮) 소장 초록본]에 의하
면 상산 나씨는 대서진 안가계와 신라오촌에 집단 거주하고 있다. 안가
계는 신라오촌에서 5km 정도 떨어져 있다. 두 지역의 나씨는 모두 만
삼랑(萬三郎)의 후손으로 친척 관계이다. 청 강희 연간(1662~1722)에 만
삼랑의 14세손 나성미(羅聲美), 나성량(羅聲亮) 사촌 형제가 복건 무평
(武平) 상동사전(象洞司前)에서 상산 안가계로 들어왔다. 훗날 일부 나씨
가 안가계에서 다시 신라오촌으로 이주해왔다.

7. 절강 선거(仙居) 신라촌(新羅村)

선거(仙居) 신라촌(新羅村)은 현 행정구역으로 절강 태주(台州) 선거현
(仙居縣) 횡계진(橫溪鎭)에 속해 있는 자연촌이다. 태주는 절강 동쪽 해
안지역에 소재하고, 선거는 태주 지구의 서부내륙에 소재한다. 선거는
태주 시내에서 88km 떨어져 있다. 347년(영화 3)에 이곳에 낙안현(樂安
縣)이라는 독립된 현을 설치했다. 930년(우성 5)에 영안현(永安縣)으로

---

7 신형식 등, 앞의 책, 344쪽.

개명하고, 1007년(경덕 4)에 선거현으로 다시 개명했다. 지명은 이곳에 신선 저택이 많다는 도교 관점에서 나왔다. 소속 관할지에는 3개 가도, 7개 진, 10개 향이 있다. 횡계는 현에서 남서쪽으로 32km 떨어져 있다. 지명은 영안계(永安溪)가 경내를 가로질러 흐르는 형상에서 나왔다. 소속 관할지에는 1개 사구 33개 행정촌이 있다.

선거 신라촌은 횡계 시내로부터 14.3km 떨어져 있다. 횡계 시내에서 영안계 다리를 건너 남쪽에서 흐르는 계곡 방향으로 꺾어 육도갱(六都坑)을 향해 한참 가면 기마갱(騎馬坑)이 나온다. 여기에서 다리를 건너 산길을 따라 6.3km 올라가면 정상 아래에 홀연히 널따란 평지가 펼쳐져 있다. 이곳이 바로 옛 신라촌이다.

신라촌은 김씨(金氏)의 집단촌이다. 이밖에 진씨(陳氏), 오씨(吳氏)가 일부 있다. 2007년을 기준으로 전체 인구는 350명이고, 호수는 107호이다. 민족은 모두 한족이다. 촌위서기는 김영기(金永奇)이다. 아쉽게도 최근 오지 지역에 소재한 촌락들을 시내 지역으로 이주시키는 선거현의 이주정책에 따라 신라촌 주민들은 횡계진 영안계 지역으로 집단 이주하였다. 경작면적은 171무(畝)이고, 산림면적은 8,000무이다. 주요 농산물은 쌀, 밤(板栗), 모죽(毛竹), 양매(楊梅) 등이고, 농한기에는 양잠을 친다.

2000년에 신라촌 김씨 일족들이 편찬한 『여전김씨종보(呂前金氏宗譜)』가 있다. 이 책자에 의하면 김씨는 중국에서 자생한 씨족으로 적혀 있다. 중시조 매산공(梅山公)이 복건 장락(長樂)에서 절강 금화(金華)로 이주했고, 도공(道公)이 금화에서 영가(永嘉) 매계(梅溪)로 이주했으며, 몽공(蒙公)이 매계에서 선거(仙居) 여전(呂前)으로 이주해왔다. 수환공(守環公; 1514~1576)이 여전에서 신라촌으로 이주해왔다. 이로부터 신라

선거 신라촌 전경

김씨가 생겨났다.[8] 각종 중국 족보를 보면 관례로 자신들의 조상을 중화 민족에서 나왔다고 적고 있는데, 족보 기록을 액면 그대로 받아들이기 힘들다. 뒤에서 언급하겠지만, 수환공이 신라촌으로 이주하기 훨씬 이전에 이곳에 이미 신라 지명이 존재하고 있었다.

남송 가정 연간에 진기경(陳耆卿)이 편찬한 『[가정]적성지(赤城志)』가 있다. 이 책자의 권22 「산수문사(山水門四)·산(山)·선거(仙居)」에서:

萬竹山, 在縣西南四十里, 絶頂日新羅. 九峯回環, 道極陰隘, 嶺上見叢薄敷秀, 平曠幽窈, 自成一村.

만죽산(萬竹山)은 현 서남쪽 40리에 있다. 정상은 신라라고 부른다. 구봉이 휘돌아지고 길은 몹시 음습하며 협소하다. 봉우리 위에서 바라

보면 잔목들이 아름답게 펼쳐져 있고, 평평한 들이 그윽하게 자리하고
있어 절로 한 촌락을 형성했다.

여기에서 최소한 송나라 때 이미 신라 지명이 존재했음을 알 수 있
다. 만죽산(萬竹山) 정상에 펼쳐진 촌락 전경은 오늘날 선거 신라촌의
지형과 일치한다. 선거 신라촌은 당나라 시대에 신라승들이 많이 찾았
던 천태(天台) 지역이나 신라 상인들이 드나들었던 임해(臨海) 지역으로
부터 멀지 않다. 선거나 천태, 임해는 예나 지금이나 모두 동일한 행정
구역에 포함되어 있다. 선거 신라촌은 김씨 집단촌이다. 중국 김씨 가
운데 한 일파는 한반도 김씨를 조상으로 삼고 있다. 따라서 선거 신라
촌은 한반도 신라국과 관련이 있을 가능성이 존재한다.

8. 복건 용암(龍巖) 신라구(新羅區)

용암(龍巖) 신라구(新羅區)는 현 복건성 용암시 중심 지역을 관할하는
구단위급 행정구획이다. 용암은 복건 남서쪽 산악지대, 즉 민서(閩西)
지역에 소재한다. 용암은 옛 신라현(新羅縣)이 관할했던 지역이다. 282
년(태강 3)에 진안군(晉安郡)이 설치되었고, 신라현은 진안군 소속 8개
현 중의 하나이다. 지명은 옛 장정현(長汀縣) 경내 신라산(新羅山)에서
나왔다. 신라산은 무이산맥(武夷山脈)의 남단 지맥에서 뻗어 나온 황죽
령(篁竹嶺)에서 유동산(溜峂山) 조사봉(祖師峰)까지의 높은 산으로 추정
되고 있다. 468년(태시 4)에 신라현이 철폐되었다.

736년(개원 24)에 다시 신라현이 복원되었다가 742년(천보 1)에 용암현
으로 바뀌었다. 지명은 경내 취병산(翠屛山)에 소재한 용암동(龍巖洞)에
서 유래되었다. 이후 용암현은 인근 지역과 분할과 합병, 소속지 변경

등 여러 변화를 겪어왔다. 1949년에 용암전구(龍巖專區)가 되었다.
1981년에 현급시로 강등되었다가 1996년에 다시 지구시가 되었다. 소
속 관할지에는 2개 구(新羅區, 永定區), 4개 현(長汀, 上杭, 武平, 連城)이
있고, 또 1개 시(漳平市)를 수탁 관할하고 있다. 신라구는 1996년에 생
긴 용암시 소속의 행정구이다. 소속 관할지에는 10개 가도, 10개 진이
있다.

신라구의 중심지에 가심광장(街心廣場)이 있다. 가심광장의 벽면에
1937년(민국 26) 1월에 장자안(張茨安)이 세운 '신라제일천(新羅第一泉)'
비석이 상감되어 있다. 신라천은 1982년 3월 20일에 용암 현급문물보
호단위로 지정되었다. 시내 곳곳에 신라 명칭이 들어간 기관명이나 상
호, 상표명을 많이 찾아볼 수 있다.

용암 신라구와 옛 신라현은 중국에서 자생적으로 만들어진 지명으로
한반도 신라국과 관련이 없다. 한반도 신라국의 건국 초기에는 사로(斯
盧), 사라(斯羅), 서나(徐那), 서나벌(徐那伐), 서야(徐耶), 서야벌(徐耶伐),
서라(徐羅), 서라벌(徐羅伐), 서벌(徐伐), 계림(鷄林) 등 여러 국호가 혼용
되어오다가 503년(지증왕 4)에 비로소 신라로 통일되었다. 용암의 옛 신
라현은 이보다 2백여 년 전에 명명되었다. 기타 자세한 내용은 본 책자
의 「복건(福建) 남부 신라(新羅) 지명」을 참조하기 바란다.

9. 복건 영정(永定) 신라촌(新羅村)

영정(永定) 신라촌(新羅村)은 현 행정구역으로 복건 용암시 영정구(永
定區) 감시진(坎市鎭)에 속해 있는 행정촌이다. 영정은 용암에서 남서쪽
으로 78km 떨어져 있다. 1478년(성화 14)에 처음으로 영정현을 건립했
다. 지명은 영원히 평정하다는 의미에서 따왔다. 2014년 12월에 영정

영정 신라촌

현이 철폐되고 용암 영정구로 바뀌었다. 소속 관할지에는 1개 가도, 17개 진, 6개 향이 있다. 감시진은 영정에서 북동쪽으로 46km 떨어져 있다. 지명은 이주민들이 돌을 쌓아 제방을 만들고 장터를 조성했다는 의미에서 나왔다. 소속 관할지에는 1개 사구, 6개 행정촌이 있다.

영정 신라촌은 감시진에서 S203로를 타고 남쪽으로 3km 가면 나온다. 2007년을 기준으로 전체 호수는 270여 호이고, 인구는 1천여 명이다. 민족은 한족이다. 총 6개조(組)이다. 1~3조는 장씨(張氏) 집단촌, 4조는 유씨(劉氏) 집단촌, 5~6조는 임씨(林氏) 집단촌이다. S203로를 기준으로 오른편에 1~3조이고, 왼편이 4~6조이다. 왼편에는 신라촌위사무소(新羅村委事務所)와 영정시광물국(永定市鑛物局)이 들어서 있다. 이곳 산지는 석탄, 철, 망강 등 광물이 생산된다.

장씨 집안은 객가인으로 복건 영화(寧化)에서 이주해왔다. 이곳에는 청대와 민국 연간에 세워진 오래된 가옥들이 즐비하게 들어서 있다. 안쪽으로 들어서면 얼마 전에 폐교된 신라소학(新羅小學)이 있고, 그 자리에 신라노인활동중심(新羅老人活動中心)과 신라경무실(新羅警務室)이 들어서 있다. 옛 신라소학 옆에는 2007년에 개장한 신라촌공원(新羅村公園)이 있다. 소학교 앞쪽 길로 가면 옛 나루터인 신라도(新羅渡)가 나온다.

『[건륭]정주부지(汀州府志)』 권5 「성지(城池)·영정(永定)」에서:

> 新羅渡, 在太平里.
> 신라도(新羅渡)는 태평리(太平里)에 있다.

여기에서 신라도가 태평리(太平里)에 속해 있다고 했다. 『[1941년]영
정현지(永定縣志)』에는 신라갱(新羅坑)이 송나라 때 태평리에 속해 있
고, 영정현에서 65리가 떨어져 있다고 했다.[9] 태평리는 송나라 때 처음
건립되었고, 오늘날 감시진과 고피(高陂), 호강향(虎崗鄉) 일대를 관할
했다. 명 초기에 구도(九圖)로 편입되었다가, 훗날 오도(五圖)로 바뀌었
다. 신라도는 수량이 풍부한 영정하(永定河)에 소재한 나루터이다. 얼
마 전까지만 하더라도 신라촌 사람들은 신라도에서 나룻배를 타고 영
정 시내로 오갔다고 한다. 필자가 이곳을 방문했을 때 얼마 전에 커다
란 물난리로 나루터 유적지가 많이 훼손되었다. 나루터 바로 위쪽이
송나라 때 건설된 태평교(太平橋)이다. 태평교는 지금도 사용할 정도로
매우 견고하다.

10. 복건 연성(連城) 신라촌(新羅村)

연성(連城) 신라촌(新羅村)은 현 행정구역으로 복건 용암 연성현(連城
縣) 신천진(新泉鎮)에 속해 있는 행정촌이다. 연성은 용암에서 북서쪽
지역에 소재한다. 송 원부 연간(1098~1100)에 연성보(蓮城堡)가 건설되
었고, 1133년(소흥 3)에 연성현(蓮城縣)이 설치되었다. 1346년(지정 6)에

---

9 『[1941년]永定縣志』 권2 「疆域」 참조.

현재의 지명인 연성현(連城縣)으로 개명했다 소속 관할지에는 12개 진, 5개 향이 있다. 신천진은 연성으로부터 남쪽 48km, 용암에서 북서쪽으로 68km 떨어져 있다. 신천진은 국도 319로와 205로가 교차하는 지점에 있다. 지명은 이곳에 온천이 나온 데에서 유래되었다. 소속 관할지에는 19개 행정촌이 있다.

연성 신라촌은 신천에서 북서쪽 6km 떨어져 있다. 이곳으로 가는 대중교통편이 없어 상당히 불편하나, 마을 위쪽으로 장룡고속도로(漳龍高速公路)가 지나간다. 마을 입구에는 촌위회사무소가 있고, 마을 북쪽 끝에는 신라소학(新羅小學)이 있다. 2007년을 기준으로 전체 호수는 280여 호이고, 인구는 1,187명이다. 종족은 객가인(客家人)이다. 주요 성씨는 양씨(楊氏)이고, 최근 이씨(李氏) 1가구가 이주해왔다. 양의재(楊宜才)의 말에 의하면 양씨는 영화(寧化)에서 이주해왔다고 했다. 주요 농산물은 귤(桔子), 송유(松油)이고, 농경지는 매우 적다.

예전에 이곳의 행정지명은 고지촌(高地村)이었는데, 지역민들은 통상 나지(羅地)라고 불렀다. 1991년 7월에 고지촌에서 신라촌으로 바뀌었다.[10] 지명은 북서쪽 5km 정도 떨어진 상라지(上羅地) 아래에 새로운 촌락이 건립된 데에서 나왔다. 1997년 7월에 신라촌의 일부 지역을 분리하여 따로 온방촌(溫坊村)을 건립했다. 현재 신라촌은 상라지, 고옥갱(高屋坑), 열수갱(熱火坑) 자연촌을 관장하고 있다. 상라지에는 요씨(繞氏), 화씨(華氏), 조씨(曹氏), 고옥갱에는 조씨(曹氏), 열화갱에는 오씨(吳氏)가 집단 거주하고 있다.

---

10 連城縣地方志編纂委員會, 『連城縣志』(1998~2000년), 方志出版社, 北京, 2005.7, 19~20쪽.

11. 복건 남정(南靖) 신라촌(新羅村)

남정(南靖) 신라촌(新羅村)은 현 행정구역으로 복건 장주(漳州) 남정현(南靖縣) 남갱진(南坑鎭)에 속해 있는 행정촌이다. 장주는 복건 최남단 연해안 지역에 소재한다. 686년(수공 2)에 장주가 설치되었다. 소속 관할지에는 4개 구, 7개 현이 있다. 남정은 장주 시내에서 북서쪽으로 38km 떨어져 있다. 양나라 때 난수현(蘭水縣)이 설치되었고, 1323년(지치 23)에 남승현(南勝縣)으로 바뀌었다. 1356년(지정 16)에 다시 남정현으로 바뀌었다. 소속 관할지에는 11개 진, 1개 공업원구(工業園區)가 있다. 남갱진은 북서쪽으로 10km 떨어져 있다. 소속 관할지에는 1개 사구, 11개 행정촌이 있다.

남정 신라촌은 남갱진에서 서양(書洋) 방면으로 13km 떨어져 있다. 얼마 전까지 이곳으로 들어가는 도로는 비포장 산길이었지만, 전라갱(田螺坑) 토루군(土樓群)이 관광지로 개발됨에 따라 도로 사정이 많이 좋아졌다. 2007년을 기준으로 전체 인구는 1,300여 명이고, 호수는 3백여 호이다. 민족은 한족이다. 촌위서기는 증병황(曾炳煌)이다. 주요 생산물은 모죽(毛竹), 귤(柑桔) 등이다.

남정 신라촌은 산지 지형에 따라 여러 곳 나누어 건립되었다. 소속 관할지에는 대표조(大磦組), 계저조(溪底組), 대평정조(大坪頂組), 석정조(石井組), 대돈조(大墩組), 금죽후조(金竹后組), 장림조(長林組), 오석산조(烏石山組) 등 8개 조가 있다. 장림조에는 세계에서 가장 작은 토루(土樓)로 알려진 취림루(翠林樓)가 있다. 취림루는 1998년에 남정현급문물보호단위로 지정되었다.

계저조와 대평정조는 원 신라촌이 소재한 지역이다. 원 신라촌은 객가인 증씨(曾氏)의 집단촌이다. 『증씨족보장림사(曾氏族譜長林社)』[청대 잔초본(淸代殘抄本)]에 의하면 시조는 만팔랑(萬八郎)이고, 복건 영정현 반경사(半徑社)에 거주했다. 원말 때에 그의 아들 백오랑(伯五郎)이 장주부(漳州府) 남정현(南靖縣) 고항사(高港社), 즉 현 위치인 신라촌으로 이주해왔다. 신라촌으로 이주한 이후 이곳 토박이들과 살아가기 위해 민남어를 구사했다고 한다. 증씨는 원래 나씨(羅氏)였는데 주변 유씨(劉氏)로부터 배척을 받아 성씨를 바꾸었다고 한다.

12. 복건 남안(南安) 신라촌(新羅村)

남안(南安) 신라촌(新羅村)은 현 행정구역으로 복건 천주(泉州) 남안시(南安市) 하미진(霞美鎭) 선하촌(仙河村)에 속해 있는 자연촌이다. 천주는 복건성 남동 연해안 지역을 소재하고, 예전에 고려인과 고려 상선들이 드나들었다. 소속 관할지에는 3개 시, 4개 구, 5개 현이 있다. 남안은 천주 남동쪽 진강(晉江) 중류 지역에 소재한다. 양 천감 연간(502~519)에 독립된 행정지가 처음 설치되었다. 소속 관할지에는 3개 가도, 21개 진, 2개 향, 1개 경제개발구가 있다. 하미진은 남안에서 동쪽 10km 떨어져 있고, 1999년에 풍주진(豊州鎭)에서 분리 건립되었다. 소속 관할지에는 19개 행정촌이 있다.

남안 신라촌은 원래 풍주진에 소속되었으나, 훗날 하미진으로 편입되었다. 신라촌은 천주에서 20km 정도 떨어져 있고, 남안으로부터 15km 정도 떨어져 있다. 천주에서 남안으로 가다가 왼편에 진강(晉江)이 보이고, 강변도로를 따라 계속 가면 행포교(杏埔橋)가 보인다. 행포교를 지나 2.5km 가면 신라촌이 나온다. 예전에는 구일산(九日山) 앞에 놓여진 금계교(金鷄橋)를 이용했다. 금계교를 건너 5백m 가다가 오른

남안 신라촌 전경

쪽으로 꺾어 5km 정도 가면 신라촌이 나온다.

　신라촌은 진강 옆 구릉 지대에 소재한다. 마을 중앙에는 연극무대 공터가 있고, 그 옆에는 1999년에 준공한 신라노인활동중심(新羅老人活動中心)이 있다. 마을 서쪽 편에 신라소학(新羅小學)이 있다. 최근 인구 감소로 인하여 유치원생과 저학년만 등교하고, 고학년은 인근 남안화교소학(南安華僑小學)으로 다닌다. 2007년을 기준으로 전체 호수는 450 여 호이고, 인구는 1,800여 명이다. 민족은 한족이다. 주요 성씨는 왕 (王)이다.[11] 신라촌장(仙河村 부주임)은 왕대수(王大樹)이다. 주요 농산물

---

11 葉恩典, 「古代泉州與新羅, 高麗的·海上交通及其文物史迹探源」, 『古代中韓海上交流學術硏討會志』, 浙江大學韓國硏究所, 2005.11.1.~3, 233~235쪽.; 박현규, 「중국 福建 남부 新羅 명칭 고찰」, 앞의 논문, 178~184쪽.

은 화훼, 묘목이고, 일부 채소 재배를 한다.

1672년(강희 11)에 편찬한 『남안현지(南安縣志)』가 있다. 이 책자 중 남안현 관할 지역을 기술한 곳에 신라촌 지명이 등장한다. 권1 「강역지(疆域志)·이십이도(二十二都)」에서:

縣西北二十里, 圖一. 在宋爲禮順里, 統於唐安鄉. … 鄉有十二, 曰後田, … 曰新羅, … 曰下尾.

현 서북 20리이고, 도1이다. 송나라 때 예순리(禮順里)이며, 당안향(唐安鄉)에 속해 있다. … 향촌(鄉村)은 12개 촌락이 있는데, 후전(後田), … 신라(新羅), … 하미(下尾)이다.

남안 신라촌은 송나라 때 당안향(唐安鄉) 예순리(禮順里)에 속해 있었다. 당안향은 남안현 소속 8개 향의 하나이고, 예순리는 32개 리 중의 하나이다. 원·명·청대에 신라촌이 이십이도에 속해 있었다. 이십이도에는 송나라 말에 가사(柯使)가 세운 신라사(新羅寺)가 있다. 원 지정 연간(1341~1368)에 화재를 입었고, 1385년(홍무 18)에 순종(純宗)에 의해 재건되었다. 명말 청초 때 폐사되었던 것으로 추정된다.[12]

남안 신라촌 인근에는 신라와 고대 무역과 관련된 유적이 있다. 취병산(翠屏山) 영수봉(靈秀峯) 아래에는 신라화상 현눌(玄訥)이 주석한 복청사(福淸寺)가 있다. 또 구일산은 해외 여러 국가와 바다를 통해 물자 교역하는 고대 해상 실크로드 시발점 중의 하나이다. 산 아래에는 바다에 나서는 뱃사람과 장사꾼들이 기도하는 연복사(延福寺)가 있고, 산 중턱

---

12 『[강희]南安縣志』 권20 「雜志·寺」: "新羅寺, 在廿二都, 宋末里人柯使捨地建, 元至正火, 明洪武乙丑僧純宗重建, 今廢."

에는 해상 항해 안전을 축원하는 석각들이 많이 새겨져 있다. 남안 신라촌은 강폭이 넓고 수량이 풍부한 진강 하류의 강변 마을이며, 예전에는 진강을 통해 외지 출입과 물자 운송을 하였다.

13. 강서 심오(尋鳥) 신라촌(新羅村)

　심오(尋鳥) 신라촌(新羅村)은 현 행정구역으로 강서 공주(贛州) 심오현(尋鳥縣) 문봉향(文峰鄉)에 속해 있는 행정촌이다. 공주는 공강(贛江) 상류지역으로 강서 남부에 소재한다. 소속 관할지에는 3개 구, 13개 현이 있고, 또 2개 현급시를 수탁 관할하고 있다. 심조는 공(贛: 강서), 월(粤: 광동), 민(閩: 복전) 등 3개 성이 교차하는 지역으로 감주 시내로부터 남동쪽 240km 떨어져 있다. 1576년(만력 4)에 독립된 현을 건립하고

심오 신라촌

장녕현(長寧縣)이라 불렀다. 1914년에 사천 장녕현(長寧縣)과 구별하기 위해 심오현(尋鄔縣)으로 개명했고, 1957년에 글자를 간편화하여 심오현(尋鳥縣)이라 고쳤다. 심오는 광동 매주(梅州)에서 북쪽으로 117km 떨어져 있다. 소속 관할지에는 7개 진, 8개 향이 있다. 문봉향은 심오현 주위를 둘러싸고 있는 행정구획이다. 소속 관할지에는 17개 행정촌이 있다.

　심오 신라촌은 현에서 북쪽으로 3km 떨어져 있다. 2007년을 기준으로 전체 인구는 약 1천 7백 명이고, 호수는 약 4백 호이다. 촌락은 6개 조이다. 주요 성씨는 나

(羅), 낙(駱)이다. 나씨(羅氏)는 광동 용천(龍川)에서 이주해왔고, 낙씨(駱氏)는 하남 내황당(內黃堂)에서 이주해왔다. 모두 객가인이다. 예전에는 주로 쌀을 재배했으나, 근자에는 귤(臍橙) 재배로 바꾸었다. 마을에는 신라소학(新羅小學)과 신라유아원(新羅幼兒園)이 있다.

청 광서 연간에 북상(北廂) 소속에 나패촌(羅壩村)이 있었고, 민국 시기에 신채촌(新寨村)이 새로 생겼다. 중국 정부 초기에 나패촌과 신채촌이 합병하여 신라촌(新羅村)이 되었다. 1956년에 신라촌은 장거촌(長擧村), 동단촌(東團村)과 함께 성관구(城關區) 북상향(北廂鄕)으로 편입되었다. 신라촌의 소속지는 1958년에 성관공사(城關公社), 1964년 성교공사(城郊公社)에 있다가, 1984년에 문봉향(文峰鄕)으로 이관되어 오늘날까지 이르고 있다.

14. 광서 빈양(賓陽) 신라촌(新羅村)

빈양(賓陽) 신라촌(新羅村)은 현 행정구역으로 광서 남녕(南寧) 빈양현(賓陽縣) 빈주진(賓州鎭) 육화촌(六和村)에 속해 있는 자연촌이다. 남녕은 광서장족자치구의 성회(省會)이다. 빈양은 남녕에서 북동쪽으로 80km 떨어져 있다. 민족은 80%가 한족이고, 20%가 장족이다. 한족은 본지인(本地人)과 신민인(新民人)으로 구분된다. 본지인은 오래전에 북방과 중원에서 이주한 족속으로 빈양 인구의 70%를 차지한다. 신민인은 객가인(客家人)으로 본지인보다 1천여 년 이후 광동과 복건에서 이주한 족속으로 빈양 인구의 10%를 차지한다. 소속 관할지에는 16개 진, 1개 농장이 있다. 빈주진은 현정부가 소재한 곳이다. 1968년에 호우공사(芦圩公社)와 신빈공사(新賓公社)가 설치되었고, 1984년에 두 지역이 합쳐 빈주진이 되었다. 소속 관할지에는 15개 거위회, 33개 행정촌이 있다.

빈양 신라촌은 현에서 동북쪽으로 국도 324선을 따라 10km 떨어져 있다. 2007년을 기준으로 전체 인구는 약 1,200명이다. 민족은 한족이다. 주요 성씨는 장(蔣), 장(張), 강(江), 무(巫)이다. 장씨(蔣氏)는 600여 명인데, 전체 인구의 절반 정도를 차지한다. 제4, 5, 10, 11조에 거주한다. 장씨 조상은 산동에서 병란을 피해 이곳에 들어와 정착했다고 전해 온다. 언어는 본지화(빈양화)를 구사하고 있다. 장씨(張氏), 강씨, 무씨는 후대에 들어온 신민인 계통에 속하는 객가인이다. 장씨(張氏)는 40여 호, 약 300명이고, 제6, 7, 8, 9조에 거주한다. 강씨는 30여 호, 약 100명이며, 무씨는 15호, 60여 명이다. 강씨와 무씨는 제1, 2, 3조에 거주한다. 이들은 훗날 광동에서 이곳으로 장사하러 왔다가 정착하였다. 장씨(張氏), 강씨, 무씨는 의형제를 맺고 대대로 함께 제사를 지낸다.

빈양 신라촌 일대는 넓게 펼쳐진 평원에 속해 있고, 촌락은 구릉 지대에 자리를 잡았다. 주요 농산물은 쌀, 옥수수, 사탕수수 등이고, 소량으로 감자, 고구마, 고량, 유채, 땅콩 등을 재배한다. 쌀은 1년 2모작이 가능하다. 부산업으로 돼지 축산을 하고 있다.[13]

신라촌은 원래 쌍라촌(雙羅村)이라 불렀다. 중국 정부 이후 쌍라촌은 육화공사(六和公社)에 속했고, 대약진시기에 12개 생산대로 나누었다. 지금도 촌락에는 생산대 명칭이 통용되고 있다. 1970년대 말에 현재 이름인 신라촌으로 바뀌었다. 근자에 육화촌에 편입되었다.

---

13 楊淸媚, 「文化與自然: 對廣西新羅村變遷歷史考察的思考」, 廣西民族學院學報(哲社版), 26卷 4期, 2004.7, 59~64쪽.; _____, 「賓陽新羅村"本地人"考察」, 『民族學人類學』(2003年卷), 民族出版社, 北京, 2004.12, 316~353쪽.

15. 사천 성도(成都) 신라로(新羅路)

성도(成都) 신라로(新羅路)는 현 행정구획으로 사천성 성도시(成都市) 청양구(靑羊區)에 소재한 옛 거리명이다. 성도는 BC4세기 전에 도읍이 만들어졌고, 그 후 서남 내륙지역을 대표하는 도시로 발전하여 오늘날 사천성을 대표하는 성회(省會)가 들어섰다. 소속 관할지에는 12개 구, 5개 현급시, 3개 현이 있고, 또 3개 시구를 수탁 관리하고 있다. 청양구는 성도의 서남문 지역에 소재한다. 지명은 청양궁(靑羊宮)에서 유래되었다. 노자(老子)가 청우(靑牛)를 타고 함곡관(函谷關)을 지나다가 관문지기의 요청으로 『도덕경(道德經)』을 주었다. 관문지기가 천일 후에 노자가 말한 성도 청양(靑羊)에 가보니 노자의 환생인 양이 남아 있었다. 청양궁은 주나라 때부터 궁관이 있었다는 기록이 있으며, 당나라 때 황실의 지원으로 크게 중건되었다. 문화공원(文化公園) 옆에 소재한다. 소속 관할지에는 12개 가도가 있다.

옛 신라로는 청양궁에서 가까운 곳에 소재한다. 청양궁이 있는 일환 서이단(一環西二段)의 끝부분에서 서쪽으로 꺾으면 청강동로(淸江東路)가 나온다. 청강동로의 중간 부분이 옛 신라로이다. 오늘날 이곳에는 성도시당안국(成都市檔案局)과 당안관(檔案館)을 비롯한 건물들이 즐비하게 들어서 있다. 1980년대 이곳에 신라로가 있었으나, 그 후 도시정비계획에 따라 도로가 크게 확장되면서 청강동로로 바꾸었다. 청강동로에서 서쪽으로 가면 성온공고속도로(成溫邛高速公路)가 나온다. 청강동로에서 옛 신라로의 흔적을 찾아볼 수 있다. 청강동로 286호에 중국농업은행 지점이 있다. 지점 명칭은 '성도신라로지행(成都新羅路支行)'이다. 필자가 신라로의 유래에 대해 탐문해보니, 지역 주민들은 예전에 농촌 지역으로 나씨가 운영한 방앗간인 나가전(羅家碾)이 있었는데, 이곳에 신작로가 나면서 나가년의 '라(羅)'자에 '신(新)'자를 덧붙여 도로명을 신라로라 지었다고 했다.

Ⅲ. 신라 행정지명 분석

1949년 중국 정부가 수립한 이후 신라 명칭이 들어간 행정지명을 나열해보면 다음과 같다.

01. 하북 노룡(盧龍) 신나채촌(新挪寨村)
02. 산동 내주(萊州) 신라촌(新羅村)
03. 상해 송강(松江) 신라촌(新羅村)
04. 상해 청포(靑浦) 신라촌(新羅村)
05. 강소 상숙(常熟) 신라촌(新羅村)
06. 절강 상산(象山) 신라오촌(新羅嶴村)
07. 절강 선거(仙居) 신라촌(新羅村)
08. 복건 용암(龍巖) 신라구(新羅區)
09. 복건 영정(永定) 신라촌(新羅村)
10. 복건 연성(連城) 신라촌(新羅村)
11. 복건 남정(南靖) 신라촌(新羅村)
12. 복건 남안(南安) 신라촌(新羅村)
13. 강서 심오(尋烏) 신라촌(新羅村)
14. 광서 빈양(賓陽) 신라촌(新羅村)
15. 사천 성도(成都) 신라로(新羅路)

신라 명칭이 들어간 행정지명은 총 15곳이 있다. 신라 행정지명은 북쪽으로 하북, 남쪽으로 광서, 서쪽으로 성도, 동쪽으로 절강과 복건 등 거의 전국적으로 널리 분포되어 있다. 이들 지명을 자세히 분석해보면 몇 가지 특징을 뽑아볼 수 있다.

첫째, 신라 지명은 연해안이나 내수로 지역에 많다. 예를 들면 산동 내주 신라촌, 절강 상산 신라오촌 등은 연해안에 소재하고, 상해 송강 신라촌, 청포 신라촌, 복건 영정 신라촌, 남안 신라촌 등은 선박 운항이 가능한 내수로 지역에 소재한다. 연해안이나 내수로 지역은 예로부터 사람들이 살아가는데 편리한 관계로 촌락이 많이 건립되었다. 신라 지명도 이러한 현상에 편승하여 새롭게 생겨난 곳이 많다.

둘째, 신라 지명은 객가인이 거주하는 촌락이 많다. 예를 들면 복건 용암 신라구, 영정 신라촌, 연성 신라촌, 남정 신라촌, 강서 심오 신라촌, 광서 빈양 신라촌이다. 객가인은 일명 학가(hakka)라고 부르며 원래 황하 지역에 살았던 한족이다. 서진, 북위, 당, 송나라 때 전란을 피해 남쪽으로 이주하여 주로 복건, 광동, 강서의 경계 지역에 새로운 터전을 형성하였다. 객가인 신라촌도 새로 옮겨온 신민 촌락의 개념을 가지고 있다.

셋째, 일부 신라 지명은 옛 신라현 지역과 관련이 있다. 예를 들면 복건 용암 신라구, 영정 신라촌이다. 복건 서부는 중국에서 자생된 옛 신라현이 관할한 지역이다. 신라현 지명은 역사의 뒤안길로 사라지지 않고, 후대에 들어와서도 그 명맥이 계속 이어지고 있다.

상기 신라 행정지명은 언제부터 유래되었는가? 일부 신라 지명은 전통시기부터 전해오던 것도 있지만, 일부는 근자에 새로 생겨났다. 중국 건국년인 1949년을 기준으로 삼아 나누어보면 다음 도표와 같다.

형성 시기	행정명	총계
1949년 이전 시기	하북 노룡 신나채촌, 절강 상산 신라오촌, 절강 선거 신라촌, 복건 용암 신라구, 복건 영정 신라촌, 복건 남정 신라촌, 복건 남안 신라촌	7곳
1949년 이후 시기	산동 내주 신라촌, 상해 송강 신라촌, 상해 청포 신라촌, 강소 상숙 신라촌, 복건 연성 신라촌, 강서 심오 신라촌, 광서 빈양 신라촌, 사천 성도 신라로	8곳

1949년 중국 정부가 수립된 이전에 존재하고 있는 신라 행정지명은 7곳이다. 절강 선거 신라촌과 상산 신라오촌은 각각 남송 시대에 편찬한 『[가정]적성지』와 『[보경]사명지』에 수록될 정도로 건립 역사가 아주 오래되었다. 하북 노룡 신나채촌, 복건 영정 신라촌, 남안 신라촌은 최소한 청대 문헌에 수록될 정도로 오래되었다. 복건 용암 신라구는 1996년에 행정지명으로 명명되었지만, 그 유래는 282년(태강 3) 신라현으로 거슬러 올라간다.

1949년 중국 정부가 수립된 이후에 새롭게 생긴 신라 행정지명은 8곳이다. 이것만 보더라도 신라 행정지명에 변화가 많다는 사실을 감지할 수 있다. 이 시기에 생겨난 신라 행정지명의 유래를 보면 다수가 '신(新)'자와 '라(羅)'자가 결합한 경우이다. '신(新)'자와 '라(羅)'자의 결합 경우를 세분하면 크게 두 가지가 있다. 하나는 '신(新)'자와 '라(羅)'자를 가진 두 개의 촌락이 합병된 경우이다. 예를 들면 강서 심오 신라촌은 신채촌(新寨村)과 나패촌(羅壩村)이 결합한 촌명이다.

다른 하나는 '라(羅)'자를 가진 지명에 새롭다는 뜻을 가진 '신(新)'자를 덧붙인 경우이다. 중국 지명을 보면 새로 생긴 지역에 새롭다는 의미의 '신(新)'자를 덧붙이는 경우가 많은데, 신라 지명도 이와 마찬가지였다. 특히 신라 지명의 부근에는 나가(羅家), 나촌(羅村) 등 '라(羅)'자

를 가진 촌락이나 건물이 있다. 예를 들면 산동 내주 신라촌은 인근
에 소재한 나가촌(羅家村)과 구별하기 위해 '신(新)'자를 덧붙여 촌락
명칭으로 삼았다. 또 사천 성도 신라로는 나씨(羅氏)의 방앗간인 나
가전(羅家碾)에 신작로가 개설하면서 '신(新)'자를 덧붙여 거리 명칭으
로 삼았다.

  1949년 중국 정부 이후 새롭게 생긴 신라 행정지명은 전통시기부터
있던 신라 행정지명에 비해 지명이 다른 것으로 바뀌거나 역사의 뒤안
길로 사라지는 등 부침이 심하다. 예를 들면 상해 송강 신라촌, 상해
청포 신라촌, 강소 상숙 신라촌, 사천 성도 신라로이다. 이들 신라 지
명은 얼마 전까지만 하더라도 중국 행정지명으로 존재했으나, 최근에
들어와 인근 주변 촌락과 병합되거나 새로운 도로가 생겨나면서 중국
행정지명에서 사라졌다.

  중국 행정지명에 신라촌이 생겨났다가 사라졌다는 현상을 본다면 앞
으로도 새로운 신라촌이 생겨날 것으로 추정된다. 산동 치박(淄博) 치
천구(淄川區) 나가진(羅村鎭)이 있다. 치박시 관계 기관이 2005년부터
인민폐 30억 원을 투입하여 새로운 촌락을 건설할 계획을 세우고 있다.
또 광동 불산(佛山) 남해구(南海區)에 나촌가도(羅村街道)가 있다. 불산
시 관계 기관이 나촌가도를 발전시키고자 새로운 도시 건설을 도모하
고 있다. 만약 이들 지역에 새로운 촌락이 건설된다면 또 하나의 신라
촌이 생겨날 수도 있다.

  '중국 신라행정' 가운데 한반도 신라국과 어떤 관련이 있는가? 이것
을 도표로 만들어보면 다음과 같다.

구분	행정명	총계
신라국와 관련된 신라 행정지명	하북 노룡 신나채촌, 절강 상산 신라오촌, 복건 선거 신라촌, 복건 남안 신라촌	4곳
신라국과 무관한 신라 행정지명	산동 내주 신라촌, 상해 송강 신라촌, 상해 청포 신라촌, 강소 상숙 신라촌, 복건 용암 신라구, 복건 영정 신라촌, 복건 연성 신라촌, 복건 남정 신라촌, 강서 심오 신라촌, 광서 빈양 신라촌, 사천 성도 신라로	11곳

위 도표에서 보듯이 일부 신라 행정지명 가운데 일부는 한반도 신라국과 관련이 있고, 일부는 한반도 신라국과 관련이 없다. 한반도 신라국과 관련이 명확하거나 관련 가능성이 큰 신라 행정지명으로는 절강 상산 신라오촌, 절강 선거 신라촌, 복건 남안 신라촌, 하북 노룡 신나채촌이 있다. 절강 상산 신라오촌은 신라국 선박들이 정박했다는 문헌 기록이 있다. 절강 선거 신라촌과 복건 남안 신라촌은 건립 역사가 오래되었고 인근 지역에 신라인들이 드나들었던 사적이 존재한다. 하북 노룡 신나채촌은 원래 신라채라고 불렀으며, 당나라 조정이 해외 신라인을 정착시킨 기의주와 관련이 있는 듯하다. 반면 복건 영정 신라촌, 복건 남정 신라촌은 건립 역사가 오래되었지만, 중국에서 자생된 옛 신라현의 지역이나 거주민이 객가인 관계로 한반도 신라국과는 관련이 없다.

IV. 결론

본 논고에서는 중국 전역에 소재한 신라 행정지명을 대상으로 행정전산망, 문헌 고찰, 현지답사 등 3단계를 거쳐 지명 유래를 알아보고,

또 한반도 신라국과 어떤 관련이 있는지를 고찰하는 데 중점을 두었다.

중국 대륙에는 1949년 중국 정부가 수립된 이후부터 현시점까지 한반도 신라국과 동일한 신라 명칭을 촌락, 거리 등으로 사용하거나 사용된 적이 있는 행정지명은 꽤 존재한다. 필자가 조사한 바에 의하면 하북 노룡(盧龍) 신나채촌(新挪寨村; 원명 新羅寨), 산동 내주(萊州) 신라촌(新羅村), 상해 송강(松江) 신라촌(新羅村), 청포(靑浦) 신라촌(新羅村), 강소 상숙(常熟) 신라촌(新羅村), 절강 상산(象山) 신라오촌(新羅墺村), 선거(仙居) 신라촌(新羅村), 복건 용암(龍巖) 신라구(新羅區), 영정(永定) 신라촌(新羅村), 연성(連城) 신라촌(新羅村), 남정(南靖) 신라촌(新羅村), 남안(南安) 신라촌(新羅村), 강서 심오(尋烏) 신라촌(新羅村), 광서 빈양(賓陽) 신라촌(新羅村), 사천 성도(成都) 신라로(新羅路) 등 15곳이 있다.

신라 행정지명 가운데 일부는 전통시기부터 전해오는 신라 행정지명이고, 또 일부는 1949년 중국 정부 이후 새롭게 생성된 신라 행정지명이다. 전통시기부터 전해오는 신라 행정지명 가운데 일부는 한반도 신라국과 관련이 있고, 일부는 한반도 신라국과 무관하다. 좀 더 구체적으로 말하자면 절강 상산 신라오촌은 한반도 신라국과 관련이 확실하고, 하북 노룡 신나채촌, 복건 남안 신라촌, 절강 선거 신라촌은 한반도 신라국과 관련이 있을 가능성이 크다. 반면 복건 남부 옛 신라현 소속의 용암 신라구, 영정 신라촌은 중국에서 자생적으로 명명된 것이다. 1949년 중국 정부 이후 새롭게 생성된 신라 행정지명은 주로 새롭다는 '신(新)'자와 나씨(羅氏)의 '라(羅)'자가 결합하여 명명되었다.

끝으로 금번 중국 대륙 내 신라 행정지명을 고찰하면서 느꼈던 소감을 적어본다. 첫째, 학술 조사의 객관성을 유지할 필요가 있다. 중국 대륙 내의 옛 한국 지명 조사는 양면성을 가진다. 객관성을 갖추고 학술적으로 접근한다면 한민족의 디아스포라(Diaspora; 離散) 지역과 현상을 알아보는 데 좋은 단서가 되지만, 반면 객관성을 잃고 자의적으로 접근한다면 오류가 생길 공산이 높고, 자칫하면 애국심만을 강조하는 무조건적 행위로 비추어진다.

둘째, 조사 지역의 확대가 필요하다. 본 논고에서 보듯이 신라 행정 지명은 명칭 변화와 관할지 변동이 많다. 일부 지명은 원 글자와 발음이 유사한 글자로 변형되었고, 일부 지명은 새로 생성되었다가 사라졌다. 이러한 현상은 다른 지명에서 공히 나타나고 있고, 특히 소단위급 지명에서 더욱 두드러진다. 고구려, 백제 등 옛 한국 국명을 가진 지명에서도 이와 같은 현상이 나타난다.

셋째, 현지 기관과 학자들의 긴밀한 협조가 필요하다. 현지 조사 때 가장 필요한 작업이 해당 지역의 기관이나 학자들의 도움이다. 해당 지역의 기관이나 학자들의 도움이 있으면 현지 조사가 순조롭게 되고, 그렇지 않으면 여러 어려움에 봉착한다. 그리고 간혹 해당 기관이나 현지 주민들이 외지인, 특히 외국 학자의 방문을 기피하고, 심지어 불필요한 오해를 사기도 한다.

향후 필자는 중국 대륙을 대상으로 옛 한국 국명이나 한국 지명과 동일한 지명에 대해서도 확대해서 조사할 계획을 세우고 있다. 금번 조사의 경험이 향후 조사에 도움이 되고 부족한 점을 보완할 수 있게 되기를 바란다. [燁爀之樂室]

복건 남부
신라 지명

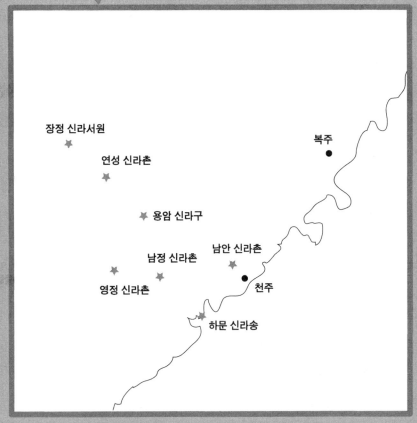

장정 신라서원

연성 신라촌

복주

용암 신라구

남안 신라촌

남정 신라촌

영정 신라촌

천주

하문 신라송

I. 서론

신라인들은 일찍부터 중국 대륙으로 진출했다. 신라인들의 발자취는 주로 당나라 수도인 장안(長安: 서안) 지역, 한반도와 해상 최단 직항 교통로인 산동반도, 내수로 운행이 용이한 장강(長江)과 대운하 지역, 불법 수행을 하는 보타산(普陀山), 오대산(五臺山), 천태산(天台山) 등 불교 성지 등에 많이 남아 있다. 한중 고대 문화 교류를 좋아하는 필자에게는 중국 대륙을 답파하며 이들이 남긴 발자취를 살펴보는 것이 여간 즐겁지 아닐 수 없다.

신라인들은 일찍부터 바다를 통해 중국 대륙에 진출했다. 좀 더 구체적으로 적자면 한반도에서 서해를 횡단하여 산동반도로 들어가는 서해횡단항로, 한반도에서 비스듬히 내려가 절강과 복건 지역으로 들어가는 서해사단항로를 활용하였다. 그 대표적인 사례가 동아시아 바다를 누비며 해상교역을 장악한 해상왕 장보고와 그 후예들이다. 산동·강소·절강 연해안과 회하(淮河) 등 내수로 소재한 신라방, 신라원, 신라초, 신라오산, 신라서, 신라묘 등에서 신라인들의 발자취를 찾아볼 수 있다.

최근 들어 필자를 포함한 국내외 학자들은 복건 지역에 소재한 신라인들의 발자취에 대해 많은 관심을 쏟았다. 예를 들면 원표(元表) 대사가 활동한 지제산(支提山) 나라암(那羅岩), 현눌(玄訥)이 주석한 복청사(福清寺) 신라인들이 거주한 남안 신라촌, 신라 이름이 들어간 하문 신라송(新羅松) 등이 논술 대상물이다.[1] 이번에 복건 남부 지역을 대상으로 신라인들의 활동을 더욱 명확하게 파악하기 위해 각종 문헌을 조사하고 현지를 방문하는 심층 조사 작업을 펼쳤다. 그 결과로 상기 언급한 유적 외에 '신라' 명칭이 들어간 지명과 유적을 상당수 찾아볼 수 있었다.

그렇다면 복건 남부 지역에 분포된 신라 명칭과 유적이 모두 한반도 신라국과 관련이 있는가? 신라인들은 과연 복건 남부 지역에 들어와 살았는가? 그중에 신라인의 활동과 관련된 유적이 남아 있는가? 이들 지역과 유적들은 어느 시기에 조성되었고, 어떠한 특징을 갖고 있는가? 이 모든 것이 본 논고의 논술 대상물이다.

Ⅱ. 민서(閩西) 지역 신라(新羅) 명칭 사례와 분석

민서(閩西) 지역은 복건 서남부의 내륙 지역으로 오늘날 용암(龍巖) 지구이다. 민서 지역을 돌아다니면 민서박물관(閩西博物館), 민서쾌운

---

1 朴現圭, 「福建 那羅岩碑記와 신라승 元表 행적」, 『新羅文化』 39집, 東國大學校 新羅文化硏究所, 2012.02, 159~182쪽; 葉恩典, 「古代泉州與新羅高麗的海上交通及文物史迹探源」, 『古代中韓海上交流學術硏討會』, 浙江大學韓國硏究所, 福建 泉州, 2005.11.02, 214~251쪽.

(閩西快運) 등 민서가 들어간 명칭들을 쉽게 접할 수 있다. 민서 지역은
원래 백월(百越)에 속했으나 나중에 중원에서 남하한 다수의 객가인(客
家人)들에 의해 독특한 문화가 형성되었다. 오늘날 이 지역을 객가 문
화의 중심지라고 부른다.

1. 진(晉)·당대(唐代) 신라현(新羅縣)

　민서 지역에 신라라는 이름이 들어간 지명과 유적이 상당수 보인다.
이것들을 알아보기 위해 민서 지역에 출현한 신라현의 역사부터 살펴
볼 필요가 있다. 신라현은 진나라 때 출현했다. 『진서(晉書)』권15 「지
리하(地理下)·양주(揚州)」에서:

　　晉安郡: 太康三年置. 統縣八, 戶四千三百. 原豊, 新羅, 宛平, 同安,
　　候官, 羅江, 晋安, 溫麻.
　　　진안군은 태강 3년에 설치되었고, 8개 현을 통괄하고, 호수는 3,400
　　호이다. 원풍(原豊), 신라(新羅), 완평(宛平), 동안(同安), 후관(候官),
　　나강(羅江), 진안(晋安), 온마(溫麻)이다.

　282년(태강 3)에 건안군(建安郡)의 일부를 분할하여 진안군(晉安郡)을
설치했다. 진안군의 치소는 후관(현 복주)에 두고, 양주(揚州)에 속했다.
오늘날 복건 연해안 일대와 남부 지역에 해당하는 광활한 면적을 가졌
다. 신라현은 진안군 소속 8개 현의 하나이다. 신라현의 관할 지역은
민서 일대이다. 『[건륭]정주부지(汀州府志)』에 정주(汀州) 치소가 들어
선 신라성의 위치에 대해 비정해 놓았다. 이 책자의 권7 「고적(古蹟)」
에서:

新羅城, 在府境, 晉置, 唐改汀州.

신라성은 부 경내에 있다. 진나라 때 설치되었다가, 당나라 때 정주
(汀州)로 바뀌었다.

진나라 때 신라성은 정주부, 오늘날 장정현에 있다고 보고 있다. 신
라성의 위치에 관해 예전에 용암현 경내설과 상항현(上杭縣) 동북 50리
설이 있었는데, 『독사방여기요(讀史方興紀要)』와 『[건륭]정주부지』는
이 두 설이 모두 잘못 고찰되었다고 밝혔다.[2]

468년(태시 4) 진안군이 진평군(晉平郡)으로 개칭될 때 행정구획에 변
화가 있었다. 신라현이 폐지되었다. 신라현 지명은 282년(태강 3)에 처
음 등장하여 468년(태시 4)에 철폐될 때까지 186년간 사용되었다.

736년(개원 24)에 당나라는 민서 지역에 정주를 설치하고, 소속 관할
지에 장정(長汀), 황련(黃連), 신라(新羅; 什羅)를 두었다. 당 신라현의 치
소는 고초진(苦草鎭; 현 州龍崠頂 靑草盂 부근)에 두었고, 소속 관할지에
장정, 용암, 장평(漳平), 영정(永定), 상항(上杭)을 두었다. 당 신라현은
결코 오래가지 못했다. 이로부터 8년이 지난 742년(천보 1)에 신라현은
용암현으로 바뀌었다.

옛 신라현의 지명은 어디에서 나왔던 것인가? 『[건륭]정주부지』 권
45 「잡기(雜記)·총담(叢談)」 중 구지(舊志)를 인용하면서:

---

2 顧祖禹 『讀史方興紀要』 권98 「福建·長汀縣」: "新羅城, 在府東南, 晉置新羅縣, 宋廢.
志云: 在漳州府龍巖縣界. 一云: 在上杭東北五十里, 惧."; 『[건륭]汀州府志』 권45
「雜記·叢談」 중 舊志 인용: "新羅城, 一云在龍巖. 『漳志』云: 在汀州境. 『一統志』云:
開元末, 於新羅古城東, 置長汀爲汀州府治. … 非今之龍巖城, 卽古之新羅城也."

『寰宇記』: 開元末, 新羅令孫奉先晝假寐於廳事, 見神. 曰: 吾新羅山
之神, 從府主求一牛食. 按此則新羅乃山名, 當在長汀之西, 晉唐因之以
名縣.

『환우기(寰宇記)』: 개원 말 신라현령 손봉선(孫奉先)이 청사에서 낮
잠을 자다가 산신을 보았다. (산신이) 말하기를: 나는 신라산(新羅山)
의 산신인데, 부의 수장으로부터 소 한 마리를 구해 먹기를 바란다. 이
것으로 보아 신라는 산명이다. 마땅히 장정(長汀) 서쪽에 있으며, 진
(晉)·당(唐)나라 때 이로 인해 현으로 명명했다.

상기 문장의『환우기(寰宇記)』는 송 낙사(樂史)의『태평환우기(太平寰
宇記)』를 지칭한다.『태평환우기』중 정주(汀州) 잡라고성(雜羅故城) 대
목에서 당 우숙(牛肅)『기문(記聞)』의 잡라신(雜羅神) 고사를 인용한 대
목이 있다. 당 개원 연간(713~741)에 잡라현령 손봉선(孫奉仙)이 소를
잡아먹고 싶다는 잡라산신의 청을 거절하는 바람에 자신과 가족 20명
이 모두 역병으로 죽었다고 전한다.[3] 여기의 잡라(雜羅)는 통상 신라(新
羅)의 별칭으로 보고 있는데, 하나의 지역명으로 보는 이도 있다.[4]

『[건륭]정주부지』는 신라 지명이 산신이 거주하고 있는 신라산에서
나왔다는 사실을 알려주고 있다. 신라산은 장정현 서쪽에 있다. 청 양
란(楊瀾)의『임정회고(臨汀匯考)』에도 신라 명칭이 장정현 경내 신라산

---

3 『太平寰宇記』권102「江南東道·汀州」: "雜羅故城, 牛肅『記聞』云: 開元末, 雜羅縣
令孫奉先晝坐廳事, 有神見庭中, 披戈執殳, 狀甚惡可畏. 奉先見之驚起, 神曰: 吾
雜羅山神也. 今從府主求一牛爲食, 能見祭乎? 祭, 吾當祐汝. 奉先對曰: 神旣有請,
誠不敢違, 然格令有文, 殺牛事大, 請以羊豕代牛, 可乎? 神怒曰: 惜一牛不以祭, 我
不祐, 汝能宰乎? 因滅. 於是瘴癘大起, 月餘不息, 奉先疾死, 其家二十口亡盡."
4 郭義山·張龍泉 主編,「新羅與雜羅」,『閩西掌故』, 福州人民出版社, 福州, 2002. 2,
17~18쪽.

에서 나왔다고 했다.[5] 신라산은 무이산맥(武夷山脈)의 남단 지맥에서 뻗어 나온 황죽령(篁竹嶺)에서 유동산(溜峒山) 조사봉(祖師峰)까지의 높은 산으로 추정되고 있다.

2. 장정(長汀)의 신라(新羅) 명칭

장정현(長汀縣)은 용암 지구 북서쪽에 자리한 현급 행정구획이다. 앞서 논한 바와 같이 736년(개원 24)에 명명된 정주(汀州) 소속의 현이자 치소가 있던 곳이다. 이 지역은 '객가수부(客家首府)'라는 명칭답게 객가 문화와 유적지가 잘 보존되어 있고, 항전 시대에 중국 공산당 지도자들이 임시 사무소로 사용했던 지역이다. 장정 지역에는 상기 기록 외에 신라 명칭이 들어간 유적이 보인다. 『[건륭]정주부지』 권7 「고적(古蹟)」에서:

> 新羅書院, 在城南霹靂巖內, 今廢.
> 신라서원은 성 남쪽 벽력암(霹靂巖)에 있는데, 현재 폐했다.

신라서원은 성 남쪽 벽력암(霹靂巖)에 있다. 이 기록은 동서 권12 「학교(學校)」 조항에도 나온다.[6] 벽력암은 장정 시내 남쪽 배상산공원(拜相山公園)에 소재한다. 지역민들은 이곳을 방방공원(方方公園)이라고 부른다. 이곳을 찾아보니 벽력암은 배상산공원 입구에 있다. 벽력암에 '천개운경(天開雲境)'이라고 새긴 글자가 있다. 송 원우 연간(1086~1094)에

---

5 『閩西掌故』, 동전 서지, 4쪽에서 재인용.
6 『[건륭]汀州府志』 권12 「學校」: "新羅書院. 在霹靂巖, 今廢."

이곳에 벼락이 떨어져 바위가 갈라졌는데, 그 바위 속에서 단조(丹竈)와 단정(丹井)이 나왔다고 한다. 벽력암 앞에 게이트볼장과 아파트가 들어섰고, 뒤에 최근 중건한 백세정(百歲亭)이 있다. 이곳이 옛 신라서원 터였다. 신라서원은 명 가정 연간(1522~1566)에 세웠다가 청 건륭 이전에 폐했다.

3. 영정(永定)의 신라(新羅) 명칭

영정현(永定縣)은 용암 지구 남쪽에 자리한 현급 행정구획이다. 1478년(성화 14)에 상항현(上杭縣)의 일부를 분할하여 영정현을 설치하였다. 이곳은 객가인들이 복건 진출 초기에 세워진 토루(土樓)가 곳곳에 남아 있어 오래된 객가 문화를 살펴보기가 아주 좋다. 영정 지역에도 신라 명칭이 들어간 유적이 보인다. 『[건륭]정주부지』 권5 「성지(城池)·영정(永定)」에서:

> 新羅渡, 在太平里.
> 신라도(新羅渡)는 태평리(太平里)에 있다.

태평리는 송나라 때 처음 건립되었고, 오늘날 감시진(坎市鎮)과 고피(高陂), 호강향(虎崗鄉) 일대를 관할했다. 명나라 초기에 구도(九圖)로 편입되었다가, 훗날 오도(五圖)로 바뀌었다. 영정현 감시진의 남쪽 지역에 신라촌(新羅村)이라는 행정촌이 있다. 신라도는 신라촌 옆으로 흐르는 영정하(永定河)에 소재한 나루터이다. 예전에 신라촌 사람들은 신라도에서 배를 타고 외부로 출입했으나, 근자에 들어와 육로 교통의 발달로 폐쇄되었다. 신라도 바로 위쪽에 송나라 때 건설된 태평교(太平橋)가 있다. 태평교는 지금도 사용할 정도로 아주 견고하다.

4. 용암(龍巖)의 신라(新羅) 명칭

742년(천보 1)에 신라현에서 용암현으로 바뀌었다. 이로부터 용암 지
명이 후대에 널리 사용되었다. 지명은 신라현 남쪽 취병산(翠屛山)에
소재한 용암동(龍巖洞)에서 유래되었다. 이후 용암은 인근 지역과 분
할, 합병, 소속 변경 등 여러 차례 행정 변화를 겪어왔다. 1949년 중국
정부 수립 후에 용암 지역은 용암전구(龍巖專區)가 되었다가, 1981년에
용암 현급시로 강등되었다. 1996년에 다시 용암 지구시가 승격되었다.
용암 지구시는 신라구(新羅區), 영정구(永定區) 등 2개 구, 장정(長汀),
상항(上杭), 무평(武平), 연성(連城) 등 4개 현, 그리고 장평시(漳平市) 1
개 시를 수탁 관할하고 있다.

신라구는 1996년에 용암 시가지를 개편하면서 생긴 행정구획이다.
지명은 옛 신라현에서 따왔다. 신라구인민정부(新羅區人民政府)는 가심
광장(街心廣場)의 오른편 용천(龍川)을 바라보는 곳에 자리하고 있다.
소속 관할지에는 10개 가도, 10개 진이 있다. 용암 시내를 돌아다니면
신라 명칭이 들어간 기관명은 말할 것도 없고, 신라 명칭이 들어간 상
호나 상표명을 쉽게 찾아볼 수 있다.

신라구 동성(東城) 하정항(下井港)에는 명나라 때 조성된 상정(上井),
중정(中井), 하정(下井) 등 우물 3곳이 있었다. 상정의 원천은 석지(石址)
에서 나오고, 중정은 성지(城址)에서 나오며, 하정은 청고산(淸高山) 서
쪽 지대에서 나오는 복천(伏泉)이다. 상정과 하정을 가리켜 쌍정류천(雙
井流泉)이고 불렀다.[7] 상정과 중정은 오래전에 폐쇄되었고, 하정은 최근

용암 신라제일천

가심광장을 조성할 때 폐쇄되었다. 다만 가심광장 북쪽 계단 아래에 '신라제일천(新羅第一泉)' 비석이 남아 있다. 비면 중앙에 '신라제일천(新羅第一泉)'이라고 새겨져 있고, 양편에 '중화민국 이십육년 일월(中華民國二十六年一月)'이라는 작성연도와 '장자안(張茨安)'이라는 작성자가 새겨져 있다. 1982년 3월 20일에 현급문물보호단위로 지정되었다.

용암 지구에는 장정현에 세워진 신라서원 외에 또 하나의 신라서원이 세워져 있었다. 『[민국]용암현지(龍巖縣志)』 권13 「학교지(學校志)」 중 「신라서원(新羅書院)」에서:

原府館. 明知縣楊開泰改爲瀛龍書院, 兵毀. 康熙二十五年, 知縣江藻重建, 改今名. 乾隆元年, 知州張廷球重修.

원래 부학(府學)이었다. 명 지현(知縣) 양개태(楊開泰)가 영룡서원(瀛龍書院)으로 개칭했다. 병란으로 훼멸되었다. 강희 25년에 지현 강조(江藻)가 중건했고, 지금 이름으로 바꾸었다. 건륭 원년에 지주(知州) 장정구(張廷球)가 중수했다.

---

7 『[민국]龍巖縣志』 권7 「名勝地·泉石」: "新羅第一泉. 在縣治西, 有井三, 分上·中·下. 上井源出石址. 中井出城址, 源頗小. 下井在清高山之西, 源出自地湧出, 蓋伏泉也. … 所謂雙井流泉, 指上下井也."

신라서원은 원래 관학으로 출발했고, 명 지현 양개태(楊開泰)가 영룡
서원(瀛龍書院)으로 개명했다. 양개태는 석병주(石屛州) 출신이다. 1631
년(숭정 4)에 지현으로 부임했다. 명말에 일어난 전란으로 서원이 훼멸
되었다. 1686년(강희 25)에 지현 강조(江藻)가 다시 서원을 세우고 신라
서원(新羅書院)으로 개명했다. 강조의 자는 어의(魚依)이고, 한양(漢陽)
사람이다. 1736년(건륭 1)에 지주 장정구(張廷球)가 중건했다. 장정구의
자는 택신(澤臣)이고, 동성(桐城) 사람이다.

청 독학(督學) 주학건(周學健)은 용암 신라서원의 명칭 유래에 대해
자료를 남겼다. 주학건의 「[신라서원]기(記)」에서:

> 龍巖, 古新羅邑. 邑更其名, 而獨以名書院, 從其舊也. 迄於今邑且進爲
> 州矣, 何舊之從? 將以作新人才而網羅之, 於義亦良有取也, 廣其新也.
> 　용암은 옛 신라읍이다. 읍의 이름은 바뀌었으나 오직 서원만 옛것을
> 따서 명명했다. 지금 읍이 주로 승격되었는데, 어찌 옛것을 따라 하는
> 가? 장차 새로운 인재를 망라하고자 함이다. 뜻에 있어 또한 진실로 취
> 함이 있고, 새로움을 넓히고자 함이다.

주학건은 신라서원의 작명에 대해 두 가지 사실을 밝혔다. 하나는
지역 명칭에서 나왔다. 서원의 소재지는 용암이고, 서원 이름은 용암
의 전신 옛 신라현에서 따왔다. 다른 하나는 서원의 건학 목적에서 나
왔다. '신(新)'자는 새로운 인재를 지칭하고, '라(羅)'자는 망라함을 지칭
한다. 신라서원은 새로운 인재를 널리 모아 배출하는 곳이다.

1903년(광서 29)에 신라서원은 신식 교육기관으로 탈바꿈했다. 당시
지역 인사들이 신식 교육을 위해 옛 신라서원의 자산을 가지고 용암주
중학당(龍巖州中學堂)을 개교하였다. 초대 교장은 용암현 학정(學正) 진

익(陳翼)이다. 용암주중학당은 현 용암일중(龍巖一中)의 전신이다. 2003
년에 개교 1백 주년 행사를 했다.

5. 연성(連城)의 신라(新羅) 명칭

연성현(連城縣)은 용암 지구 북서쪽에 자리한 현급 행정구획이다. 서
쪽으로 장정현과 접해 있고, 서남쪽으로 용암시와 접해 있다. 송 원부
연간(1098~1100)에 연성보(蓮城堡)가 세워졌다. 1133년(소흥 3)에 연성현
(蓮城縣)이 설치되었고, 1346년(지정 6)에 현재의 지명인 연성현으로 개
명했다. 연성현의 지도를 보면 남쪽에 신천진(新泉鎭)이 있고, 신천진
옆에 신라촌이라는 옛 행정촌이 있다.

필자는 중국 행정전산망을 통해 연성 신라
촌의 존재를 알았다. 연성 신라촌은 신천진
에서 북서쪽으로 약 5km 떨어져 있고, 촌락
옆에 용장고속도로(龍長高速公路; G76)가 지
나간다. 연성 신라촌 입구에 이미 폐쇄된 촌
위회사무소가 있다. 건물 입구에 '연성현신
천진신라촌경제연합사(連城縣新泉鎭新羅村經
濟聯合社村)라는 현판이 걸려 있다. 촌락 안
쪽에 신라소학(新羅小學)이 있다.

그렇다면 신라촌이라는 촌명은 어디에서
유래한 것일까? 지역민들은 신라촌을 나지
(羅地)라고 부른다. 신라촌에서 다시 북서쪽
으로 5km 떨어진 곳에 상라지(上羅地)가 있

연성 신라촌

다. 신라촌은 신천진과 상라지의 중간 위치에 소재하고 있다. 따라서
지역민들이 기존의 상라지의 '라(羅)'자에다 새로운 촌락을 건립했다는
'신(新)'자 의미를 더하여 신라촌이라고 명명했다.

이상 자료를 보면 민서 지역에 신라 명칭이 들어간 각종 지명과 유적
이 많다는 사실을 알 수 있다. 이들 신라 명칭이 과연 한반도 신라국과
모종의 관련이 있는지가 몹시 궁금하다. 우리가 신라라는 두 글자만
듣는다면 언뜻 한반도 신라국을 떠올릴 것이다.

이에 대해 김성호(金聖昊)는 옛 진안군에 설치된 신라현을 한반도 신
라국과 연계시키고 있다. 1세기 중엽에 절강성 연해안으로 진출한 신
라인이 손권 때 위온과 제갈직의 공격(230년)으로 수천 명이 피랍되었
고, 나머지는 다시 진안군 신라현으로 이주했다. 반면 담로계(膽魯系)
백제인이 보타산(普陀山) 해역의 신라초(新羅礁)를 비롯한 중국 연해안
지역에 진출했다.[8] 따라서 진안군 신라현은 중국 연해안 지역에 분포
한 여타 신라촌, 신라방처럼 한반도 신라인이 진출한 해외 지역으로
봐야 한다.

이와 경우가 좀 다르지만, 옛 신라현 지역의 출신 사람을 조선족으로
잘못 편입시킨 경우가 있다. 연변대학이『중국조선민족고적목록(中國
朝鮮民族古籍目錄)』을 편찬할 때 청대 화가 화암(華嵒)을 조선족 화가로
여기고 책자 속에 편입시켰다.[9] 화암은 옛 신라현 지역인 복건 상항현
교양진(蛟洋鎮) 화가촌(華家村) 출신이다. 자신의 호를 신라산인(新羅山
人)이라 지었다.

8 金聖昊,『중국진출백제인의 해상활동 천오백년』, 맑은 소리, 서울, 1996.03, 97~108쪽.
9 崔文植 주편,『中國朝鮮民族古籍目錄』, 延邊大學出版社, 延邊, 1994.10, 31~32쪽.

하지만 이들의 풀이는 잘못되었다. 결론부터 말하자면 민서 지역에 소재한 각종 신라 명칭은 중국에서 자생적으로 만들어진 것이지, 한반도 신라국과 어떠한 관련이 없다. 필자는 이것을 규명하기 위해 크게 신라 국호의 유래와 확정 시기, 한민족의 중국 이민 과정, 중국 지역 내의 신라촌의 규모 등 세 가지 측면에서 살펴본다.

신라(新羅)의 국호는 언제 제정되었는가? 신라 건국 초기에는 국호가 통일되지 않고, 사로(斯盧), 사라(斯羅), 서나(徐那), 서나벌(徐那伐), 서야(徐耶), 서야벌(徐耶伐), 서라(徐羅), 서라벌(徐羅伐), 서벌(徐伐), 계림(鷄林) 등 여러 국호가 혼용되었다. 사로, 사라, 서나, 서나벌, 서야, 서야벌, 서라, 서나벌, 서벌 국호는 음가가 서로 비슷하고, 모두 새로운 나라, 동방의 나라, 성스러운 지역이라는 의미에서 나왔다. 계림(鷄林) 국호는 왕(朴赫居世 또는 金閼智)의 추대가 계정(鷄井) 또는 계림(鷄林)과 관련된 설화에서 나왔다.[10]

『삼국사기』에 의하면 503년(지증왕 4) 10월에 신라(新羅)가 정식 국호로 명명되었다. 당시 신라 중신들은 시조가 국가를 창업한 이래 국호를 사라(斯羅), 시로(斯盧), 신라(新羅) 등 여러 개로 사용하여 통일되지 않은 난맥상을 거론했다. 이들은 상기 명칭 가운데 덕업일신(德業日新; 덕업이 날로 새롭다)의 뜻을 가진 '신(新)'자와 망라사방(網羅四方; 사방을 망라한다)의 뜻을 가진 '라(羅)'자가 결합한 신라(新羅)를 국명으로 삼기를 주청하자, 지증왕은 이를 받아들여 신라를 국호로 정했다.[11]

---

10 『三國遺事』 제1 「新羅始祖赫居世王」: "國號徐羅伐, 又徐伐(今俗訓京字云徐伐, 以此故也.), 或云斯羅, 又斯盧. 初王生於雞井, 故或云雞林國, 以其雞龍現瑞也. 一說, 脫解王時得金閼智, 而雞鳴於林中, 乃改國號爲雞林. 後世遂定新羅之號."

11 『삼국사기』 권4 「新羅本紀 · 智證麻立干」: "四年冬十月, 羣臣上言, 始祖創業已來,

신라 국호가 확정된 이전에 나온 문장을 보면 신라 국호가 혼용된 현상을 발견할 수 있다. 443년(눌지왕 27) 또는 503년(지증왕 4) 때 세운 영일(현 포항 흥해) 「냉수리비(冷水里碑)」가 있다. 「냉수리비」에는 국호를 사라(斯羅)라고 표기되어 있다.[12] 414년(장수왕 2)에 세운 고구려 「광개토왕비(廣開土王碑)」가 있다. 「광개토왕비」에는 국호를 신라(新羅)라고 표기되어 있다.[13] 반면 국호가 확정된 이후에도 일부 사람들이 관례로 신라 국호를 혼용한 사례를 찾아볼 수 있다. 898년(효공왕 2)에 지은 최치원의 「신라가야산해인사결계장기(新羅伽倻山海印寺結界場記)」가 있다. 이 문장에는 국호를 시라(尸羅)라고 표기되어 있다.

다시 말해 신라 건국 초기에 여러 국호로 혼용되다가, 지증왕에 이르러 국권 확립을 위해 신라(新羅)라는 국호로 비로소 통일되었다. 이 이후로 조정에서는 신라(新羅)라는 국명이 공식적으로 사용되었으나, 민간에서는 가끔 이와 비슷한 음을 가진 다른 국호도 혼용되었다.

진안군 신라현, 즉 옛 민서 신라현은 282년(태강 3)에 명명된 현명이고, 신라 지명은 신라현 경내에 소재한 신라산에서 따왔다. 반면 한반도 신라국의 국호는 지증왕 이전에 출현하기는 했으나, 503년(지증왕 4)에 이르러 비로소 고착되었다. 민서 신라현의 명칭은 중국에서 자생적으로 만들어졌고, 민서 신라현의 출현 시기도 한반도 신라국의 국호가

國名未定, 或稱斯羅, 或稱斯盧, 或言新羅. 臣等以爲新者德業日新, 羅者網羅四方之義, 則其爲國號宜矣. 又觀自古有國家者, 皆稱帝稱王, 自我始祖立國, 至今二十二世, 但稱方言, 未正尊號. 今群臣一意, 謹上號新羅國王. 王從之."

12 「냉수리비」: "斯羅, 喙, 斯夫智王乃智王."

13 「광개토왕비」: "王巡下平穰, 而新羅遣使白王云, 倭人滿其國境, 潰破城池, … 十年庚子, 敎遣步騎五萬住救新羅. … 從男居城至新羅城."

통일된 시기보다 훨씬 이전이다. 따라서 민서 신라현은 한반도 신라국과 무관하다는 사실을 알 수 있다.

그렇다고 하더라도 여기서 한 걸음 물러나서 민서 신라현이 한반도 신라국과 연관이 있을 수도 있다는 가정하에 신라인들의 중국 대륙 진출 과정을 살펴볼 필요가 있다. 한중 양국은 지리적으로 국경을 맞대고 있는 관계로 양국 사람들이 서로 상대국으로 진출하는 일이 아주 빈번했다. 이와 더불어 한민족이 중국 대륙으로 이주한 역사 또한 오래전부터 이루어졌다.

민서 신라현이 생긴 시점보다 훨씬 훗날이지만 한민족이 자의든 타의든 중국 대륙으로 이주한 사례가 있었다. 고구려는 중국의 여러 조대와 잦은 전쟁을 겪어왔고, 또한 이로 인해 많은 전쟁 피로자가 생겨났다. 특히 7세기 중엽에 전란으로 인한 강제 피랍자의 숫자가 10만 명이 훨씬 넘는다는 통계도 있다. 645년(보장왕 4) 고당전쟁 때 당 태종이 끌고 간 고구려인이 7만 명이나 되고, 669년(총장 2)에 당나라가 강제 이주시킨 고구려인 호수가 2만 8,200호이다. 백제의 경우도 많은 전쟁 피로자가 생겼다. 660년(의자왕 20)에 당나라는 국왕, 대신 등 많은 백제인을 중국 대륙 내지로 강제 나포해갔다.

반면 신라는 고구려, 백제의 경우와 달리 대규모 강제 이주가 없었다. 신라국의 영토가 한반도 동남 지역에 치우쳐 있고, 당나라와 오랜 기간 우호적인 외교 관계를 맺고 있었다. 삼국 통일 직후 나당전쟁이 있었지만, 당시 당나라가 패했기에 전쟁으로 피로된 신라인의 수는 아주 적었다고 할 수 있다.

물론 신라인도 중국 대륙으로 이주한 경우가 있었다. 사신, 화상, 유학생, 상인, 정치적 망명자, 해적에 의해 피랍된 자, 기근으로 인한 구

걸자 등 신라인들이 자발적이나 강제적으로 중국 대륙으로 건너가긴
했으나, 이들 경우는 소수 인원에 불과하였다. 민서 신라현의 행정단
위는 현급이다. 진·당 시대 민서 신라현의 총인구는 얼마였는지는 알
수 없지만, 하나의 현급이 구성될 정도의 신라인이 들어와 집단 거주했
다고 여기기에는 다소 무리가 있다.

중국 대륙에 신라인이 집단 거주한 마을이 있다. 도읍 내에 형성된
신라인의 집단 마을을 신라방이라 하며, 도읍 밖에 형성된 신라인의
집단 마을을 신라촌이라고 한다.[14] 지금까지 알려진 신라촌과 신라방
은 중국 연해안, 내수로와 대운하 주변 지역에 형성되어 있다. 이밖에
신라인 활동과 관련이 있는 곳에 신라관, 신라원, 신라산, 신라초, 신
라서 등이 있는데, 이들 지역의 분포도 거의가 연해안과 내수로, 대운
하 주변 지역에 분포하고 있다. 반면 민서 신라현은 내륙 안쪽의 산악
지대이다.

중국 대륙에 거주한 신라인(재당신라인과 미귀화 신라인을 모두 포함)은 얼
마나 될까? 여기에 대한 정확한 인원수가 적힌 자료가 없지만, 어림잡
아 짐작해 볼 만한 자료는 남아 있다. 『구당서(舊唐書)』에 의하면 당 총
장 연간(668~670)에 유주(幽州) 귀의주(歸義州)의 거주한 해외 신라인의
호수는 195호이며, 인구는 624명이라고 했다.[15] 귀의주는 유주, 현 북
경 방산 광양성촌 일대이다. 또 엔닌(圓仁)의 『입당구법순례행기(入唐求
法巡禮行記)』에 의하면 적산 법화원에서 『법화경』이 끝나는 날과 정월

---

14 權惠永, 『재당 신라인 사회 연구』, 일조각, 서울, 2005.04, 31~34쪽.
15 『舊唐書』 권39 「地里志·羈縻州·河北道」: "歸義州, 總章中置, 處海外新羅, 隸幽州都
督, 舊領縣一, 戶一百九十五, 口六百二十四. 歸義, 在良鄉鎮之古廣陽城, 州所治也."

보름 법회에 모이는 신라인의 숫자가 각각 250명과 200명이라고 했다.[16] 적산 법화원 주변에 거주한 신라인의 규모가 대략 1천여 명 정도, 많이 잡아도 수천 명 정도에 불과하다. 이것으로 미루어 보아 신라인은 중국 대륙의 여러 곳에 분산되어 있었고, 또 각 집단 거주지의 인원도 하나의 촌락을 구성할 정도이지 결코 하나의 현을 구성할 대규모가 아님을 알 수 있다.

그리고 무엇보다도 대상 비교 시기가 많은 차이가 있다. 상기 사례들은 모두 민서 신라현이 생긴 시점인 282년(태강 3)보다 훨씬 뒤에 일어난 것이다. 귀의주는 당 총장 연간(668~670)이고, 엔닌(圓仁)이 언급한 신라촌, 신라방은 9세기에 생성된 기록이다.

종합하자면 신라 국호의 유래와 확정 시기, 한민족의 중국 이민 과정, 중국 지역 내의 신라촌의 규모 등 세 가지 측면에서 살펴본 결과, 민서 지역에 보이는 각종 신라 지명과 유적은 옛 신라현에서 파생되었거나 중국 정부 이후에 새로 명명된 것이다. 달리 말하자면 민서 신라 명칭은 모두 중국에서 자생적으로 만들어진 것이며, 한반도 신라국과 연결시키기에는 무리가 따른다.

III. 민남(閩南) 지역 신라(新羅) 명칭 사례와 분석

민남(閩南) 지역은 복건 남부 연해안 지역으로 오늘날 천주(泉州), 하문(廈門), 장주(漳州) 지구를 지칭한다. 민남 문화는 중원 지역에서 내

---

16 圓仁, 『入唐求法巡禮行記』, 開成 5년(840) 정월 15일 참조.

러온 하락(河洛) 문화에서 기인했고, 훗날 대만해협을 건너 대만 지역으로 널리 전파되었다. 민남 지역은 지리적으로 바다와 접해 있어 일찍부터 해상 진출이 잦았으며 대외 교류와 접촉이 매우 활발했다.

1. 남안(南安)의 신라(新羅) 명칭

남안시(南安市)는 복건성 천주시에 자리한 현급시 행정구획이다. 남안의 행정구획은 분할, 합병, 치소 이전 등 많은 변화를 겪었다. 260년(영안 3)에 진안군(晉安郡) 소속의 동안현(東安縣)을 설치했다. 동안현은 현 민중(閩中)의 보전(莆田), 민남의 천주(泉州), 하문(廈門), 장주(漳州) 등 광범한 지역을 관장했다. 양 천감 연간(502~519)에 진안군(晉安郡) 남쪽 지역을 분할하여 남안군(南安郡)을 만들었고, 589년(개황 9)에 군에서 현으로 바뀌었다. 1993년에 현이 철폐되고 현급시로 바뀌었다. 현재 천주시가 수탁 관할하고 있다.

1672년(강희 11)에 편찬한 『[강희]남안현지(南安縣志)』가 있다. 이 책 자의 권1 「강역지(疆域志)·이십이도(二十二都)」에서:

二十二都, 縣西北二十里, 圖一. 在宋爲禮順里, 統於唐安鄉. … 鄉有十二, 曰後田, 曰長廳, 曰新羅, 曰溪洲, 曰圳後, 曰白業, 曰格後, 曰烏樹, 曰光坑, 曰桑林, 曰庄口, 曰下尾.

이십이도(二十二都)는 현 서북 20리에 있으며, 도일(圖一)이다. 송나라 때 예순리(禮順里)이고, 당안향(唐安鄉)에 속해 있다. … 향에 12개가 있는데, 후전(後田), 장청(長廳), 신라(新羅), 계주(溪洲), 수후(圳後), 백업(白業), 격후(格後), 오수(烏樹), 광갱(光坑), 상림(桑林), 장구(庄口), 하미(下尾)이다.

여기에 신라촌 지명이 등장한다. 송나라 때 이십이도는 당안향(唐安鄉) 예순리(禮順里)에 속해 있었다. 당안향은 남안현 소속의 8개 향 중하나이고, 예순리는 32개 리 중 하나이다. 청대에 들어와 신라촌은 이십이도(二十二都)에 속했다. 이십이도에는 12개 촌락이 있는데, 그중의하나가 신라이다. 이십이도가 남안현 서북쪽 20리에 있다. 현행 지도상 남안과 신라촌의 위치와 방향이 일치한다. 『[민국]남안현지(南安縣志)』에 청 건륭 연간(1736~1795)에 신라향에 거주했던 한 효부의 전기가실려 있다. 신라향 왕사소(王士昭)의 처 황씨(黃氏)가 20세에 과부가 되어 홀로 유복자를 키웠고, 건륭 정미년(52년; 1787)에 90여 세 나이로세상을 떠났다.[17]

민국 연간에 신라보가 설치되었고, 주변 홍조굴(洪厝堀), 경장(敬長)을 관장했다. 중국 정부가 수립된 이후 신라촌은 행정구획이 두 차례바뀌었다. 1952년 남안 풍주진 남쪽에 선하촌(仙河村)이 설치되자, 신라촌은 풍주진 선하촌으로 소속되었다. 1999년 풍주진의 진강 아래 지역을 분리하여 하미진(霞美鎭)을 설치하자, 신라촌은 다시 하미진의 소속으로 편입되었다.

오늘날 천주 시내에서 풍주진을 지나 남안 신라촌으로 들어가는 길은 크게 두 갈래가 있다. 한 갈래는 구일산(九日山) 앞에서 진강에 세워진 금계교(金鷄橋)를 지나는 길이고, 다른 한 갈래는 진강변 도로를 좀더 거슬러 올라가 새로 생긴 행포교(峇埔橋)를 지나는 길이다. 최근 신라촌 지역민은 대로와 가까운 후자 길을 많이 이용한다.

---

17 『[민국]남안현지』, 권43 「人物志·廿二都」: "新羅鄉王士昭妻黃氏, 二十歲守節, 撫遺腹孤成立, 乾隆丁未卒, 年九十餘, 經請旌表."

남안 신라촌은 진강 하류에 소재한 강변 마을이다. 영춘(永春)에서 내려오는 동계(東溪)와 안계(安溪)에서 내려오는 서계(西溪) 두 지류가 합해지는 쌍계(雙溪)가 나온다. 쌍계에서 조금 내려오면 지형이 뾰족 튀어나오고 들판이 널따란 강변 지역이 있는데, 이곳이 신라촌이다. 마을 앞쪽에 강폭이 넓고 수량이 풍부한 진강이 흐르고 있다. 이곳에서 진강을 따라 내려가면 구일산과 천주를 지나 천주만으로 들어간다.

남안 신라촌을 들어가 보면 한눈에 자연 부락임을 알 수 있었다. 가옥이 지형에 따라 세워져 있고, 농지 또한 지형 그대로 경작되고 있다. 마을 중앙에 희곡을 볼 수 있는 누대와 1999년에 준공된 신라노인활동중심(新羅老人活動中心)이 들어서 있다. 그 옆에 신라소학(新羅小學)이 있다. 교사 위에 번체자로 '신라소학(新羅小學)'이라고 적은 간판이 세워져 있다. 최근 신라소학은 학령인구의 감소로 인하여 저학년 학생만

남안 신라소학

이 다니고 있고, 고학년 학생은 선하촌에 소재한 남안화교소학(南安華僑小學)으로 통학한다. 요즘 중국에서는 인구가 도시로 집중되는 현상으로 농촌 인구가 대폭 감소되고, 농촌 소재 행정지도 대폭 축소되고 있다. 남안 신라촌도 마찬가지였다. 최근에 신라촌은 인근 5개 촌락과 함께 선하촌으로 편입되었다.

『[강희]남안현지』에 남안 이십이도 지역에 신라사(新羅寺)가 있다는 기록이 보인다. 이 책자의 권20 「잡지(雜志)·사(寺)」에서:

> 新羅寺, 在廿二都. 宋末里人柯使捨地建, 元至正火, 明洪武乙丑僧純宗重建, 今廢.
> 신라사(新羅寺)는 이십이도에 있다. 송말 마을 사람 가사(柯使)가 토지를 희사하여 건립되었다. 원 지정 연간에 화재를 입었고, 명 홍무 을축년에 승 순종(純宗)이 중건했다. 지금은 황폐해졌다.

신라사는 이십이도에 소재한다. 이십이도는 청나라 때 신라촌을 비롯한 12개의 촌락이 소속된 행정구획이다. 신라사는 송나라 말에 신라촌 출신 가사(柯使)가 창건했다. 원 지정 연간(1341~1368)에 사찰은 화재로 소실되었고, 1385년(홍무 을축; 18년)에 순종(純宗) 화상에 의해 중건되었다. 『팔민통지(八閩通誌)』의 신라사 기록은 『[강희]남안현지』와 일치하나, 창건자와 중건자 이름은 누락되었다.[18] 『[건륭]천주부지(泉州府志)』의 기록은 대체로 『[강희]남안현지』와 비슷하나, 사찰의 중건 시기를 1337년(홍무 6)으로 조금 다르게 기술하고 있다.[19] 이후 신라사

---

18 『八閩通誌』 권77 「寺觀·泉州府·南安縣」: "新羅寺, 在二十二都, 宋季建, 國朝洪武十八年重建."

는 훼철되었다. 훼철 시기는『팔민통지』가 편찬된 명 홍치 연간(1488~1505)부터『[강희]남안현지』가 편찬된 청 강희 연간(1662~1722) 사이로 추정된다.

『[강희]남안현지』에는 신라사의 위치가 구체적으로 명기되어 있다. 이 책자의 권2 「강역지(疆域志)·산(山)」에서:

> 龍光山, 在縣西北二十里, 屬卄二都. 上有龍光院, 建時飛龍夜見, 滿天騰光, 故名. 下爲報恩院·新羅院.
>
> 용광산은 현 서북 20리에 소재하며 이십이도에 속해 있다. 산 위에 용광원(龍光院)이 있다. 창건할 때 비룡이 밤에 나타나 온 하늘에 빛이 솟아올랐던 관계로 명명했다. 산 아래에 보은원(報恩院)과 신라원(新羅院)이 있다.

남안 이십이도에 용광산(龍光山)을 비롯하여 석종산(石鍾山), 대안산(大安山), 선봉산(僊峯山), 봉황산(鳳凰山) 등이 있다. 이들 산은 오늘날 남안 신라촌과 그 주변에 있는 해발 300m급의 나지막한 산이다. 신라사도 나지막한 용광산 아래에 세워진 사찰이다. 남안 신라촌 안쪽 산자락에 절터가 남아 있다. 마을 사람들은 이를 화상사(和尙寺)라고 부른다.

1984년 한 주민이 가옥을 수리할 때 이곳에서 사찰 역사가 담긴 묘비 1기를 발견했다. 원래 사찰에 전당 수십 채가 있었는데, 후대에 대전당 3채과 부속 소전당만 남았다고 했다.[20] 이곳을 찾아가 보니 사찰 터에

---

19 『[건륭]泉州府志』권16 「壇廟寺觀·南安縣」: "新羅寺, 在二十二都, 宋時邑人柯使捨地建, 元至正間火, 明洪武六年僧純宗重建, 今廢"

많은 기왓장 파편들이 나오고, '원내(院內)/기남왕(崎南王[이하 매립])'이라고 적은 비석이 보였다. 아쉽게도 상당 부분이 땅속에 매립되어 있다. 남안 신라촌 주임 왕국장(王國章)은 '원내'를 옛 신라원 경내라고 풀이했는데, 앞으로 발굴 조사를 통해 정확히 고찰할 필요가 있다.

남안 신라촌과 신라사는 한반도 소재의 신라국과 어떠한 관련이 있는가? 참으로 흥미 있는 대목이다. 우리는 신라촌이라는 이름만 들으면 8~10세기 동아시아 바다를 장악한 장보고와 그 후예들이 활동한 시대에 재당신라인의 집단 거주지를 연상할 것이다. 실제로 산동, 강소, 절강의 연해안과 내수로, 대운하 주변에 신라촌, 신라방, 신라원, 신라소, 신라초, 신라서 등 신라와 관련된 유적지가 전해오고 있다.

2005년 11월에 고대중한 해상교류 학술연토회(古代中韓海上交流學術研討會)에서 남안 신라촌의 존재를 처음 언급한 천주해외교통사박물관(泉州海外交通史博物館) 연구원 섭은전(葉恩典)은 남안 신라촌이 중국 대륙에 소재한 여타 신라촌의 경우처럼 신라인 또는 그 후예들의 집단 거주지로 비정하고 있다. 또 학술세미나에 참석한 국내외 학자들도 섭은전의 견해가 타당하다고 여기고 있다. 곧이어 이 사실이 한국 언론에도 보도되었다. 「'장보고 신라촌' 복건성(福建省)까지 영역 넓혀」라는 기사 편명에서 보듯이 남안 신라촌은 장보고 또는 그 후예들이 활동한 집단 거주지라 여겨지고 있다.[21]

여기에 이러한 주장을 뒷받침할 자료들을 적어본다. 남안 신라촌은 진강 하류의 강변 마을이다. 신라촌을 비롯한 강가 마을 사람들은 진강

---

20 「南安霞美新羅村 : 或爲古代新羅國僑民聚居地」, 『東南早報』, 2016년 09월 07일자.
21 「'장보고 신라촌' 福建省까지 영역 넓혀」, 『조선일보』 2005년 11월 29일자.

에 다리가 생기기 이전까지만 하더라도 육로 교통이 불편하여 수로 교통을 이용했다. 천주만의 바다 조류가 진강을 거슬러 올라와 천주 시내와 금계교를 지나 쌍계까지 들어온다. 사공들은 강물의 흐름과 조류의 간만 시각을 이용하면 힘들이지 않고 선박을 타고 천주 시내와 천주만을 오갈 수 있다. 필자 또한 신라촌 주임의 안내로 예전에 강을 건너는 동력선을 타고 진강을 거슬러 1735년(옹정 을묘; 13년)에 숙암(肅巖)이 새긴 납량처(納凉處) 바위와 쌍계 입구까지 올라간 적이 있다.

남안 신라촌에서 진강을 따라 조금 내려가면 한때 국제항으로 활발하게 사용되었던 구일산이 나온다. 구일산 지명은 288년(태강 9)에 중원에서 이주해온 사람들이 중양절이 되면 이 산에 올라 고향을 바라보았던 데에서 유래되었다. 구일산에서 출발한 선박은 진강을 통해 천주만으로 나갈 수 있고, 또 천주만에서 북쪽으로 명주(明州: 현 영파), 등주(登州: 현 봉래)와 한반도, 일본열도, 남쪽으로 조주(潮州), 광주(廣州)와 동남아시아, 인도양, 중동으로 갈 수 있다.

구일산 경내에 해양 교통과 관련된 여러 유적지가 남아 있다. 입구에 예전에 뱃사람들이 먼 바다로 나갈 때 항해 안전을 축원했던 사찰인 연복사(延福寺) 통원전(通遠殿)이 세워져 있다. 또 암벽에 송나라부터 청나라까지 많은 시인 묵객과 뱃사람들이 찾아와 새겨놓은 마애석각(磨崖石刻)이 70여 곳에 분포되어 있다. 마애석각 가운데 뱃사람들이 먼 바다에서 순풍을 기원하는 석각이 13곳 포함되어 있다. 2021년 7월 25일에 구일산은 천주항과 더불어 해상실크로드의 시발 장소였다는 역사 산물로 유네스코 세계문화유산에 지정되었다.

오늘날 천주 지구에 신라와 관련된 유적지가 남아 있다. 남안 신라촌에서 천주 시내로 들어오는 길목인 취병산(翠屛山) 영수봉(靈秀峯) 아래에 복청사가 있다. 이곳은 옛 남안 삼도(三都)에 속하며, 오늘날 천주시 풍택구(豊澤區) 북봉가도(北峰街道) 후갱촌(后坑村)이다. 오대 천주자사 왕연빈(王延彬)이 복청사를 세우고, 신라 화상 현눌(玄訥)을 모셔 주석으로 삼았다. 현눌은 남종선(南宗禪)을 이은 설봉의존(雪峰義存)의 제자이다. 이곳에서 약 30년간 머물며 설봉 사상을 전파하였고, 사방에서 제자들이 모여들어 사찰이 크게 흥성했다.

복청사 앞 갱미촌(坑美村)에는 복청담(福淸潭)이라는 못이 있다. 복청담이 옛 복청사의 방생지라고 전해 온다. 이것으로 보아 예전에 복청사가 상당한 규모를 가진 사찰이었음을 알 수 있다. 1848년(도광 28)에 어사 진경용(陳慶鏞)이 사찰을 중수했다. 중수 당시에 오래된 사찰로 남으로 용산사(龍山寺), 북으로 복청사를 꼽았다.[22] 2000년대 초반에 싱가포르 상법법사(常法法師)가 복청사를 중수하고 관음보살을 모셨다. 근자에 옛 경내에서 628년(당 정관 2)이라는 명문이 들어간 석불상이 발굴되었다.

또 한국과 연분이 깊은 청원산(淸源山) 초경사(招慶寺)가 있다. 초경사는 당 천우 연간(904~907)에 천주자사 왕연빈이 세운 사찰이다. 후진 개운 연간(944~946) 주문진(朱文進)이 왕연희(王延曦)를 침공했을 때 초경사는 화재로 훼멸되었다가, 990년(순화 1) 이전에 다시 세워졌다. 명 홍치 연간(1488~1505)에 편찬한 『팔민통지』와 청 건륭 연간(1736~1795)에 편찬한 『천주부지(泉州府志)』에 모두 초경사 이름이 보이지만, 청 광

---

22 陳慶鏞「重修福淸寺募白」: "泉筑大士林祇園無慮數十旀也, 貝葉無慮數百樹也, 三乘五宗無慮數萬卷也, 而稱最古者, 南則龍山寺, 北則福淸寺, 二者爲冠."(『泉州文物手冊』)

서 연간(1875~1908)에 진계인(陳棨仁)이 편찬한 『민중금석략(閩中金石略)』에는 초경사 이름이 보이지 않는다. 따라서 초경사는 건륭 연간 이후부터 광서 연간 이전에 훼멸되었던 것으로 추정된다.

초경사지는 천주 명승지인 청원산(淸源山) 아래에 소재한다. 필자는 천주해외교통사박물관 연구원 이옥곤(李玉昆)의 도움을 받아 초경사지를 답사한 적이 있었다. 청원산 남문 입구에서 우측에 세지암(勢至巖)으로 향하는 샛길이 있다. 여기에서 1백여 미터 들어가니 언덕 지대에 사찰을 새로 건립하고 있다. 이 사찰이 있는 곳이 바로 옛 초경사지이다.

952년(보대 10)에 초경사 주지 문등(文偁)의 제자 정(靜)과 균(筠)이 고승들의 법등을 담은 『조당집(祖堂集)』을 편찬했다. 일본 불교학자 야나기다 세이잔(柳田聖山)은 『조당집』에 기술된 신라 고승들에 대한 기록의 정확성으로 미루어 정과 균이 신라 출신이라고 추측하였다. 오늘날 그의 주장을 뒷받침할 유력한 증거를 찾지 못했으나, 정과 균은 『조당집』을 편찬할 때 최소한 중국 대륙에 있던 신라 구법승의 도움을 받았던 것으로 추정된다. 북송 계숭(契嵩)의 『협주보교편(夾註輔敎編)』과 『숭문총목(崇文總目)』에 『조당집』 책명이 보이다가, 그 후 중국 대륙에서 흔적도 없이 사라졌다. 그러다가 일제강점기에 합천 해인사(海印寺)에서 『조당집』 경판이 발견되어 세상에 다시 드러났다.

천주항은 일찍이 해외 여러 국가와 바다를 통한 교역이 활발하게 전개되었고, 또한 많은 해외 상인들이 가져온 이국 물품들로 가득 차 있었다. 천주의 옛 이름은 자동(刺桐, 宰桐; Zaitun)이다. 자동은 오대 천주 절도사 유종효(留從效)가 외국 교역을 위해 도시 곳곳에 심은 나무이다. 자이툰 이름은 이슬람 상인들이 자동화(刺桐花)를 보고 고향 중동에 심겨 있는 올리브 나무를 연상했다는 데에서 유래되었다. 천주 시내에는 이슬람 유적이 남아 있다. 당 무덕 연간(618~626)에 무함마드 제자 4명이 바다를 통해 천주로 들어왔다. 때마침 삼현과 사현이 천주에서 작고 하자 그들을 안장했던 이슬람교(伊斯蘭敎) 성묘(聖墓)가 있다. 또 천주 시내에는 1009년(대중상부 2)에 중국 최초로 세운 이슬람 사원 청정사(淸淨寺)가 있다.

천주 해상은 한반도 고려국과 활발한 교역을 전개했다. 고려 때 바다를 건너온 천주 해상들이 많았는데, 구양정(歐陽征), 유재(劉載), 초송명(肖宋明) 등은 고려국으로부터 관직을 제수받기도 했다. 이들에 관한 기록은 『고려사(高麗史)』, 『송사(宋史)』, 『속자치통감장편(續資治通鑑長編)』, 『소식전집(蘇軾全集)』 등에서 찾아볼 수 있다. 천주 상인들은 이슬람 상인들이 가져온 중동 문물들을 다시 고려로 수출하기도 했다. 반면 고려 상인들도 천주항에 드나들었다. 천주 시내 옛 도심지인 중산로(中山路)에는 고려인이 살았다고 전해오는 고려항(高麗巷)이 있었다. 훗날 발음이 상통한 규하항(奎霞巷)으로 바뀌었다.

이상 제시된 자료들로 풀이한다면 남안 신라촌은 재당신라인 또는 그 후예들의 집단 거주지일 것으로 추측된다. 재당신라인 또는 그 후예들은 천주 지역을 거점으로 삼아 해상활동 범위를 넓혀가며 북방과 남방 국가들을 연결하여 선박 운항과 교역 활동에 종사했던 것으로 보인다.

그러나 여전히 앞으로 풀어나가야 할 과제가 남아 있다. 우리가 남안 신라촌을 재당신라인 또는 그 후예들의 집단 거주지로 확증하기에는 보완 작업이 필요하다. 남안 신라촌에 소재한 신라사는 송말 가사(柯使)가 세운 사찰이다. 송말은 13세기에 해당한다. 이 시기는 신라인들이 해상교역을 활발하게 전개했던 8세기~10세기와 상당한 거리가 있다.

앞 절에서 언급했듯이 민서 지역에는 신라 명칭이 들어간 고대 지명과 유적이 있고, 현재에도 신라 명칭이 들어간 지명을 계속 사용하고 있다. 그렇다면 혹시 남안 신라촌은 민서 지역의 경우처럼 중국에서 자생적으로 만들어진 지명이 아닐까? 혹시 남안 신라촌은 민서의 옛 신라현 지역에서 온 사람들이 세운 마을이 아닐까? 현 지도로 보면 남안 신라촌과 민서 중심지인 용암 사이의 직경 거리는 약 3백 km이다. 용암에서 고순림첨(苦笋林尖)을 넘으면 화안(華安)이 나오고, 화안에서 동쪽 안계(安溪)를 거치면 남안 지역이 나온다.

여기에서 필자가 제시한 가정은 혹시 있을지도 모르는 경우의 수를 논한 것이다. 물론 남안 일대에 신라와 관련이 있는 유적이 많은 점으로 보아 남안 신라촌이 재당신라인 또는 그 후예들이 집단 거주지일 가능성이 크다. 다만 반드시 재당신라인 또는 그 후예들이 집단 거주지가 맞는다고 단정하기까지는 어딘가 부족한 점이 있다. 바꾸어 말하자면 지금까지 나온 관련 자료들은 모두 방증 자료에 불과하고, 결정적인 증거는 나오지 않았다. 앞으로 여기에 대해 철저한 고증 작업이 필요하다. 예를 들면 남안 신라촌 소재의 신라사 옛터를 발굴하는 작업이 한 방안이 될 수 있을 것이다.

2. 하문(廈門)의 신라(新羅) 명칭

하문(廈門)의 중심 시가지는 원래 조그만 섬으로 한적한 어촌 마을이었으나, 근대에 들어와서 급속도로 발전하여 지금은 복건성에서 두 번째로 큰 도시가 되었다. 하문 지역의 행정 관할도 매우 많은 변화를 겪었다. 282년(태강 3)에 진안군 동안현(同安縣)에 속했다가, 양 천감 연간(502~519)에 남안군으로 편입되었다. 1387년(홍무 20)에 하문성(厦門城)을 세웠다. 1842년(도광 22)에 「남경조약(南京條約)」에 따라 통상 항구가 되었고, 1902년(광서 28)에 고랑서(鼓浪嶼)를 만국조계(萬國租界)로 삼았다. 1935년에 하문시가 설치되었다.

하교원(何喬遠) 『민서(閩書)』 권12 「방역지(方域志)·천주부(泉州府)·동안현(同安縣)·가화서(嘉禾嶼)」에서:

> 今豪寵有金榜山, 是黯讀書處. 書堂側, 有大石, 高十六丈, 名金榜石, 刻談玄石三字. 臨海有釣魚磯, 場老垂釣處也. 後人築海爲堿, 今在田中矣. 又云: 其當時, 書堂有新羅松二本云.
> 지금 호조(豪寵)에 금방산(金榜山)이 있는데, 이곳이 진암(陳黯)의 독서처(讀書處)이다. 서당 옆에 커다란 돌이 있다. 높이는 16장이고, 이름은 금방석(金榜石)이며, '담현석(談玄石)' 3자가 새겨져 있다. 바닷가에 조어기(釣魚磯)가 있는데, 장로(場老: 진암)가 낚시하는 곳이다. 후대 사람이 바다를 막아 보를 만들어 지금은 밭이 되었다. 또 말하기를 그 당시 서당에 신라송(新羅松) 두 그루가 있었다고 한다.

가화서(嘉禾嶼)는 하문 본섬의 별칭이다. 하문 금방산(金榜山)에 진암(陳黯)이 독서한 서당이 있다. 진암서당의 옆에 '담현석(談玄石)'이라고 새긴 큰 바위가 있는데, 바위 이름은 금방석(金榜石)이다. 진암 당시 서당 옆에 신라송(新羅松)이라는 소나무 두 그루가 있었다고 전해진다. 진암석실 고사는 주희(朱熹)의 「금방산기(金榜山記)」, 『민서』, 『남안현지』 등에 기술되어 있다.

진암은 하문 문학사상 가장 먼저 등장한 문인이다. 자는 희유(希孺), 창해(昌海)이고, 남안 사람이다. 부친은 진지(陳贄)이고, 모친은 황씨(黃氏)이다. 10세에 시를 지었고, 13세에 청원목(淸源牧)에 나가 시를 잘

지어 향리에서 이름이 자자했다. 845년(회창 5)부터 865년(함통 6)까지
무려 18번이나 과거에 나섰으나 모두 낙방하였다. 나이가 들어서도 계
속 과거장에 나가는 바람에 장로(場老)라는 아호를 얻었다. 모친이 별
세한 이후 다시는 과거에 나서지 않고 저술 활동에 나섰다. 당시 진암
은 임호(林灝), 왕굉(王肱) 등과 함께 팔현(八賢)으로 불리었다. 황소(黃
巢)의 난이 일어나자 남안에서 가화서 설령(薛嶺)으로 피난하였다. 자신
이 거주한 곳을 종남산(終南山)이라고 불렀고, 독서하는 곳을 금방석실
이라 불렀다. 이곳에서 산가(山歌)를 부르며 자적했다. 조정에서 세 차
례나 불렀으나 응하지 않고 여생을 보냈다. 저서로 『진암집(陳黯集)』,
『패정(稗正)』 등이 있다.

　금방산은 옛 설령(薛嶺)의 한 줄기, 지금 오촌산(梧村山)의 서쪽 자락
에 소재하는 나지막한 산이다. 하문역에서 서남쪽으로 약 500m 정도
떨어져 있다. 이곳에 시민들에게 오랫동안 사랑받아온 금방공원이 있
다. 면적은 91ha이다. 금방산을 중심으로 울창한 나무들과 커다란 바
위들이 펼쳐져 있어 경관이 수려하다. 공원 입구에서 왼쪽 길로 올라가
면 송 주희의 「금방산기」가 새겨진 바위가 나오고, 그 옆길로 올라가
면 진암석실(陳黯石室)이 나온다. 진암석실은 1961년 1월 하문시의 제1
비 시급문물보호단위로 지정되었다. 바위 아래에 석실로 사용된 큰 공
간이 있고, 그 옆에 최근 조성된 진암석상이 있다.

　진암 당시 석실 옆에 소나무 두 그루가 있다고 전해지나, 오늘날 진
암석실 주변은 말할 것 없고, 공원 내 어디에서도 소나무 한 그루를
찾아볼 수가 없다. 하문 지역은 연 평균 기온이 21℃ 정도, 강우량이
1,200mm 정도로 아열대 기후에 속한다. 공원 내에 활엽수 계통의 아
열대 수종들이 빼곡하게 들어서 울창한 숲을 이루고 있다.

그러나 필자는 하문에서 장주 지역으로 이동하면서 도로 양편에 빼곡하게 들어선 마미송(馬尾松; 산잣나무) 계통의 소나무 군락지를 보았다. 마미송 계통의 소나무는 해발 1,300m 이하 산에 자라는 아열대성 침엽수로 복건 지역에 널리 분포되어 있다. 금방산에 있었던 신라송도 아마도 마미송 계통의 소나무가 아닐까 추측한다. 송나라 때 복건 천주에서 건조된 신안 앞바다 침몰선의 목재도 마미송 계통의 소나무이다.

진암 당시 석실에 있었던 소나무를 왜 신라송이라고 불렀던 것인가? 신라송은 한반도 신라국과 어떠한 관련이 있을까? 여간 흥미로운 사실이 아닐 수 없다. 아래에 신라송과 연상되는 사람들을 크게 진암, 신라인 또는 신라 관련 인물, 기타 인물로 구분해서 논해본다.

우선 연상되는 인물은 신라송과 가장 연분이 있는 진암이다. 신라송의 위치가 진암석실에 있고, 진암이 살았던 시기에 신라송이 존재했다. 진암은 남안 사람이다. 진암은 황소의 난을 피해 남안에서 가화서(하문)로 옮겨와 정착했다. 진암이 남안현 어느 지역에서 살았는지는 구체적으로 알려지지 않았지만, 남안에 신라촌이 있었다는 사실에 주목할 필요가 있다. 만약 진암이 신라촌 또는 그 인근 지역에 살았더라면, 석실의 소나무에 고향 지역의 이름을 따서 신라송으로 불렀을 것이다. 만약 신라송이 진암에 의해 이름이 지어졌다면, 신라촌의 촌명은 당나라 말기에도 존재하고 있었다고 봐야 한다.

다음으로 연상되는 부류는 신라인 또는 신라와 관련이 있는 사람이다. 이들이 혹시 소나무를 한반도 신라국에서 가져왔기 때문에 신라송이라 불렀을지도 모른다는 가정이다. 좀 더 부연 설명하자면 진암이 살고 있었던 당 말기에 한 인사가 신라국을 드나들다가 한반도에서 자라는 소나무를 가져다 이곳에 심었을 것이라는 가정이다. 진암은 금방산 아래에서 낚시했다고 전해오는데, 예전에 이곳이 바다와 맞닿아 있었다. 금방산 아래 부두에서 위두만(圍頭灣)을 거쳐 천주만으로 이어지고, 또 천주만에서 북으로 올라가다가 남방 해로를 따라 바다를 가로지르면 한반도가 나온다. 신라국 사람들은 일찍부터 민남 지역과 그 아래 지역인 광동을 드나들었다. 신라 고승 현눌은 남안 복청사에 주석했고, 혜초(慧超)는 광동 광주에서 해로를 통해 천축국으로 갔다고 전해오고 있다. 또 하문의 아래 지역인 조주 개원사(開元寺)에는 삼한(三韓) 임국조(任國祚)가 시주했던 향로가 보존되어 있다.[23] 따라서 하문 지역도 신라국과 교류가 있었을 가능성을 전혀 배제할 수 없다.

다만 여기에 약간의 문제가 있다. 앞에서 논했듯이 하문 지역은 아열대성 기후에 속한다. 한반도 온대성 소나무가 이곳에서 이식되고 자라기에는 몹시 어려운 환경이 아닐까 생각된다. 그렇다 하더라도 신라인이 하문 지역을 드나들며 금방산에 마미송 계열의 소나무를 심거나 돌보았기 때문에 소나무를 신라송이라 불렀을 가능성을 전혀 배제할 수는 없다.

마지막으로 연상되는 인물은 하문 북쪽에 소재한 민서 지역의 옛 신라현 사람들이다. 앞에서 언급했듯이 민서 지역의 옛 신라현 사람들은 배를 타고 하문 지역으로 내려올 수 있었다. 민서 지역은 구룡강(九龍江), 민강(閩江)과 정강(汀江) 등 복건 삼대 강의 발원지이다. 용암 시내에서 용천(龍川; 雁石溪)을 따라 내려가면 장평(漳平)에서 구룡강을 만난

---

23 조주 개원사 향로 명문: "奉開元寺禪堂, 香爐壹座, 永遠供養, 三韓佛弟子任國祚." 조주 개원사에서는 이 향로가 당나라 때 제작되었고, 삼한은 한국을 지칭한다고 했다. 다만 향로를 살펴보니 외형 상태가 아주 좋고 명문이 뚜렷하여 혹 후대에 제작했을 가능성도 있다. 앞으로 세밀한 고증 작업이 필요하다.

다. 또 구룡강을 따라 내려오면 장주(漳州), 용해(龍海)를 거쳐 하문항이 나온다. 민서 동쪽, 즉 용암 지역의 문화는 북쪽에서 내려온 객가 문화와 구룡강을 거슬러 온 민남(하락) 문화가 함께 어우러져 있다. 따라서 혹시 옛 신라현 사람들이 하문 지역으로 내려와 정착하면서 고향의 소나무를 이식하여 신라송이라고 명명했을 가능성도 전혀 배제할 수 없다.

이상 종합해보면 신라송의 명칭 작명자는 진암, 신라 관련 인물, 민서 신라현 출신인일 가능성이 모두 존재하나, 이 가운데 진암에 의해 작명되었을 개연성이 가장 높다.

Ⅳ. 결론

본 논고에서는 복건 남부 지역에 보이는 각종 신라 명칭이 과연 한반도 신라국과 어떠한 관련성이 있는지에 대해 집중적으로 분석해 보았다.

복건 남부 지역에 크게 내륙에 속하는 민서 지역과 연해안을 끼고 있는 민남 지역으로 나뉜다. 민서 지역의 신라 명칭은 한반도 신라국과 연결시키기에는 무리가 있다. 신라현은 282년(태강 3)에 설치된 진안군에 소속된 행정구획이다. 신라현의 신라 지명은 장정현 서쪽에 소재한 신라산에서 유래되었고, 출현 시기도 한반도 신라국의 국호가 확정된 503년(지증왕 4)보다 훨씬 빠르다. 민서 지역에 신라 명칭이 들어간 유적이나 지명이 상당수 보인다. 유적지로 신라성, 신라천, 신라서원, 신라도 등이 있고, 행정지명으로 신라구, 신라촌 등이 있다. 민서 지역의

신라 명칭은 모두 중국에서 자생적으로 만들어졌고, 한반도 신라 국가
와 무관하다.

　반면 민남 지역의 신라 명칭은 한반도 신라국과 모종의 관계가 있는
가능성이 존재한다. 민남 지역은 바다를 끼고 있는 항구가 많이 있고,
일찍부터 한반도와 해상 교통을 활발하게 전개했다. 남안 신라촌은 진
강 하류에 소재한 강변 마을이다. 이곳에서 선박을 타고 진강을 통해
천주만에 오갈 수 있다. 또 인근에 신라 고승 현눌이 주석한 복청사,
신라 화상의 기록을 면밀하게 적은『조당집』의 산실인 초경사, 해외
교역과 항해 안전을 비는 구일산과 천주항 등이 있다. 신라사는 송나라
말 가사가 이십이도 지역에 세운 사찰이다. 하문 신라송은 진암 당시에
금방산 석실 옆에 있었던 소나무이다. 현재 하문 금방공원에 진암석실
과 유적지가 남아있다. 진암은 당나라 말 남안 출신의 문사이다. 만약
진암이 신라송을 심었거나 돌보았다면, 신라송의 명칭은 남안 신라촌
과 관련 있을 것으로 추정된다. 진암이 활동한 시기는 신라 장보고의
후예들이 중국 연해안 곳곳에서 활발하게 활동할 때이다. [泉村奇室]

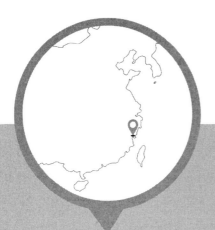

태주 지구
나려 유적과
지명

상산 신라오촌

● 천태

신라산

● 임해

선거 신라촌

황암 신라방 ● 태주

상대진도

고려두산

● 하대진도

● 온주

I. 서론

오늘날 중국 대륙 절강 연해안 지역에는 신라·고려, 즉 나려(羅麗)
국명과 관련된 유적과 지명이 꽤 남아 있다. 예전에 이곳은 한반도에서
강남 지역으로 들어가는 중요한 해상 교통로에 위치하여 나려 사신과
상인들이 많이 드나들었고, 천태종 본산인 천태산(天台山), 관음도장인
보타산(普陀山) 등 불교 성지가 있어 나려 구법승과 뱃사람들이 불법을
구하거나 항해 안전을 축원하기 위해 찾아오곤 했다. 이와 반대로 중국
인도 바다를 건너 한반도로 올 때 절강 연해안에서 출발하는 경우가
잦았다.

태주(台州) 지구는 절강 연해안 중부에 속해 있다. 동쪽으로 중국 동
해와 접해 있고, 북쪽으로 영파(寧波) 지구, 남쪽으로 온주(溫州) 지구,
서쪽으로 금화(金華) 지구·여수(麗水) 지구와 경계를 이루고 있다. 태
주 지역은 바다와 접해 있고 불교 성지가 소재하여 한반도와 활발한
교류 역사를 가지고 있다. 각종 문헌에서 나려인들이 태주 지역에 진출
했던 기록들을 찾아볼 수 있고, 오늘날 이러한 실체를 증명해 줄 유적
과 지명들이 남아 있다. 예를 들면 태주 지역에 신라방(新羅坊), 신라촌

황암 백수항(옛 신라방) 전경

(新羅村), 신라서(新羅嶼), 신라산(新羅山), 고려두(高麗頭) 등 나려 국명으로 표기한 지명이 보이고, 천태산(天台山)과 그 주변에 나려 구법승들이 머물렀던 유적이 남아 있다.

최근 국내외 학자들이 태주 지역의 나려 유적과 지명에 대해 깊은 관심을 표방했고, 또한 여기에 대해 심도 있는 학술 조사를 진행하여 여러 연구 결과물을 내놓았다. 필자는 20여 년 전부터 태주 지역을 드나들면서 한국 관련 유적과 고문헌을 찾아다녔다. 이번에 그간 조사했던 자료들을 정리하여 본 논고를 작성하게 되었다. 논술 범위는 태주 지역의 나려 관련 유적과 지명 가운데 선행학자들이 언급하지 않거나 미흡했던 점을 살펴보는 데 중점을 둔다. 다만 태주 서북쪽의 천태 지역은 보완되어야 할 나려 관련 유적과 지명이 많아 따로 언급한다.

II. 임해(臨海) 신라산(新羅山)

본론으로 들어가기에 앞서 태주 지역의 행정역사를 알아볼 필요가 있다. 춘추전국 시기에 태주 지역은 월나라에 속했고, 서한 시대에 동구국(東甌國)에 속했다. BC 85년(시원 2)에 이 일대에 회포현(回浦縣)을 설치하고 치소를 장안(章安; 현 태주 椒江區 章安街道)에 두었다. 257년(오 태평 2)에 기존 현의 서쪽 지역을 떼어내어 임해현(臨海縣)을 두었다. 621년(무덕 4)에 임해에 해주(海州)를 설치하고, 이듬해에 해주에서 태주(台州)로 개명했다. 태주 지명은 경내 소재 천태산에서 나왔다. 1277년(지원 14)에 태주로(台州路)가 되었고, 1368년(홍무 1)에 태주부(台州府)가 되었다. 민국 시대 군정의 지역 분리로 절강성 군정부(軍政府)가 이곳에 두었다. 1949년에 태주전구(台州專區)가 되었고, 1978년에 태주 지구(台州地區)가 되었다. 1994년에 태주시로 바꾸고 해안 지역에 3개 구를 설치했다. 전체 면적은 9,413km²이다. 태주시의 소속 관할지에는 초강(椒江), 노교(路橋), 황암(黃巖) 등 3개 구, 임해(臨海), 온령(溫嶺), 옥환(玉環) 등 3개 현급시, 천태(天台), 선거(仙居), 삼문(三門) 등 3개 현이 있다.

임해는 현 행정구역으로 태주 지구의 중부에 소재한 현급시이다. 동쪽에는 태주만과 동기열도(東磯列島), 서쪽으로 선거현, 북쪽으로 삼문현과 천태현, 남쪽으로 초강구와 황암구를 각각 접하고 있다. 임해 가운데에는 영강(靈江)과 그 지류가 흐르고 있다. 임해 지명은 경내 임해산(臨海山)에서 나왔다. 청 홍이훤(洪頤煊)은 임해산을 대고산(大固山)으로 추정하고 있다.[1] 임해의 행정역사는 태주 지역의 변화와 밀접한 관

---

[1] 洪頤煊 『台州札記』 권1 「臨海山」: "臨海山疑卽今之大固山, 臨海立縣或卽因此山

련이 있다. 621년(무덕 4) 이후 임해는 오랫동안 태주 지역을 관할하는 행정중심지 역할을 맡았다. 1986년에 현에서 시로 승급했다. 1994년에 태주시정부가 태주 초강구로 옮겨가면서 태주시의 현급시로 격하되었다. 임해시의 소속 관할지에는 5개 가도(街道), 14개 진(鎭)이 있다.

임해 지역에는 예전부터 신라산이 있다는 기록이 전해오고 있다. 남송 진기경(陳耆卿)이 편찬한 『[가정]적성지(赤城志)』는 현존 가장 오래된 태주 지역의 지방지이다. 1222년(가정 15)에 편찬되기 시작하여 1223년(가정 16)에 완성되었다. 이 책자의 권19 「산수문(山水門)·산(山)·임해(臨海)」에서:

> 新羅山, 在縣西三十里. 與八疊嶺相望. 鳥道巉岏, 多野果, 土人利之.
> 신라산(新羅山)은 (임해)현 서쪽 30리에 있고, 팔첩령(八疊嶺)과 서로 바라보고 있다. 산길이 험준하고 봉우리가 뾰족 솟아 올라와 있으며, 야생 과실이 많아 주민들이 이를 이용하고 있다.

여기에서 신라산의 위치에 대해 두 가지 정보를 알려주고 있다. 하나는 임해현 서쪽 30리에 소재하고, 다른 하나는 팔첩령(八疊嶺)과 서로 바라보고 있다. 신라산은 가파른 산세와 뾰족한 봉우리가 있으며, 산 속에는 새가 다니는 험준한 산길이 나 있다. 이곳에는 야생 과수가 많아 주민들이 과일을 따 먹었다. 『[가정]적성지』에는 신라산의 위치를 알려주는 또 하나의 자료가 있다. 즉, 태주 지역도를 그린 「주경(州境)」 지도이다. 「주경」 지도 중 임해성 북쪽 부분을 보면 후령(後嶺), 부강(浮江), 망해첨(望海尖), 신라산, 팔첩 등 지명이 그려져 있다.

爲名."

신라산은 구체적으로 어디에 있는가? 오늘날 임해 지도에는 신라산이라는 지명을 찾을 수 없다. 임해시박물관 정급(丁伋)은 태주 지역의 해외 교통사를 언급한 대목에서 신라산의 위치에 대해 구체적으로 밝혀 놓았다. 그의 논증을 정리해 본다. 『[가정]적성지』의 부도(附圖), 즉 태주 지역도「주경」을 보면 신라산은 팔첩산 남쪽에 있으며, 즉 오늘날 임해성 교외의 후산(後山)이다. 팔첩산은 임해성으로부터 20리이다. 『[가정]적성지』에서 신라산이 30리라고 기술한 기록은 사실과 부합하지 않으며, 혹은 3리의 오기일 것으로 추정된다. 후산은 송산(松山)까지 산맥이 이어져 있다. 이 산에는 고묘(古墓)가 많이 있는데, 혹 신라산 이름이 신라 상인이 객사하여 이곳에 장사지냈던 데에서 나왔을 것으로 추정된다.[2]

임사민(林士民)은 당·오월 시기의 절동(浙東)과 한반도의 교류를 분석하면서 정급의 견해를 그대로 받아들이고 있다.[3] 임림호(任林豪)와 마서명(馬曙明)이 편찬한 『임해문물지(臨海文物志)』는 임해와 신라의 교류를 언급한 대목에서 정급이 기술한 내용을 옮겨놓았다.[4] 김문경(金文經)은 절강 지역의 신라 유적을 다루는 대목에서 중국학자들의 견해를 쫓아 후산을 신라산으로 비정했다.[5] 권덕영은 임해 지역을 답사한 대목에서 선행학자들의 견해에 따라 후산이 바로 신라산이라는 사실을

2 丁伋,「台州海外交通史事鉤沈」,『台州歷史文化』, 浙江文史資料選輯, 53집, 1993;『「台州地區志」志餘輯要』, 浙江人民出版社, 杭州, 1996.2, 87쪽.
3 林士民,「唐吳越時期浙東與朝鮮半島通商貿易和文化交流之硏究」,『海交史硏究』, 中國海外交通史硏究會, 1993年 1期, 16~17쪽.
4 任林豪·馬曙明,『臨海文物志』, 文物出版社, 北京, 2005.11, 47쪽.
5 金文經,「9-11세기 신라 사람들과 강남」,『中國의 江南社會와 韓中交涉』, 集文堂, 서울, 1997.11, 130쪽.

임해 동호공원과 후산

확인했으나, 신라산의 명칭이 신라 상인의 무덤에서 나왔을 것이라는
정급의 설명에 대해 어느 정도 진실성이 있는지 알 수 없다고 했다.[6]
　정급 이후 학자들은 모두 신라산을 후산이라고 비정했다. 임해 시내
중심지에 옛 성문인 숭화문(崇和門)과 원형 건물이 들어선 숭화문광장
(崇和門廣場)이 있고, 그 앞쪽은 지역민들로부터 오랫동안 사랑을 받아
오던 동호공원(東湖公園)이다. 동호공원의 북쪽은 소위 강남장성(江南長
城)이라 부르는 북고산(北固山)이고, 북고산 뒤쪽이 후산이다. 후산 이
름은 임해성 뒤편에 자리한 지리 방향에서 나왔다. 임해 시내에서 북쪽
으로 바라보면 북고산 너머 있는 후산이 눈에 들어온다.

---

6 권덕영, 「가소성·절강성 지방의 신라유적과 그 사회」, 『중국 동남연해지역의 신라유적
　조사』, 해상왕장보고기념사업회, 서울, 2004.12, 331쪽.

그렇다면 신라산이 과연 후산임이 분명할까? 결론부터 도출하자면 선행학자들의 고증은 논란의 소지가 충분히 있다. 여기에 대해 『[가정]적성지』「주경」 지도가 태주 지역을 정확하게 그린 지도라는 가정에서 논리를 전개한다. 앞에서 언급했듯이「주경」 지도에는 임해성 북쪽에 신라산을 비롯한 여러 지명이 그려져 있다. 임해성 바로 뒤편에 후령(後嶺)이 있고, 후령 뒤편으로 부강(浮江)과 신라산, 망해첨, 팔첩 등이 있다. 신라산은 팔첩과 망해첨 사이에 놓여 있으며, 후령으로부터 일정 정도 거리를 두고 있다. 『[가정]적성지』는 후령이 임해현 북쪽 4리에 있다고 했다.[7] 『[가정]적성지』에서 언급한 후령은 오늘날 후산을 지칭한다. 오늘날 임해 괄창대도(括蒼大道) 북쪽에는 후산촌(後山村)과 후산소학(後山小學)이 있고, 후산촌 앞에는 예전에 후산신을 모신 후령전(後嶺殿) 유적이 있다. 이것만 보더라도 후산은 「주경」 지도의 신라산이 아님이 분명하다. 즉, 「주경」 지도의 신라산은 후산보다 더 북쪽에 소재한 다른 산을 지칭한다.

『[가정]적성지』는 망해첨이 현 동북쪽 4리 후령 위쪽에 있으며, 봉우리가 솟아 있어 먼 곳까지 조망할 수 있다고 했다.[8] 1934년(민국 23)에 편찬한 『임해현지고(臨海縣志稿)』(『[민국]임해현지』의 초명)에는 「임해현경오리방도(臨海縣境五里方圖)」라는 지도가 수록되어 있다. 이 지도 중 삼봉잠(三峰岑) 아래에 망해첨이 보인다. 삼봉잠은 오늘날 삼봉사경구(三峰寺景區)에 속해 있는 산이고, 망해첨은 삼봉사경구 건너편 하사(下士)

---

[7] 『[가정]적성지』권19 「山水門·山·臨海」: "後嶺, 在縣北四里."
[8] 『[가정]적성지』권19 「山水門·山·臨海」: "望海尖山, 在縣東北四里後嶺上, 其峰高聳, 宜遠眺, 今土人多以爲田, 麥時翠浪翻浮, 最爲可愛."

옆에 있는 산을 지칭한다.

『[가정]적성지』는 팔첩령이 현 서쪽 23리에 있다고 했다.[9] 『[민국]임해현지』는 『[가정]적성지』의 기록을 수정하면서 팔첩령은 현 서북쪽 19리에 있다고 했다.[10] 팔첩령은 임해 시내에서 서북쪽으로 12km 정도 떨어져 있다. 임해 시내에서 괄창대도(括蒼大道)를 지나면 후산 좌측 기슭을 관통한 칠리터널(七里隧道)이 있다. 칠리터널에서 허시촌(許市村)을 지나면 영풍진(永豊鎭)이 나오고, 영풍진(永豊鎭)에서 북쪽으로 4.5km 정도 가면 팔첩촌(八疊村)과 팔첩령이 나온다.

팔첩령은 임해와 천태를 통하는 길목에 소재한다. 팔첩촌에는 예로부터 많은 사람이 애용했던 팔첩교(八疊橋)와 교두석탑(橋頭石塔)이 남아 있다. 팔첩령 서쪽에는 영강의 북쪽 지류인 시풍계(始豊溪)가 흐르고 있고, 동쪽은 산세가 가파른 팔첩산이 가로막고 있어 양쪽 지역을 오가는 사람들은 반드시 팔첩령을 넘어야 한다. 옛 국도 104로가 지나가는 팔첩령터널(八疊嶺隧道) 입구에는 팔첩령을 걸어서 넘는 옛길이 있다. 옛길을 따라 10분 정도 올라가면 고개 정상이 나온다.

팔첩령 정상에서 망해첨이 있는 동남쪽으로 바라보면 팔첩천(八疊川) 뒤쪽으로 이어지는 골짜기가 있고, 골짜기 건너편에 높은 산들이 연이어져 있으며, 저 멀리 석암두(石岩頭)가 희미하게 눈에 들어온다. 팔첩촌 촌로들의 말에 의하면 촌장에서 동남쪽을 바라보면 겨울철에 눈이 쌓인 석암두(石岩頭) 정상이 보인다고 했다. 오늘날 지도를 보면 팔첩

---

9 『[가정]적성지』 권19 「山水門·山·臨海」: "八疊嶺, 在縣西二十三里."

10 『[민국]臨海縣志』 권3 「敍山·峰」: "八疊嶺, 在縣西二十三里. [『赤城志』]" 자주: "今測當作在縣西北一十九里."

팔첩령과 터널

령과 망해첨 사이에는 많은 산이 있는데, 이 중에 높은 산만 명기하면 석암두와 대강두(大崗頭)가 있다. 석암두와 대강두 아래에는 영강 허시촌 부근에서 갈라지는 지류인 송산계(松山溪)가 흐르고 있다. 이것으로만 본다면「주경」지도에 언급된 신라산은 석암두일 가능성을 점쳐볼 수 있고, 그렇지 않다면 대강두(大崗頭)를 포함한 그 주변의 산일 것으로 추정된다.

그러나 여기에 또 하나의 중대한 문제가 남아 있다. 『[가정]적성지』「산·임해」는 신라산이 임해현 서쪽 30리에 있다고 했고, 『[가정]적성지』「주경」지도는 신라산이 임해현 북쪽에 그려져 있다. 동일한 책자에서 신라산의 위치가 서로 다르게 기술되어 있다. 정급은「주경」지도에 근거해서 30리는 3리의 오기라고 했는데, 앞에서 밝혔듯이 정급의 논증은 자체적으로 문제점이 내포되어 있어 전적으로 신뢰할 수가 없다.

『[가정]적성지』「산·임해」에 적힌 신라산과 비슷한 거리와 방향에 있는 산들을 나열해보면, 명학산(鳴鶴山)은 현의 서쪽 20리, 마석령(磨石嶺)은 현의 서쪽 35리에 있다. 『[민국]임해현지』에 적힌 신라산과 비슷한 거리와 방향에 있는 산들을 나열해보면, 방계산(芳溪山)이 현 서쪽 30리, 석당산(石塘山)이 현 서쪽 30리, 갈계산(葛溪山)이 현 서쪽 35리, 청담산(淸潭山)이 현 서쪽 25리, 여정산(呂亭山)이 현 서쪽 25리에 있다. 오늘날 지도에서 이들 산을 찾아보니 대다수가 괄창진(括蒼鎭)을 가로지르는 방계(芳溪) 주변에 소재한다. 방계는 괄창산맥(括蒼山脈)에서 나와 북쪽으로 흘러 괄창진 입구에서 영안계(永安溪)로 들어간다. 팔첩령 정상에서 서남쪽으로 바라보니 저 멀리 영강 건너편으로 높은 산들이 어렴풋이 눈에 들어온다. 따라서 신라산은 괄창진 방계 주변의 산으로 비정해 볼 수 있다.

다만 이러한 비정은 어디까지나 『[가정]적성지』「산·임해」의 기록이 정확하다는 가정에서 출발한 것이다. 현재로서는 「산·임해」 기록의 신라산 위치와 「주경」 지도의 신라산 위치가 왜 서로 다르고, 어느 것이 정확한 것인지를 알 수 없다. 이밖에 필자는 임해 신라산이 혹 아래에서 언급할 선거현 신라산과 동일한 산이 아닐까 의심을 해보았으나, 동일한 책자에서 두 산명의 지역 소재지와 거리가 서로 다르게 기술되어 있어 각자 별개의 산으로 판단된다.

Ⅲ. 선거(仙居) 신라산(新羅山)과 신라촌(新羅村)

선거(仙居)는 현 행정구역으로 태주 지구의 서부 내륙에 있는 현이다. 동쪽에는 임해시, 북쪽에는 천태현과 반안현(磐安縣), 서쪽에는 진운현(縉雲縣), 남쪽에는 영가현(永嘉縣)과 황암구를 각각 접하고 있다. 347년(영화 3)에 이곳에 독립된 현을 설치하고 낙안현(樂安縣)이라고 불렀다. 930년(우성 5)에 영안현(永安縣)으로 개명했다가, 1007년(경덕 4)에 선거현으로 다시 개명했다. 지명은 이곳에 동천명산(洞天名山)이 둘러싸여 신선 저택이 많다는 도교 관점에서 나왔다. 소속 관할지에는 3개 가도, 7개 진, 10개 향이 있다.

『[가정]적성지』에 선거 신라산(新羅山)에 관한 기록이 있다. 이 책자의 권22 「산수문(山水門)·산(山)·선거(仙居)」에서:

> 萬竹山, 在縣西南四十里, 絕頂曰新羅. 九峯回環, 道極陰隘, 嶺上見叢薄敷秀, 平曠幽窈, 自成一村. 薛左丞昂詩所謂"萬竹源中數百家, 重重流水遶桑麻", 是也.
>
> 만죽산(萬竹山)은 (선거)현 서남쪽 40리에 있다. 정상은 신라(新羅)라고 부른다. 구봉이 휘돌아지고 길은 몹시 음습하고 협소하다. 산봉우리 위에서 바라보면 잔목들이 아름답게 펼쳐 있고, 평평한 들이 그윽하여 저절로 한 촌락을 형성했다. 좌승(左丞) 설앙(薛昂)의 시에서 "만죽 근원에 수백 가구가 있고, 겹겹이 물이 흘러 뽕나무와 삼을 둘러싸네"라고 말한 바가 이곳이다.

여기에서 만죽산(萬竹山)의 위치와 모습, 지명에 대해 알려주고 있다. 만죽산은 선거현 서남쪽 40리에 떨어져 있고, 정상 이름은 신라(新羅)이다. 구봉이 휘돌아지고 길은 음습하고 좁아서 정상에 오르기가 몹

시 힘들다. 그러나 정상에 오르면 널찍하고 그윽한 평탄지가 있어 사람
들이 모여 자연촌락을 이루고 있다. 설앙(薛昻)은 만죽산에 수원이 풍
부하고, 근원이 있은 곳에 수백 가구의 촌락이 있다고 했다. 설앙은 남
송 건염 연간에 금나라의 침공을 피해 만죽산으로 들어가 은거했다.
『[가정]적성지』 자주에는 설앙이 만죽산을 읊은 기문이 있다고 했으
나,[11] 필자는 이 문장을 찾지 못했다.

최근 필자는 중국 소재 신라촌 지명을 고찰하면서 만죽산 정상에 있
는 신라촌을 답사했다. 신라촌은 선거현 횡계진(橫溪鎭)에 속해 있는 옛
행정촌이다. 횡계진은 선거현으로부터 남서쪽 32km 떨어져 있고, 소
속 관할지에는 1개 사구(社區), 33개 행정촌이 있다. 횡계 시내에서 영
안계(永安溪) 다리를 건너 남쪽 계수(溪口) 방향으로 꺾어 육도갱(六都坑)
을 향해 가면 기마갱(騎馬坑)이 나온다. 기마갱에서 다리를 지나 산길을
따라 6.3km 올라가면 정상 아래에 자리한 신라촌이 나온다. 신라촌은
횡계 시내로부터 14.3km 떨어져 있다. 전체 인구는 350명이고, 호수는
107호이다. 이곳은 원래 김씨(金氏)의 집단촌인데, 근자에 진씨(陳氏),
오씨(吳氏) 등 몇 가구가 이주해왔다. 최근 오지 촌락을 도읍지로 옮기
는 선거현의 이주 정책에 따라 신라촌 사람들은 횡계 시내로 이주했다.

본격적인 논의에 앞서 중국 김씨의 성씨 유래에 대해 살펴본다. 중국
김씨는 여러 연원이 있다. 첫째, 소호(少昊) 김천씨(金天氏)에서 나왔다.
소호는 황제(黃帝)와 누조(嫘祖) 사이에 태어난 아들이며, 사후에 서방
대제(西方大帝)로 봉해졌다. 오행학설에 의하면 서방은 금(金)에 속하기
에 그를 금천씨(金天氏)라 불렀다. 훗날 자손들은 김씨라고 했다. 둘째,

11 『[가정]적성지』 권22 「山水門·山·仙居」 중 新羅山 자주: "薛又有記."

흉노 김일제(金日磾)에서 나왔다. 한 무제 때 흉노 휴도왕(休屠王)의 태자 일제(日磾)가 한나라로 귀화하자, 한나라는 그가 일찍이 금인(金人)을 모시고 하늘에게 제례를 올렸다며 김성(金姓)을 하사했다. 이로부터 그의 후손들은 김성을 가졌다. 셋째, 북제(北齊) 강족(羌族) 김씨에서 나왔다. 동호계(東胡系) 김조(金祚)가 감숙(甘肅) 일대로 이주하여 세거했다. 넷째, 당나라 때 한반도 신라국 김씨에서 나왔다. 당나라 때 한반도 신라국 김씨들이 바다를 건너 중국 대륙에 정착했다. 예를 들면 김충의(金忠儀) 등이 있다. 다섯째, 오대 유염(劉琰)에서 나왔다. 유염은 오월국 왕권을 피해 천태 지역으로 들어와 원래 성씨를 감추고 김씨로 바꾸었다. 여섯째, 원나라 유씨(劉氏)에서 나왔다. 김복상(金覆祥)의 선조는 원래 유씨(劉氏)였는데, 훗날 김씨로 바꾸었다. 일곱째, 몽골 야선토간(也先土干)에서 나왔다. 명 영락 연간에 몽골 야선토간이 귀화해오자 명나라 조정은 그에게 김성(金姓)을 하사했다. 여덟째, 청 황실에서 나왔다. 청나라 황실의 성씨는 애신각라(愛新覺羅)이다. 애신(愛新)은 만주어로 금(金)이란 뜻이다. 청나라가 멸망한 후 일부 황족들은 성씨를 한어화하여 김씨로 바꾸었다. 이외에 청대 문장가 김성탄(金聖嘆; 본명 張采)을 비롯한 일부 인사들이 김씨 집안의 양자로 들어가면서 김씨로 바꾼 경우가 있다.[12]

2000년에 여전김씨속편이사회(呂前金氏續編理事會)가 옛 족보를 바탕으로 새롭게 증보한 『여전김씨종보(呂前金氏宗譜)』(횡계 소상품구 김영기[金永奇] 소장본)를 편찬했다. 여전 김씨 일족은 선거 횡계 다갱총(茶坑

---

12 褚傳誥纂, 『[민국]天台縣志稿』第3「氏族志」참조.; 陵文斌主編, 『安溪姓氏志』, 方志出版社, 北京, 2006.01, 530쪽.

村), 여전촌(呂前村), 신라촌(新羅村), 양두촌(洋頭村) 등지에 집단 거주하고 있다. 『여전김씨종보』에 의하면 김씨는 황제(黃帝)의 아들 금천씨에서 나왔으며, 금천씨는 천하를 다스리며 금속을 사용했고, 그의 사후에 김덕(金德)을 가진 서방대제(西方大帝)로 봉해져 중화 동이족(東夷族)의 수령이 되었다고 했다. 그러나 여전 김씨의 조상이 반드시 소호 금천씨에서 나왔다고 보기 힘들다. 오늘날 중국 김씨들은 거의가 자기 조상이 소호 금천씨에서 나왔다고 말하고 있는데, 이것은 중화 민족이 모두 염황의 자손이라는 중화주의의 관점에서 나왔다. 그래서인지 모르겠으나 『여전김씨종보』에는 금천씨 이후부터 중시조 김백언(金伯彦)까지의 정확한 계보를 적지 못하고 있다.

　여전 김씨의 중시조는 김백언이고, 호광(湖廣)에 식읍을 두었다. 이 이후 몇 대인지는 모르겠으나 김매산(金梅山)에 이르러 복건 장락영(長樂令)에 올랐고 훗날 나이가 연로하자 절강 금화(金華) 당하가(塘下街)로 이주해왔다. 당나라 때 김도(金道)가 늙었을 때 매계(梅溪)를 노닐다가 이곳의 아름다운 경치에 반하여 정착했다. 그 후 5대가 지나 두 아들을 낳았는데, 장자는 상(象)이고, 차자는 몽(蒙)이다. 김옹(金蒙; 1039~1112)의 호는 수이(壽二)이다. 어느 날 김몽이 선거 여전(呂前)을 지나갈 때 여전 사람이 그의 늠름한 모습에 반하여 사위로 삼았다. 이로부터 김씨가 여전에 정착하였다. 23대손 김수환(金守環; 1514~1576)이 여전에서 신라(新羅)로 이주해 와서 신라 김씨를 형성하였다.

　선거 횡계 신라촌의 제반 모습은 설앙의 시구나 『[가정]적성지』의 내용과 일치한다. 신라촌 사람들은 몇 년 전에 개통한 신작로를 활용한다. 다만 신작로가 절벽을 깎아서 만든 것이라 도로가 구불구불하고 경사가 심하여 도로 사정이 그다지 좋지 않은 편이다. 신라산 등선 아래에는 마을 사람들이 예전에 걸어 다니던 오솔길이 보이는데, 이 길은 매우 협소하고 험악하여 올라가기 힘들다. 정상부 가까운 곳에 널따란 농지가 펼쳐져 있다. 주변에서 나오는 각종 수원이 모여 촌락 옆을 지나 뜰로 들어간다. 가옥들은 언덕배기에 들어서 있다. 주요 농산품은 쌀이다.

　신라촌의 동쪽 산 아래는 파탄향(皤灘鄉)과 경계를 이르고 있다. 파탄향은 선거 횡계진과 백탑진(白塔鎮) 사이에 소재하고, 소속 관할지에 10개 행정촌이 있다. 지명은 백탄(白灘)이 펼쳐져 있는 지형 특징에서 나왔다. 이 지역에는 영안계(永安溪)가 흐르고, 강가에 거위알 모양의 하얀 자갈이 많이 깔려 있다. 파탄고진(皤灘古鎮)은 반룡(盤龍) 형태를 하고 있는 마을로 골목에 하얀 자갈을 깔아놓아 햇빛을 받으면 돌 면이 반사되어 마치 물결이 일렁이는 형상을 나타내고 있다. 이곳은 주모계(朱姆溪), 만죽계(萬竹溪) 등 네 개 개울이 모여든 영안계의 강변에 소재

선거 신라촌 전경

한다. 예전에 이곳 부두에서 배를 타고 영안계를 따라 내려가면 임해와 초강을 거쳐 태주만 바다로 들어갈 수 있다.

파탄향에서 남서쪽 만죽계 주변에는 만죽구촌(萬竹口村)과 만죽왕촌(萬竹王村)이 있다. 이들 지역은 개울 이름이나 촌락 이름에서 보듯이 만죽산과 관련이 있다. 만죽왕촌은 파남향에서 7km 떨어져 있다. 만죽왕촌에서 만죽계를 거슬러 올라가면 황갱구(黃坑口)와 금갱구(金坑口)가 나온다. 금갱구에서 만죽산을 올라가면 신라촌이 나온다. 만죽왕촌은 환계(環溪) 왕씨(王氏)의 집단촌이다. 전체 인구는 1천여 명이고, 호수는 3백 60호이다. 1996년에 환계 왕씨가 옛 종보를 중수 편찬한 『환계왕씨종보(環溪王氏宗譜)』(만죽왕촌 전촌위서기 王明里[왕명리] 소장본)가 있다. 이 책자에는 신라산에 관한 기록이 보인다. 권15 「형세(形勢)」에서:

新羅山, 在萬竹上, 平曠幽杳, 九峰迴環, 道極險隘. 宋呂徽之常隱, 其下有陡起亭·仙人浚之勝.
신라산은 만죽산 위쪽에 있다. 평탄하며 널따랗고 그윽하고 깊으며 구봉이 둘러싸여 있고, 길이 몹시 위험하고 협소하다. 송 여휘지(呂徽之)가 일찍이 은거했으며, 그 아래에 두기정(陡起亭)과 선인준(仙人浚)이라는 절경이 있다.

여기에서 신라산은 만죽산 정상에 있다고 했다. 산세 모습은 『[가정]적성지』의 기록과 일치한다. 만죽산 절정 아래에는 남송 여휘지(呂徽之)가 은둔한 곳이 있다. 여휘지의 자는 기유(起猷)이고, 호는 육송(六松)이며, 선거 사람이다. 송나라가 망하자 만죽산으로 들어와 동리 출신 옹삼(翁森)과 함께 은둔 생활을 즐겼다.

만죽산에는 두기정(陡起亭)과 선인준(仙人浚)이라는 뛰어난 경치가 있다. 두기정은 일명 두기정(斗起亭)이고 만죽산 아래 만안원(萬安院) 근처에 소재하며 설앙이 머물렀던 정자이다. 만안원의 원명은 만수원(萬壽院)이고, 877년(건부 4)에 세웠다. 1028년(천성 68)에 만안원이라는 사액을 받았다.[13] 1677년(강희 16)에 승 운훈(雲暈)이 중건했고, 1968년 문화대혁명 때 훼멸되었다. 2000년에 다시 중건되었다.[14]

선인준은 선인준(仙人峻) 또는 선인수(仙人圳)라 적고 만죽산 정상 신라촌의 근처에 소재한다. 이곳은 절벽 가운데 선인장처럼 갈라진 흠에서 물이 흘러내린다. 너비는 2~3척이고, 높이는 4장쯤 된다. 전해오는 말에 의하면 선인이 손바닥으로 이곳을 갈라놓았다고 한다.[15] 이처럼 신라를 포함한 만죽산 일대는 신선이나 은둔자들이 거주하기에 좋은 자연환경을 가졌다.

Ⅳ. 대진도(大陳島) 고려두산(高麗頭山)

대진도(大陳島)는 현 행정구역으로 태주시 초강구 대진진(大陳鎭)에 속해 있다. 이곳은 태주열도(台州列島) 중남부 각통양(脚桶洋)에 소재한 해도이며 초강 해문항(海門港)으로부터 52km 떨어져 있다. 이곳에서 가

---

13 『[가정]적성지』 권29 「寺觀門·寺院·仙居」: "萬安院, 在縣西南四十五里. 舊名萬壽, 唐乾符中建, 國朝天聖六年改今額. … 舊有斗起亭, 建炎中薛左丞昂避地居之."

14 萬安寺 소재 「萬安寺簡界」 비석 참조.

15 『環溪王氏宗譜』 권15 「形勢」: "仙人圳, 在新羅之麓, 峭壁數丈, 忽分一扇峙於水去壁. 闊二三尺, 長四丈許, 水從中流. 相傳爲仙人靈掌所劈理, 或然歟?"

대진도

장 가까운 대륙은 23.6km 떨어진 황랑향(黃琅鄉) 동두저(同頭咀)이나, 해상교통이 연계되고 행정기관이 소재한 초강구에 편입되어 있다. 대진도는 크고 작은 29개 섬으로 이루어져 있는데, 그중에 가장 큰 섬은 상대진도(上大陳島)와 하대진도(下大陳島)이다. 두 섬 사이는 2.7km 정도 떨어져 있다. 대진도에서 가장 높은 산은 하대진도 서쪽에 소재한 봉미산(鳳尾山)이고, 해발 228.6m이다. 상대진도에는 협오산(夾五山), 관제산(關帝山) 등이 있다. 대진진 소속 관할지에는 1개 사구(社區)와 3개 행정촌이 있고, 진정부(鎮政府)는 하대진도에 설치되어 있다. 2019년 기준으로 전체 인구는 39,915명이다.

5세기 중엽에 대진도는 동진산(東鎮山) 또는 동정산(洞正山)이라고 불렀다. 15세기 초『정화항해도(鄭和航海圖)』에 대진도라는 이름이 처음 등장했다. 대진도는 역대적으로 해상전투에 중요한 요새로 활용되었다. 명 가정 연간에 명나라 수군이 대진도 해역에서 왜구 선단을 물리쳤고, 이후 대진도에 왜구 침략을 막는 수군 전진기지를 두었다. 1949년 국민당 정부가 대만으로 철수하면서 대진도와 그 부속도서를 해상방위의 최일선으로 삼았다. 1955년에 중국 해방군이 대진도와 부속도서를 차지하여 오늘날까지 이르고 있다. 현재 대진도는 절동 지역의 어업 기지로 유명하다.

대진도에 고려와 관련된 유적이 있다. 『[가정]적성지』권19「산수문
(山水門)·산(山)·임해(臨海)」에서:

高麗頭山, 在縣東南二百八十里. 自此山下分路, 入高麗國. 其峰突立,
宛如人首, 故名.
고려두산(高麗頭山)은 (임해)현 동쪽 2백 80리에 있다. 이 산 아래 갈
림길에서 고려국으로 들어간다. 봉우리는 돌출해 있으며 마치 사람 머
리와 같은 고로 명명했다.

여기에서 고려두산(高麗頭山)의 위치와 형태, 명칭 유래에 대해 알려
주고 있다. 고려두산은 임해현에서 동남쪽으로 280리 떨어져 있다. 고
려두산 아래에는 갈림길이 있는데, 그중의 한 갈래가 한반도 고려국으
로 들어가는 해로이다. 봉우리의 모습이 마치 사람 두상과 닮았다. 지
명은 고려와 봉우리 두 가지 사항이 복합적으로 어우러져 명명되었다.
『[가정]적성지』에는 고려두산에 관해 또 하나의 자료가 기술되어 있
다. 이 책자의 권20「산수문(山水門)·산(山)·황암(黃岩)」에서:

東鎮山, 在縣東二百四十里. 『臨海記』云: 洋山東百里, 有東鎮大山,
去岸二百七十里, 生昆布, 海藻, 甲香, 礬等物, 又有金漆木, 用塗器物,
與黃金不殊. 永昌元年, 州司馬孟詵以聞. 中有四嶴, 極險峻, 山上望海
中, 突出一石, 舟之往高麗者必視以爲准焉.
동진산(東鎮山)은 현 동쪽 240리에 있다. 『임해기』에서 말하기를 양
산(洋山) 동쪽 100리에 동진대산이 있으며, 해안으로부터 270리 떨어져
있다. 다시마, 해조(海藻), 갑향(甲香), 명반 등이 생산된다. 또 금칠목
이 있다. 기물을 칠하는 데 사용되며 황금과 다름이 없다. 영창(永昌)

원년(689)에 주의 사마(司馬) 맹선(孟詵)이 아뢰었다. 섬 가운데 항구 네 곳이 있는데, 극히 험준하다. 산 위에서 바다를 바라보면 한 암석이 돌출되어 있다. 고려로 가는 배는 반드시 이것을 보고 길잡이로 삼았다.

동진산은 바다 가운데 있는 섬이다. 동진도에는 바닷가에서 각종 해초류와 약재가 생산되고, 기물 도료로 사용되는 황칠나무가 자란다. 황칠나무는 두릅나무과의 상록교목으로 날씨가 따뜻한 바닷가 지역에서 자란다. 우리나라에서는 완도와 제주도에 생산된다. 나무껍질에 상처를 내면 황금빛 수액이 나온다. 이 수액이 황칠의 원료가 되며 고급가구의 도료로 사용된다. 맹선(孟詵)은 당 측천무후와 중종 시기에 활약한 관료이자 의학자이다. 689년(영창 1)에 태주 사마로 있을 때 동진산에서 생산되는 황칠을 찾아 조정에 보고했다.

동진산은 항구 네 곳이 있는데, 지형이 극히 험준하다. 산 위에서 바다를 바라보면 불룩 튀어나온 한 암석이 있는데, 고려로 가는 뱃사람들은 이 암석을 향해 지표로 삼았다. 여기의 내용은 앞에서 고려로 들어가는 갈림길에 있다는 고려두산의 기록과 매우 흡사하다. 따라서 고려두산이 동진산과 같은 지역에 소재한다는 사실을 알 수 있다.

『[가정]적성지』에는 동진산과 고려두산의 거리를 표기해 놓았는데, 각 조항의 기록에 따라 조금씩 다른 사실을 발견할 수 있다. 「산수문·임해」 조항에는 고려두산이 임해현 동남쪽 270리에 있다고 했고, 「산수문·황암」 조항에는 동진산이 황암현 동쪽 240리에 있다고 했다. 또 「사관문(寺觀門)·황암」 조항에는 동진산에 소재한 오공원(悟空院)은 황암현 동남쪽 3백 리에 있다고 했다.[16] 『임해기(臨海記)』에는 동진산이 양산(洋山) 동쪽 100리에 있고, 해안으로부터 270리에 있다고 했다.

이러한 기록 차이는 각종 고문헌에서 자주 발생하는 문제이기는 하지만, 동일한 책자에서 기록이 서로 다른 점은 자못 혼란스럽다. 그원인은 여러 가지가 있겠지만, 그중에 두 가지를 들어본다. 하나는 『[가정]적성지』의 기록이 실측한 것이 아니라, 앞서 전해온 여러 기록을 종합해서 적었기 때문이다. 다른 하나는 거리를 재는 기준 지점과 목표지점이 서로 다르기 때문이다. 「사관문· 황암」이나 「산수문· 임해」는황암현에서 기준 지점으로 삼았고, 『임해기』는 각각 양산(洋山)과 해안에서 기준 지점으로 삼았다. 고려두산과 오공원은 모두 동진산이라는동일한 권역에 속해 있지만, 동진산 속에서 각자 위치가 다르다. 뒤에서 밝히겠지만, 고려두산은 상대진도(上大陳島)에 있고, 대진도에 가장높은 산은 하대진도(下大陳島)에 있다. 오공원은 거리가 가장 먼 것으로보아 하대진도에 있는 것으로 보인다.

그렇다면 동진산과 고려두산은 구체적으로 어디에 있는가? 『[가정]적성지』 「황암현경(黃巖懸境)」 지도에는 동진산의 위치가 그려져 있다.동진산은 내륙 니오장(尼奧場)을 마주하는 동쪽 바다에 있다. 동진산주변에는 여러 섬이 있는데, 북쪽에 취문산(鷲門山), 서쪽에 검서산(劍嶼山), 남쪽에 오진묘(悟眞廟)가 있다. 동진산은 오늘날 태주 지역의 앞바다에 있는 섬임이 분명하다.

최근 정급은 고려두산과 동진산의 위치에 관해 좀 더 구체적으로 풀이했다. 그의 견해를 정리해 보면 다음과 같다. 고려두산과 동진산은별개의 지표가 아니고 동일한 해역에 있다. 이 두 개의 산은 태주 해역에 있는 대진산(大陳山)이 아닐까 의심된다. 그 이유는 방향이 일치하

---

16 『[가정]적성지』 권28 「寺觀門·寺院·黃巖」: "悟空院, 在縣東南三百里海中東鎭山上."

고, 대진산이 태주만에 가장 큰 도서이기 때문이다.[17] 이후 임사민은
정급의 풀이를 그대로 수용하고, 동진산은 오늘날 온령현(溫嶺縣) 경내
에 있는 동진산이라는 말을 덧붙였다.[18] 동진산은 온령 경내에 소재하
지 않고, 예전에는 오랫동안 황암에 속했다가 근자에 들어와서 초강으
로 편입되었다. 이 이후 중국과 한국 학계에서는 여기에 관해 정급의
견해를 수용하고 더 이상의 지리 추적이 없었다.

　이에 필자는 고려두산의 정확한 위치를 찾기 위해 대진도와 관련된
제반 문헌들을 검토했다. 그러던 차에 상대진도 소재한 고리두(高梨頭)
라는 지명을 찾았다. 고리두(高梨頭)가 고려두산(高麗頭山)의 고려두(高
麗頭)와 한 글자 차이이다. '리(梨; li)'자와 '려(麗; li)'자는 중국어(漢語)
음가가 동일하다. 중국 지명의 변화를 살펴보면 음가가 동일하거나 비
슷한 글자로 바뀌는 경우가 종종 있다. 예를 들면 북경 통주에 옛 고구
려인이 거주했던 '고려장(高麗莊)'이 있다. 촌락 이름은 훗날 음가가 같
은 '고력장(高力莊)'으로 바뀌었다.

　필자는 직접 대진도를 방문하여 고리두(高梨頭)를 찾아 나섰다. 초강
강빈동로(江濱東路)에 소재한 7호부두(7號碼頭)에 대진도를 오가는 쾌속
정이 있다. 여기에서 쾌속정을 타고 2시간 남짓 가면 상대진도 부두에
도달한다. 풍랑이 심한 날에는 쾌속정은 하대진도 부두로 곧장 들어간
다. 상대진도 부두에서 버스를 타고 얼마 안 가면 상대진도에서 가장
큰 어촌인 대오리(大鼇里)에 도착한다. 여기에서 동쪽 해변을 따라 10

17 丁伋, 「台州海外交通史事鉤沈」, 『「台州地區志」志餘輯要』, 앞의 서지, 88쪽.
18 林士民, 「唐吳越時期浙東與朝鮮半島通商貿易和文化交流之研究」, 앞의 서지, 16~
　17쪽.

여 분 걸어가면 촌락 끝부분에 감귤 농장이 나온다. 여기에서 오른쪽으로 꺾어 농장 한가운데를 지나면 산으로 오르는 계단이 나온다. 계단을 따라 한참 올라가면 산등성이 나오고, 그 아래가 오사두(烏沙頭) 해변이다. 오사두 해변의 길이는 300m 정도이며, 해변에는 주먹만 한 검은 자갈이 깔려 있어 출렁이는 파도와 함께 아름다운 정경을 자아낸다. 이곳 풍경은 낭도오사(浪淘烏沙)라고 불리며 대진팔경(大陳八景) 중의 하나이다.

산등성에서 고리두를 찾아가는 잔도(棧道)는 생명을 담보로 할 정도로 위험하기 그지없다. 절벽 사이에 난 잔도에는 오랫동안 사람들이 다니지 않아 아열대 잡초와 잡목들이 무성하다. 잔도 바로 아래는 수십 길이나 되는 낭떠러지라서 자칫하면 추락의 위험이 있다. 부득불 지역민을 고용해서 낫으로 잡초와 나뭇가지를 베어가며 몇백 m 정도 나아가니 저 멀리 해변에 서 있는 거대한 바위산이 나타났다. 이곳이 바로 고리두(高梨頭)이다. 감귤 농장에서 동쪽으로 양쪽 봉우리 사이로 올라가는 첩경이 있다고 하나 잡목이 워낙 많이 우거져 길을 찾아가기가 매우 힘들다. 이외에 해상으로 접근하는 방법이 있다. 대오리(大鼇里)에서 선박을 빌려 타고 고리두 앞바다에 도달할 수 있다. 때마침 답사한 날은 풍랑이 심해 소형 어선이 출항할 수가 없었다.

고리두는 상대진도의 동남쪽 끝부분 바닷가에 소재한다. 거대한 바위산이 마치 해수면 위로 머리를 내미는 듯 홀로 굳건하게 서 있다. 바위산은 오랜 세월 동안 끊임없는 비바람에 침식되어 깎아내린 듯한 절벽을 형성하고 있고, 해수 가까운 절벽에는 파도에 의해 침식된 구멍이 무수히 나 있다. 바위산 뒤편으로는 수십 길이나 되는 절벽들이 병풍처럼 서 있다. 이곳은 대진도 해상 관광에서 가장 아름다운 곳으로

대진도 고려두산

알려져 있다. 하대진도 병풍산(屏風山)에서도 망원경을 사용하면 고리두의 전체 풍광을 볼 수 있다.

고리두(高梨頭)는 고려두산(高麗頭山)이다. 이곳은 옛날 뱃사람들이 선박을 운항하는 데 좋은 항해 지표가 되었다. 당송 시대에 뱃사람들은 주로 근해 항법을 활용했다. 근해 항해할 때에는 항법사가 자기 선박의 위치를 관측하기 위해 육안으로 도서나 육지 해변에 있는 높은 산이나 특이한 지형을 보면서 운항한다. 대진도는 육지로부터 가까운 위치에 소재하고, 중국 남북과 외국으로 나가는 해상교통의 요충지에 있어 많은 선박이 오갔다. 고려 상인과 민절(閩浙; 복건, 절강) 상인들은 한반도와 중국 대륙을 오가면서 활발한 해상 교역을 했고, 태주 상인들도 그중의 한몫을 담당했다. 이들은 상대진도 동남쪽 바닷가에 우뚝 솟은 바위산을 항해 지표로 삼고 한반도 고려국으로 향했을 것이다. 그래서 이 바위산을 고려두산(高麗頭山)이라고 불렀고, 훗날 음가가 동일한 글자인 고리두(高梨頭)로 바뀌었다.

V. 결론

태주 지역은 절강 연해안 중부 지역에 속해 있다. 이 지역은 한반도와 중국 남부를 잇는 해상 길목에 자리하고 있어 예로부터 한중 양국 사이에 활발한 해상 교류가 이루어졌다. 나려 시대에 한반도에서 태주 지역으로 들어간 사람들은 물자 교역과 구도 행렬에 나섰고, 때로는 신라촌이라는 집단 촌락지를 형성하였다. 이와 반대로 중국인들이 태주 지역을 거점 또는 중계지로 삼아 한반도로 들어오는 경우도 많았다. 이러한 실체는 이 지역에 소재한 나려 관련 유적이나 지명에서 찾아볼 수 있다.

본 논고에서는 태주 지역에 소재한 나려 유적이나 지명 중 선행학자들이 언급하지 않았거나 미흡한 점에 대해 집중적으로 분석했다. 임해에는 예전부터 전해오는 신라산이 있다. 『[가정]적성지』에는 임해 신라산을 표기한 「산」 기록과 「주경」 지도가 수록되어 있다. 지금까지 선행학자들은 「주경」 지도에 근거하여 임해 시내 뒤편에 있는 후산(後山)이라고 고증했으나, 지도 판독에 문제점이 있다. 만약 「주경」 지도만으로 근거한다면, 신라산은 후산보다 더 뒤편에 있는 석암두(石岩頭)나 대강두(大崗頭)일 가능성이 크다. 또 만약 「산」 기록만으로 근거한다면, 임해시 서쪽에 있는 방계(芳溪) 주변의 산일 가능성이 크다.

오늘날 선거현 횡계진에는 신라촌이 있다. 『[가정]적성지』에서 선거현 만죽산(萬竹山) 절정에 신라(新羅)라는 지명이 있다고 했는데, 바로 신라촌을 지칭한다. 선거 신라촌은 산 정상 부근에 평평하고 넓은 토지를 가지고 있어 사람들이 집단으로 살기에 충분한 자연 여건을 갖추고 있다. 이곳은 김씨의 세거지이다.

『[가정]적성지』에서 동진산의 고려두산(高麗頭山)이 있는데, 뱃사람들이 고려로 향할 때 항해 지표로 삼았다고 했다. 동진산은 태주 앞바다에 소재한 대진도를 지칭한다. 대진도는 상대진도, 하대진도라는 두 개의 큰 섬과 여러 개의 작은 섬으로 이루어져 있다. 상대진도에는 바닷가 절벽 아래에 멀리서 보면 마치 사람의 두상처럼 생긴 고리두(高梨頭)라는 지명이 있다. 고리두(高梨頭)는 고려두(高麗頭)에서 음가가 변형된 지명이다.

중국 소재 한국 관련 유적이나 지명을 조사할 때 중요한 작업 중의 하나가 현지답사이다. 본 논고에서 보듯이 임해 신라산, 선거 신라산과 신라촌, 대진도 고리두는 모두 현지답사에서 파악한 사항이다. 물론 선행학자들의 연구 성과와 해당 문헌의 조사 분석이 필수적으로 수반되어야 한다. 다만 현실적으로 가장 어려운 부분은 현지답사라고 할 수 있다. 외국 소재의 유적이나 지명 조사에는 현지답사가 필히 동반되어야 한다. 이러한 점을 극복하기 위해서는 현지의 해당 기관이나 현지인의 도움, 그리고 상호 협력 시스템 구축이다. 본 논고 작성에서도 이러한 점을 더욱 절실하게 느꼈다. [燁爀之樂室]

천태 소재
나려 유적과
지명

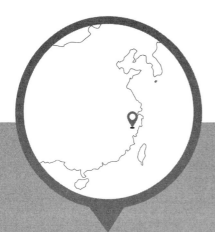

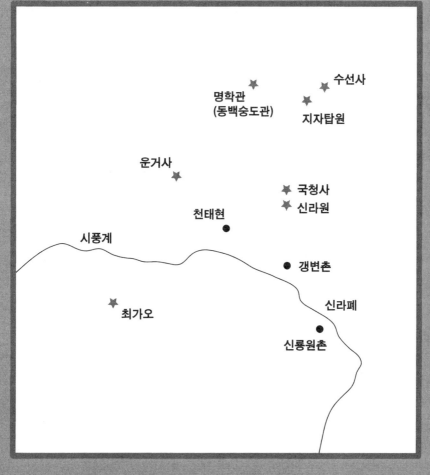

수선사

명학관
(동백숭도관)

지자탑원

운거사

국청사
신라원

천태현

시풍계

갱변촌

신라폐

최가오

신룡원촌

Ⅰ. 서론

천태(天台)는 절강성 태주(台州) 지구의 서북부 내륙에 소재한 현급 행정구획이다. 동쪽으로 영해현(寧海縣), 동남쪽으로 삼문현(三門縣), 남쪽으로 임해시(臨海市), 서남쪽으로 선거현(仙居縣), 서쪽으로 반안현(磐安縣), 북쪽으로 신창현(新昌縣)에 각각 접하고 있다. 오 황무(黃武)와 황룡(黃龍) 연간 사이에 이곳에 시평현(始平縣)이 설치되었다. 280년(태강 1)에 시풍(始豊)으로 바뀌었다가, 얼마 후 당흥(唐興)으로 바뀌었다. 908년(개평 2)에 다시 천태로 바뀌어 오늘날까지 이르고 있다. 천태 이름은 경내 소재한 천태산(天台山)에서 나왔다. 소속 관할지에는 3개 가도(街道), 7개 진(鎭), 5개 향(鄕)이 있다.

천태산은 천태종(天台宗) 본사가 들어선 불교 성지이다. 예로부터 해동의 구법승들이 분분히 바다를 건너 천태 지역으로 들어와 고승과 만남을 통해 천태 교리의 오묘한 이치를 깨닫고 불법 수행에 정진하였다. 중국 천태종도 한반도 나려(羅麗), 즉 신라·고려와 교류를 통해 천태 경전을 역수입하고, 나려 고승으로부터 가르침을 받는 등 종파 부흥에 많은 도움을 받았다.

각종 고문헌에는 천태 지역에 옛 한국 관련 기록들이 많이 보이고, 오늘날 이 지역을 둘러보면 한국 관련 유적이나 지명을 많이 찾아볼 수 있다. 선행학자들은 천태 지역의 한국 유적과 지명에 대해 조사 작업을 진행하여 상당한 연구 성과를 이루어내었다.[1] 필자도 이 대열에 참여하고자 여러 차례 천태 지역을 답사하였고, 이번에 그 결과를 내놓게 되었다. 본 논고에서는 천태 지역의 신라·고려 관련 유적과 구전 가운데 선행학자들이 언급하지 않았거나 미흡했던 점을 중심으로 살펴보고자 한다. 조사 방법은 현지답사와 문헌 조사를 병행했다.

II. 천태(天台) 신라원(新羅園) 유적

남송 가정(嘉定) 연간에 진기경(陳耆卿)이 편찬한 『[가정]적성지(赤城志)』가 있다. 이 책자는 현존 가장 오래된 태주 지역의 지방지인데, 여기에 천태 신라원(新羅園)에 관한 기록이 보인다. 권28 「사관문(寺觀門)·사원(寺院)·천태(天台)」에서:

> 景德國淸寺, 在縣北十一里. 舊名天台, 隋開皇十八年爲僧智顗建. …
> 寺前有新羅園, 唐新羅僧悟空所基.
> 경덕국청사(景德國淸寺)는 (천태)현 북쪽 11리에 있다. 옛 명칭은 천태(天台)이다. 수 개황 18년(598)에 승 지의(智顗)가 창건했다. … 절 앞에는 신라원(新羅園)이 있는데, 당 신라승 오공(悟空)이 기초한 곳

---

1 조영록, 「강소, 절강성 지역의 신라 불교유적」, 『중국동남연해지역의 신라유적조사』, 海上王張保皐紀念事業會, 서울, 2004.12, 419~489쪽.

이다.

국청사(國淸寺)는 천태현 북쪽 3km 떨어진 천태산 남록에 자리하고 있다. 사찰 주변은 오봉으로 둘러싸여 있고, 고목들이 울창하게 들어서 있으며, 쌍계에서 나오는 개울물이 모여 사찰 앞을 지나가고 있다. 575년(태건 7)에 지의(智顗: 智者)대사가 천태산으로 들어와 초암을 짓고 천태 교리를 널리 퍼뜨렸다. 598년(개황 18)에 양광(楊廣)이 지의 대사의 유업을 받들어 천태사(天台寺) 건립에 나서 601년(인수 1)에 완공하였다. 605년(대업 1)에 사액을 받고 사찰 명칭을 국청사로 바꾸었다.

상기 문장에서 국청사 앞에 신라승 오공(悟空)이 세운 신라원이 있다고 했다. 국청사는 천태종의 발원지이다. 당시 천태종을 비롯한 여러 종파의 많은 승려가 국청사로 모여들었고, 이 중에는 한반도에서 건너온 화상들도 적지 않았다. 고구려 파야(波若)와 신라 연광(緣光)은 지의로부터 직접 수업을 받았고, 그 후 법융(法融), 순영(純英), 도육(道育), 의통(義通), 제관(諦觀), 의천(義天) 등 나려 화상들이 속속 국청사로 들어왔다. 특히 의통은 천태종 16대 조사로 추대받았고, 의천은 한국 천태종 중흥조사가 되었다. 신라 화상

천태 국청사 수탑

들은 국청사와 그 주변 지역에 머물면서 불법 수행을 했다. 이러한 환경 속에서 국청사 앞에 신라승 오공이 세운 신라원이 있다는 사실은 어쩌면 당연한 현상이라고 하겠다.

김문전(金文田)의 『천태채방록(天台採訪錄)』에 의하면 신라원은 오봉산록(五峰山麓) 원 만공지(萬工池) 옆에 있으며, 그 유적이 남아 있다고 한다.[2] 김문전은 청말 민국 초에 활동한 문인이다. 자는 영전(永田), 자인(子仁)이고, 호는 성산(性山)이다. 1906년(광서 32)에 천태중학(天台中學)을 세웠고, 주국화(朱國華)와 더불어 천태현 주변을 유력하며 많은 유람기를 남겼다.

신라원이 있는 만공지는 1341년(지정 1)에 욱종면(勖宗冕)에 의해 우화정(雨華亭), 방장실(方丈室)과 함께 축조하였다.[3] 국청사 위쪽 북간(北澗)과 서간(西澗)에서 나오는 개울물, 즉 쌍계가 풍간교(豐干橋)에서 모여들고, 다시 아래로 계속 흘러 만공지로 들어간다. 만공지 위에는 칠불소부도(七佛小浮屠)가 있었다. 민국 이후 만공지는 퇴적물이 쌓이는 바람에 못의 기능이 사라졌다. 현 한습정(寒拾亭) 서쪽 자계(赭谿)에 소재한 녹지가 바로 만공지 옛터이다.

국청사는 598년(개황 18)에 창건된 이후 여러 차례 훼멸과 중건을 거듭했다. 당 회창 연간(841~846)에 소실되었다가, 곧이어 다시 세워졌다. 그 후 송원 시대를 지나면서 풍우, 병화, 종파 문제 등으로 사찰이 크게 훼손되었다가, 명 영락 연간(1403~1424)에 현재의 위치로 옮겨와

---

2 林士民, 「唐吳越時期浙東與朝鮮半島通商貿易和文化交流之研究」, 『海交史研究』, 中國海外交通史研究會, 1993年 1期, 20쪽 인용.

3 『天台山方外志』 권4 「山寺考」 중 「國淸寺」: "至正辛巳, 邑人胡榮甫建山門, 有僧勖宗冕來主法席, 於舊址建雨華亭·方丈, 築萬工池."

새롭게 중건되었다. 1733년(옹정 11)에 사찰 건물을 대대적으로 중수하여 오늘날까지 전해오고 있다.[4]

오공이 세운 신라원은 언제 훼멸되었는가? 1417년(영락 15)에 장존(張存)이 승려 천인(天印)의 안내로 국청사를 유람한 뒤 기술한 「유국청사기(遊國清寺記)」가 있다. 이 기문에는 국청사 불전 터 뒤편에 있는 여러 유적과 신라원(新羅園)이 모두 훼멸되었고, 옛터에는 연기가 자욱하고 풀이 무성히 자랐으며 형극이 옷소매를 찌르고 있어 사람들로 하여금 옛 영화를 회상하게 한다고 했다.[5] 장존은 기문에서 오공을 당나라 승이라고 기술했지만, 신라원의 명칭이나 『[가정]적성지』 기록에 의하면 오공은 신라인임이 분명하다. 중국 문헌에는 왕왕 옛 한국인들을 중국 조대만 기술한 경우가 많다. 이것으로 보아 오공이 세운 신라원은 명 영락 이전에 이미 훼멸되었음을 알 수 있다.

최근 선행학자들은 신라승 오공과 관련하여 동진사(東鎭山) 오공원(悟空院)이라는 사찰을 주목하였다.[6] 여기에 선행학자들이 내세운 근거 자료를 검토해본다. 『[가정]적성지』 권28 「사관문(寺觀門)·사원(寺院)·황암(黃巖)」에서:

悟空院, 在縣東南三百里海中東鎭山上. 晉天福六年建, 國朝治平三年

4 丁天魁 주편, 『國清寺志』, 華東師範大學出版社, 上海, 1995.10, 16~19쪽.
5 『天台山方外志』 권20 「文章考」 張存 「遊國清寺記」: "寺前雙澗合流, 注萬工池, 池上有七佛小浮屠. … 天印引觀古殿基, 殿後雷音堂, 堂後振奎閣, 閣後無畏室, 後更好亭, 及寺前唐僧悟空創新羅園, 皆廢. 但見煙草羅生, 荊棘刺衣袂, 使人懷感."
6 金文經, 「7~10世紀 新羅와 江南의 文化交流」, 『中國의 江南社會와 韓中交涉』, 集文堂, 서울, 1997.11, 146~147쪽.; 貝逸文, 「吳越時期舟山寺院文化與海外交流」, 『浙江海洋學院學報』(人文科學版), 浙江海洋學院, 2003年 1期, 18~19쪽.

賜額. [자주] 舊傳有金鐘一, 寨官脅而取之, 登舟, 人鐘俱溺. 今水際時
現金光雲.

　오공원(悟空院)은 (황암)현 동남쪽 300리 떨어진 바다 가운데 동진산
(東鎭山)에 있다. 진 천복 6년(941)에 창건되었고, 국조(송나라) 치평 3
년(1066)에 사액을 받았다. [자주] 예전에 금종(金鐘) 하나가 있었다.
변방 관리가 이것을 약탈해서 배에 싣고 가다가 사람과 종이 모두 침몰
하였다. 지금도 물가에는 때때로 황금빛 구름이 나타난다.

　이 글에서 오공원의 위치와 사찰 내력, 금종 고사에 대해 언급하고
있다. 오공원은 황암현에서 동남쪽 3백 리 떨어진 동진산이라는 해도
에 소재한다. 941년(천복 6)에 건립되어 1066년(치평 3)에 사액을 받았다.
오공원에는 금종이 있었다. 변방 관리가 금종을 약탈하여 배에 싣고
가다가 침몰당해 익사하고, 금종도 바닷속으로 침몰하였다. 그 후 바
닷가에는 때때로 황금빛이 나는 구름이 나타났다.

　금종이 침몰한 지역에 황금빛 구름이 나타난다는 고사는 바닷가에서
자주 일어나는 자연 현상을 떠올리게 한다. 바닷가에서 해돋이나 일몰
광경을 바라보면 수평선 저 너머에서 태양에서 쏟아내는 황금빛이 하
늘을 물들인다. 이때 바다에 비치는 빛도 파도에 출렁이며 황금빛을
발산한다. 이것이 마치 바다 밑으로 가라앉은 금종이 빛을 발하는 것으
로 착각하기 쉽다. 따라서 오공원의 금종 고사는 사찰이 소재한 바닷가
의 자연 현상에 힘입어 그 존재에 대한 신비감이 가중되었다.

　동진산은 절강 태주 앞바다에 소재한 대진도(大陳島)의 옛 지명이다.
『정화항해도(鄭和航海圖)』[원명 『자보선창개선 종용강관출수 직저외국제번도
(自寶船廠開船從龍江關出水直抵外國諸番圖)』]에 대진산 이름이 처음 등장
한다.[7] 『정화항해도』는 명나라 초 정화가 중동과 아프리카 북단으로

항해한 지역을 묘사한 지도이다. 현전하는 판본 가운데 1628년(숭정 1)에 모원의(茅元儀)가 편찬한 『무비지(武備志)』 권240에 나오는 지도가 가장 빠르다.

대진도는 태주열도 중남부 각통양(脚桶洋)에 소재한 해도이다. 태주 초강구 해문항(海門港)에서 52km 떨어져 있다. 현 행정구역으로는 태주시 초강구에 속해 있지만, 예전에는 오랫동안 황암현의 관할지에 편입되었다. 대진도는 크고 작은 29개 섬으로 이루어져 있으며, 그중에 상대진도(上大陳島)와 하대진도(下大陳島)가 가장 큰 섬이다. 아래에서 살펴보겠지만 오공원과 같은 동진산 권역에 소재한 고려두산(高麗頭山)이 있다. 고려두산은 훗날 고리두(高梨頭)로 바뀌었는데, 현 상대진도의 동남쪽 바닷가에 소재한다. 『[가정]적성지』에 의하면 고려두산은 임해현에서 280리에 떨어져 있고,[8] 동진산 오공원은 황암에서 300리 떨어져 있다. 임해는 황암에서 서북쪽에 자리한다. 만약 이 기록이 정확하다면 동진산 오공원은 고려두산이 소재한 상대진도보다 상대적으로 더 먼 하대진도에 소재한 것으로 추측된다.

『[가정]적성지』「판적문(版籍門)」에는 오공원이 가지고 있는 사찰 면적에 관해 기술해놓았다. 전(田)은 84무(畝)이고, 땅(地)은 6무이며, 산(山)은 18무이다.[9] 전체 면적은 104무이다. 오공원의 전체 면적은 사찰 위치가 대진도라는 섬의 특수성을 감안한다면 상당히 크다. 상대진도의 전체 면적은 6.6km²이고, 하대진도의 전체 면적은 5.2km²이다. 도

---

7 『鄭和航海圖』, 中華書局, 北京, 2000.4, 30쪽.

8 『[가정]赤城志』권19「山水門・山・臨海」: "高麗頭山, 在縣東南二百八十里. 自此山下分路, 入高麗國. 其峰突立, 宛如人首, 故名."

9 『[가정]赤城志』권14「版籍門・黃巖」: "悟空院. 田, 八十四畝. 地, 六畝. 山, 一十八畝."

관법에 의하면 선진 이전에 사방 6척을 1보, 100보를 1무라 하고, 진나라 이후 240보를 1무로 정했다.

선행학자들은 동진산 오공원이 국청사 신라원을 세운 오공과 관련 있다고 믿고 있다. 오공원이 있는 동진산 권역에는 오공원 외에 고려두산이라는 유적이 있다. 고려두산은 생김새가 사람 두상과 닮았고, 이곳에서 고려국으로 가는 길이 갈라진다고 해서 명명되었다.[10] 옛날 뱃사람들은 선박을 운항할 때 고려두산을 항해지표로 삼았다. 고려두산은 오늘날 상대진도의 고리두(高梨頭)를 지칭한다. '려(麗; li)'자와 '리(梨; li)'자는 중국어(漢語) 음가가 동일하다.[11]

태주 지역에는 나려인들이 많이 드나들었다. 황암현에는 동쪽 1리에 소재한 신라방(新羅坊)이 있다. 오대 때 신라인들이 황암으로 들어와 집단으로 거주하여 신라방을 형성했다. 신라방은 오늘날 태주시 황암구 백수항(柏樹港) 일대이다. 백수항에서 동관하(東官河), 영녕강(永寧江)과 영강(靈江)을 통해 바다로 가거나 임해, 천태로 올라갈 수 있다. 만약 동진산과 황암의 신라 유적, 이 일대가 한반도와 이어지는 교통로인 점을 감안한다면, 동진산 오공원과 국청사 신라원을 세운 화상은 동일한 인물, 즉 동진산 오공원은 신라승 오공이 창건했다는 가설이 성립될 수 있다.

그러나 이 가설은 커다란 문제점을 안고 있다. 동진산 오공원과 신라승 오공 사이에 직접적인 연결 고리가 없다는 것이다. 동진산 오공원이

---

10 『[가정]적성지』 권19 「山水門·山·臨海」: "高麗頭山, 在縣東南二百八十里. 自此山下分路, 入高麗國. 其峰突立, 宛如人首, 故名."

11 朴現圭, 「台州地區 羅麗 유적과 지명에 관한 고찰」, 『新羅文化』 31집, 東國大學校 新羅文化硏究所, 2008.2, 175~179쪽.

신라승 오공이 세웠다고 주장하는 선행학자들의 논법을 헤아려 보면 주된 이유가 둘 사이에 오공이라는 이름이 들어간 데에 있다. 하지만 사찰 명칭 표기법에 있어 창건 화상의 이름을 생전에 사찰 명칭으로 삼은 경우는 찾아보기 힘들다. 화상 명칭 표기법에 있어 사찰 명칭을 화상 법명 앞에 두어 함께 부르는 경우는 가끔 있지만, 이것은 어디까지나 화상을 지칭하는 방식일 뿐이다. 현존 기록에 천태산에 들어온 나려 화상들이 자신의 법명을 사찰 명칭으로 삼았던 곳은 하나도 없다. 만약 선행학자의 논법대로라면, 신라승 오공이 국청사 앞에 세운 사찰을 신라원(新羅園)이라고 명기하면 안 되고, 오공원이라고 명기했어야 마땅하다. 따라서 화상 명칭을 사찰 명칭으로 삼았다는 선행학자의 논리 전개에는 문제가 있다.

황암 지역에는 동진산 오공원 외에 또 하나의 오공(悟空) 이름을 가진 유적이 있다. 민국 초 황서(黃瑞)가 태주 지역의 금석문을 정리한 『태주금석록(台州金石錄)』이 있다. 이 책자의 권11 「남송칠(南宋七)」에서:

> 「宋悟空亭造像題名」, 石高一尺九寸五分, 廣一尺七寸五分. 像五行, 行四軀, 共二十軀. 軀高四寸五分. 右側題名三行, 行字不等, 正書, 徑八分. 在黃巖鷺橋悟空嶺.
>
> 「송오공정조상제명(宋悟空亭造像題名)」은 석물 높이가 1척 9촌 5분이고, 너비는 1척 7분 5분이다. 불상은 5행이고, 행마다 4기씩 두어, 총 20기이다. 불상 크기는 4촌 5분이다. 우측에 제명 3행이 있는데, 행의 자수는 일정하지 않다. 정서(正書)이며, 지름은 8푼이다. 황암 노교(鷺橋) 오공령(悟空嶺)에 있다.

상기 문장에서 「오공정조상제명(悟空亭造像題名)」의 서지 사항과 위치에 관해 기술해놓았다. 송나라 때 오공정 석벽에 불석상(佛石像)을 조성했다. 석벽과 불상은 별로 크지 않다. 석벽의 높이는 2척이 되지 않고, 불상의 높이는 4촌 5분이다. 불상은 5열 종대, 1열에 4기씩, 총 20기이다. 각 불상의 석벽 우측에는 시주자의 제명을 새겨놓았다. 각 제명의 행수는 3행이고, 글자 수는 일정하지 않다. 제명 내용은 조일낭(趙一娘), 조십낭(趙十娘), 조상(趙庠) 등 조씨 집안사람 20명이 각각 불상 1기씩을 보시했다고 적혀 있다. 황서(黃瑞)는 오공정 불상 탁본을 황암 채품탕(蔡品塘)으로부터 증정받았는데, 당시 석물 2개 중 하나가 이미 유실되었다고 했다.[12]

상기 문장에서 오공정은 황암 노교(鷺橋) 오공령(悟空嶺)에 있다고 했다. 노교는 옛 황암현 소속이며, 근자에 태주 지구로 편입된 이후 노교구(路橋區)로 바뀌었다. 노교(路橋)는 노교(鷺橋)의 간체자이다. 오공령은 오늘날 노교구 봉강가도(峰江街道) 백풍오촌(白楓隖村)의 서쪽에 소재한다. 봉강가도는 노교 남쪽으로 온령(溫嶺), 온서(溫西) 등지로 가는 길목에 자리한다. 소속 관할지에는 4개 사구, 19개 행정촌이 있다. 봉강가도의 시내에서 서쪽 연화산(蓮花山)을 바라보면 산 중턱에 인공적으로 둑을 쌓아놓은 모습이 보인다. 이곳이 바로 1958년에 건설한 오공정수고(悟空亭水庫)이다. 수고에는 불력 2537년(1971)에 세운 오공정(悟空亭)이 있다. 오공정 앞에는 동관사(東觀寺)가 있고, 동관사 옆에는 정봉사(靜峰寺)가 있다. 필자는 이곳을 답사했으나, 아쉽게도 「오공정

---

12 『台州金石錄』 권11 「南宋七」 중 「宋悟空亭造像題名」: "趙一娘, 趙十娘, 趙庠, … 趙十二娘, 各捨佛一身." 黃瑞 해제: "右「造像題銘」, 黃巖蔡品塘端方拓贈, 據云: 石二, 今亡其一."

조상제명」을 찾지 못했다.

　만약 전대 학자들의 논리대로 동진산 오공원이 국청사 신라승 오공이 세운 것이라면, 오공정 불상과 오공령 지명에도 이와 똑같은 논리를 적용해야 하는 문제점이 발생한다. 오공령과 오공정은 옛 황암 지역에 속해 있고, 황암 지역에는 신라인이 활동했던 기록이 남아 있다. 그렇다면 오공령과 오공정도 신라승 오공과 관련이 있는 곳이라고 봐야 하는가? 대답은 그렇지 않다.「오공정조상제명」은 송나라 때 조씨 집안에서 조성한 것으로 신라와는 관련이 없다.

　이상 종합하자면 국청사 신라승 오공이 동진산 오공원을 세웠다고 단정 짓기는 어렵다. 선행학자의 견해에는 근본적인 문제, 즉 둘 사이에 직접적인 상관관계가 있다는 어떠한 결정적인 증거가 없다.

Ⅲ. 천태(天台) 신라원(新蘿園) 유적

　1915년(민국 4)에 이광익(李光益)·김성(金城)이 편수하고, 저전고(褚傳誥)가 편찬한『[민국]천태현지고(天台縣志稿)』가 있다. 이 책자에는 천태현 경내에는 오공이 세운 신라원과 비슷한 명칭을 가진 고적이 보인다. 제3「고적(古蹟)」에서:

　　新蘿園, 在縣東南十里. 今其地植桃最盛. [자주] 案旧志, 國清寺前有新羅園, 唐時新羅僧悟空所築, 當別是一園.
　　신라원(新蘿園)은 현의 동남쪽 10리에 있다. 지금 그 자리에 복숭아를 심었는데, 아주 무성하다. [자주] 구지(舊志)에 의하면 국청사 앞에 신라원(新羅園)이 있는데, 당나라 때 신라승 오공이 세웠던 바이다. (이는) 마땅히 또 하나의 다른 원(園)이다.

이 글의 본문에서 신라원(新蘿園)은 천태현 동남쪽 10리에 위치하며, 이곳에는 복숭아나무가 무성하다고 했다. 또 자주에서 옛『천태현지』를 인용하여 신라원(新蘿園)은 국청사 앞에 신라승 오공이 세운 신라원(新羅園)과 다른 별개의 것이라고 했다. 이 사실만으로 보면 신라원(新蘿園)이 국청사 신라원과 어떠한 관련이 있는지 알 수 없다. 따라서 신라원(新蘿園)에 관한 추적이 필요하다.

『[민국]천태현지고』「향도(鄕都)」와 『[1995년]천태현지(天台縣志)』「건치(建置)·구획(區劃)」에는 각각 천태 지역에 소속된 옛 촌락을 나열해놓았다.[13] 이들 자료에는 신라원(新蘿園)이라는 지명은 없고, 이와 이름이 비슷한 신룡원촌(新龍園村)이 있다. 따라서 신룡원촌이 신라원(新蘿園)일 가능성에 대해 살펴볼 필요가 있다.

1993년에 나온 국내 문헌에 천태학자 허상추(許尙樞)의 말을 풀이한 내용이 수록되었다. 그 내용을 요약해본다. 천태현에서 동쪽으로 20여 km 떨어진 해안에 신룡촌(新龍村)이 있다. 원래 신룡촌은 민국 초 인근 승룡촌(昇龍村)과 병합되기 전에 신라촌(新蘿村)이라고 불렀다. 신라촌(新蘿村)은 김씨가 모여 사는 촌락이며, 국청사 신라원과 어쩌면 서로 연관이 있을지는 모른다.[14]

필자는 2008년에 이 사실을 확인하기 위해 천태 수원로(秀園路)에 사

13 『[민국]天台縣志稿』 제3 「輿地·鄕都」, 『[1995년]天台縣志』 第一編 「建置·區劃」(漢語大辭典出版社, 上海, 1995.4, 1~21쪽) 참조.
14 金文經·金成勳·金井昊, 『張保皐 해양경영사연구』, 이진출판사, 서울, 1993.02, 111쪽 인용.

는 허상추의 집을 방문했다. 허상추는 신룡촌(新龍村)이 신룡원촌(新龍園村)인 것은 맞지만, 나머지는 자신의 말과 다르게 전달되었다고 했다. 뒤에서 밝히겠지만, 국내 문헌에 알려진 신룡원촌(新龍園村)의 위치, 촌락 명칭의 변화, 촌락 집단의 성씨는 수정할 필요가 있다.

또 1995년에 정천괴(丁天魁)가 국청사와 관련된 자료들을 새롭게 정리한 『국청사지(國淸寺志)』가 있다. 이 책자 중 국청사 신라원(新羅園)을 논하는 대목에서 현에서 10km 떨어진 시풍계(始豐溪) 유역의 신룡원촌(新龍園村)이라는 마을을 주목했다. 전해오는 이야기에 의하면 촌락 옆에는 옛 사찰이 있었는데, 촌락 명칭이 신라원(新羅院)과 발음이 비슷하다고 했다.[15] 이것으로 보아 신룡원(新龍園)은 또 하나의 신라원일 것으로 추측된다.

『절강천태현지명지(浙江天台縣地名志)』에는 신룡원(新龍園)의 촌락 유래에 대해 자세히 적어놓았다. 신룡원(新龍園)은 동횡산(東橫山) 아래에 자리하고 있다. 동횡산 정상에서 신룡원(新龍園)을 바라보면 마치 화원처럼 아름다운 경치가 펼쳐져 있다. 신룡원(新龍園) 천덕암(天德巖) 아래에 예로부터 전해오는 승룡원(昇龍院)이 있었으나, 훗날 철폐되었다. 이 지역의 방언에 의하면 신룡원(新龍園)과 승룡원(昇龍院)의 발음은 흡사하다. 이곳은 원나라 말기에 사람들이 이주해왔다.

『[민국]천태현지고』「향도(鄕都)」에 의하면 옛 팔도(八都) 남향(南鄕) 소속에 신룡원(新龍園)이 있고, 신룡원(新龍園)은 천태 현성으로부터 12리 떨어져 있다. 이후 신룡원(新龍園)은 촌락 명칭과 행정소속지에 많은 변화를 겪었다. 1949년 이전에 신룡원(新龍園)은 횡산향(橫山鄕) 제일보

---

15 丁天魁 주편, 『國淸寺志』, 華東師範大學出版社, 上海, 1995.10, 149쪽.

(第一保)가 되었고, 1956년에 신민향(新民鄉)에 편입되었다. 1961년에 신령대대(新嶺大隊)에 속했다가, 1984년에 신령(新嶺)에서 분리되어 다시 신룡원촌(新龍園村)이 되었다.[16] 2002년에 신룡원촌(新龍園村)은 횡산령각(橫山嶺脚)과 합병하여 신령촌(新嶺村)이 되었고, 2003년 복계가도(福溪街道)에 편입되어 오늘날에 이르고 있다. 복계가도의 소속 관할지에는 4개 사구, 40개 행정촌이 있다.

신룡원촌(新龍園村)은 천태 동남쪽 7.5km 떨어져 있다. 시내 중심지에서 시풍계(始豊溪) 건너 국도 104로를 따라가면 문창각(文昌閣)이 있는 아원촌(俄園村)에서 104로 복선의 갈림길이 나온다. 여기에서 구104로를 따라가면 횡산령각(橫山嶺脚)에 소재한 국도 톨게이트가 나온다. 톨게이트를 300m 지나 왼쪽으로 들어가면 신룡원촌(新龍園村)이 나온다.

마을 중앙에는 복계가도 신령촌(新嶺村) 사무소가 있고, 사무소 맞은편이 오씨종사(鄔氏宗祠)이다. 전체 호수는 60여 호이며, 인구는 3백여명이고, 오씨(鄔氏)의 집단촌이다. 촌락 안쪽 천덕암(天德巖) 아래에 2004년에 중건한 호룡묘(護龍廟)가 있다. 호룡묘는 옛 승룡묘(昇龍廟)를 다시 중건한 것이다. 현재 이곳에는 향주대제(香主大帝), 향주낭낭(香主娘娘) 등을 모시고 있다. 사당 입구에는 태평향(太平鄉)이라는 깃발을 걸고 있다. 태평향은 송나라 때 만들어진 행정지명이고, 팔도(八都)는 태평향에 속해 있다.

신룡원촌(新龍園村)은 국내 학계에 김씨 집단촌으로 잘못 알려져 있다. 신룡원촌(新龍園村)은 오씨(鄔氏)의 집단촌이며, 김씨는 근자에 이

---

16 天台縣地名委員會辦公室編, 『浙江天台縣地名志』, 內部發行, 1986, 83쪽.

곳으로 시집온 부인(金鳳桂) 1명만 있을 뿐이다. 신룡원(新龍園) 남쪽 4.5km 떨어진 상맹촌(上孟村)에 김씨 집단촌이 있다. 상맹촌은 현 행정 구역으로 복계가도 삼맹촌(三孟村)에 속해 있는 자연촌이다. 촌주임은 김렬수(金烈木)이다.

상맹촌 김씨들은 오래전에 임해(臨海) 대석령(大石嶺)의 하강(下崗)에 서 이주해왔다고 했다. 『[민국]천태현지고』 「씨족략(氏族畧)」에 의하 면 김씨에는 여러 연원이 있는데, 그중에서 오대 유염(劉琰)이 천태로 들어와 성씨를 김씨로 바꾸었다는 기록이 있다. 유염은 절도사 유면(劉 沔)의 손자이다. 서주(徐州) 팽성(彭城) 사람이다. 전무(錢鏐)가 오월국 을 세우고 유염의 재주를 아껴 지위사(指揮使)로 임명했다. 유염은 취 임하지 않고 천태 남쪽 당령(唐嶺)으로 피난하고 성씨를 김씨(金氏)로 바꾸었다.[17] 상맹촌 김씨 조상은 임해에서 들어왔다고 했기에 항주에 서 피신한 유염의 김씨와 다른 연원의 김씨로 추측된다.

신룡원(新龍園)이나 상맹촌 앞에는 바다로 통하는 시풍계가 흐른다. 시풍계에서 배를 타고 가면 임해 팔첩령(八疊嶺)을 지나 영풍진(永豊鎭) 입구에서 영강(靈江)으로 들어간다. 또 여기에서 계속 내려가면 신교도 구(迅橋渡口) 쇄상암(晒鯗岩)을 지나 황암에 도달하는데, 황암에서 다시 태주만으로 나갈 수 있다. 태주만에서 시풍계로 선박이 드나들었던 역 사 사례를 하나 들어본다. 1607년(만력 35)에 전등(傳燈) 대사가 항주(杭 州)에서 모은 철을 가지고 온주(溫州) 영가(永嘉) 천녕사(天寧寺)에서 불 상을 만들었다. 이 불상을 선박에 실어 태주만으로 들어와 영강과 시풍 계를 통해 천태로 옮겨와 불롱지역 아래에 소재한 고명사(高明寺)에 안

---

17 『[민국]천태현지고』 제3 「氏族畧」 참조.

천태 시풍계

치했다.[18]

　신라원(新蘿園)은 천태로부터 동남쪽 10리에 떨어져 있고, 신룡원은 천태로부터 동남쪽으로 12리 떨어져 있다. 둘 사이에 기본 방향이 일치하고, 거리만 조금 차이를 보인다. 고대 문헌에는 동일한 장소를 가끔 거리를 조금 달리 적는 경우가 많다. 또 현존 자료에는 신룡원 부근에 신라원(新蘿園)과 비슷한 이름을 가진 지명이 없다. 따라서 신라원(新蘿園)은 신룡원 또는 신룡원과 가까운 지역일 가능성이 크다.

　그렇다면 신라원(新蘿園)은 한반도 신라국과 어떠한 관련이 있을까? 여기에 관한 명확한 기록을 찾지 못해 한반도 신라국과 반드시 관련이

---

18 傳燈大師 「幽溪道場鐵佛功德記」(『高明寺志』, 當代中國出版社, 北京, 1995.12, 31 쪽) 참조.

있다고 단정할 수는 없지만, 여러 정황으로 보아 가능성이 존재한다. 아래에 그 이유를 적어본다.

첫째, 신라원(新蘿園)과 신라원(新羅園)은 글자가 닮았고, 음가가 일치한다. 중국 지명을 보면 예나 지금이나 왕왕 음가가 같거나 유사한 글자로 바뀌는 사례가 많이 있다. '라(羅)'자와 '라(蘿)'자를 혼용한 구체적인 사례를 들어본다. 『[가정]적성지』에는 선거현(仙居縣) 서쪽에 만죽산(萬竹山)이 있는데, 이 산의 정상을 신라(新羅)라고 부른다고 했다.[19] 이곳 촌락명은 신라촌(新羅村)이고, 신라촌은 김씨(金氏)의 세거지이다. 청 고조우(顧祖禹)의 『독사방여기요(讀史方輿紀要)』에는 『[가정]적성지』의 기록을 근거로 삼았음에도 불구하고 만죽산 정상의 신라(新羅)를 신라(新蘿)라고 적어놓았다.[20]

둘째, 신라원(新蘿園) 인근은 신라인들이 활동한 연고지이다. 국청사 신라원(新羅園)은 신라승 오공이 세웠다. 천태 지역은 신라승이 연이어 들어와 불법 수행을 했고, 지금도 신라승들이 활동한 유적들을 곳곳에서 찾아볼 수 있다. 신라원(新蘿園)의 소재지로 추정되는 신룡원(新龍園)과 그 주변 지역은 예전에 팔도(八都)에 속했다. 팔도에는 아래에서 언급할 신라폐(新羅㟁) 지명이 남아 있다. 따라서 신라원(新蘿園)도 국청사 신라원(新羅園)처럼 신라국과 관련성을 추측할 수 있다.

셋째, 신라원(新蘿園)은 바다로 통하는 시풍계 유역에 소재하고, 이들 수로에는 신라인들이 드나들었던 유적지가 있다. 위에서 밝혔듯이 시

---

19 『[가정]적성지』 권22 「山水門·山·仙居」: "萬竹山, 在縣西南四十里, 絕頂曰新羅. 九峯回環, 道極陰隘, 嶺上見叢薄敷秀, 平曠幽窈, 自成一村."
20 『讀史方輿紀要』 권92 「浙江四·仙居縣」: "又有萬竹山, 在縣西南四十五里. 絕頂曰新蘿, 九峰廻環, 道極陰隘, 嶺上平曠, 自成一村."

풍계에서 팔첩령, 영강, 쇄상암, 황암을 통해 바다로 나갈 수 있다. 팔
첩령에서 신라산을 바라볼 수 있고, 쇄상암은 신라 상인들이 배를 정박
시킨 곳이다. 황암에는 신라인들이 거주한 신라방이 있다. 신라인들은
영강과 시풍계를 통해 천태 지역으로 드나들었을 것이다. 이때 신라인
들이 천태 시풍계 유역에 신라원(新羅園)을 조성했을지도 모른다.

Ⅳ. 천태(天台) 신라폐(新羅硴) 지명

『[강희]天台縣志』는 1683년(강희 22)에 조정석(趙廷錫)과 이덕요(李德
耀)가 편수하고, 원일화(袁日華) 등이 편찬한 천태 지역의 지방지이다.
이 책자에 신라폐(新羅硴)라는 지명이 보인다. 권5 「水利」에서:

> 八都: 塘四硴二. 婁家山塘,⋯ 湧泉硴, 新羅硴.
> 팔도: 못 4곳 돌둑 2곳. 누가산당(婁家山塘),⋯ 용천폐(湧泉硴), 신
> 라폐(新羅硴).

팔도(八都)에는 못(塘) 4곳과 폐(硴) 2곳이 설치되었는데, 그중 폐는
용천폐(湧泉硴)와 신라폐(新羅硴)가 있다. 신라폐 기록은 1735년(옹정 13)
에 편찬한 『[옹정]절강통지(浙江通志)』에도 수록되어 있다.[21] 폐(硴)는
하천이나 시내에 물을 막기 위해 돌로 쌓은 둑을 지칭한다. 도(都)는
원나라 때 향(鄕)에서 개편하여 청나라 초기까지 사용된 옛 행정구획

---

21 『[옹정]浙江通志』 권58 「水利·台州府·天台縣」: "湧泉硴, 新羅硴." 자주: "俱在八都."

명칭이다. 『[민국]천태현지고』「향도(鄕都)」에 의하면 팔도는 동향과 남향으로 나누어지는데, 동향에는 파당(坡塘), 팔도(八都), 갱변(坑邊), 만전(晚田) 등 14개 촌이 있고, 남향에는 모원(茅園), 해저(蟹渚), 횡산령각(橫山嶺脚), 신룡원(新龍園) 등 17개 촌이 있다. 옛 팔도 지역은 현 천태현 지도에 대비해보면 적성가도(赤城街道)와 북계가도(福溪街道)의 지역, 즉 시내에서 동남쪽 시풍계가 지나가는 유역에 해당한다. 옛 팔도의 치소는 적성가도(赤城街道) 팔도촌(八都村)에 두었다.

필자는 옛 팔도 지역을 돌아다니며 신라폐를 찾아다녔다. 현존 지명이나 지도에 신라폐라는 명칭을 찾을 길은 없지만, 두 곳이 유력지로 부상된다. 한 곳은 위에서 언급한 신라원(新蘿園)이다. 신라원(新蘿園)은 시풍계 유역에 소재한다. 신라폐의 신라와 신라원(新蘿園)의 신라(新蘿)는 발음이 유사하다. 따라서 신라폐는 신라원(新蘿園)의 수리 지명일 가능성을 생각해볼 수 있다. 다만 신라원과 그 인근 지역을 둘러보아도 옛날에 돌로 쌓은 축대를 찾지 못했다.

또 다른 한 곳은 갱변촌(坑邊村)의 십라패(十羅壩)이다. 팔도 치소인 팔도촌에서 북쪽으로 500m 정도 떨어진 곳에 갱변촌이 있다. 갱변촌의 전체 인구는 1,500여 명이고, 호수는 155호이다. 주요 성씨는 정(丁), 초(肖)이다. 촌락 뒤편에는 동횡산(東橫山)이 있고, 동횡산 골짜기에서 나온 개울물은 갱변촌을 가로지르고 있다. 옛날 갱변촌 사람들이 유속이 빠른 개울이 주변 땅을 침식시키는 것을 막기 위해 개울 양쪽에 돌로 축대를 쌓아 마을을 보호했다. 돌 축대는 1842년(도광 22)에 세운 우물 단사(丹砂) 부근에서 단구중로(丹丘中路)와 황방소학(黃榜小學)을 지나 마을 입구까지 쌓여 있다. 오늘날 지역민들은 개울가의 돌 축대를 십라패(十羅壩)라고 불렀다. 천태 방언으로 십라(十羅)와 신라(新羅)는 음가가 상통한다. 갱변촌 앞에는 나계(螺溪)의 하류인 파당계(坡塘溪)가 흐르고 있고, 그 아래는 시풍계이다. 갱변촌은 나계 전교원(傳敎院)이나 국청사와 멀리 떨어져 있지 않다. 나계 전교원은 고려승 의통(義通), 제관(諦觀) 등이 머물렀고, 국청사는 신라승들이 많이 드나들었다. 이것으로 보아 갱변촌의 십라패(十羅壩)가 옛 신라폐일 가능성을 생각해 볼 수 있다.

V. 천태(天台) 최가오(崔家璈) 유래

천태 지역과 한국은 오랜 교류 역사를 가지고 있다. 현존 기록 중에 가장 빠른 교류는 고구려 승려 파야(波若)와 신라 승려 연광(緣光)이다. 이들은 각각 진(陳)나라 말기에 불법을 구하고자 중국 대륙으로 건너와 지의가 있는 천태산에 들어왔다. 오랫동안 지의의 문하에서 천태 종지를 배우고 깨달음을 얻었다. 그런데 천태 민간에서는 파야와 연광이 활약한 진나라 말기보다 훨씬 이른 시기에 한국인이 천태 지역에 와서 정착했다는 구전이 있다.

1992년에 절강성민간문학집성판공실(浙江省民間文學集成辦公室)에서는 천태 지역에 전해오는 민간 고사, 가요, 속담 등을 정리하여『중국민간문학집성 절강성천태현 고사가요언어권(中國民間文學集成浙江省天台縣故事歌謠諺語卷)』이라는 책자를 간행했다. 이 책자 중「최가오적내력(崔家璈的來歷)」에는 최씨(崔氏) 조상들이 천태 최가오(崔家璈)로 들어오게 된 구전을 기술해 놓았다. 이 구전을 요약하면 다음과 같다.

최가(崔家)의 조상들은 조선에서 왔다. 하루는 최씨 삼 형제가 바다에 나가 어로 작업을 하다가 폭풍을 만나 복건에 표착했다. 지역민들은 이들이 왜구로 오인하여 구타했다. 다행히 이들은 그들의 손에서 빠져나와 연해 지역을 따라 북쪽으로 올라갔다. 그 후 이들은 지역민들의 구타를 피하고자 벙어리 행세를 했다. 낮에는 쉬고 밤에만 이동했으며, 큰길이나 평지로 가지 않고, 좁은 길이나 산지로 걸었다. 노상에서 고구마, 땅콩, 옥수수 등을 구해 먹었고, 때로는 민가에서 구걸하거나 잠시 품앗이를 하기도 했다. 이들은 절강 땅에 도착했다. 이때가 삼국 시대였다. 오나라 손권(孫權)은 제갈각(諸葛恪)을 절강과 복건 일대로 보내어 산월(山越) 사람들이 평지로 내려와 살도록 권유하였다. 산월 사람들은 원래 북방에서 온 사람들이라 계속 산속에서 은거했다. 최씨 삼 형제도 산월 사람들과 함께 거주했다. 첫째는 천태 최가오(崔家塏)에 거주했고, 둘째는 임해 두하교(杜下橋)에 거주했으며, 셋째는 선거(仙居) 하각전(下各殿)에 거주했다. 이들이 벙어리 행세를 하여 외국인인 줄 아무도 몰랐다. 그 후 이들은 산월 사람과 혼인하여 그곳에 정착을 했으며, 근본을 잊지 못하여 사는 곳을 모두 최가오(崔家塏)라고 불렀다.[22]

22 「崔家塏的來歷」 원문: "傳說, 崔家的老太公是朝鮮來的. 一次, 他們出海打魚, 碰上大風暴, 許多船都被風浪打沈了, 只有崔姓三兄弟的船隨風漂啊漂, 漂到福建. 他們一上岸, 當地人還以爲是倭寇, 一齊來打他們. 幸好他們有本事, 邊打邊退進了山林, 沿海朝北走, 一路上挖些蕃薯, 花生, 包芦之類充飢. 日裏勿走夜裏走, 大路勿走小路走, 平原勿走山路走. 盡管介子, 還是被土人發覺, 又要挨打. 他們想出一個辦法, 裝啞佬, 三個人分道走, 沿途討飯討衣着, 替人幫忙打短工. 最後, 他們走到浙江. 這時正是三國, 孫權派諸葛恪到浙閩一帶, 招撫山越人到平原上居住. 原來山越人也是從北方逃來的, 隱居在山林裏, 崔氏三兄弟就同他們住在一起. 大哥就在天台崔家塏居住, 二哥在臨海杜下橋定居, 小弟在仙居下各殿定居. 他們語言勿通, 比比劃劃裝啞巴. 沒有人懷疑他們是外國人. 三兄弟凭忠實, 凭智慧, 同小越人結婚, 且不忘相親, 三地方都以崔家塏作地名." [講述記錄者: 崔友恩, 男, 64歲, 崔塏鄕崔三村退休敎師]; 天台縣民間文學集成編輯部編, 『中國民間文學集成浙江省天台縣故事歌謠諺語卷』, 浙江省民間文學集成辦公室, 杭州, 1992.03, 187쪽.

이 책자에는 최가오 구전을 기술한 최우은(崔友恩)의 약력이 첨부되어 있다. 최우은은 구술 당시에 64세 남성으로 퇴임 교사이고, 천태 최가향(崔峇鄕) 최삼촌(崔三村; 현 雷峰鄕 崔家村)에 거주하였다. 최우은은 최씨 집안의 사람이고, 최삼촌은 천태 최씨의 집단 거주지이다. 2004년 조지천(曹志天)과 허상추(許尙樞)가 편찬한『천태산민속풍물(天台山民俗風物)』에도 최가오 구전이 수록되어 있다.[23]

최가오 구전에 나오는 시대 배경은 손권(孫權)과 제갈각(諸葛恪)이 활동한 삼국 오나라 시대이다. 최가오 구전에 기술된 조선은 중국인이 한국을 통칭하는 말이지, 결코 조선 시대를 지칭하는 말이 아니다. 당시 오나라 경내에는 많은 산월인(山越人)이 살고 있었다. 산월인은 원래 진한 시대 강남과 서남 지역 등지에 살고 있던 원 거주민인 백월(百越)의 후예이다. 손권은 산월인들이 오나라 정책을 따르지 않고 집단 세력을 구축하자 이들을 무력으로 진압하였다. 234년(가화 3)에 제갈각은 군사를 이끌고 산월인이 거주하는 단양군(丹陽郡)으로 진공하여 들판에 성벽을 쌓고 식량 조달을 막아 산월인들을 평지로 끌어내는 작전을 구사했다. 많은 산월인이 평지로 내려와 오나라에 귀속되었지만, 일부 산월인들은 오나라에 투항하지 않고 계속 산속으로 들어가 살았다. 따라서 최가오 구전은 234년(가화 3) 전후에 발생하였던 것으로 추정된다. 손권은 252년(신풍 1)에 죽었다.

최가오 구전에는 최씨 삼 형제가 한반도 어느 지역의 출신이고 어디에서 표류했는지에 대한 정보가 없다. 당시 한반도와 만주 지역에는 고구려, 백제, 신라, 가야, 탐라국 등이 있었다. 백제가 오나라가 장악한

---

23 曹志天·許尙樞,『天台山民俗風物』, 西安地圖出版社, 西安, 2004.08, 166~167쪽.

천태 최가오촌 전경

영역으로부터 가장 가까운 국가이다. 신라와 가야도 일찍부터 바다로
진출하여 해외 국가와 교류하는 능력을 갖추고 있었다. 허황후는 바다
를 통해 가야국에 표착했다는 구전이 전해오고 있다. 고구려는 오나라
로부터 가장 멀리 떨어진 국가이지만, 손권 시절에 오나라와 해로를
통한 사신 왕래가 있었다. 233년(동천왕 7)에 고구려는 바다를 건너 오나
라에 사절을 보냈고, 이듬해 오나라 손권도 사절을 고구려로 보냈다.[24]

한반도에서 표류한 선박은 계절풍과 해류의 영향을 받아 중국 연해
안을 따라 남중국해로 도달한다. 특히 겨울철에는 북쪽에서 내려오는
계절풍과 쿠로시오 해류의 남하로 인하여 더 쉽게 도달한다. 한중 양국

---

[24] 『吳志』권2 「孫權」 嘉禾 2년조 중 『吳書』 인용: "其年, 宮(동천왕)遣皁衣二十五人送
旦等還, 奉表稱臣, 貢貂皮千枚, 鶡雞皮十具. … 間一年, 遣使者謝宏·中書陳恂, 拜
宮爲單于, 加錫衣物珍寶. 恂等到安平口."

사이의 표류 기록물들을 개괄해보면 한국인들이 서남해 지역, 특히 제주해협을 건너다가 중국 남방으로 표류한 경우가 다수를 차지하고, 기타 지역에서 해상 표류한 경우는 적은 편이다. 따라서 최씨 삼 형제는 서남해나 제주해협에서 사고가 일어나 표류했을 가능성이 크지만, 다른 지역에서 일어났을 가능성도 전혀 배제할 수는 없다.

최씨 삼 형제의 첫째는 천태 최가오에 정착했다고 한다. 최가오는 바로 최가오 구전을 기술한 최오향(崔鰲鄕) 지역을 지칭한다. 최오향은 천태현으로부터 남서쪽 23km 떨어져 있다. 1412년(영락 10)에 상난향(祥鸞鄕) 이십이도(二十二都)에 속했고, 1932년에 평남향(平南鄕), 1942년에 자응향(紫凝鄕)으로 각각 바뀌었다. 1950년에 최오향(崔鰲鄕)으로 바뀌었는데, 지명은 이곳에 흐르고 있는 최오계(崔鰲溪)에서 나왔다. 1956년에 최오향(崔鰲鄕), 상당향(祥塘鄕), 상화향(祥和鄕) 등 3개 향이 합병하여 뇌봉향(雷峰鄕)이라 불렀다. 그 후 최오향과 뇌봉향 이름이 번갈아 사용되다가, 오늘날에는 뇌봉향으로 불리고 있다. 소속 관할지에는 13개 행정촌이 있다.

최가촌(崔家村)은 2003년에 최삼촌(崔三村)과 최사촌(崔四村)이 합병한 촌락 명칭이다. 현재 뇌봉향정부가 소재하고 있다. 최삼촌과 최사촌의 경계에는 최오계가 흐르고 있다. 2010년 기준으로 최가촌의 전체 인구는 1,640명이고, 호구는 596명이다. 촌위서기는 최덕채(崔德釵)이고, 촌주임은 최덕희(崔德希)이다. 최가촌은 촌명 그대로 최씨의 집단 촌이다. 주요 농산물은 쌀(水稻), 밀, 옥수수, 찻잎과 목재이다.

최씨 삼 형제의 둘째는 임해 두하교(杜下橋)에 정착했다고 한다. 임해 두하교는 임해 동쪽 해안 지역에 소재하고 있다. 북송 시대에는 이곳에 염전을 설치하고 두독(杜瀆)이라 불렀고, 『[가정]적성지』「주경」 지도

에는 도하(涂下)라고 쓰여 있다. '두(杜)'자와 '도(涂)'자는 방언 음가가
비슷하다. 1935년(민국 24)에 이곳에 도하교진(涂下橋鎭)을 설치했고, 훗
날 민간에서 점차 두하교(杜下橋)로 불리다가 1956년에 줄여서 두교(杜
橋)라고 불렀다.

최씨 둘째가 정착한 촌락은 초강구 장안가도(章安街道) 고교촌(古橋
村)을 지칭한다. 고교촌은 옛 두교진의 관할지였다. 장안가도는 두하진
의 아래인 초강 북쪽 지역에 소재한다. 고교촌은 장안가도에서 동북쪽
으로 5.5km 정도 떨어져 있다. 이곳에는 명나라 채민옥(蔡民玉)이 설치
한 갑문이 있는데, 장안 일대에서 가장 오래되었다. 고교라는 지명도
여기에서 나왔다. 고교촌은 최씨들의 집단촌이다. 촌위서기는 최사채
(崔士彩)이고, 촌주임은 최영소(崔永蘇)이다. 촌장 가운데에는 최씨종사
(崔氏宗祠)가 있다. 고교촌 아래 지역인 갑두촌(閘頭村)에도 최씨들이 집
단으로 거주하고 있다. 촌주임은 최악흥(崔岳興)이다.

최씨 삼 형제의 셋째는 선거 하각전(下各殿)에 정착했다고 한다. 하각
전은 현 행정구획으로 선거 하각진(下各鎭)이다. 하각진에는 최씨 집단
촌이 없고, 백탑진(白塔鎭)에 최씨 집단촌이 있다. 백탑진에는 하최상
택촌(下崔上宅村)[촌위서기 최백남(崔百南)], 하최중택촌(下崔中宅村)[촌위서
기 최학용(崔學勇)], 하최하택촌(下崔下宅村)[촌위서기 최회계(崔回桂)]이 있
다. 이들 촌락은 백탑진 서쪽에 함께 자리하고 있다. 태주 지구에는 최
씨 집단촌으로 상기 촌락 외에 임해 영풍진(永豊鎭) 최오촌(崔鼇村)[촌위
서기 최신정(崔信正)], 영해(寧海) 서점진(西店鎭) 최가촌(崔家村)[촌주임 최
위광(崔偉光)] 등이 있다.

그러나 최가오 구전을 역사 사실로 받아들이기에는 여전히 해결해야
할 문제가 남아 있다. 천태 최씨 집안에서 내려오는 종보에는 최가오

구전과 다르게 기술되어 있다. 1928년(민국 17)에 최씨 집안이 대대로 간행된 종보를 다시 중수한『천태최씨종보(天台崔氏宗譜)』(일명『거계최씨중수종보(筥溪崔氏重修宗譜)』)[천태 최가촌 최소전(崔小錢) 소장본]가 있다. 이 책자의 기록에 따르면, 천태 최씨의 조상은 중국에서 자생적으로 나온 인물이라고 전해온다. 제(齊) 정공(丁公; 姜伋)의 적자 계자(季子)는 왕위를 동생 숙을(叔乙)에게 양위하고, 자신은 최(崔; 현 산동 章丘)를 식읍으로 삼았다. 이로부터 최성(崔姓)이 나왔다. 그 후 후손들이 크게 번창했다. 당 개원 연간에 최굉(崔宏)의 아들 최호(崔浩)가 박릉(博陵)에 봉해졌다. 이로부터 박릉 최씨가 탄생하여 산동의 대성(大姓)이 되었다. 당말 최연조(崔延祖)가 황소(黃巢)의 난을 피해 산동에서 임해 고교(古橋; 현 椒江 古橋村)로 이주했다. 1091년(원우 6)에 최용도(崔勇度)가 고교에서 천태 서남쪽 거계(筥溪) 응취암(鷹嘴巖; 현 뇌봉향 大地林)으로 이주했다. 이로부터 거계 최씨가 탄생했다. 1370년(홍무 3)에 최기(崔騏)가 천태에서 선거 상장(上莊; 上宅)으로 이주했다. 명나라 중엽에 최균중(崔鈞重)이 응취암에서 하엽지(下葉地; 현 뇌봉향 최가촌)로 이주했다.

2007년에 최세유(崔世裕)가 편찬하고 태주시초강구장안판공실(台州市椒江區章安辦事處)에서 간행한『태주고교최씨종보(台州古橋崔氏宗譜)』가 있다. 편찬 당시 최세유는 초강 장안가도(章安街道) 재림촌(梓林村)에 거주했다. 이 책자에 기술된 고교(古橋) 최씨의 조상은 1928년(민국 17) 중수본『천태최씨종보』의 기록과 꽤 다르다.

최성(崔姓)은 숙을(叔乙)이 최(崔)를 식읍으로 삼았던 데에서 나왔다. 그 후 최씨 후손들이 번창하여 박릉(博陵)에 거주하여 산동 제일의 대성(大姓)이 되었다. 정강지변(靖康之變)이 발생하자 산동 무성(武城)의 후예인 최수중(崔繡中)이 합기산(合旗山; 현 장안가도 合旗村)으로 이주하여 고

교 최씨의 시조가 되었다. 그의 아들은 최리겸(崔履謙)이다. 최리겸은
아들 인순(人淳), 합리(哈利), 합랄(合剌), 축사(丑斯) 등을 두었다. 장자
인순은 천태로 이주했다. 차자 합리는 원나라에 출사했으며 임해 최오
(崔鼇)로 이주하여 임해 최씨의 시조가 되었다. 삼자 합랄는 일명 합랍
(合拉), 합리불화(哈利不花)이고, 원나라에 출사했으며, 고교로 이주했
다. 고교 최씨는 모두 합랄의 후손이다. 사자 축사는 황암(黃巖) 반양(半
洋)으로 이주하여 반양 최씨의 시조가 되었다.

『태주고교최씨종보』는 한마디로 문제점이 많다. 그 사례를 하나 들
어본다. 최수중(崔繡中)은 북송이 금나라에 의해 멸망했던 정강지변 때
사람이고, 그의 손자 최합리와 최합랄 형제는 원나라에 출사했던 사람
이다. 북송이 멸망한 연도는 1126년이고, 원나라가 금나라를 멸망시킨
연도는 1234년이다. 두 기록 사이에 연도가 잘못되었음이 분명하다.
그렇다고 하더라도『태주고교최씨종보』의 기록이 모두 틀렸다고 말할
수는 없다. 이 책 또한 고교 최씨 후손이 편찬한 책자이다.

1928년본『천태최씨종보』와 2007년본『태주고교최씨종보』에는 최
씨 삼 형제가 한반도에서 건너왔다는 최가오 구전을 뒷받침할 다른 기
록을 찾아볼 수 없다. 그렇다면 최가오 구전이 역사 사실과 다르다는
말인가? 반드시 그렇다고 말할 수도 없다. 그 이유는 최씨 집안에서
나온 종보가 서로 다르게 기술되어 있고, 최가오 구전을 기술한 최우은
은 최가촌에서 출생하고 자랐던 전직 교사 출신으로 집안 내력에 대해
잘 알고 있었던 인물이다. 현 단계에서는 최가오 구전의 정확성에 대해
결론을 내리기가 매우 힘들다. 앞으로 여기에 대해 정밀 조사 작업이
필요하다.

Ⅵ. 천태(天台) 운거사(雲居寺) 고려승(高麗僧) 사적

근자에 들어와서 한중 학자들은 천태 지역에 나려승들이 활동했던 유적을 답사하여 사찰의 내력, 나려승의 활동 등에 대해 상당한 연구성과물을 내놓고 있고,[25] 불교계 인사들도 이들 유적을 찾아 천 년 전에 나려승들이 내뿜은 용맹정진의 현장을 체험하고 있다. 이들 유적 가운데 지금은 폐사가 된 운거사(雲居寺)가 있다. 운거사는 천태종을 부흥시킨 중요한 사찰이자, 고려 불교와 연분이 깊은 사찰이다.

남송 가정 연간에 편찬된 태주 지방지인 『[가정]적성지』에 운거사의 위치와 사찰 내력에 대해 언급한 대목이 있다. 이 책자의 권28 「사관문(寺觀門)·사원(寺院)·천태(天台)」에서:

慈雲院, 在縣西北三十五里. 舊名安國雲居, 晉天福元年建, 蓋僧德韶第二道場. 國朝大中祥符元年改今額. 隆興初并入護國, 今復興. 有雙松亭.
자운원(慈雲院)은 (천태)현 서북쪽 35리에 있다. 옛 이름은 안국운거(安國雲居)이다. 진 천복 원년(936)에 창건했으며, 대개 승 덕소(德韶)의 제2 도장이다. 국조(송나라) 대중상부 원년(1008)에 지금 사액으로 바뀌었다. 융흥 연간 초에 호국사(護國寺)에 병합되었다가 지금 다시 중흥했다. 쌍송정(雙松亭)이 있다.

자운사(慈雲寺)의 옛 명칭은 안국운거사(安國雲居寺)이다. 상기 문장에서 사찰의 창건년을 936년(천복 1)이라고 했으나, 아래에서 보겠지만

---

25 陳景富, 『中韓佛敎關係一千年』, 宗敎文化出版社, 北京, 1999. 3, 548~551쪽, 560~562쪽.; 曹永祿, 「강소·절강성 지역의 신라 불교유적」, 『중국 동남연해지역의 신라유적조사』, 해상왕장보고 기념사업회, 서울, 2004. 12, 471~489쪽.

당나라 때 이미 창건되었다. 1008년(대중상부 1)에 자운원으로 바뀌었다
가, 송 융흥 연간(1163~1164)에 호국사(護國寺)에 병합되었다. 명 만력
연간(1573~1620)에 다시 사찰을 중건했다.

　운거사는 덕소(德韶)국사의 제2 도장이다. 덕소의 속성은 진씨(陳氏)
이고, 모친은 황씨(黃氏)이다. 891년(대순 2)에 처주(處州) 용천(龍泉)에
서 태어났다. 19세에 신주(信州) 개원사(開元寺)에 구족계를 받았고, 훗
날 법안문익(法眼文益)과 나계의적(螺溪義寂)으로부터 각각 법등을 이어
받았다. 당 회창법난 이후 오랫동안 쇠퇴했던 천태종을 다시 부흥시켰
다. 오월국 충의왕(忠懿王)의 국사가 되었고, 얼마 후 오월국이 고려에
사신을 보내 천태 문헌을 구하는 데 일조했다. 문하에는 고려승 혜홍
(慧紅), 의통(義通), 제관(諦觀) 등을 배출하여 고려 불교에 적잖은 영향
을 끼쳤다.

　1617년(만력 45)에 승 여성(如惺)이 남송 초부터 명 만력 연간까지 활
약했던 고승들의 전기를 담은 『대명고승전(大明高僧傳)』이 있다. 이 책
자의 권4 「천태자운사사문석진청전(天台慈雲寺沙門釋眞淸傳)」에서:

　桃源之慈雲, 實懶融四世孫爲開山, 唐天寶賜額曰雲居山, 曰安國, 五
代德韶國師中興, 爲第二道場, 永明壽禪師剃發之所, 今坐禪石永明庵故
址在焉. 韶公常領徒五百說法此地, 昔螺溪寂法師請復台敎, 諦觀亦親禮
足, 皆此寺也.
　도원(桃源)의 자운사(慈雲寺)는 실로 나융(懶融) 사세손(四世孫)이
산문을 열었다. 당 천보 연간에 사액을 받아 운거산(雲居山) 안국(安國)
이라고 불렀다. 오대 때 덕소국사(德韶國師)가 중흥시켜 제2 도장이 되
었다. 영명연수선사(永明延壽禪師)가 체발한 곳이고, 지금 좌선석(坐禪
石)과 영명암(永明庵)의 옛터가 남아 있다. 덕소가 일찍이 5백 무리를

이끌고 이곳에서 설법했다. 예전에 나계의적법사(螺溪義寂法師)가 천
태교를 다시 세우기를 청했고, 제관(諦觀) 또한 구족계를 받았다. 모두
이 사찰이다.

　상기 기록은 1588년(만력 16)에 진청선사(眞淸禪師)가 자운사, 옛 운거
사를 중건하기 위해 한 말을 옮겨놓은 것이다. 여기에 자운사의 사찰
내력이 자세히 언급되어 있다. 개산조는 나융(懶融) 사세손(四世孫)이
며, 당 천보 연간(742~756)에 운거안국사(雲居安國寺)라는 사액을 받았
다. 이 시기는 『[가정]적성지』에서 936년(천복 1)에 창건했다고 한 기록
보다 훨씬 빠르다. 오대 때 운거사는 천태종을 중흥시키는 사찰로 활용
되었다. 덕소국사는 운거사를 제2 도장으로 삼아 5백 무리를 이끌고
교리 설법을 펼쳤다. 영명연수선사(永明延壽禪師)는 운거사에서 출가하
여 득도했고, 나계의적은 이곳에서 천태종을 다시 세우기를 청했다.
고려승 제관도 운거사와 깊은 연분을 맺었다. 그는 덕소국사를 찾아
운거사로 들어와 구족계를 받았다. 지금까지 학계에서는 제관이 덕소
국사와 나계의적을 찾아 나계(螺溪) 전교원(傳敎院)으로 들어왔던 사실
만 알려졌으나, 이번에 운거사가 제관이 활동했던 장소였다는 새로운
사실이 밝혀졌다.

　남송 이종과 도종 시기에 석 지반(志磐)이 역대 고승들의 전기를 엮
은 『불조통기(佛祖統紀)』가 있다. 이 책자의 권8 「십육조사명보운존자
대법사(十六祖四明寶雲尊者大法師)」에서:

　　晉天福時來遊中國, 至天台雲居[韶國師], 忽有契悟.
　　진 천복 연간에 중국에 와서 천태 운거[덕소국사]로 들어와 홀연히
깨달음을 얻었다.

천태종 제16대 조사 사명보운존자(四明寶雲尊者)는 송나라 천태종을 부흥시킨 고려승 의통을 지칭한다. 의통의 속성은 윤씨(尹氏)이다. 후 진 천복 연간(936~947)에 중국으로 건너와 천태 운거사로 들어갔다. 이 곳에서 덕소국사로부터 천태교의의 참뜻을 터득했다. 이어서 의적(義 寂)을 찾아가서 일심삼관(一心三觀)의 이치를 깨달았다. 이후 천태종 16 대 조사가 되었다. 본국으로 돌아가고자 출항지인 사명(四明; 현 영파)에 이르렀으나 군수 전유치(錢惟治)의 만류로 본국으로 돌아가는 것을 그 만두었다. 사명 일대에서 사람들에게 천태 교리를 포교하여 사양길에 접어들었던 천태종을 다시 일으켰다. 984년(옹희 1)에 입적하자 옛 아육 왕사(阿育王寺)의 서북쪽에 안치했다.

다시 본론으로 들어간다. 덕소국사의 도량이자 고려승과 연분이 깊 은 운거사는 어디에 있는 것일까? 중국학자 진경부(陳景富)는 운거사를 화정사(華頂寺) 또는 화정사의 말사로 추정했고, 국내학자 조영록도 진 경부의 말을 옮겨놓으면서 그 정확한 위치는 파악되지 않는다고 했 다.[26] 천태학자 저정제(褚定濟)는 운거사가 심산 골짜기에 소재하여 찾 아간 이가 아주 드물다고 했다.[27]

그런데 여기에 운거사의 위치를 비정해주는 중요한 기록이 있다. 『[가정]적성지』는 운거사가 천태현으로부터 서북쪽 35리에 있다고 했 고, 『대명고승전(大明高僧傳)』은 운거사가 도원(桃源)에 있다고 했다. 도 원은 천태산 팔경 중의 하나인 도원춘효(桃源春曉)를 지칭한다. 오늘날

26 曹永祿, 「강소·절강성 지역의 신라 불교유적」, 앞의 서지, 484~485쪽.
27 褚定濟, 「桃源深處一名寺」, 『仙境天台山』, 國際炎黃文化出版社, 香港, 2003.08, 291~293쪽.

천태 운거사터

천태현정부에서 이곳을 도원경구(桃源景區)로 지정해 놓았다.

필자는 이 기록에 따라 도원경구를 들어가 운거사를 찾아 나섰다. 천태 시내에서 서북쪽 백학진(白鶴鎭)을 향해 가다가 천궁로(天宮路) 입구가 나온다. 천궁로를 따라 2.5km 정도 들어가면 상보상촌(上寶相村)이 나오고, 마을 끝에서 도원 방향으로 300m 정도 가면 길옆에 소박하게 세운 토지궁(土地宮)이 나온다. 토지궁 옆에 산으로 올라가는 좁은 외길이 나 있다. 산길을 따라 2km 정도 올라가면 계룡암(鷄龍岩) 아래 산골 마을인 수마령촌(水磨嶺村)이 나온다. 산길 도중에는 1988년에 지역민들이 세운 토지궁이 있다. 수마령촌은 백학진(白鶴鎭)에 소속된 자연촌이다. 1991년에 산 아래에 소재한 보상촌(寶相村)에 합병되었다. 전체 인구는 80여 명이며, 호수는 30호이다. 이곳은 허씨 집단촌이다. 허씨 조상은 청나라 중엽에 하남 고양(高陽)에서 천태 수남(水南)으로 이주해왔고, 청말 때 수남에서 수마령촌으로 이주해왔다.

수마령촌에서 촌로 허식청(許式淸)의 안내를 받았다. 촌락 끝자락을 지나면 산 아래에 나와 있는 오솔길이 나온다. 600m 정도 내려가면 계곡이 나오고, 또 계곡을 거슬러 800m 정도 가면 토지궁이 나온다. 토지궁에서 다시 오른쪽 골짜기로 꺾어서 300m 정도 더 들어가면 오른편에 이미 폐가가 된 외딴 가옥이 나온다. 이곳에 허서경(許緒慶)이 살았

으나, 30년 전에 외지로 이주했다. 가옥이 있던 뒤편이 바로 옛 운거사
터이다.

명 만력 연간에 진청선사는 자운사(옛 운거사)를 중건하면서 사찰 주
변 환경에 대해 말한 바가 있다. 「상선선사탑명(象先禪師塔銘)」에서:

吾愛桃源絕頂, 山稱東掖, 利日慈雲, 式尊者得道之所. 鳴泉在澗, 松
影參差, 綠蕨可摘, 胡麻可餐.
　　나는 도원 절정을 사랑한다. 산은 동액(東掖)이라 칭하고, 사찰은 자
운(慈雲)이라 불렀다. 준식존자(遵式尊者)가 득도한 장소이다. 샘이 솟
아나 계곡을 이루고, 소나무 그림자가 이리저리 나 있다. 푸른 고사리
를 딸 수 있고, 참깨를 먹을 수 있다.

상기 문장에서 고사리를 따거나 참깨를 먹을 수 있다는 말은 결코
과장된 수식어가 아니다. 자운사, 옛 운거사를 돌아보면 사방이 산으
로 둘러싸여 있고, 골짜기에 맑은 개울이 흐른다. 주변에는 소나무, 종
려나무 등이 빼곡하게 자라고 있고, 절터에는 잡초들이 무성하게 자라
고 있다. 절터 주변과 농가 담벼락에는 기와 파편과 벽돌, 주춧돌이 보
인다. 절터 앞에는 옛 우물 하나가 있다. 우물물은 평소에 맑으나, 비
가 내리려고 하면 검게 변한다고 한다. 저정제(褚定濟)의 기록에 따르면
이곳에 화상들이 그릇을 씻는 석조(石槽) 1기가 남아 있다고 했는데,[28]
필자가 절터 주변을 이리저리 찾아보았으나 해당 석조를 찾지 못했다.
절터 주변의 골짜기에는 계단식 전답이 있다. 촌로 허식청(許式淸)의 말
에 의하면 이곳 전답에서 쌀과 잡곡들을 수확했으나, 지금은 경작할

---

28 褚定濟, 「桃源深處一名寺」, 앞의 서지, 293쪽.

사람이 없어 그냥 묵힌다고 했다.

「상선선사탑명(象先禪師塔銘)」의 탑주는 진정선사이다. 진정선사의 속성은 나씨(羅氏)이고, 자가 상선(象先)이다. 1593년(만력 21)에 진정선사가 자운사에서 입적하자, 제자 여성(如惺)이 유골탑을 자운사 남강(南崗)에 세웠다. 1595년(만력 23)에 상선선사탑(象先禪師塔)을 세웠다. 비명은 원황(袁黃)이 찬하고, 글씨는 왕사성(王士性)이 썼으며, 전액(篆額)은 육광조(陸光祖)가 썼다. 1602년(만력 30)에 묘탑을 나사산(螺絲山) 우측 수문계(繡文溪)로 옮겼다. 최근 상선선사탑(象先禪師塔)이 발견되어 현재 천태박물관 전시실에 전시되어 있다. 1717년(강희 56)에 장련원(張聯元)이 편찬한 『천태산전지(天台山全志)』에 자운사 기록이 보인다.[29] 따라서 자운사는 강희 연간 이후에 다시 훼멸되었던 것으로 추정된다.

VII. 천태(天台) 지자탑원(智者塔院) 의통(義通) 각상

천태 국청사 북쪽 지역은 대뢰봉(大雷峰) 봉우리에서 내려온 양쪽 구릉이 껴안아 마치 석가불이 가부좌하며 가슴에 손을 모은 형상을 한 불롱경구(佛隴景區)이다. 전체 면적이 9.05km²이다. 이곳에 천태종 지의와 연분이 깊은 3개의 사찰, 즉 지자탑원(智者塔院), 수선사(修禪寺), 태평사(太平寺)가 정족처럼 자리하고 있다.[30]

지자탑원은 정혜진신탑원(定慧眞身塔院)이며, 이름 그대로 지자대사

---

29 張聯元 『天台山全志』 권6 「寺·慈雲寺」 참조.

30 許尙樞, 「佛隴山智者大師說法臺記」(1997년 건립) 및 『天台山名勝古迹』, 西安地圖出版社, 西安, 2004.8, 52~53쪽.

천태 지자탑원

(지의)의 육신탑을 모신 사찰이다. 지역 사람들은 탑두사(塔頭寺)라고 부른다. 597년(개황 17)에 지의가 신창(新昌) 대불사(大佛寺)에서 입적하자 제자들이 그의 유언에 따라 천태산에 육신탑을 건립했다. 이로부터 이곳은 천태종의 성지가 되었다. 1008년(대중상부 1)에 진각사(眞覺寺)로 개칭했다. 이후 여러 차례 훼멸과 중수를 거쳐 오늘날까지 이르고 있다. 1982년에 절강성중점문물보호단위로 지정되었다. 산문은 두 곳 있다. 동쪽 산문에는 '지자탑원(智者塔院)', 남쪽 산문에는 '진각강사(眞覺講寺)'라는 편액이 각각 걸려 있다.

사찰 정전의 중앙에는 정혜진신탑(定慧眞身塔; 일명 智者肉身塔)이 세워져 있다. 높이는 7m이고, 삼층 육각형이다. 제2층에는 '천태지자대사진신보탑(天台智者大師眞身寶塔)'이라는 글자가 새겨져 있다. 정전 양쪽 벽에는 지의를 제외한 역대 천태종 조사들의 영정을 새겨놓은 석판이 상감되어 있다. 동쪽 벽면 앞에서 두 번째에 천태종 제16대 조사 의통의 영정 석판이 있다. 석판의 우측 상단에 '보운대사(寶雲大師)'라는 글자가 새겨져 있다.

의통 영정은 음각 기법으로 엷게 새겨져 있다. 의통 형상과 제액은 황금색, 눈썹과 수염은 흑색, 석판 테두리는 청색으로 각각 칠해놓았다. 얼굴은 약간 좌측으로 틀고 있으며 눈 맵시가 상당히 매섭다. 앞머

리는 약간 튀어나왔고, 눈두덩이는 두꺼
운 편이며, 눈썹이 길게 늘어져 있다. 귓
불은 부처 귀처럼 매우 길고, 코와 입술
은 두툼하며, 수염은 무성하게 나 있다.
목젖 부분에는 살이 세 겹으로 겹쳐 있
고, 신체에는 좌임 가사를 입고 있다.

천태종 제16대 조사 의통 영정

의통 석판은 언제 조성되고, 석판에
새겨진 영정의 저본은 어디에서 나왔는
가? 일전에 국내학계에 지자탑원 석물
에 새겨진 의통 석판의 존재에 대해 소개한 적은 있지만, 석판 조성이
나 영정 출처에 대해서는 더 이상의 언급이 없었다.[31] 이에 대해 필자는
천태산불교협회장 윤관법사(允觀法師)에게 문의해보았다. 윤관법사는
문혁 때 지자탑원이 지역민의 공공 용도로 전용되어 사찰 건물이 크게
훼손되었고, 1973년에 이르러 국청사와 더불어 대대적으로 중수 작업
을 했다고 답했다. 따라서 의통 영정 석판은 1970년대 중반 지자탑원
을 중수할 때에 조성된 것으로 보인다.

의통 영정 석판의 저본은『천태종역대종사도영략전(天台宗歷代宗師道
影略傳)』이 아닐까 추측된다.『천태종력대종사도영략전』은 현재 국청
사문물실(國淸寺文物室; 玉佛閣)에 소장되어 있다. 이 책자의 내용은 책
명대로 천태종 조사들의 영정과 전기가 기술되어 있다. 아쉽게도 이
책자가 전시품인 관계로 열람을 할 수가 없었다. 필자는 부득불 윤관

---

31 卞麟錫·陳景富·李昊榮,『중국 명산 사찰과 해동승려』, 주류성, 서울, 2001.02, 177쪽,
189~192쪽.; 曹永祿,「강소·절강성 지역의 신라 불교유적」, 앞의 서지, 476~478쪽.

법사에게 이 책자 가운데 의통 영정이 있는지? 만약 있다면 지자탑원 의통 영정 석판과 어떠한 관련이 있는지를 문의해보았다. 윤관법사 는『천태종력대종사도영략전』이 민국 초에 만들어졌고, 의통을 비롯 한 역대 조사들의 영정이 수록되어 있으며, 지자탑원의 역대 조사 석판 을 조성할 때 이 책자를 활용했다고 답변했다. 앞으로 이른 시일 안에 이 책자가 공개 또는 영인 출판되어 의통 영정의 모습을 살펴보고, 또 한 지자탑원의 의통 영정 석판과의 관련성을 밝혀지기를 기대한다.

Ⅷ. 천태(天台) 수선사(修禪寺) 고려동령저(高麗銅鈴杵) 유물

불롱경구 수선사는 지자탑원의 북동쪽에 자리하였다. 지자탑원의 동문에서 나와 설법대(說法臺)로 가는 산길 아래에 200m 정도 가면 남 송 국청사 주지승 지남(志南)이 정서로 쓴 '불롱(佛隴)'이라는 마애석각 이 있다. 바로 이 일대가 수선사가 있었던 옛터이다.

수선사는 지의가 세운 천태종의 제1 도장이다. 575년(태건 7)에 지의 가 제자 혜변(慧辨) 등 20명을 이끌고 들어와 사찰을 세우고『법화경』 을 처음으로 강연하였다. 578년(태건 10)에 진나라 조정으로부터 수선 사라는 칙명을 받았다. 수나라 때 국청사가 창건한 이후 도장으로 바뀌 었다. 당 회창법난 때 훼멸되었다가, 867년(함통 8)에 중건되었다. 1008 년(대중상부 1)에 대자사(大慈寺)로 바뀌었다. 1384년(홍무 17)에 불당이 폭풍우에 훼멸되자 승 덕흥(德興)이 다시 세웠다. 그 후 사찰은 다시 훼멸되었다. 수선사의 옛 자리를 둘러보면 대전으로 추정되는 초석과 방생지가 남아 있다. 천태산불교협회는 수선사를 다시 중건할 계획을 수립하고 이 일대의 토지를 매입해놓았다.

수선사의 후신인 대자사에 고려 유물이 보존되었다는 기록이 보인다. 1601년(만력 29)에 전등법사(傳燈法師)가 편찬한 『천태산방외지(天台山方外志)』가 있다. 이 책자의 권4 「산사고(山寺考)」 중 「대자사(大慈寺)」에서:

> 大慈寺, 在縣北二十九里, 十一都, 舊名修禪, 或名禪林. 陳大建七年, 爲智者大師建. …… 宋大中祥符元年, 改今額. 其法堂曰淨名, 以大師嘗講是經故也. 又有大師所供普賢及手書 『陀羅尼經』, 隋朝所賜寶冠, 有漱玉亭, 又有虞世南所書 『華嚴經』. 紹興中, 爲秦檜取去. …… 有高麗銅鈴杵. 永樂初尙存.
>
> 대자사는 (천태)현 북쪽 29리에 있으며, 십일도(十一都)에 속해 있다. 옛 이름은 수선사(修禪寺) 또는 선림사(禪林寺)이다. 진 태건 7년(575)에 지자대사(智者大師)가 창건했다. …… 송 대중상부 원년(1008)에 지금 사액 명으로 바뀌었다. 불당은 정명(淨名)이라 부르는데, 대사가 일찍이 강연했던 곳이다. 또 대사가 공양한 보현보살과 친필로 적은 『다라니경(陀羅尼經)』, 수나라가 하사한 보관(寶冠)과 수옥정(漱玉亭)이 있다. 또 우세남(虞世南)이 적은 『화엄경(華嚴經)』이 있는데, 소흥 연간에 진회(秦檜)가 탈취해갔다. …… 고려(高麗) 동령저(銅鈴杵)가 있는데, 영락 초에도 아직 남아 있었다.

수선사의 후신인 대자사에는 예로부터 전해오는 진귀한 보물들이 소장되어 있었다. 사찰 보물로는 지의가 친필로 쓴 『다라니경(陀羅尼經)』, 수나라가 지의에게 하사한 보관(寶冠), 초당 4대 서예가인 우세남(虞世南)이 적은 『화엄경(華嚴經)』, 고려에서 만든 동령저(銅鈴杵) 등이다. 지의 친필본 『다라니경』과 수나라 보관은 오래전에 유실되어 전해오지 않는다. 오늘날 국청사에는 송대 모사 필사본 『다라니경』이 보존되어 있다. 현존 모사본은 송나라 때 석 원통(元通)이 지의 친필본『다라니경』이 유실될까 봐 두려워 지의의 필적을 모방해서 쓴 필사본이다. 모사본의 글씨가 준수한 편이고, 장식이 화려하게 꾸며져 있다. 봉면 협판은 기름으로 먹이고 연화와 비천도 모양을 하고 있다.[32] 우세남 친필본『화엄경』은 남송 소흥 연간(1131~1162)에 주화파인 진회(秦檜)가 탈취해갔다.

고려 동령저(銅鈴杵)는 청나라 초기까지 남아 있었던 것으로 보인다. 1417년(영락 15)에 장존(張存)이 쓴 「유불롱대자사기(遊佛隴大慈寺記)」가 있다. 이 기문에 의하면 고려 동령저는 수나라 보관, 지의 연좌석(宴坐石), 법고석(法鼓石), 방나계(放螺溪)와 함께 보존되어 있었으나, 지의 친필본『다라니경』과 건물 보현각(普賢閣), 정명당(淨名堂)은 이미 유실되거나 황폐해졌다고 한다.[33] 1683년(강희 22)에 편찬한『[강희]천태현지』에는『천태산방외지』의 기록처럼 영락 연간 초에 고려 동령저가 남아 있다고 했다.[34] 1717년(강희 56)에 편찬한『천태산전지(天台山全志)』에는 고려 국명을 적지 않고 동령저가 남아 있다고 했다.[35]

고려 동령저는 어떠한 물건인가? 글자대로 풀이한다면 동으로 만든 방울과 공이이다. 이것에 대해 방울과 공이가 각각 따로 있는 것으로도 해석할 수 있지만, 아마도 방울과 공이를 함께 있는 하나의 동제품이 아닐까 생각된다. 천태 지역의 박물관을 둘러보면 고려 동령저를 연상

---

32 丁天魁主便,『國淸寺志』, 華東師範大學出版社, 上海, 1995.10, 306쪽.

33 張存「遊佛隴大慈寺記」: "舊有普賢閣, 淨名堂, 太師手書『陀羅尼經』皆廢失, 惟高麗銅鈴杵, 隋賜寶冠, 太師宴坐石, 法鼓石, 放螺溪皆遺澤所在."

34 『[강희]天台縣志』권11「寺觀」: "有高麗銅鈴杵. 永樂初尙存."

35 張聯元『天台山全志』권6「寺‧大慈寺」: "又有銅鈴杵."

할 수 있는 중국 유물을 찾아볼 수 있다. 천태박물관 전시실에는 1980
년대 초반에 나계 전교원에서 출토된 송대 청동종이 전시되어 있다.
청동종의 높이는 30cm이고, 둘레는 45cm이며, 지름은 14.5cm이다.
종의 하단부는 네 군데 오목하게 들어가 있고, 발굴 당시 일부분이 깨
어져 보수했다. 또 국청사문물관(國淸寺文物室; 玉佛閣) 전시실에는 청
대 동요령이 전시되어 있는데, 그 크기는 대략 40cm이다.

　고려 동령저는 누가 언제 가져왔을까? 여기에 관한 구체적인 기록
이 없어 미스터리이다. 만약 굳이 추적해야 한다면, 천태 지역의 사찰
을 수련하거나 방문한 의통, 의천, 제관을 한번 생각해볼 수 있다. 앞
에서 언급했듯이 의통은 천태에 들어와 불법을 닦았고 천태종 제16대
조사가 되었다. 이때 자신이 가지고 있는 동령저를 수선사에 보냈을
가능성이 있다. 의천은 송나라에 들어와 항주 일대에서 고승들과 불법
을 토론하고 많은 물자와 불경을 시주했다. 본국으로 귀국하기 직전에
천태산으로 들어와 불롱 지자탑원(정혜진신탑원)을 참배했다. 지자탑원
에서 「대송천태탑하친참발원문(大宋天台塔下親參發願文)」을 짓고 천태
교리를 고려에 퍼트리겠다고 맹세했다. 이때 지자탑원 바로 옆에 소재
한 수선사를 찾아 고려에서 만든 동령저를 시주했을 가능성을 생각해
볼 수 있다.

　제관은 천태종과 깊은 연분을 맺었다. 고려와 오월국은 불교를 매개
체로 우호 관계를 두텁게 이어갔다. 오월국 전홍숙(錢弘俶)은 이자린(李
子麟)에게 50종의 보물을 가지고 고려에 가서 중국에서 유실된 천태 전
적을 구했다. 960년(광종 11)에 제관은 광종의 명을 따라 천태 논소를
지니고 오월국으로 들어왔다. 그 후 천태 지역에서 10년 동안 머물면서
덕소국사와 나계의적으로부터 천태 교리를 배웠다. 이때 천태종의 종

중한천태종조사기념당

사인 지자대사가 창시한 수선사를 예방했던 것으로 추정된다.

의통은 천태종 조사가 되었고, 의천, 제관은 고려국 왕자 또는 사신이었다. 이들은 천태 지역을 방문한 다른 고려승보다 신분이 특수한 관계로 물자를 시주할 여력이 갖추고 있었다. 이들이 시주한 물품 가운데 혹시 고려 동령저가 포함되지 않았는지 한 번쯤 생각해볼 수 있다. 그렇다고 하더라도 다른 고려승이나 고려인 공덕자가 동령저를 시주했을 가능성도 있다. 따라서 오늘날 해당 유물이 전해오지 않는 관계로 더 이상의 추적은 어렵다. 훗날 새로운 자료나 해당 유물이 나오면 다시 논하도록 한다.

Ⅸ. 천태(天台) 동백숭도관(桐栢崇道觀) 의천(義天) 직물

원나라 때 저자불명이 편찬하고 명 정통 『도장(道藏)』에 편입된 『천
태산지(天台山志)』가 있다. 이 책자에 고려 승통이 시주한 비단으로 만
든 직물이 있다는 대목이 보인다. 이 책자의 「궁관(宮觀)」에서:

> 桐栢崇道觀, 在縣北二十五里. … 宋朝宣賜, 則有太宗·眞宗御製及御
> 書, 共五十三卷軸. 高宗所臨『漢晉帖』·『史漢事實翰墨志』, 用高麗僧統
> 所捨織成經簾二帙盛曩.
>
> 동백숭도관(桐栢崇道觀)은 (천태)현 북쪽 25리에 소재한다. … 송나
> 라 때 하사한 물품으로 태종·진종어제와 어서 모두 53권축, 고종이 모
> 사한 「한진첩(漢晉帖)」, 고려 승통이 시주한 비단으로 만든 경렴(經簾)
> 2질을 담은 책갑이 있다.

천태산에 도관을 둔 역사는 오래되었다. 498년(영태 1)에 심약(沈約)
의 주청에 따라 도사들을 천태산에 머물게 했다. 동백숭도관(桐栢崇道
觀)은 중국 도교 금단파(金丹派)의 남종(南宗) 조종 도관이다. 조사는 자
양진인(紫陽眞人) 장백단(張伯端)이다. 711년(경운 2)에 사마승정(司馬承
禎)이 천태산에 동백숭도관을 세웠다. 오대 개평 연간(907~911)에 동백
숭도관에서 동백궁(桐栢宮)으로 바꾸었다.[36] 이후 여러 차례 증축이 있
었다. 송 양유(楊愈), 석장길(釋長吉) 등이 지은 「동백숭도관」 시편이 세
상에 알려져 있다.[37] 1959년에 동백수고(桐栢水庫)가 조성되면서 동백

---

36 『天台山志』「宮觀」: "桐橋崇道觀, … 後二百六十載, 爲齊明帝永泰元年, 征虜將軍濟
河, 太守司徒左長史沈約休文, 一十餘人棄官, 乞爲道士居之. 又二百一十三年, 爲
唐睿宗景雲二年, 救爲司馬承禎眞人建觀. … 五代梁開平中改觀爲官."

궁이 수몰되자, 도사들은 명학관(鳴鶴觀)으로 옮겼다. 2008년에 새로운 도관을 짓고 절강도교학원(浙江道敎學院)을 세웠다.

상기 문장의 고려 승통은 광지개종홍진우세승통(廣智開宗弘眞祐世僧統) 대각국사(大覺國師) 의천(義天)을 지칭한다. 승통은 승관의 일종이다. 후진 때 처음으로 승관을 두고 정(正)이라 했고, 위나라 때 통(統)으로 고쳤다. 551년(진흥왕 12)에 고구려에서 귀화한 혜량(惠亮)을 승통으로 삼았다. 고려 시대에 들어와서 승관은 체계적으로 조직되었다. 승통은 승관 가운데 제1계에 해당하며 교종의 최고 승직이다.

의천은 고려 문종의 넷째 아들이자 선종의 아우이다. 1065년(문종 19)에 출가했고, 오관산(五冠山) 영통사(靈通寺)에 들어가 화엄학을 익혔다. 1067년(문종 21)에 승통에 올랐다. 1684년(선종 1)에 선종에게 천태종과 화엄학의 차이를 알아보고 불교 전적을 집대성할 목적으로 송나라로 들어가기를 청하였으나 뜻을 이루지 못했다. 1085년(선종 2)에 몰래 제자 수개(壽介)를 데리고 배를 타고 송나라로 들어갔다. 선종은 이 사실을 알고 원경(元景), 혜선(慧宣) 등을 뒤따라가게 했다. 송 철종은 불법을 구하러 들어온 의천을 환대하고, 또한 관리를 대동시켜 고승들과 만나도록 주선해주었다. 의천은 항주 대중상부사(大中祥符寺) 정원(淨源), 천태종 종간(從諫) 등 고승과 만나 여러 종파의 교리와 불학을 토론했다. 이어서 천태산에 들어가 지의선사탑을 참배하고 천태학을 선양할 것을 맹세했다. 명주를 통해 본국으로 돌아와 천태종을 개창했다.

---

37 楊愈「桐栢崇道觀」: "深入黃庭景, 徒思五滴泉, 靑牛眠藥塢, 白鹿臥芝田, 浮世人空老, 長生事宛然, 三尸飛不去, 皆是自留連." 釋長吉: "太帝天壇渤澥連, 金霞蒼壁隔埃塵, 蓬丘不斷靑禽位, 仙仗時來白1虎軿, 星篚豈惟壺內景, 桃花長媚洞中天, 優游笑把洪崖袂, 瞬息人間又幾年."

의천은 항주 영은사(靈隱寺)와 혜인원(慧因院)에 많은 물자와 금전을 시주했고, 특히 혜인원에 불경 7,500여 권을 기증하였다. 훗날 혜인원의 별명이 고려사로 불리었다. 최근 항주 서호에 고려 혜인사가 중창되었다. 이번에 천태 지역에도 의천이 시주했던 물자가 있다는 기록이 나와 주목된다. 송나라 조정은 의천이 보내준 직물을 경렴으로 만들어 도교 계통의 천태 동백숭도관에 하사하였다. 경렴은 원나라 때까지 천태 동백숭도관에 보관되어 있었다.

X. 결론

천태 지역은 오늘날 절강 태주 지구의 서북쪽에 자리하고 있다. 이곳은 천태종 본사가 있는 불교 성지이자 나려 불교와 밀접한 관련이 있다.

국청사 앞에는 신라승 오공이 세운 신라원(新羅園)이 있다. 신라원은 명 영락 이전에 훼멸되었다. 태주 지역에 옛 동진산, 현 대진도에 오공원이 있다. 지금까지 오공원이 신라승 오공과 관련이 있는 사찰로 보고 있었는데, 이는 잘못 고찰한 것이다. 태주 노교구 봉강가도 서쪽에 또 하나의 오공령이 있는데, 이 또한 신라승 오공과 무관하다.

천태 동남쪽에 국청사 신라원과 별개의 신라원(新蘿園)이 있다. 신라원(新蘿園)은 현 천태 신룡원촌(新龍園村) 또는 신룡원촌과 가까운 지역으로 추정된다. 천태 소속 옛 팔도 지역에는 하천에 물을 막기 위해 돌로 쌓은 신라폐(新羅砯)가 있다. 신라폐의 위치에 대해 천태 신라원(新蘿村) 또는 갱변촌(坑邊村)일 가능성이 크다. 갱변촌의 십라패(十羅

壩)는 동횡산(東橫山)에서 내려오는 시냇물을 막기 위해 쌓았던 제방이 있다. 신라(新羅)와 십라(十羅)는 방언 음가가 비슷하다.

천태 지역에서 전해오는 구전인 「최가오적내력(崔家螯的來歷)」이 있다. 최가오는 오늘날 뇌봉향 최가촌이며, 최씨 집단촌이다. 삼국 오나라 시절에 한반도에서 살았던 최씨 삼 형제가 어로 작업을 하다가 폭풍을 만나 복건에 표착했고, 이후 북상하다가 절강 최가오에 이르러 정착했다고 전해온다.

천태 운거사(雲居寺)는 천태종을 부흥시킨 덕소국사의 제2 도량이자 고려승 제관, 의통이 불법을 닦았던 사찰이다. 운거사의 위치에 대해 지금까지 화정사 또는 화정사 말사로 비정했는데, 이번에 도원경구(桃源景區) 내의 수마령촌(水磨嶺村) 부근 골짜기임을 밝혀졌다.

천태 불롱경구(佛隴景區)에 지의의 육신을 모신 지자탑원(智者塔院)이 있다. 정전 앞에 세워진 천태지자대사진신보탑(天台智者大師眞身寶塔)의 제2층에 천태종 제16조 조사인 고려 의통의 영정이 새겨져 있다. 의통 영정의 저본은 현재 국청사문물실에 보관된 『천태종역대종사도영략전(天台宗歷代宗師道影略傳)』으로 추측된다.

수선사(修禪寺)의 후신인 대자사에 한때 고려에서 만들어진 동령저(銅鈴杵)가 보존되고 있었다. 고려동령저는 명 영락 연간에서 만력 연간 사이에 유실된 것으로 추정된다. 천태산 자락에 도관인 동백숭도관(桐栢崇道觀)이 있었다. 이곳에 고려 승통, 즉 의천이 시주한 비단으로 만든 경렴이 보존되고 있었다.

끝으로 천태 지역의 한국 관련 유적과 유물에 관한 조사 연구의 중요성을 강조해 본다. 고대 한중교류사를 돌이켜보면 천태 지역은 많은 나려 구법승이 들어와 불법을 닦았던 곳이고, 또한 이들의 활동을 말해주는 유적, 유물, 지명, 구전이 꽤나 많이 남아 있었다. 본 논고에서 거론했던 나려인의 활동 사항만 보아도 이러한 사실을 잘 알 수 있다. 앞으로 많은 국내외 학자들이 나와 천태 지역에 소재한 각종 유적, 유물, 지명, 구전에 대해 정밀한 작업이 이루어지기를 기대한다. [燁爀之樂室]

광서
백제허 지명

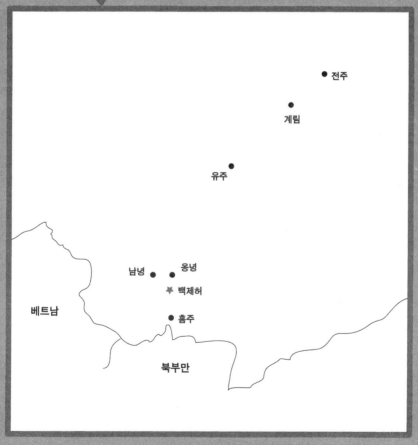

● 전주

● 계림

● 유주

남녕 ● ● 옹녕
✳ 백제허

베트남

● 흠주

북부만

I. 서론

19세기 이전 옛 한민족이 해외로 집단 이주한 지역 가운데 비중이 가장 높은 곳은 중국 대륙이다. 중국 대륙에서 옛 한민족의 거주지를 조사해 유적 지도로 만들어보면 꽤나 재미있는 현상을 찾아볼 수 있다. 고구려와 발해의 옛 강역인 만주 지역을 제외하더라도 중국 대륙 여러 곳에서 옛 한국의 국명을 딴 지명을 발견할 수 있고, 특히 북경과 하북 지역, 산동과 절강 연해안 지역에는 옛 한민족이 집단 거주했던 지명이 많이 남아 있다.

필자는 얼마 전부터 중국 대륙에 소재한 한국 관련 지명에 대해 많은 관심을 가졌다. 그 사례로 중국 전역에 소재한 신라촌(新羅村) 지명을 고찰한 적이 있고, 북경 지역에 소재한 고구려 등 지명을 고찰한 적이 있다.[1] 이번에 그 작업의 연속으로 한반도 백제국과 똑같은 지명을 지

---

1 朴現圭,「중국 福建 남부 新羅 명칭 고찰」,『新羅文化』28집, 東國大學校 新羅文化研究所, 2006.08, 167~188쪽;「중국 소재 新羅 행정 지명 고찰」,『對外文物交流研究』7집, 海上王張保皐研究會, 2007.12, 57~89쪽;「북경 지역 韓民族 離散 지명과 유적」,『韓民族研究』7호, 韓民族學會, 2009.06, 71~90쪽.

닌 광서(廣西) 백제허(百濟墟)를 고찰해본다. 백제허는 광서 백제진(百濟
鎭)의 옛 지명이다.

　1996년 KBS에서 다큐멘터리 「잊혀진 땅 – 백제 22담로의 비밀」을
방영할 때 광서 백제허를 옛 백제인들이 중국 대륙을 경영한 지역 중의
하나로 소개했다. 다큐멘터리 방송 이후 광서 백제허에 대한 관심도가
폭발적으로 증가했다. 일부 국내 학자와 학술 기관은 광서 백제향(현
백제진)을 찾아 옛 백제인의 흔적을 찾아본 문장이나 보고서를 발표했
고, 네티즌도 광서 백제허에 관한 자신의 견해를 인터넷에 계속 올리고
있다.

　만약 광서 백제허가 옛 백제인의 집단 거주지와 관련이 있다면, 북경
과 하북에 소재한 고구려 지명, 산동과 절강에 소재한 신라 지명과 더
불어 중국 대륙 속의 옛 한민족 집단 거주지를 설명하는 데 더할 나위
없이 좋은 자료로 남을 것이다. 이와 반대로 광서 백제허가 중국에서
자생적으로 생겨난 지명이라면 우연히 한반도 백제국과 명칭만 같을
뿐이다.

　중국 대륙에 소재한 한반도 관련 지명을 고찰할 때 가장 중요한 자세
는 조사 분석의 객관성과 신중함을 유지하는 것이다. 필자가 중국 대륙
에 소재한 옛 한국의 국명과 동일한 지명을 조사해 본 경험과 결과로
미루어 보면, 일부 지명은 옛 한민족의 집단 거주지와 관련이 있고, 일
부 지명은 관련이 없다. 이에 따라 광서 백제허에 대해서도 옛 백제인
의 집단 거주지인지 또는 아닌지를 객관 잣대로 신중하게 접근해서 명
확하게 고찰할 필요가 있다.

　이에 따라 본 논고에서는 광서 백제허가 과연 옛 백제인의 집단 거주
지인지에 대해 집중적으로 고찰하고자 한다. 조사 방법은 문헌 조사와

현지답사를 병행했다. 국내외 각종 도서관에서 광서 백제허를 언급한
각종 문헌과 선행 논문을 찾아 지명과 관련된 제반 사항을 검토했다.
그리고 광서 백제허를 답사하여 문헌 조사에서 빠지거나 미흡한 점을
보완했다. 논술 내용은 크게 광서 백제허의 개황, 선행학자의 견해와
문제점, 백제허의 건립 시기와 명칭 유래, 언어 고찰 등 제반 사항으로
나누어 진행해본다.

Ⅱ. 광서(廣西) 백제허(百濟墟) 개황

광서 백제허, 즉 현 백제진은 광서 남녕(南寧) 옹녕구(邕寧區)에 자리
하고 있다. 광서의 정식 명칭은 광서장족자치구(廣西壯族自治區)이고,
약칭은 계(桂)이다. 중국 대륙의 최남단에 자리하고 있는 성급의 행정
구역이다. 동쪽으로 광동, 서쪽으로 운남, 북쪽으로 호남과 귀주, 남쪽
으로 베트남과 북부만(北部灣)을 각각 접하고 있다.

광서 지역이 한반도에서 수만 리나 떨어져 있음에도 불구하고, 예로
부터 한국과 교류한 사적을 꽤 찾아볼 수 있다. 원나라 때 고려인 출신
라마단(剌馬丹)은 광서 육천현(陸川縣)에서 다루가치를 지냈고,[2] 고려
충선왕은 광서 전주현(全州縣) 상산사(湘山寺)에 보물 6종을 보시했다.[3]
조선 김정희(金正喜)는 청 옹방강(翁方綱)으로부터 광서 계림(桂林) 바위

---

2 朴現圭,「최근 발굴된 중국 소장 海東 관련 금석문: 고려인 이슬람교도 剌馬丹 묘비」,
『中國學論叢』 17집, 韓國中國文化學會, 2004.6, 309~323쪽.

3 朴現圭,「한중 전주와 중국 전주의 동일 지명 연원」,『한국 전주와 중국 전주』, 全州歷
史博物館, 全州, 2011.2, 11~22쪽.

에 새겨진 육유(陸游)의 「시경(詩境)」 탁본을 선물 받아 화암사(華巖寺) 뒤편 병풍바위에 다시 새겨놓았다.[4] 1938~1939년에 대한민국 임시정부가 광서 유주(柳州)로 머물렀는데, 최근 유주시인민정부가 임정 요인들이 묵었던 낙군사(樂群社)에 '대한민국임시정부 항일투쟁활동전시관'을 개설했다.[5]

남녕은 광서 성회(省會)가 소재한 행정 중심지이다. 소속 관할지에는 7개 구, 4개 현과 수임관리 1개 현이 있다. 남녕 동남쪽 15km에 떨어진 곳에 옹녕이 있다. 2004년에 옹녕현이 남녕시 직속으로 편입됨에 따라 현이 폐지되고 행정구가 되었다. 2020년 기준으로 옹녕구의 면적은 1,295km²이고, 인구는 33.23만 명이다. 소속 관할지에는 5개 진과 신흥산업원이 있다. 행정 중심지는 포묘진(蒲廟鎭)이다.

남녕에서 백제진으로 가는 방식은 여러 가지가 있다. 자가용으로 갈 때는 남녕 시내에서 G20로와 G75로를 타고 포묘(蒲廟)에서 빠져나와 신강(新江)을 거쳐 백제진으로 향하면 된다. 버스를 탈 때는 대사객운중심(大沙田客運中心)에서 백제진행 버스를 타거나 강남객운참(江南客運站)에서 흠주(欽州) 신당(新棠)행 버스를 타고 옹녕과 홍성(紅星)을 거쳐 백제진에서 내리면 된다. 또 남녕에서 옹녕 포묘진에 갔다가 남참(南站)에서 백제진행 버스를 갈아타도 된다.

광서 백제허는 뒤에서 자세히 언급하겠지만 청나라 때 허시(墟市), 즉 시골 장터가 열리는 규모의 촌락이었다. 이후 계속 광동 영산현 상

---

4 朴現圭, 「중국 금석집 중 한국 관련 金石文 斷片資料 분석」, 『中國學論叢』 19집, 韓國中國文化學會, 2005.06, 479~500쪽.

5 中共廣西柳州市委員會宣傳部·廣西壯族自治區柳州市文化局編, 『大韓民國臨時政府在柳州』, 廣西人民出版社, 南寧, 2005.8.

녕련(上寧練)에 속해 있었다. 1927년(민국 16)에 행정 개편으로 영산현 제7구에 편입되었다가 1935년(민국 24)에 다시 제4구로 바뀌었다. 1941 년(민국 30)에 신현제(新縣制) 도입에 따라 영산현 제4구의 제7향과 제8 향을 분할하여 독립된 백제향을 만들었다. 이때부터 백제향은 향급 단위의 행정중심지가 되었다. 당시 소속 관할지에는 11개 보(保), 132 개 갑(甲)이 있었다. 1947년(민국 36)에 11개 보(保), 110개 갑(甲)으로 조정되었다. 1949년에 상급행정지가 광동 흠현(欽縣: 현 欽州) 소속 영 서특구(靈西特區)로 편입되었다가 1950년에 다시 광동 영산현 제7구로 바뀌었다.

1951년에 백제향은 광동 영산현 제7구에서 광서 옹녕현 제8구로 편 입되었다. 이때부터 상급행정지가 광동에서 광서로 바뀌었다. 1955년 에 행정명칭이 백제구(百濟區)로 변경되었다. 1958년 대약진운동이 시 작할 때 운동이념과 맞추어 홍성공사(紅星公社)로 바뀌었다가 이듬해에 다시 옛 명칭인 백제공사(百濟公社)로 환원되었다. 1984년에 공사(公社) 제도가 폐지됨에 따라 백제향으로 바뀌었다. 2004년에 상급행정지 옹 녕현이 남녕시로 편입되자, 백제향도 남녕시 옹녕구 소속으로 편입되 었다. 2013년 5월에 백제향에서 백제진으로 승격되었다.

광서 백제진은 옹녕 표묘진에서 남쪽으로 38km에 떨어져 있다. 면 적은 308.1만km²이다. 산지 면적은 25.33만 무(畝)이고, 경작지 면적은 14.68만 무이다. 지형은 주로 나지막한 구릉지 형태이다. 광서 백제진 은 과일과 사탕수수의 지역이라는 호칭이 있다. 농산물로 용안(龍眼), 리치(荔枝), 귤, 사탕수수, 쌀 등을 생산하고, 임산물로 목재, 송진, 양 잠 등을 생산한다. 2019년 기준으로 백제진의 인구는 50,673명이다. 소속 관할지에는 1개 사구(社區), 13개 행정촌, 137개 자연파(自然坡),

408개 촌민소조(村民小組)가 있다. 행
정중심지는 백제사구(百濟社區)이다.
2011년 기준으로 백제향의 당위서기
는 양건군(楊建軍)이고, 향장 겸 부서
기는 이창회(李昌匯)이고, 향인민주석
(人代主席) 겸 부서기는 등유상(滕有祥)
이고, 부서기는 양의(楊懿)이다.

백제사구의 인구는 2천여 명이고,
민족은 대다수가 장족이고, 일부가
한족이다. 주요 성씨는 육(陸), 이(李),
진(陳), 위(韋), 방(龐), 황(黃), 임(林),
오(伍), 여(黎), 주(朱), 담(譚), 양(梁),
귀(歸), 등(鄧), 나(羅), 반(潘), 여(余),

광서 백제향 정부

요(廖), 마(馬)이다. 2011년 기준으로 백제사구의 책임위원은 육개달(陸
開達)이고, 담당자는 진종화(陳鍾華), 향장초(向長肖), 왕영국(王永國) 등
이다. 마을 입구에 백제진인민정부(百濟鎭人民政府), 백제파출소(百濟派
出所), 백제중학(百濟中學) 등이 있고, 그 안쪽 백제가(百濟街)를 중심축
으로 도로 양편에 가옥과 상점들이 즐비하게 들어서 있다. 장족의 전통
가옥은 목조 와즙이며, 문미에는 나쁜 기운을 물리치기 위한 거울을
달아놓았다. 마을 중심지에 소규모 물건을 파는 상점이 있고, 3일마다
시골장인 허시(墟[圩]市)가 열린다.

Ⅲ. 광서(廣西) 백제허(百濟墟)에 관한 선행연구

광서 백제허에 관한 선행연구는 최근에 전개되었지만, 방송과 언론 매체, 학자들이 출현하여 다양한 글을 내놓았고, 이와 동시에 한국과 중국 네티즌이 가세하여 양국 입장을 대변하며 열띤 분위기를 조성하고 있다. 이들 가운데 주요 논문과 방송 다큐멘터리를 선별하여 정리해 보면 다음과 같다.

광서 백제허가 한반도 백제국과 관련이 있다는 사안은 1996년 9월 15일 KBS 1TV『역사스페셜』에서 백제국의 해외 경영에 관한 족적을 추적한 다큐멘터리「잊혀진 땅 – 백제 22담로의 비밀」에서 촉발되었다고 해도 과언이 아니다. 담로(擔魯)는 백제국의 지방 행정구역이다. 방송 제작진은 다큐멘터리답게 역사 속의 담로 기록을 바탕으로 백제의 중국 대륙과 해상 진출활동을 추적했는데, 이때 광서 옹녕에 소재한 백제허라는 지명이 등장하였다. 방송에서 언급한 백제허 내용은 크게 세 가지로 요약된다.

첫째, 주중 조선족 학자 황유복(黃有福)의 인터뷰를 인용했다.『송서 (宋書)』에는 백제국이 중국 대륙에 진평군(晉平郡)을 경략했다는 기록이 있다. 진평군은 지금의 요서(遼西) 지역이 아니라 중국 남방의 광서 지역이다. 광서 남령에서 동남쪽으로 가면 백제향(현 백제진)이 있는데, 그곳이 바로 옛 진평군의 소재지이다.

둘째, 중국사회과학원(中國社會科學院) 역사지리연구실(歷史地理研究室) 주임인 진가외(陳可畏)의 인터뷰를 인용했다. 일반적으로 '허(墟)'자의 의미는 성이 오래되어 무너진 것을 말한다.

셋째, 백제향(현 백제진)에서의 현지 촬영이다. 방송 제작진은 광서 옹녕에 소재한 백제향(현 백제진)을 찾아 촌락 곳곳에 백제라는 이름이 들어가 있는 것을 보고 이곳이 한반도 백제국과 관련이 있다고 보도했다.

이상 방송 내용을 정리하면 백제허는 백제국이 대륙을 경영한 지역으로 옛 백제국 사람들이 살았을 것으로 추정된다.

백제국의 해외 경영을 연구하는 이도학(李道學)은 KBS 다큐멘터리 「잊혀진 땅 – 백제 22담로의 비밀」에서 방영한 광서 백제향(현 백제진) 내용으로 인해 자신이 일찍이 제기했던 진평군 = 광서 소재설, 「흑치상지묘지명(黑齒常之墓誌銘)」의 분봉 기사를 담로와 관련지은 설이 한층 더 설득력을 얻었다고 강조했다.[6] 이도학은 일전에 진평군의 위치를 고찰하면서 활용했던 복단대학(復旦大學) 역사지리연구소(歷史地理硏究所)의 『중국역사지명사전(中國歷史地名辭典)』, 유균인(劉鈞仁)의 『중국역사지명대사전(中國歷史地名大辭典)』 등 중국 지명사전 2종을 제시하였다. 『중국역사지명사전』에는 진평군의 위치를 복건 복주(福州)에 있다고 비정해 놓았고, 『중국역사지명대사전』에는 진평군이 광서 경계에 있다고 비정해 놓았다.

2002년 4월 29일에 KBS 전주총국은 다큐멘터리 「최초 보고 – 백제의 타임캡슐: 중국에도 전주가 있다」를 방영했다.[7] 이 다큐멘터리에서 광서 전주(全州)와 광서 백제허를 연계시켜 이들 장소가 모두 백제국이 중국 대륙으로 진출했던 장소로 추정했다. 그 추정 이유를 정리해보면 다음과 같다. 광서 전주와 전북 전주는 지명, 사찰명, 풍속 등 여러 방면에서 공통점이 많다. 전북 전주를 수도로 삼은 후백제가 멸망(936년)

---

6 李道學, 『백제장군 흑치상지 평전』, 주류성, 서울, 1996, 42~44쪽.
7 2002년 7월 4일 KBS 지역 네트워크에서 재방영.

한 뒤에 일부 유민들이 초왕 마희범(馬希範)과 연계하여 광서 전주로 이주했고, 이로부터 3년 뒤(939년)에 광서 전주라는 명칭이 탄생했다.[8] 광서 백제허는 『중국고금지명대사전(中國古今地名大辭典)』에서 언급했 듯이 백제국이 해외 경영한 지역이고, 광서 전주에서 물길을 따라가면 광서 백제허에 도달할 수 있다.

또 2002년 10월에 다큐멘터리 「최초 보고 – 백제의 타임캡슐: 중국 에도 전주가 있다」를 기획했던 송기윤은 제작 후기를 담아 『중국에도 전주가 있다』라는 책자를 편찬했다. 송기윤은 광서 전주에서 차량으로 몇 시간 거리에 있는 광서 백제향(현 백제진)을 답사한 후 이곳이 백제가 해외 경영한 지역이라고 확신했다. 송기윤이 주장한 내용을 살펴보면 KBS 다큐멘터리 내용과 비슷하고, 영남(嶺南)으로 귀양을 갔던 백제왕 족 부여풍(扶餘豐) 내용이 새롭게 첨가되어 있다. 여기의 영남은 오늘 날 광동과 광서 지역을 지칭한다. 광서 전주는 호남에서 영남으로 들어 가는 관문에 위치하고, 소속 관할지에는 부여씨를 성씨로 하는 여가촌 (餘家村)이 있다. 따라서 광서 백제향(현 백제진)과 광서 전주는 모두 옛 백제국과 관련이 있는 곳이다.[9]

2002년 12월에 정치 외교를 담당했던 소진철(蘇鎭轍)은 KBS 다큐멘 터리 「잊혀진 땅 – 백제 22담로의 비밀」에서 방영된 광서 백제향(현 백 제진)을 현지답사한 후에 이곳이 옛 백제국이 해외 진출한 진평군이라

---

8 광서 전주가 후백제 유민이 세웠다는 다큐멘터리 「최초 보고 – 백제의 타임캡슐: 중국 에도 전주가 있다」와 관련된 논문으로 趙法鍾의 「後百濟 '全州'와 中國 '全州'의 관계」 (『백산학보』 65호, 2003.4, 151~178쪽; 『후백제의 대외교류와 문화』, 신아출판사, 전 주, 317~337쪽)가 있다.

9 송기윤, 『중국에도 전주가 있다』, 두인, 전주, 2002.10, 203~212쪽.

는 주장을 펼쳤다. 백제향(현 백제진)의 중심지가 백제허(百濟墟)인데, 장족들은 대백제(大百濟; DaejBakcae)라고 부른다. 이것은 일본에서 백제(百濟)라고 쓰고, 그것을 くだら라고 발음한 것과 같다.『중국장수전집(中國將帥全傳)』에서는 흑치상지(黑齒常之)의 고향을 광서 백제향(현 백제진)이라고 기술했다.[10]

2004년 4월에 소진철은 광서 백제향(현 백제진)에 관한 후속 논문을 발표했다. 후속 논문에는 전자 논문에서 언급한 자료 외에『위지(魏志)』「왜인전(倭人傳)」의 흑치국(黑齒國) 자료를 새롭게 덧붙여 놓았다. 소진철은『위지』「왜인전」의 흑치국이 흑치상지의 고향을 지칭하며, 흑치상지의 고향은 광서 백제향(현 백제진)이라고 했다.[11]

2006년 10월에 백제문화개발연구원(百濟文化開發研究院)은 조부영(趙富英), 신영식(申瀅植), 소진철, 서정석(徐程錫), 김기변(金起燮), 정순태, 최병식 등이 주축이 된 조사단을 조직해서 옛 백제국의 해외 경영 지역인 광서 백제향(현 백제진)을 현지답사했다. 조사단은 광서 백제향(현 백제진)을 답사한 후에『중국유적답사 광서 옹령현 백제허 현지탐방』이라는 책자를 남겼다. 이 책자에는 신형석의「백제를 다시보자」, 소진철의「나의 광서(廣西) "백제향(百濟鄉)" 방문기(記)」, 서정석의「중국 속의 백제, 백제향」, 김기섭의「중국의 백제관련지역 – 광서(廣西) 백제향(百濟鄉) – 답사 기행」 등 논문이 수록되어 있다.[12]

---

10 蘇鎭轍, 「나의 廣西, "百濟鄉" 방문기: 黑齒常之의 고향을 가다」, 『白山學報』 64호, 白山學會, 2002.12, 343~356쪽.

11 蘇鎭轍, 「『魏書』의 黑齒國은 어디인가?: 廣西 百濟鄉은 黑齒國의 도읍지」, 『白山學報』 68호, 白山學會, 2004.4, 95~116쪽.

12 百濟文化開發研究院編, 『중국유적답사 광서 옹령현 백제허 현지탐방』, 백제문화개발

　이 책자 속에 언급된 논문은 대체로 선행학자가 발표한 내용에서 크게 벗어나지 않는데, 그 가운데 서정식이 일부 자료에 대해 신중하게 접근해야 한다는 견해가 돋보인다. 서정석은 『중국장수전전』과 『중국지도집』이 최근에 출판된 책자라는 점에서 자료의 신뢰성이 떨어진다고 했다. 하지만 서정식도 마을 곳곳에 백제라는 이름이 들어가 있는 점에 대해 상당히 고무되어 이곳이 한반도 백제국과 관련이 있는 것으로 보이고, 혹 백제 부흥운동에 참여한 부여풍의 귀양지인지에 대해 검토할 가치가 있다고 했다.[13]

　이상 선행학자들이 광서 백제허가 한반도 백제국과 관련된 지역이라고 주장하는 내용을 모아 정리해보면 다음과 같다.

　첫째, 백제국은 중국 대륙에 백제군(百濟郡)을 두었다. 『송서(宋書)』, 『양서(梁書)』에서 백제국이 요서 지역으로 진출하여 진평군(晉平郡)을 두었다.[14] 백제국은 일찍부터 강력한 해양력을 갖추고 바다를 건너 중국 대륙으로 진출한 적이 있고, 그중 진평군이 통치했던 도읍지가 광서 백제허로 추정된다. 또 『중국고금지명대사전』「진평현(晉平縣)」 조항에 의하면 진평현은 남조 송나라 때 설치하고 남제가 그 땅을 차지했으며, 지금은 폐지되었으나 마땅히 광서 경내에 있다고 했다.[15] 『중

연구원, 2006.1.

13 徐程錫, 「중국 속의 백제, 百濟鄉」, 『중국유적답사 광서 옹령현 백제허 현지탐방』, 앞의 서지, 23~31쪽.

14 『宋書』 권97 「百濟國」: "百濟國, 本與高驪俱在遼東之東千餘里, 其後高驪略有遼東, 百濟略有遼西, 百濟所治, 謂之晉平郡晉平縣."; 『梁書』 권54 「百濟傳」: "其國本與句驪在遼東之東, 晉世句驪旣略有遼東, 百濟亦據有遼西·晉平二郡地矣, 自置百濟郡."

15 『中國古今地名大辭典』 「晉平縣」: "南朝宋置, 南齊因地, 今闕, 當在廣西境."

국역사지리대사전』에도 진나라가 설치한 진평군은 광주(廣州) 울림군
(鬱林郡)의 소속인데, 지금은 없어졌으며, 의당 광서 경내에 있었다고
했다.[16]

둘째, 광서 백제허는 옛 백제군의 도읍지다. 백제허는 백제향(현 백제
진)의 중심 지역으로 장족들이 사는 촌락이다. 촌락 곳곳에는 '백제'라
고 들어간 명칭의 간판이나 관공서가 많다. 사전에서 '허(墟)'자의 의미
는 유적지 또는 무너진 성터를 지칭한다. 글자의 의미로 보아 백제허는
백제군의 옛 도읍지가 아니고서야 생길 수 없는 지명이다.

셋째, 장족들은 촌락 이름을 백제허라고 쓰고, 그것을 발음할 때는
'대백제(DaeBakcao)'라고 부른다. 이것은 일본에서 '백제(百濟)'라고 쓰
고, 그것을 발음할 때 'くだら'라고 부르는 것과 같다. 'くだら'는 우리
고대어로 '큰 나라'에서 유래되었다. 백제허 인근에는 대왕탄(大王灘)이
라는 지명이 있다.

넷째, 광서 백제향(현 백제진)은 흑치상지(黑齒常之)의 출신지이다. 『구
당서(舊唐書)』, 『신당서(新唐書)』에서 흑치상지를 백제 서부인(西部人)으
로 기술하고 있다. 지금까지 흑치상지를 백제국 수도 부여의 서쪽 지역
사람으로 여겨왔다. 그런데, 『중국장수전전』과 『중국지도집』에서 흑
치상지의 출신지를 광서 백제향(현 백제진)으로 기술하고 있다. 흑치상
지의 증조부 문대(文大)가 6세기 중엽에 흑치국에 봉해졌는데, 이때 문
대가 광서 백제향(현 백제진)에서 한반도로 왔다. 따라서 광서 백제향(현
백제진)은 백제국이 경영했던 중국 대륙 중의 한 지역으로 볼 수 있다.

---

16 劉鈞仁編, 『中國歷史地理大辭典』 「晉平縣」 참조, (소진철, 「『魏書』의 黑齒國은 어디
   인가? :廣西 百濟鄉은 黑齒國의 도읍지」, 앞의 서지, 106~107쪽에서 재인용)

다섯째, 백제 부여풍이 중국 영남으로 귀양 갔다. 『신당서』, 『자치
통감(資治通鑑)』의 기록에 의하면 천남생(泉南生; 淵南生)을 검중(黔中)
에, 부여풍을 중국 영남으로 귀양을 보냈다고 했다.[17] 부여풍은 일명
부여풍장(扶餘豐璋)이고 백제 부흥운동에 나섰다가 내부 분열로 고구려
에 망명했다. 고구려가 멸망한 후에 부여풍은 당나라에 붙잡혀 중국
영남으로 귀양 갔다. 중국 영남은 오늘날 광동과 광서 지역을 지칭한
다. 부여풍의 귀양지가 구체적으로 중국 영남의 어느 곳을 지칭하는지
는 알 수 없지만, 광서 백제향(현 백제진)이 그 유력지로 추정된다.

여섯째, 광서 전주와 광서 백제허는 모두 백제국의 해외 경영 지역이
다. 광서 전주와 광서 백제허는 차량으로 불과 몇 시간 거리에 있으며,
물길이 통해 서로 오갈 수 있다. 전북 전주는 후백제의 수도이다. 후백
제가 멸망(936년)한 직후에 일부 후백제 유민이 초왕 마희범과 연계하
여 광서 전주로 들어왔고, 이로 인해 3년 뒤에 전주라는 도읍지명이
생겼다.

Ⅳ. 광서(廣西) 백제허(百濟墟)에 관한 새로운 풀이

먼저 광서 백제허가 한반도 백제국의 해외 경영 지역, 즉 백제국 연
계설을 주장하는 선행학자들의 학설이 어떠한 문제점이 있는가에 대해
짚어보도록 한다.

---

17 『新唐書』권 220 「高[句]麗傳」: "投南建流黔州, 百濟王扶餘隆流嶺外." 여기의 扶餘
隆은 扶餘豐의 오기임.;『資治通鑑』권201 「唐紀」總章 1년 12월조: "泉南建流黔中,
扶餘豐流嶺南."

국내외 학자들 사이에 백제국의 요서 경략설에 대한 논쟁은 뜨겁다. 『송서』, 『양서』 등 중국 사서에는 백제국의 요서 경략설이 기술되어 있다. 일부 학자들은 백제국의 요서 경략설에 대해 전면 부인하고 있으나, 이들도 자신들의 주장을 관철하기 위해 중국 사서의 기록을 전면 부정해야 하는 난제를 극복하기란 만만치 않다. 게다가 백제국은 일찍부터 해상력과 군사력을 바탕으로 해외 진출이 활발했던 국가였다. 동성왕 때 백제국은 북위 군사의 침공을 물리쳤고,[18] 또 고구려와 백제가 강성했을 때 백만 군사로 남으로는 오(吳)와 월(越), 북으로는 유(幽), 연(燕), 제(齊), 노(魯)를 진격했다.[19] 그래서인지 중국학계에서도 백제국의 요서 경략설에 대해 서로 다른 견해를 펼치고 있다.[20]

백제국 진평군의 위치에 관해 요서 지역, 오월 지역, 복건 지역, 광서 지역 등 여러 설이 존재하지만, 이 가운데 요서 지역설에 대한 학자들의 지지가 가장 많다. 원 자료인 『송서』, 『양서』 기록의 문맥 흐름으로 보면 진평군은 요서(遼西) 지역에 있어야 한다. 다만, 여기에서는 광서 지역설에 국한해서 논해본다. 광서 지역설 학자들은 광서 백제향(현 백제진)이 백제국 진평군의 소재지라고 주장하고 있다. 이들의 논점

---

18 『三國史記』권26 東城王 10년조: "魏遣兵來伐, 爲我所敗."; 『자치통감』권136 永明 6년조: "魏遣兵擊百濟, 爲百濟所敗."

19 『삼국사기』권46 「崔致遠傳」: "高麗·百濟全盛之時, 强兵百萬, 南侵吳·越, 北撓幽·燕·齊·魯, 爲中國巨蠹." 여기에서 말한 越 지역에 대해 소진철 등은 광동과 광서 남월국으로 해석하고 있는데, 전후 문장으로 보아 오월국의 옛 지역(절강 일대)으로 보는 것이 타당하다. 幽·燕은 하북 지역, 齊·魯는 산동 지역, 吳는 강소 지역을 지칭한다.

20 예를 들면 金憲淑, 「"百濟略有遼西"記事初探」, 延邊大學學報, 33卷 3期, 2000.8, 98~100쪽; 劉子敏, 「駁≪"百濟略有遼西"記事初探≫」, 延邊大學學報, 34卷 1期, 2001.3, 93~96쪽.

은 광서 지역에 백제국과 동일한 명칭을 가진 백제향(현 백제진)이 있다
는 것에서 나왔다고 해도 과언이 아니다. 그러나 이들의 주장에는 현
존 고문헌에서 광서 백제허가 백제국 진평군에게 속해 있다는 구체적
기록을 찾아볼 수 없다는 커다란 문제점을 안고 있다. 뒤에서 자세히
살펴보겠지만 광서 백제허의 건립 시점은 진평군의 건립 시점보다 한
참 뒤인 청나라 때 이루어졌다. 따라서 광서 백제향(현 백제진)은 백제
국 진평군과 무관하고, 이와 동시에 광서 지역설의 주장도 성립될 수
없다.

백제국 연계설 학자들은 백제 흑치상지의 고향을 백제국 진평군, 고
대 흑치국과 연결해 광서 백제향(현 백제진)을 주목했다. 「흑치상지묘지
명(黑齒常之墓誌銘)」에서 흑치상지는 백제 사람이고, 그 선조는 부여씨
에서 나와 흑치에 봉해졌다고 했다.[21] 흑치상지의 조상은 부여씨에서
나왔고, 그의 성은 봉읍지 흑치에서 나왔다. 『산해경(山海經)』, 『여씨
춘추(呂氏春秋)』, 『관자(管子)』, 『사기(史記)』 「조세가(趙世家)」, 『위서(魏
書)』 「왜인전(倭人傳)」 등 여러 중국 문헌에는 흑치국의 존재가 나온다.
광서 백제향(현 백제진)을 비롯한 중국 남방과 동남아시아 사람들은 빈
랑(檳榔)을 즐겨 씹는 습속이 있는데, 빈랑을 장기간 씹으면 치아가 검
게 착색되어 흑치(黑齒) 현상이 발생한다. 흑치상지의 봉읍지 '흑치'는
흑치를 가진 사람들이 사는 흑치국을 지칭한다. 『중국장수전전』 「흑치
상지」 조항에 의하면 흑치상지는 당나라 고종·측천무후 때 장수로 백
제 서부(지금 광동 흠현 서북) 사람이라고 했다.[22] 광서 백제향(현 백제진)은

---

21 「黑齒常之墓誌銘」: "府君諱常之, 字桓元, 百濟人也. 其先出自扶餘氏, 封於黑齒."
22 鄭福全·可永雪·楊效春주편, 『中國將帥全傳』, 工商出版社, 北京, 1997, 冊中 947쪽.

광동 흠현(현 광서 흠주) 서북쪽에 있다.[23] 그래서 백제국 연계설 학자들
은 광서 백제향(현 백제진)이 흑치상지의 봉읍지이고, 또한 백제국 진평
군의 치소라고 주장하고 있다.

　『신당서』와『삼국사기』에서는 흑치상지 백제 서부인(西部人) 출신이
라고 밝히고 있다.[24] 백제 서부(西部)의 위치에 관해 통상적으로 백제
국의 수도, 즉 한반도 부여의 서쪽에 소재한 어느 한 지역으로 보고
있는데, 일부 학자들은 백제 서부를 필리핀 지역,[25] 광서 백제향(현 백
제진)으로 달리 해석하고 있다. 여기에서 한 걸음 물러나 백제국 연계
설 학자들의 주장처럼 광서 백제향이 진평군 치소라고 하더라도, 광서
백제향은 흑치상지 집안의 분봉지와 무관할 가능성이 크다. 백제국 연
계설 학자들이 광서 백제향이 흑치상지 집안의 분봉지라고 내세우는
증거 문헌은 바로 자료의 신뢰성이 매우 낮은『중국장수전전』「흑치
상지」 조항의 기록이다. 백제국 연계설을 지지하는 서정석도『중국장
수전전』이 최근에 출판된 책자라는 점에서 이 자료의 신뢰성이 떨어진
다고 했다.[26]

　『중국장수전전』의 편자 구성원을 살펴보면 모두 중국 학자이다. 중
국 학자가 언급한 한국 지리에 대한 정보 수준은 낮은 편이다. 예를

23 欽縣은 원래 광동성 소속이었는데, 1965년에 광서성으로 편입되었고, 1983년에 欽州
市가 되었다.
24 『三國史記』권44「黑齒常之傳」: "黑齒常之, 百濟西部人."; 『新唐書』권110「黑齒常
之傳」: "黑齒常之, 百濟西部人."
25 李道學, 「百濟의 海外活動 記錄에 관한 檢證」, 『2010세계대백제전국제학술회의』, 공
주대학교 백제교육문화관, 2010.09.30~10.2, 328~330쪽.
26 徐程錫, 「중국 속의 백제, 百濟鄉」, 『중국유적답사 광서 옹령현 백제허 현지탐방』,
앞의 서지, 25~26쪽.

들면『중국장수전전』「유인궤(劉仁軌)」조항에서 663년(용삭 3)에 「유인궤(劉仁軌)」가 이끄는 당나라 군사가 백제 부흥군·일본 연합군과 전투를 벌인 지역인 백강(白江)을 한반도 옛 백제 영토인 금강으로 보지 않고, 호남(湖南) 기양(祁陽)으로 오기하고 있다.[27] 이처럼『중국장수전전』의 편자들은 흑치상지의 출신국인 '백제'를 광서 백제향(현 백제진)의 '백제'로 잘못 보았던 것으로 추정된다. 따라서 흑치상지가 광서 백제향(현 백제진)의 출신이라는 주장을 펼치려면『중국장수전전』외에 다른 구체적인 증거 문헌이 필요하다.

1932년(민국 20)에 장려소(臧勵龢) 등이 중국 고금 지리를 정리한 사전인『중국고금지명대사전』이 있다. 이 책자「백제허(百濟墟)」조항에는 백제허(百濟墟)가 일명 백제허(百蹄墟)이고, 광동 흠현 서북쪽 480리에 소재하며, 동쪽으로 영산현과 접경한다고 했다.[28] 이 문장에서 백제허의 위치가 광동 흠현(현 광서 흠주) 서북쪽 480리 떨어져 있다고 한 것은 정확하지만, 백제허의 상급 행정지에 관한 정보는 잘못되었다. 백제허는 1949년에 한때 흠현(현 흠주) 소속에 들어간 적이 있지만, 이 책자의 편찬 시기인 민국 초기 또는 청나라 때는 줄곧 영산현에 속해 있었다.

백제국 연계설 학자들은『중국고금지명대사전』「백제허」조항을 근거로 광서 백제허가 진평군 치소 또는 한반도 백제국과 연계시키고 있다. 그렇지만 이 책자의「백제허」조항에는 어디에도 백제허가 진평군의 치소 또는 한반도 백제국과 관련이 있다고 언급하지 않았다. 따라서

---

27 鄭福全·可永雪·楊效春主編,『中國將帥全傳』, 앞의 서지, 册中 947쪽.

28 『中國古今地名大辭典』「百濟墟」: "在廣東欽縣西北四百八十里. 東與靈山縣接界, 亦作百蹄墟."

『중국고금지명대사전』「백제허」 조항은 어디까지나 광서 백제허의 위치를 언급한 자료이지, 광서 백제허가 진평군 치소 또는 한반도 백제국의 경영지라는 결정적인 증거물로 삼을 수 없다.

또 백제국 연계설 학자들은 광서 백제향(현 백제진)에서 관공서나 상호에 '백제'라는 명칭이 널리 사용되고 있는 점에 주목했다. 예를 들면 광서 백제허를 둘러보면 백제라는 명칭이 들어간 '백제향인민정부(百濟鄉人民政府)', '백제향중심유아원(百濟鄉中心幼兒園)', '백제가(百濟街)', '백제문화참(百濟文化站)', '백제식품점(百濟食品店)', '백제려사(百濟旅社)' 등이 있다. 백제국 연계설 학자들은 이러한 현상이 한반도 백제국과 무언가 관련 있음을 암시하고 있다고 주장했다.

그러나 광서 백제향(현 백제진)의 관공서나 상호에 해당 지명인 '백제'라는 글자가 많이 들어가 있는 점은 여타 지역에서도 일어나는 보편적인 현상이지, 결코 광서 백제향에서만 일어나는 특수 현상이 아니다. 전 세계의 어느 도읍지에 가도 해당 지역의 지명을 딴 관공서나 상호를 쉽게 찾아볼 수 있고, 중국 대륙의 경우도 이와 마찬가지이다. 따라서 광서 백제향의 관공서나 상호에 '백제'라는 이름이 들어가 있는 현상만으로 이곳이 한반도 백제국과 관련이 있다고 보는 것은 무척이나 위험한 일이다.

다음으로 광서 백제허가 언제부터 촌락이 형성되었는지에 대해 본격적으로 알아본다. 광서 백제허의 건립 시점은 이곳이 한반도 백제국과 관련 여부를 판단하는 데 관건이 될 것이다.

소진철은 광서 백제허가 아주 오랜 옛날부터 생겨났고, 그 이름이 오늘날에 이르기까지 계속 사용되고 있다고 주장했다.[29] 백제국 연계설을 언급한 KBS 방송에서도 광서 백제허를 백제국의 유민들이 이주

했던 촌락으로 보았다. 다른 백제국 연계설 학자들도 여기에 대해 특별
히 언급하지는 않았지만, 묵시적으로 소진철과 KBS 방송의 주장에 동
의할 것이다. 백제국 연계설 학자들은 광서 백제허를 한반도 백제국과
연계시키면서 두 개의 시기를 지목하고 있다. 한 시기는 진평군이 설치
한 5세기 중엽 송나라 시기이고, 다른 한 시기는 백제 부여풍이 영남으
로 귀향한 668년(총장 1)이다. 이 두 개의 시기는 모두 7세기 이전이다.
따라서 광서 백제허가 7세기 이전에 건립되어야 비로소 논리적으로 한
반도 백제국과 연계시킬 수 있는 최소 요건이 갖추어진다. 이와 반대로
광서 백제허가 8세기 이후에 건립되었다면, 백제국 연계설 학자들의
주장은 설득력을 잃게 된다.

오늘날 광서 학자들은 광서 백제허의 건립 시점을 언제 잡고 있는
가? 『[1995년]옹녕현지』 「백제우(百濟圩)」 조항에서 백제우(百濟圩)는
청대에 건립되었다고 했고,[30] 『광서장어지명선집(廣西壯語地名選集)』 「백
제우(百濟圩)」 조항에서 백제우(百濟圩)는 1879년(광서 5) 경에 건립되었
다고 했다.[31] 광서 학자들은 모두 청대 이후에 광서 백제허가 건립된
것으로 보고 있다. 이러한 사실만 보아도 광서 백제허를 한반도 백제국
과 연계시키기에는 문제가 있다.

이에 광서 백제허의 건립 시점을 좀 더 정확하게 파악하기 위해 민국
이전에 광서 백제허를 관할했던 상급 행정지인 영산현의 각종 지방지

29 蘇鎭轍, 「『魏書』의 黑齒國은 어디인가? :廣西 百濟鄕은 黑齒國의 도읍지」, 앞의 서
지, 104~105쪽.
30 廣西壯族自治區邕寧縣地方志編纂委員會編纂, 『[1995년]옹녕현지』 제1편 「建置・政
區」, 中國城市出版社, 北京, 1995.12, 46쪽.
31 張聲震主編, 『廣西壯語地名選集』, 廣西民族出版社, 南寧, 1988.12, 19쪽.

를 조사해 보았다. 민국 이전에 편찬된 현존본『영산현지』는 1672년(강희 11)에 임장존(林長存) 편수하고 왕계보(王啟輔)가 편찬한『[강희]영산현지(靈山縣志)』, 1733년(옹정 11)에 성희조(盛熙祚)가 수찬한『[옹정]영산현지(靈山縣志)』, 1764년(건륭 29)에 황원기(黃元基)가 수찬한『[건륭]영산현지(靈山縣志)』, 1820년(가경 25)에 장효시(張孝詩)가 편수하고 양경(梁炅)이 편찬한『[가경]靈山縣志』, 1914년(민국 3) 기재방(紀載邦)·사우정(謝禹廷)이 편수하고 유운희(劉運熙)·이민중(李敏中) 편찬한『[민국]영산현지(靈山縣志)』 등 모두 5종이 있다.

청 건륭 연간 이전의『[강희]영산현지』,『[옹정]영산현지』,『[건륭]영산현지』에는 백제라는 이름이 들어간 촌락을 찾아볼 수 없다. '백제허(百濟墟)'라는 지명은 청 가경 연간의『[가경]영산현지』에 처음 등장한다.『[가경]영산현지』에는 영산 지역에 소재한 각종 지명을 고지도에 담아놓았는데, 그중「서향사속칠련도(西鄕司屬七練圖)」에서 다산(茶山), 뇌공암(雷公岩), 육십암(六十岩) 주변 지역에 '백제허(百濟墟)'라는 지명을 찾아볼 수 있다. 청 가경 연간에 영산형의 행정구획이 대폭 개편되었는데, 이때 백제허라는 지명이 처음 출현한 것으로 추정된다.『[민국]영산현지』에는 백제허라는 지명이 보편적으로 등장하고 있다.

광서 백제허는 청나라 때 처음 촌락이 형성되었을 가능성이 크다. 좀 더 구체적으로 적자면 청나라 초기에 촌락이 형성되어『[건륭]영산현지』가 편찬된 시점인 1764년(건륭 29)부터『[가경]영산현지』가 편찬된 시점인 1820년(가경 25) 사이에 장터가 들어설 정도 크기의 촌락으로 발전했을 것으로 추측된다. 물론 청나라 초기에 편찬된『영산현지』에 백제허라는 지명이 보이지 않는다고 해서 이곳에 백제허라는 촌락이 아예 존재하지 않는다고는 단정할 수 없지만, 광서 남부 지역의 촌락 발전사를 살펴보면 그 정황을 감지할 수 있다.

청나라 이전의 광서 남부 지역은 주로 소수 민족이 거주하는 지역이라, 일부 도읍지를 제외한 시골 지역에는 사람들이 살지 않는 미개척지가 많았다. 이에 광서 학자들은 광서 백제허가 청대에 들어와서야 건립되었다고 고찰하였다. 따라서 광서 백제허의 건립 시기를 아주 오래전으로 거슬러 올라가기는 힘들다. 즉, 광서 백제허의 건립 시점을 늦어도 7세기로 잡은 백제국 연계설 학자들의 논술 전개에는 해결해야 할 큰 문제점이 있다.

다음으로 광서 백제허의 글자 의미에 대해 알아본다. 백제국 연계설 학자들은 백제허(百濟墟) 중 '허(墟)'자가 가진 의미에 주목했다. 사전에서 '허(墟)'자의 의미는 여러 개 있지만, 통상적으로 유적, 유허로 풀이한다. 백제국 연계설 학자들은 '허(墟)'자가 유적, 유허라는 의미를 지녔다며 백제허(百濟墟)를 한반도 백제국의 유적지로 보았다. 다시 말하자면 한반도 백제국의 유민들이 이곳에 들어와 정착하면서 옛 백제국의 터전을 상기하고자 지명을 백제허(百濟墟)라고 명명했다는 것이다.

그러나 백제국 연계설 학자들의 풀이는 잘못되었다. 백제허(百濟墟)의 '허(墟)'자는 시골에서 사람들이 공터에 모여 물물을 교역하는 장터를 지칭한다. 사람들이 모이면 장이 서고, 흩어지면 공터가 된다. 광서 지역에서 장터를 허시(墟市)가 불렀던 기록은 멀리 송나라 때 나올 정도로 역사가 아주 오래되었다. 『송회요집고(宋會要輯稿)』는 영남(嶺南; 현 광서, 광동) 촌락에서 며칠마다 간헐적으로 개설된 장을 허시(墟市)라고 불렀다고 했다.[32] 타지역에서는 '허시(墟[圩]市)'를 '집(集)' 또는 '시(市)'

---

32 『宋會要輯稿』 第129冊 「食貨」 17: "嶺南村墟聚落, 間日會集裨販, 謂之虛市."

라고 부르고 있다. 근대에 들어와서 '허(墟)'자는 획수가 적은 '우(圩)'자로 대체되었다.

『[민국]영산현지』에 의하면 당시 영산현 소속에 개설된 '허시(墟[圩]市)'는 동우(東圩), 나민우(那憫圩), 명성우(明盛圩), 승평우(升平圩), 둔려신우(屯廬新圩), 반룡우(蟠龍圩), 송태우(宋泰圩), 백제우(佰濟圩[百濟圩]) 등 모두 38개가 있는데, 이 중 광서 백제허를 지칭하는 백제우(佰濟圩[百濟圩])는 현 소재지에서 서쪽 270리 떨어져 있다고 했다.[33] 『[1995년]옹녕현지』는 백제우(百濟圩)에 3일마다 장이 열리고, 장날이 되면 근처에 사는 많은 사람이 몰려오며, 인원이 많을 때는 무려 4천 명이나 된다고 했다. 이때 백제우(百濟圩)에서 주로 거래되는 농산품은 찻잎, 송향(松香) 등이다.[34] 오늘날 광서 지역에는 '허(墟[圩])'자가 들어간 지명이 많이 남아 있다. 그 실례로 남녕 지구를 들자면 남녕공항이 들어선 오우(吳圩), 심우강(心圩江)이 지나가는 심우(心圩), 강남구(江南區)의 거점 도읍지인 소우(蘇圩), 청수구(靑秀區)의 거점 도읍지인 유우(劉圩), 무명현(武鳴縣)에 속해 있는 나우(羅圩)와 감우(甘圩), 빈양현(賓陽縣)에 속해 있는 노우(蘆圩) 등이 있다.

한편 조선에서도 빈터에 사람들이 모여 물물 교역을 하는 장소를 허시(墟市)라고 했다. 이익(李瀷)은 『성호사설(星湖僿說)』에서 노사(盧舍) 밖 공터에 사람이 모이면 장이 서고 사람이 흩어지면 빈터가 되는 것을 '허(墟)'라고 하는데, 근세 향읍 곳곳에 빈터를 만들어 놓고 '허시(墟市)'가 열린다고 했다.[35] 이외에 『승정원일기(承政院日記)』, 『원교집(圓嶠集)』

33 『[민국]靈山縣志』 권6 「圩市」: "佰濟圩, 縣西二百七十里."
34 『[1995년]邕寧縣志』, 앞의 서지, 46쪽.

등에서 허시(墟市)를 저자의 의미로 사용되었다. 따라서 광서 백제허(百濟墟)의 '허(墟[圩])'자는 유적, 유허라는 옛터가 아니고 시골 공터에서 물자를 교역하는 장터를 지칭한다.

　다음으로 광서 백제허의 지명 유래와 언어 변천 과정에 대해 알아본다. 백제허(百濟墟)의 '백제(百濟)'라는 글자는 광서 원주민인 장족의 언어에서 나왔다. 장족은 옛날에 서구(西甌), 낙월(駱越)이라고 불렸고, 당송 시대에 만(蠻), 요(僚)라고 불렸으며, 원나라 때에 동(僮), 이(俚) 등이라고 불렸다. 중국 정부 이후 장족으로 통일하였다. 백제허(百濟墟) 중 '백제(百濟)'는 때로 '백제(佰濟)'라고 적었다. 『[민국]영산현지』「읍총도(邑總圖)」지도와 「향촌(鄕村)」 조항에서는 '백제(百濟)'라고 적었고, 「상녕련[하](上寧練[下])」 지도와 「우시(圩市)」 조항에서는 '백제(佰濟)'라고 적었다. 『중국고금지명대사전』에서는 백제허(百濟墟)를 일명 백제허(百躋墟)라고 적고 있다. '백(百)'자와 '백(佰)'자, '제(濟)'자와 '제(躋)'자는 중국어(漢語) 발음이나 장족 언어에서 통용하는 동음이체자이다. 장족 언어에서 한자로 옮길 때 '백제(百濟)'라고 적어도 되고, 또는 동음이체자인 '백제(佰濟)', '백제(百躋)'라고 적어도 된다.

　『광서장어지명선집』, 『[1995년]옹녕현지』에 의하면 백제우(百濟圩) 지명은 장족들이 보습날(犁頭口)과 닮았던 촌락 지형의 모습에서 유래되었다고 했다.[36] 장족 언어로 '백(百)'은 '구(口)'이고, '제(濟)'는 '이두

35　李瀷『星湖僿說』권13「人事門·墟市」: "神農之世, 日中爲市, 交易而退, … 墟者謂廬舍之外, 別有其所, 人散則爲墟也. 近世鄕邑之風, 處處爲墟, 日日爭趨朝而往, 待昏而回, 弊事多端者, 令市必同日開. 必有時則其小小之墟, 不禁自止而無爭亂之患."

36　張聲震主編, 『廣西壯語地名選集』, 앞의 서지, 19쪽.; 『[1995]邕寧縣志』, 앞의 서지, 46쪽.

광서 백제향 장족마을

(犁頭)'라는 뜻이다. 또 장족 언어로 백제우(百濟圩)는 daej bak cae라고
한다.[37] 장족어에서 한어로 고칠 때 발음 순서를 daej(圩) – bak(百) –
cae(濟)에서 bak(百) – cae(濟) – daej(圩)로 바꿨다. 옛 백제향인민정부
의 간판에는 한자어 백제향(百濟鄕) 옆에 장족어를 병기해 놓았다.
백(百)은 장족어로 BWZ–, 제(濟)는 장족어로 CI, 향(鄕)은 장족어로
YANGH라고 적혀 있다.

　여기서 잠깐 자료 검토의 중요성을 언급해 본다. KBS「잊혀진 땅 –
백제 22담로의 비밀」에서『광서장어지명선집』「백제우(百濟圩)」자료
를 인용했고, 소진철과『중국사료(中國史料)로 보는 백제』는 KBS 방송
에서 보도한『광서장어지명선집』「백제우(百濟圩)」자료를 그대로 옮
겨 놓았다.[38] 앞에서 언급했듯이『광서장어지명선집』「백제우(百濟圩)」

37 張聲震主編,『廣西壯語地名選集』, 앞의 서지, 19쪽.

자료는 백제우(百濟圩)가 청 광서 연간에 건립되었고, 지명이 보습날(犁頭口)과 닮았던 지형 모습에서 유래되었다는 사실을 담고 있다. 이 자료의 내용은 광서 백제허가 한반도 백제국과 무관하다는 사실을 증명해 준다. 그런데도 KBS 방송 등은『광서장어지명선집』「백제우(百濟圩)」자료의 내용을 명확하게 파악하지 않고, 오히려 광서 백제허가 한반도 백제국과 관련이 있다는 증거로 삼는 오류를 범했다.

끝으로 광서 전주와 후백제 유민이 들어와 작명되었다는 선행 연구의 주장에 대해 언급해본다. 광서 전주는 광서장족자치구에 소속된 현급 행정구획이다. 광서 전주와 전북 전주는 동일한 지명을 가졌다. 전북 전주 지명은 광서 전주 지명보다 더 빨리 작명되었고, 양 지역 간 소속 관할지의 지명이나 사찰 명칭에서 동일한 작명을 많이 찾아볼 수 있다. 선행학자들은 이러한 점을 근거로 후백제가 멸망한 후에 일부 유민들이 광서 전주로 이주 정착했다는 학설을 제기했다. 그러나 광서 전주의 지명은 후진 천복 연간에 초왕 마희범이 상산사(湘山寺) 개산조 전진(全眞)의 법명을 따서 명명되었다. 광서 전주의 완산(完山)은 명 정덕 연간 고린(顧璘)에 의해 명명된 것이다. 광서 전주의 금산사(金山寺)는 명대 후기에 창건되었다. 이들 명칭은 중국 자생적으로 생겨났고, 후백제 연계설과 무관하다. 여기에 대해서는 본 책자의「광서(廣西) 전주(全州) 지명과 한국 교류」가 있으니 이를 참조하기 바란다.

종합하자면 광서 백제허는 청나라 때 중국에서 자생적으로 만들어진

---

38 蘇鎭轍, 「나의 廣西, "百濟鄕" 방문기: 黑齒常之의 고향을 가다」, 앞의 서지, 355쪽.; _____, 「『魏書』의 黑齒國은 어디인가?: 廣西 百濟鄕은 黑齒國의 도읍지」, 앞의 서지, 113쪽.; 梁鍾國, 『中國史料로 보는 百濟』, 서경문화사, 서울, 2006.5, 225쪽.

촌락이며, 한반도 백제국의 유민설과 무관하다. 이와 동시에 광서 백제허가 진평군 소재지, 흑치상지의 본봉지이라는 주장도 설득력이 떨어진다.

V. 결론

광서 백제허(百濟墟)는 현 광서장족자치구 남녕시 옹녕구 백제진의 옛 지명이다. 지명 백제허의 '백제'는 한반도 백제국과 동일한 명칭을 갖고 있다. 중국 정사에는 백제국이 일찍이 중국 대륙으로 진출하여 진평군을 경략했다고 했고, 20세기에 편찬된 일부 중국 지리 문헌에는 진평군을 광서 백제향(현 백제진)으로 비정하고 있다. 이러한 자료들은 일부 한국 학자들의 관심을 끌기에 충분했고, 혹 광서 백제허가 옛 한반도 백제인의 집단 거주지일지도 모른다는 추측을 낳게 했다.

그러나 이번에 본 논고를 통해 광서 백제허가 중국에서 자생적으로 생겨났고 옛 한반도 백제인의 집단 거주지와 무관함이 밝혀졌다. 광서 백제허의 건립 시점은 청나라 때, 구체적으로 가경 연간 또는 그 직전으로 추정된다. 광서 백제허 지명은 청 가경 연간에 편찬된 『[가경]영산현지』에 처음 등장한다. 광서 백제허의 지명은 장족어에서 한어로 바꾸는 과정에서 나왔다. 백제허의 '백제(百濟)'자는 보습날(犁頭口)과 닮았던 지형을 지칭하고, 때로는 동음이체자인 '백제(佰濟)', '백제(百蹄)'라고도 적었다. 백제허의 '허(墟[圩])'자는 유적 또는 유허지라는 의미가 아니고, 공터에 사람들이 모였다가 흩어지는 시장, 즉 장터를 의미한다. 오늘날 광서 지역에는 '허(墟[圩])'자가 들어간 지명이 많이 남

아 있고, 백제허에는 3일마다 허시(墟[圩]市)가 열린다. 송나라나 조선
에서도 허시(墟市)를 시골 공터에 열리는 물물 교역의 장터로 해석했다.

광서 지역에는 한반도 신라국과 동일한 명칭을 가진 빈양(賓陽) 신라
촌(新羅村)이 있다. 빈양 신라촌은 광서 빈양현 빈주진(賓州鎭) 육화촌
(六和村)에 속해 있는 자연촌이다. 빈양 신라촌에 거주하는 민족은 오래
전에 중원에서 이주한 한족 본지인(本地人)과 훗날 객가인이 이주한 한
족 신민인(新民人)으로 구성되어 있다.[39] 빈양 신라촌 또한 중국에서 자
생적으로 만들어진 촌락이며, 한반도 신라국과 무관하다.

광서 전주는 후백제 유민과 무관한 지역이다. 광서 전주라는 지명은
후진 천복 연간에 초왕 마희범이 상산사 개산조 전진(全眞)의 법명을
따서 명명되었다.[40] 광서 백제허가 백제인 집단 거주지와 관련이 있다
면 더할 나위 없이 좋겠지만, 실상은 광서 신라촌, 광서 전주의 경우처
럼 옛 한민족과 전혀 무관하다. 중국 대륙에는 옛 한국의 국가명과 동
일한 지명이 많이 보이나, 일부 지명은 옛 한민족 집단 거주지와 관련
이 있고, 일부 지명은 관련이 없다. [燁爀之樂室]

39 楊淸媚, 「文化與自然: 對廣西新羅村變遷歷史考察的思考」, 廣西民族學院學報(哲
社版), 26권, 4기, 2004.7, 59~64쪽.; _____, 「賓陽新羅村"本地人"考察」, 『民族學
人類學』(2003年卷), 民族出版社, 北京, 2004.12, 316~353쪽.
40 『[강희]湘山志』권1「因緣」: "初, 湘源城在院西七里. 石晉丁酉楚藩馬希範, 以師法
諱全眞, 又閱師『利益經』云: 吾于應中見淸湘毫光. 輪淸湘毫光. 因是奏于朝, 徒城院
之東南, 陞縣爲州, 命名曰全."

광서 전주 지명과
한국 교류

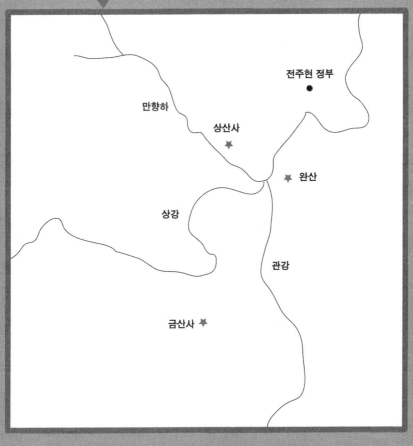

전주현 정부

만항하

상산사

완산

상강

관강

금산사

I. 서론

광서장족자치구(廣西壯族自治區)는 중국 대륙에서 가장 남쪽에 자리하고 있는 성단위급의 행정구역이다. 약칭은 계(桂)이고, 통상적으로 광서라고 부른다. 자치구의 아래쪽은 베트남과 중국 북부만, 위쪽은 내륙 지역인 귀주, 호남, 왼쪽은 변방 지역인 운남, 오른쪽은 대외 관문인 광동과 각각 접해 있다. 광서는 중국 최남단 지역에 위치하고 있는지라 예로부터 중원 지역과 교류가 다소 늦은 편이다. 오늘날 자치구 명칭에서도 보듯이 장족(壯族)을 비롯한 묘족(苗族), 요족(瑤族), 동족(侗族) 등 여러 민족이 한족(漢族)과 어우러져 살고 있다.

필자가 광서 지역에 대해 본격적으로 관심을 둔 계기는 이슬람교도 고려인 라마단(剌馬丹)이 다루가치를 역임한 지역이 광서 육천현(陸川縣)이라는 사실에서 비롯되었다.[1] 이후 광서 지역과 한반도의 교류 역사를 알아보기 위해 계림, 유주 등 몇몇 지역을 살펴보았고, 이번에는

---

1 朴現圭, 「최근 발굴된 중국 소장 海東 관련 금석문: 고려인 이슬람교도 剌馬丹 묘비」, 『中國學論叢』 17집, 韓國中國文化學會, 2004.06, 309~323쪽.

광서 서북쪽 경계에 소재한 전주현(全州縣)으로 발길을 돌려 옛 한국과의 교류 역사를 집중적으로 고찰해본다.

2002년 4월 29에 전주 KBS는 다큐멘터리「최초 보고 – 백제의 타임캡슐: 중국에도 전주가 있다」를 방영했다.[2] 본 다큐멘터리는 중국 대륙에도 전북 전주(全州)와 똑같은 지명을 가진 광서 전주(全州)가 있고, 광서 전주가 후백제 유민이 진출한 도읍지일 수도 있다는 가능성을 제시하였다. 본 다큐멘터리를 본 시청자들은 광서 전주에 대한 관심도가 폭발적으로 증가하였고, 현시점에도 네티즌들이 광서 전주에 관한 글들을 계속 올리고 있다.

2010년 9월에 전북 전주와 광서 전주는 우호 교류의향서를 교환했다.[3] 2011년 1월에 전북 전주 당국은 광서 전주와의 우호 교류 차원에서 두 지역 간에 이루어졌던 역사 교류의 제반 사정을 고찰하는 학술연구조사에 나섰다. 이때 필자는 학술연구조사단의 일원으로 참여한 적이 있었다. 한편 광서 전주 당국도 동일 이름을 가진 전북 전주에 대해 호감을 표시하고, 또한 광서 전주와 한국 간의 역사 교류에 대해 깊은 관심을 쏟고 있었다.

본 논고에서는 광서 전주가 전북 전주, 좀 더 구체적으로 후백제 유민이 집단으로 이주했던 지역인지에 대해 고찰하고, 또 광서 전주가 옛 한국과 어떠한 역사 교류를 전개했는지에 대해 살펴보려고 한다. 고찰 방법은 광서 전주 문헌에서 옛 한국과 관련된 각종 자료를 살펴

---

2 2002년 7월 4일 KBS 지역 네트워크 재방영.
3 연합뉴스,「전주시–中 전주현과 우호교류」, 2010년 9월 2일자; 전북도민일보,「전주시, 중국 전주현과 교류의향서 체결」, 2010년 9월 2일자; 桂視國際(www.gltvs.com),「中韓"全州"友好交流」, 2010년 9월 5일자.

보고, 또 현지답사를 통해 문헌 조사에서 누락되거나 미흡한 점을 보완하였다.

Ⅱ. 광서(廣西) 전주(全州) 개황

광서 전주는 광서장족자치구 계림(桂林) 지구에 소속된 현급 행정구획이다. 이곳은 광서에서 동북쪽으로 호남성과 접해 있는 관계로 광서 북대문이라는 호칭이 있다. 상급 관할지인 계림에서 125km 떨어져 있고, 호남 영주(永州)로부터 78km 떨어져 있다. 지도상의 위치는 동경 110°37′-111°29′이고, 북위 25°29′-26°23이다. 동북쪽 경계는 호남 영주시(永州市) 영릉구(零陵區)와 쌍패현(雙牌縣)이고, 북쪽 경계는 호남 신녕현(新寧縣)과 동안현(東安縣)이며, 서쪽 경계는 광서 자원현(資源縣)이며, 남쪽 경계는 광서 관양현(灌陽縣)과 흥안현(興安縣)이다. 남북 길이는 99.23km이고, 동서 길이는 85.77km이며, 전체 면적은 4,021.19km²이다. 2020년 기준으로 전체 인구는 84.29만 명이다. 민족은 한족이 다수이고, 요족(瑤族), 장족(壯族), 몽고족(蒙古族), 회족(回族), 이족(彝族), 포의족(浦依族), 백족(白族), 만주족(滿洲族) 등 여러 민족이 일부 있다.

광서 전주의 지형은 서북쪽에 월성령(越城嶺) 산맥이 있어 전반적으로 산지와 구릉지가 많고, 평지가 적은 편이다. 가장 높은 산은 해발 2123.4m 진보정(眞寶頂)이다. 광서 전주 경내에는 여러 강이 흐르고 있는데, 가장 대표적인 강은 시내를 가로지르는 상강(湘江), 관강(灌江), 만향하(萬鄉河)이다. 교통은 광서와 호남을 잇는 길목에 있어 일찍부터 교통망이 잘 갖추어져 있다. 철도는 상계철로(湘桂鐵路)가 지나가고, 도로는 G72로와 G322로가 지나간다. 예전에는 선박이 수로 상강을 통해 장강(長江)으로 드나들었으나, 1958년 이후로부터 상강에 여러 제방이 생겨 운행이 중단되었다. 기후는 아열대에 속하며, 평균 온도는 17.8℃ 이며, 평균 강수량은 1,489mm이다. 주요 농산물은 쌀, 보리, 옥수수, 생강, 고추, 마늘, 감귤, 은행 등이고, 축산물은 돼지, 소, 양이며, 광물 은 석탄, 아연, 주석, 망간, 금 등이다.

　광서 전주의 건립 역사는 아주 오래되었다. BC221년(진시황 26)에 광 서 전주에 영릉현(零陵縣)이 설치되고, 장사군(長沙郡)에 속했다. BC 111년(원정 6)에 영릉군(零陵郡; 현 咸水)이 설치되고, 관할지에 조양현 (洮陽縣)과 영릉현(零陵縣)을 두었다. 후한 시대에 영릉현을 천릉(泉陵; 현 永州)으로 옮겼다. 삼국 시대에 촉나라에 속했다가, 나중에 오나라 에 속했다. 590년(개황 10)에 조양, 영릉, 관양(觀陽: 현 灌陽)을 폐하고 상원현(湘源縣)을 설치했다. 907년(개평 1)에 마은(馬殷)을 초왕으로 삼 고, 상원현을 초국(楚國)에 편입시켰다. 926년(후당 천성 1)에 상원현을 상천현(湘川縣)으로 바꿨다. 939년(천복 4)[일설에는 937년(천복 2)]에 초왕 마희범(馬希範)이 주청하여 전주(全州)를 설치하고, 상천현(湘川縣)을 청 상현(清湘縣)으로 바꿨다. 전주는 청상현과 관양현(灌陽縣)을 관할했다. 1277년(지원 14)에 전주로(全州路)로 바꾸고 호광(湖廣) 영릉군(零陵郡)에 속했다. 1368년(홍무 1)에 전주부(全州府)로 승격했다가, 1376년(홍무 9) 에 주(州)로 강등당하고, 호광 영주부(永州府)에 속했다. 1394년(홍무 27)에 상급 관할지를 광서 계림부(桂林府)로 옮겼다. 1911년(민국 1)에 전주(全州)에서 전현(全縣)으로 바꿨고, 1935년(민국 24)에 현의 서쪽 지 역을 분할해서 자원현(資源縣)을 건립했다. 1952년에 자원현을 합병했 다가, 1953년에 다시 분리하였다. 1959년에 전현(全縣)에서 전주현(全

州縣)으로 바꿨다.

오늘날 광서 전주의 소속 관할지에는 15개 진, 1개 향, 2개 민족향이 있다. 이것을 나열하면 전주진(全州鎭), 황사하진(黃沙河鎭), 묘두진(廟頭鎭), 문교진(文橋鎭), 대서강진(大西江鎭), 용수진(龍水鎭), 재만진(才灣鎭), 소수진(紹水鎭), 석당진(石塘鎭), 함수진(咸水鎭), 봉황진(鳳凰鎭), 안화진(安和鎭), 양하진(兩河鎭), 견당진(梘塘鎭), 영세진(永歲鎭), 백보향(白寶鄕), 초강요족향(蕉江瑤族鄕), 동산요족향(東山瑤族鄕)이다. 현정부는 전주진에 소재한다.

Ⅲ. 후백제 연계설에 관한 선행연구

2002년에 전주 KBS는 전북 전주의 역사적 배경에 대해 흥미로운 두 편의 다큐멘터리를 방영했다. 한 편은 4월 29일에 방영된 「최초 보고 – 백제의 타임캡슐: 중국에도 전주가 있다」이고,[4] 다른 한 편은 5월 4일에 방영된 「17미터 거북바위의 증언 – 견훤의 왕도, 전주 프로제트」이다. 거북바위는 오늘날 전주 금암동(金岩洞) KBS 전주청사 뜰에 있는 바위이다. 이 바위는 후백제가 건설한 왕도 전주의 풍수지리를 말해주는 중요한 유적지이다. 거북바위와 일직선으로 마주하는 산이 승암산(僧巖山)이다. 승암산은 전주의 옛 진산으로 화기가 강한 산이다. 강한 화기는 물의 신으로 여겨지는 거북으로 제압할 수 있다.[5] 견훤은 풍수

---

[4] 본 다큐멘터리는 2002년 7월 4일 KBS의 지역 네트워크에서 다시 방영되었다.
[5] 김두규, 「후백제 전주의 풍수적 특성」, 『후백제의 대외교류와 문화』, 후백제문화사업회, 전주, 2004.12, 161~162쪽.

지리상 길지로 꼽히는 전주를 왕도로 정하여 후백제를 세웠다. 거북바위는 후백제의 대외진출을 기원하는 상징물이다.[6]

전주 KBS의「최초 보고 – 백제의 타임캡슐: 중국에도 전주가 있다」는 제목처럼 중국에도 전북 전주와 똑같은 지명을 가진 광서 전주가 있고, 또 광서 전주가 후백제의 사람들이 해외 경영한 지역일 가능성을 제시했다. 광서 전주는 전북 전주와 한자 이름이 똑같다. 광서 전주는 지금은 광서성에 속해 있지만, 예전에 호남성에 속해 있었다. 전북 전주는 호남에 속해 있다. 광서 전주에 흐르는 세 개의 강이 합쳐지는 합강의 건너편에 산의 형태가 완정한 완산(完山)이 있다. 완산은 전북 전주의 옛 이름이다. 또 완산 동쪽에는 기린산(麒麟山; 필자주: 龍山을 지칭함)이 있다. 기린산에는 한때 하늘에 제사를 지내던 진상탑(鎭湘塔)이 있다. 전북 전주에도 하늘에 제사를 지내던 기린봉이 있다. 광서 전주 시내에는 전북 전주와 같은 전주고등학교가 있다. 광서 전주에 속해 있는 태평(太平), 안덕(安德), 고산(高山), 화산(華山) 등 지명도 전북 전주에도 있다.

광서 전주의 외곽지에 금산사(金山寺)와 금산사관(金山寺官)이라는 사찰이 있다. 광서 전주 금산사는 현재 폐사가 되었지만, 얼마 전까지만 하더라도 번듯한 사찰로 남아 있었다. 광서 전주 금산사 터에는 여러 석물이 흩어져 있는데, 그중 한 잔석에 '천재후지(千載後之)'라는 문구가 새겨져 있다. 이 문구로 미루어보면 사찰의 건립 역사는 천 년 이전으로 거슬러 올라갈 수 있다. 전북 전주 옆 김제에도 금산사가 있다. 김제 금산사는 백제 시대에 세워졌던 고찰이다.

6 송기윤,『중국에도 전주가 있다』, 두인, 전주, 2002.10, 70~71쪽.

광서 전주의 아래 지역에 광서 백제향이 있다. 백제향의 백제는 한반
도 백제국과 명칭이 똑같다. 『송서(宋書)』에서는 백제국이 중국 대륙에
진출하여 세운 진평군(晉平郡), 즉 백제군(百濟郡)이 있고, 『중국고금지
명대사전(中國古今地名大辭典)』에서는 진평군이 광서 경내에 있다고 했
다. 진평군은 광서 백제향 지역을 지칭한다. 광서 백제향은 백제국이
해외 경영한 지역이다. 광서 전주와 광서 백제향은 강물이 서로 통한
다. 광서 전주는 중국 대륙과 교류하던 후백제의 유민을 받아들였던
지역으로 보인다.

또 다큐멘터리 끝부분에 중앙민족대학 교수인 황유복(黃有福)의 인
터뷰를 방영했다. 황유복은 다큐멘터리를 촬영할 때 학술 자문을 맡았
던 조선족 학자이다. 황유복은 인터뷰에서 후백제가 멸망한 지 3년 후
광서 전주라는 지명이 생겨났고, 완산, 금산사 지명도 옮겨왔던 것으
로 미루어보아 광서 전주와 전북 전주는 밀접한 연관이 있다고 했다.

2002년 10월에 송기윤은 『중국에도 전주가 있다』(부제: "다시 쓰는 백제
사 – 거북바위의 증언")라는 책자를 출판했다.[7] 저자 송기윤은 전주 KBS
「최초 보고 – 백제의 타임캡슐: 중국에도 전주가 있다」를 담당했던 기
획자다. 이 책자는 송기윤이 전주 역사 관련 다큐멘터리를 촬영하면서
수집했던 각종 자료를 모아 정리한 것이다. 책자의 주요 내용은 방송에
서 방영된 전주 역사 관련 다큐멘터리와 대동소이하다. 다만 책자 곳곳
에는 방송에 내보내지 못했던 자료와 자신의 견해가 더 들어가 있다.

2003년 4월에 조법종은 「후백제(後百濟) '전주(全州)'와 중국(中國) '전
주(全州)'의 관계」를 발표했다.[8] 이 논문은 전북 전주와 광서 전주 사이

---

7 송기윤, 『중국에도 전주가 있다』, 앞의 서지. 전책 230쪽.

의 교류 사항에 초점이 맞추어져 있다. 후백제 견훤은 전북 전주를 왕
도로 삼아 계획도시로 만들었고, 남중국과 활발한 대외교류 관계를 맺
었다. 후백제가 붕괴한 이후 지역민들은 대부분 고려에 포용되었지만,
일부 상류층과 해양세력은 외교 관계가 있던 중국과 연계되어 그 지역
으로 이주했을 것이다. 광서 전주라는 지명이 탄생한 시점은 939년(천
복 4)이다. 이 시점은 후백제가 멸망한 936년(신검 1)보다 3년 뒤이다.
광서 전주에는 전북 전주와 이름이 같은 지명이 여럿 보인다. 또 광서
전주에도 후백제 견훤의 왕실 사원으로 추정되는 금산사와 이름이 같
은 금산사가 있었다. 이러한 사실로 미루어보아 광서 전주와 전북 전주
사이에 상당한 관련이 있을 가능성이 크다.

　이상 종합하자면 선행학자들은 광서 전주가 전북 전주에서 나왔고,
또한 후백제 유민들이 들어가 정착했던 것으로 보고 있다.

Ⅳ. 후백제 연계설의 지명과 사찰 고찰

　앞서 언급했듯이 광서 전주와 전북 전주 사이에서 일부 지명과 사찰
명칭이 일치하는 현상을 발견할 수 있다. 이러한 사실은 연합뉴스에서
보도한 「한국의 전주와 중국의 전주…"쏙 빼닮았네!"」라는 제목에서도
그대로 확인할 수 있다.[9] 양 지역의 동일한 지명과 사찰명은 후백제 연
계설을 주장하는 학자들이 내세우는 가장 중요한 논증 자료이다. 본

8　조법종, 「後百濟 '全州'와 中國 '全州'의 관계」, 『백산학보』 65호, 2003.04, 151~178
　쪽; 『후백제의 대외교류와 문화』, 앞의 서지, 317~337쪽.
9　연합뉴스, 「한국의 전주와 중국의 전주…"쏙 빼닮았네!"」, 2010년 09월 03일자.

절에서는 선행학자들이 제시한 자료가 얼마나 타당성을 가졌는지에 대해 자세히 고찰해 본다.

1. 전주(全州) 지명 유래

후백제 연계설을 주장하는 학자들은 광서 전주와 전북 전주가 지명이 똑같다는 점에 주목하였다. 전북 전주라는 지명은 광서 전주보다 일찍 생겼다. 전북 전주는 757년(경덕왕 16)에 처음 명명되었고, 후백제는 936년(신검 1)에 멸망되었다. 중국 대륙에서는 후백제가 멸망한 뒤인 937년(천복 2) 또는 939년(천복 4)에 후진 초왕 마희범(馬希範; 文昭王)에 의해 전주라는 지명이 처음 생겼다. 후백제 연계설 학자들은 일부 후백제 유민

광서 전주 상산사 암각

들이 중국 대륙으로 이주하여 광서 전주 지역을 장악하고 있는 초왕 마희범과 연계했고, 이로 인하여 중국 광서에 전주라는 지명이 생겨났을 가능성을 제시했다.

그러나 광서 전주는 전북 전주와 무관하고 중국에서 자생적으로 명명된 지명이다. 여기에 대한 증거는 광서 전주에 소재한 상산사(湘山寺)의 제반 사항을 기술한 불사지인 『[강희]상산지(湘山志)』에서 찾아볼 수 있다. 『[강희]상산지』는 현재 3종의 판본이 있다. 이들 가운데 1681년(강희 20)에 편찬된 서필주수본(徐泌主修本)이 가장 빠르고 원본에 가깝다. 이 책자의 권1 「인연(因緣)」에는 상산사 개산조 전진(全眞)의 일대기가 기술되어 있다. 아래에 전주 지명 유래와 관련된 부분을 뽑아

옮겨 본다.

初, 湘源城在院西七里. 石晉丁酉楚藩馬希範, 以師法諱全眞, 又閱師
『利益經』云: 吾于應中見淸湘毫光, 輪淸湘毫光. 因是奏于朝, 徙城院之
東南, 陞縣爲州, 命名曰全.

처음에 상원성(湘源城)은 (정토)원 서쪽 7리에 있었다. 석진(石晉; 후
진) 정유년에 초번(楚藩) 마희범(馬希範)이 조사의 법명이 전진(全眞)이
고, 또 조사의 『이익경(利益經)』에서 "내가 응중(應中)에서 청상(淸湘)
의 호광(毫光; 부처의 빛)을 보았고 청상의 호광이 다시 윤회한다."라고
말한 것을 열독하고 조정에 주청하여 (상원)성을 (정토)원 동남쪽으로
옮기고, 현을 주로 승격하고, 전주(全州)라고 명명했다.

장담원수정본(張澹烟修訂本) 『[강희]상산지』에도 상기 내용과 비슷하
게 기술되어 있다.[10] 상기 인용문의 사(師; 祖師)는 상산사 개산조 전진
(全眞)을 지칭한다. 전진의 속성은 주(周)이고, 자호는 무량주인(無量主
人)이며, 전진은 그의 법명이다. 부친은 상서를 지낸 주정(周鼎)이고,
모친은 웅씨(熊氏)이다. 침주(郴州) 정수향(程水鄕; 현 호남 資興) 사람이
다. 출생연도에 대해 문헌에 따라 704년(장안 4), 728년(개원 16) 등 여러
기록이 존재하지만, 입적연대는 모두 867년(함통 8)으로 적고 있다. 침
주 개원사(開元寺)에서 출가했고, 항주 경산(徑山)에서 득도했다. 748년
(천보 7)에 스승 도흠선사(道欽禪師)를 따라 장안에서 현종을 알현했다.
출경한 이후 여러 지방과 사찰을 돌아다니며 교화 활동에 나섰다. 756
년(지덕 1)에 전주에 들어와 불법을 전수했다. 847년(대중 1) 현 상산사의

10 張澹烟修訂本 『[강희]湘山志』: "初, 湘源縣在院西七里. 石晉丁酉楚藩馬希範, 以師
法諱全眞, 因事奏于朝, 徙城于院之東南, 陞縣爲州, 命名曰全."

전신인 정토원(淨土院)을 세웠다. 지역민들은 전진조사를 무량수불의 화신으로 숭배했다. 867년(함통 8)에 입적했다. 전진의 유해는 등신불로 만들어져 불감에 안치했다. 874년(건부 1)에 정토원에 묘명탑(妙明塔)을 세우고 등신불을 탑 속에 안치했다. 1586년(만력 14)에 등신불은 자연 발화되어 치골만 남기고 소실되었다.

전주 지명이 출현한 시점은 후진 정유년, 즉 937년(천복 2)이다.[11] 초왕 마희범은 상산사 개산조 전진을 극히 존경하여 조정에 주청하여 행정지 등급을 올리고 지명을 바꾸는 특단의 행정조치를 하였다. 당시 상산사의 이름은 정토원이었고, 정토원이 소재한 지역명은 상원현이었다. 초왕 마희범은 상원성을 사찰 곁으로 옮기고, 행정지 등급을 현(縣)에서 주(州)로 승격시켜 전진의 법명을 따서 전주(全州)라고 지었다. 1198년(경원 4)에 작성한 「봉반자우적조대사가봉응칙첩(奉頒慈佑寂照大師加封應勅牒)」, 1229년(소정 2)에 작성한 「봉반가봉팔자대사칙첩(奉頒加封八字大師勅牒)」에서도 초왕 마희범이 전주 지명을 전진조사의 법명에서 따서 지었다고 했다.[12]

초왕 마희범이 통치하는 지역에서는 전진조사의 영향력이 매우 컸다. 지역민들은 전진조사를 무량수불로 존칭하며 향불을 올리는 행렬이 끊임없이 이어졌다. 초왕 마희범은 지역민들이 전진조사를 숭배하

---

11 초왕 마희범이 전주로 바꾼 시점에 대해 『通志』, 『方輿紀要』, 『[민국]全縣志』 등은 939년(천복 4)이라고 기술했고, 각종 『湘山志』는 937년(천복 2)이라고 기술했음.

12 慶元 4년 「奉頒慈佑寂照大師加封應勅牒」: "晉天福中, 潭帥馬希範以湘源, 實師道場, 請陞縣爲全州, 盖以師法號名焉."(徐泌本 『[강희]湘山志』 권3 「勅封」); 紹定 2년 「奉頒加封八字大師勅牒」: "晉晉天福, 潭帥馬希範請陞湘源縣爲全州, 盖以師法號名焉."(徐泌本 『[강희]湘山志』 권3 「勅封」)

전진조사상

는 불심을 포착하여 남방 지역을 원활하게 통치하고 민심을 안정시키기 위해 현의 소재지를 사찰 곁으로 옮기고 도읍지를 승격시키는 특단의 행정조치를 취하였다.

상기 내용을 종합해보면 광서 전주의 명칭은 소재지 상산사의 개산조인 전진조사에서 유래되었다. 광서 전주 명칭의 변경 시점이 비록 후백제 멸망 시기와 맞물려 있지만, 지명은 중국에서 자생적으로 명명된 것으로 후백제 유민의 이주와 무관하다.

2. 완산(完山) 지명 유래

광서 전주의 시내에는 삼강구(三江口)가 있다. 삼강구는 이름 그대로 세 줄기 강이 합쳐진 곳이다. 해양산(海洋山)에서 발원한 상강(湘江), 도방령(都龐嶺)에서 발원한 관강(灌江), 월성령(越城嶺)에서 발원한 만향하(萬鄕河)가 광서 전주의 동남쪽에 모여 한 줄기의 강이 되었다. 세 강이 합쳐진 곳을 합강(合江)이라고 부른다. 오늘날 광서 전주는 삼강구 일대를 정비하여 지역민들이 휴식할 수 있는 강변 경관지로 조성하였다. 삼강구 건너편에는 한때 완산(完山)이라고 불렀던 발우산(鉢盂山)이 있다. 지표 표고는 50m 정도로 나지막하지만, 산 정상에서 강 건너편을 바라보면 광서 전주 시내가 한눈에 들어올 정도로 조망권이 좋다. 2000년에 산 정상에 송탑(宋塔)의 형태를 모방한 뇌공탑(雷公塔)을 세웠다.

발우산 동쪽에는 용산(龍山)이 있다. 용산의 정상에는 1798년(가경 3) 전주 사람들의 길복과 안녕을 도모하기 위해 세운 진상탑(鎭湘塔)이 있다.

후백제 연계설을 주장하는 학자들은 완산이라는 산명에 주목했다. 완산은 전북 전주의 옛 이름이다. 660년(의자왕 20)에 백제를 점거한 신라가 백제 영토를 원활하게 통치하기 위해 행정구획 전면 개편에 나섰다. 685년(신문왕 5)에 오늘날 전북 일대를 관할하는 완산주를 처음 설치하였다. 757년(경덕왕 16)에 완산주를 전주로 개칭하였다. 전주로 개칭된 이후에도 완산이라는 이름은 강한 생명력을 가지고 사람들의 뇌리에 남아 있었다. 1392년(태조 1)에 완산 유수부를 두고, 오늘날에도 전북 전주에 완산구, 완산동을 두었다. 전북 전주에도 길복과 안녕을 기원하는 장소인 기린봉이 있다. 이러한 지명이나 풍수로 볼 때 광서 전주와 전북 전주는 매우 흡사한 양상을 가지고 있다.

필자는 광서 전주에 소재한 완산 지명의 유래에 대해 찾아보았다. 1689년(강희 21)에 황지장(黃志章)이 편찬한 『[강희]전주지(全州志)』가 있다. 이 책자의 권1 「산천(山川)」에서:

> 完山, 在合江門外, 山形完整, 巍然負郭, 俗呼名鉢盂山, 顧守璘易今名, 其麓有合江亭.
> 완산은 합강문(合江門) 밖에 있다. 산의 형태가 완정하고, 교외에 우뚝 솟아 있다. 속칭 발우산이다. 수령 고린(顧璘)이 현재 이름으로 바꿨다. 그 산기슭에 합강정(合江亭)이 있다.

완산은 합강문 밖에 있다. 합강문은 옛 전주성 동쪽에 있는 성문이다. 산명은 산의 형태가 완정한 모습에서 명명되었다. 합강문에서 강 건너편을 바라보면 홀로 우뚝 솟아 있는 완산이 보이고, 완산은 마치 완정한 모습을 하고 있다. 합강정(合江亭)은 원래 완산 산록에 세워진 정자인데, 훗날 훼철되었다. 최근 전주 시내 완산을 바라보는 삼강구 강변에 합강정을 다시 세웠다. 완산의 원래 이름은 발우산인데, 훗날 고린(顧璘)이 발우산을 완산으로 개명했다. 오늘날 광서 전주 사람들은 여전히 원래 이름을 따서 발우산이라고 부른다.

고린의 자는 화옥(華玉)이고, 별호는 동교(東橋)이다. 선조 고향은 오현(吳縣)이고, 훗날 상원(上元)으로 옮겼다. 1476년(성화 12)에 출생했다. 1496년(홍치 9)에 진사에 급제했고, 1510년(정덕 5)에 개봉지부(開封知府)가 되었다. 1513년(정덕 8)에 태감과의 마찰로 전주지부(全州知府)로 강등을 당했다. 전주지부로 재임할 당시 교학에 힘을 쏟아 지방 학문을 크게 일으켰다. 훗날 남경형부상서(南京刑部尚書)에 올랐다. 말년에 고향으로 돌아와 식원(息園)을 짓고 문객들과 유유자적했다. 저서로 『부상집(浮湘集)』, 『산중집(山中集)』, 『식원시문고(息園詩文稿)』를 남겼다.

1799년(가경 4)에 온지성(溫之誠), 조문심(曹文深) 등이 편찬한 『[가경]전주지(全州志)』가 있다. 여기에 고린이 발우산에서 완산으로 산명을 바꾸었던 이유에 대해 좀 더 구체적으로 언급되어 있다. 이 책자의 「산천(山川)·완산(完山)」 조항에서 고린은 산의 형태가 완정하고 빼어난 인물이 모여 있어 산명을 완산으로 고쳤다고 했다.[13] 오늘날 발우산(완산) 뇌공탑에는 서계형(徐啓兄), 여방우(呂芳友)가 채집한 민간 고사 「뇌공령적전설(雷公嶺的傳說)」을 새긴 석비가 있다. 「뇌공령적전설」에는 고린이 전주 수령으로 있을 때 장면(莊冕) 형제가 모두 진사 급제하여

---

13 『[가경]全州志』 권1 「山川」: "完山, 在合江門外, 舊名鉢盂山, 顧守璘見其山形完整, 鍾秀人物, 易今名, 其麓有合江亭."

훗날 상서에 올라 천고에 완벽한 인물이 되었고, 또 장가(莊家)에서 마주 바라보이는 발우산의 영령으로 인해 완벽한 인물을 배출할 수 있었기에 산명을 완산으로 바꾼 고사가 적혀 있다.

『독사방여기요(讀史方輿紀要)』에도 발우산을 완산으로 바꾸었다는 기록이 수록되어 있다. 발우산은 전주성 동북쪽에 있으며, 산의 형태가 완정하여 정통 연간에 완산이라고 개명했다.[14] 다만 여기에서 발우산을 완산으로 바꾸었던 시점을 명 정통 연간(1436~1449)으로 적고 있는데, 이는 명 정덕 연간(1506~1521)으로 수정해야 한다. 산명을 개명한 고린은 1513년(정덕 8)에 전주지부로 부임했다. 상산사 묘명탑(妙明搭) 뒤편 석벽에는 1514년(정덕 9)에 고린이 쓴 글이 새겨져 있다.

상기 내용을 종합해보면 전북 전주는 완산이 먼저 생겼고, 나중에 전주로 바뀌었다. 반면 광서 전주의 완산 지명은 아주 오래전부터 있었던 것이 아니고, 명 정덕 연간에 고린에 의해 처음 명명되었다. 즉, 광서 전주의 완산 지명은 중국에서 자생적으로 명명된 것이며 전북 전주의 완산과 무관하다.

3. 금산사(金山寺) 창건 시기

광서 전주에는 금산사라고 불리는 사찰이 여러 곳 있었다. 1942년에 황곤산(黃崐山)·우세희(虞世熙)가 편수하고, 당재생(唐載生)·요조(廖藻)가 편찬한 전주 지방지인 『[민국]전현지(全縣志)』가 있다. 여기에 광서 전주에 속해 있는 금산사 기록이 보인다. 승향(昇鄉) 금산사는 금죽만

---

14 『讀史方輿紀要』 권107 「廣西二·全州」 湘山條: "又鉢盂山, 在城東北隅. 山形完整, 正統中改名曰完山."

촌(金竹灣村)에 자리하고 있다. 사찰에는 달고 차가운 샘물이 있는데, 매일 두 차례 불어나며 특히 봄과 여름에는 크게 솟구친다.[15] 또 은향(恩鄕) 금산사는 황가촌(黃家村)과 마주하고 있다. 청 강희 연간(1662~1722)에 창건했다. 사찰 옆에는 곤륜화상(崑崙和尙) 석탑이 있다. 1931년(민국 20)에 학교로 바뀌었다.[16]

일전에 송기윤이 살펴본 광서 전주의 옛 지도(『[건륭]전주지』를 지칭함)에도 또 다른 금산사 기록이 보인다. 광서 전주에 금산사라는 불리는 사찰이 두 곳이 있는데, 한 곳은 금산사이고, 다른 한 곳은 금산사관(金山寺官)이다. 금산사관은 오늘날 자원현 관동 일대에 자리하고 있다. 한때 이곳에 화상 200명이 있었는데, 문화대혁명 때 훼철되고 지금은 논밭으로 변하여 그 흔적조차도 찾아볼 수 없다.[17]

후백제 연계설을 주장하는 학자들이 주목하는 사찰은 견당향(梘塘鄕; 현 견당진) 금산촌(金山村)에 자리하고 있는 금산사이다. 견내향 금산사로 들어가는 길목에 '나무아미타불(南無阿彌陀佛)'이라는 석장승이 있다. 사찰터에는 '임제정종 삼십칠세사조 사문금산귀일화상(臨濟正宗三十七世嗣祖沙門金山歸一和尙)' 부도탑과 '천재후지(千載後之)' 문구가 들어가 있는 잔편을 찾아볼 수 있다. 만약 이것들을 근거로 견당향 금산사의 역사가 천 년 이상 거슬러 올라갈 수 있다면, 후백제가 멸망한 연도

---

15 『[민국]전현지』第12編「古蹟」중「(昇鄕)金山寺」: "金山寺, 在昇鄕金竹灣村旁, 寺後有巖, 通光明, 達山巔, 寺有井泉, 甘冽, 每日潮漲二次, 春夏河水驟漲, 井中潮湧如沸, 秋冬頓減, 前有一水, 澄淸可鑑."

16 『[민국]전현지』第12編「古蹟」중「(恩鄕)金山寺」: "金山寺, 在城南三十里, 恩鄕與黃家村對峙, 建于淸康熙時, 琳宮梵宇, 輝映於靑山綠水間, 旁有石塔, 爲崑崙和尙示寂處, 寺於民國二十年坵修學校, 惟石塔歸然獨存."

17 송기윤, 『중국에도 전주가 있다』, 앞의 서지. 92~98쪽.

(936년)나 광서에서 전주라는 지명이 등장한 연도(939년)와 얼추 맞아 들어간다.

전북 전주와 접해 있는 김제 금산면 모악산에 금산사라는 고찰이 있다. 김제 금산사는 599년(백제 법왕 1)에 창건되었고, 766년(신라 혜공왕 2)에 진표율사(眞表律師)에 의해 금당을 짓고 미륵장육상을 봉안하는 등 대가람의 면모를 갖추었다. 김제 금산사는 후백제를 세운 견훤과 밀접한 관계를 맺고 있어 사실상 왕실 사원으로 추정된다.[18] 935년(견훤 44)에 신검이 정권을 쟁탈하고 부친 견훤을 금산사에 유폐시켰다. 견훤은 금산사에 유폐된 지 3개월 만에 탈출하여 고려로 귀순했다. 이처럼 김제 금산사는 후백제 왕실과 밀접한 관계를 맺고 있다.

다시 견내향 금산사로 돌아간다. 견당향 금산사는 한때 만력장(萬曆藏)을 각판하고 조정으로부터 부역과 조세를 면제받은 큰 사찰이었다. 금산사 만력장은 영락남장(永樂南藏)을 저본으로 삼아 복각한 대장경이다. 1589년(만력 17) 경에 각판하여 1657년(순치 14)에 완성되었다. 언제인지는 알려지지 않았지만, 견당향 금산사에 인출한 만력장 책자는 산서(山西) 영무현(寧武縣) 연경사(延慶寺)로 옮겨졌고, 1979년에 영무현문화관(寧武縣文化館)으로 이첩되었다. 책자에 "광서전주금산사상주(廣西全州金山寺常住)"라는 인장이 찍혀 있다. 견당향 금산사는 1931년에 폐사되고 소학교로 바뀌었다.[19] 훗날 한때 중학교로 승격되었으나, 2005

---

18 『新增東國輿地勝覽』권34 전라도 金溝縣 조에 후백제 견훤이 모악산 금산사를 창건했다고 기술되어 있다. 반면 학자들은 견훤이 금산사를 중창한 것으로 풀이하고 있다. 金壽泰,「甄萱政權과 佛敎」,『후백제와 견훤』, 서경문화사, 서울, 2000, 12, 58~59쪽.

19 『[민국]전현지』第12編「古蹟」중「金山寺」조항: "金山寺, 在城南三十里, 恩鄉與黃家村對峙, 建于淸康熙時, 琳宮梵宇, 輝映於靑山綠水間, 旁有石塔, 爲岷崙和尙示

년에 향촌 학교의 통합령에 따라 폐교되었다.

필자는 광서 전주현 관계자들과 더불어 견당향 금산사의 폐사지를 답사했다. 견당향에서 석충문(石沖門), 석종산(石鍾山), 황모령(黃毛嶺), 금산장가(金山張家), 금산황가(金山黃家) 등 여러 촌락을 지나 금산사로 들어가는 길은 비포장도로이다. 황모령촌(黃毛嶺村) 입구에는 후백제 연계설 학자들이 언급한 '나무아미타불(南無阿彌陀佛)'이라고 새겨진 석비가 세워져 있다. 이 석비는 광서성 일대에서 마을 안녕을 빌기 위해 세운 장승의 일종이고, 견내향 금산사로부터 3km 정도 떨어져 있어 사찰 영역과 무관하다.

견내향 금산사 폐사지는 주변 풍광이 매우 수려하다. 현재 폐교 형태로 남아 있고, 폐교 입구 건물에는 농민들이 거주하고 있다. 폐사지에서 비석과 잔석을 많이 찾아볼 수 있다. 동편 건물 뒤편에는 1694년(강희 33)에 세운 「은면공덕비문(恩免功德碑文)」이 쓰러진 채 남아 있다. 본전으로 향하는 용도(甬道)에는 1783년(건륭 48)에 세운 「은사금비(恩賜禁碑)」가 세워져 있다. 교실 벽에는 1758년(건륭 23) 경에 작성된 석편들이 박혀 있다. 폐사지 왼편 초지에는 임제종 36대 금산사 주지인 「귀일화상탑(歸一和尙塔)」과 37대 금산사 주지인 「곤산화상탑(崑山和尙塔)」이 세워져 있다. 「곤산화상탑」은 1770년(건륭 35)에 세워졌다. 이외에도 폐사지 곳곳에 여러 석물이 남아 있다. 아쉽게도 필자는 후백제 연계설을 주장하는 학자들이 지목한 '천재후지(千載後之)' 명문 잔석을 찾지 못했다. 2005년 폐교된 이후에 일부 석재와 목재물이 외부로 반출되었다고 전해온다. 아마 이때쯤 '천재후지(千載後之)' 명문 잔석이

寂處, 寺於民國二十年圻修學校, 惟石塔歸然獨存."

광서 전주 금산사 잔석

유실된 것으로 추측된다.

아래에 견당향 금산사의 창건 시점을 고찰하는데 중요한 자료 인 '방어명계년간건(方於明季年間建)' 명문 잔석에 대해 자세히 알 아본다. '방어명계년간건(方於明季 年間建)' 명문 중 '명계연간(明季年間)'은 명말을 지칭한다. 즉, 견당 향 금산사는 이 명문을 통해 명 말에 창건되었음을 추정할 수 있 다. 광서 전주 문화관계자들도 견당향 금산사의 창건 시점을 고찰할 때 '방어명계년간건(方於明季年間建)' 명문 잔석에 따라 명말로 보고 있다.[20]

다만 앞으로 보완해야 사항이 있다. '방어명계년간건(方於明季年間建)' 명문 잔석으로 원 비석의 내용을 정확하게 알 수가 없다. '방어명계년간건(方於明季年間建)' 명문 잔석은 1758년(건륭 23)경에 작성되었다. 잔석의 첫째 행은 '방어명계년간건(方於明季年間建)' 명문이고, 둘째 행은 '륭년가(隆年間)' 명문이다. 또 교실 벽에는 '방어명계년간건(方於明季年間建)' 명문과 똑같은 글씨체로 각석된 '건륭이십삼년(乾隆二十三年)' 명문이 들어간 잔석이 상감되어 있다. 따라서 '방어명계년간건(方於明季年間建)' 명문과 관련된 잔석이 더 남아 있을 가능성이 있으니 폐사지

---

20 唐國輝, 唐玉蘭, 廖文麗, 「雲罩霧鎖金山寺」, 『楚南文學』 1호, 楚南文學社, 2010.10, 18~22쪽.

에 대한 정밀한 발굴 작업이 필요하다.

상기 내용을 종합해보면 견당향 금산사는 명말, 빨리 잡아도 명 후기
에 창건되었다. 견당향 금산사의 창건 시점은 김제 금산사의 창건 시점
보다 1천 년 정도 차이가 있다. 다시 말해 광서 전주의 견당향 금산사
와 전북 김제 금산사 사이에 어떠한 연계 고리도 찾을 수 없다. 두 사찰
은 각자 지역에서 독립적으로 따로 건립된 사찰이다. 그리고 후백제
연계설을 주장하는 학자들이 지목한 '천재후지(千載後之)' 명문은 견당
향 금산사가 천년 이전에 창건되었다는 의미가 아니고, 사찰을 세운
후 천년이 가도록 계속 세워져 있기를 바란다는 의미일 가능성이 더
크다.

4. 태평(太平), 안덕(安德) 등 지명 고찰

광서 전주와 전북 전주는 지명의 유사성을 가지고 있다. 이와 같은
현상은 도읍지 전주 명칭뿐만 아니라 소속 관할지의 지명에서도 일어
나고 있다. 오늘날 광서 전주에 소속된 하급지 지명을 살펴보면 안화
향(安和鄉: 현 안화진)에 태평촌(太平村), 견당향에 안덕촌(安德村)이 있
다. 전북 전주시 완산구에는 태평동이 있고, 완주군 구이면에는 안덕
리가 있다. 이외에 광서 전주 근처의 지명에는 나주, 남원, 금강, 대전
이 있다. 특히 나주는 전주와 함께 한반도 전라도를 대표하는 도읍지
명이다.[21]

그러나 광서 전주와 전북 전주 사이에 동일한 지명이 여러 개 발견되
었다는 현상만으로 두 지역이 상호 관련성이 있다는 유력한 증거로 삼

---

21 송기윤, 『중국에도 전주가 있다』, 앞의 서지, 85쪽.

기는 힘들다. 한반도와 중국 대륙 사이에는 수많은 동일 지명이 있다. 두 지역 사이에서 보이는 동일 지명의 유래를 고찰해보면 우연히 발생했거나 단순히 상대국 지명에 대한 호감에서 비롯된 경우가 대다수다. 그 실례로 명 홍무 이전에 광서 전주를 관할했던 호남 영주(永州)가 있다. 경상도 영천의 옛 이름도 영주(永州)이다. 고려 초에는 도동, 임천 두 현을 합하여 영주(永州)라 불렀다. 이것으로 미루어보아 호남 영주와 경상 영주는 우연히 일치된 지명임을 알 수 있다.

 필자는 민국 연간에 광서 전주 경내에 있는 모든 촌락 명칭(행정촌과 자연촌 포함)을 살펴보았다. 1933년(민국 22)에는 지금보다 훨씬 많은 596 개 촌락이 있었다. 여기에 '태평(太平)'이라는 명칭을 가진 촌락이 무려 4군데, 즉 승평구(昇平區) 태평향(太平鄉)의 태평촌(太平村), 건의구(建宜區) 건화향(建和鄉)의 태평촌(太平村), 서연구(西延區) 연동향(延東鄉)의 태평촌(太平村), 서현구(西延區) 내건특별향(內建特別鄉)의 태평촌(太平村)이 있다.[22] 이것으로 보면 '태평'이라는 명칭은 이름 자체가 태평스럽다는 뜻을 지니고 있어 촌락 명칭에서 널리 사용되고 있음을 알 수 있다.

 광서 전주와 전북 전주 사이에 태평, 안덕 등 하급지명이 동일한 것은 우연히 일치된 현상이다. 우리는 이러한 현상만을 가지고 두 지역 간에 교류 관계가 있었다고 보기는 힘들다. 더구나 후백제 유민이 광서 전주로 들어와 태평, 안덕이라는 촌락에 모여 살며 한반도 지명을 그대로 유지하고 있었다고 보기는 더더욱 힘들다.

 이상 종합하면 광서 전주와 전북 전주 사이의 일부 지명과 사찰 명칭

---

22 『[민국]전현지』第1編 「地理」 중 「村落」 참조.

이 똑같은 현상을 찾아볼 수 있다. 그러나 일부 지명과 사찰 명칭이 똑같은 현상만으로 후백제 유민들이 광서 전주로 이주했다는 증거로 삼기 힘들다. 광서 전주의 지명과 사찰 이름은 후백제 연계설과 무관하게 중국에서 자생적으로 발생했다고 봐야 한다.

V. 광서 전주와 한국의 교류 역사

앞 장에서 광서 전주와 전북 전주 사이에 보이는 지명과 사찰을 비교해서 선행학자들이 제기한 후백제 연계설에 대해 부정적인 결론을 내렸다. 그렇다면 광서 전주와 옛 한국 사이에 전혀 교류가 없었다는 것인가? 비록 광서 전주가 한반도로부터 아주 멀리 떨어진 지역이지만, 지난 역사를 살펴보면 옛 한국과 직·간접적인 교류가 있었다는 사실을 확인할 수 있다. 본 장에서는 광서 전주와 옛 한국의 교류 역사에 대해 자세히 알아본다.

1. 고려 국왕의 상산사(湘山寺) 보시

광서 전주 시내에는 '초남제일명찰(楚南第一名刹)'이라고 불리는 상산사(湘山寺)가 있다. 전주현정부 청사에서 서북쪽 계황중로(桂黃中路)로 따라가면 전주고중(全州高中)이 있고, 학교 옆 광장에 소재한 사찰이 바로 상산사이다. 상산사는 756년(지덕 1)에 고승 전진에 의해 창건되었으며, 창건 당시의 이름은 정토원이다. 송 경덕 연간(1004~1007)에 상산사로 개명되었다. 사찰 명칭은 상산 남록에 자리한 연유에서 나왔다. 송나라는 모두 5차례 봉호를 내렸고, 특히 송 휘종은 사찰을 예방하고 무량수불에게 향불을 올렸다. 이후 사찰은 몇 차례 중수되었고, 민국 중기까지 대규모 가람을 형성하고 있었다. 1945년 일본군이 퇴각할 때 방화로 인하여 사찰이 거의 전소되었다. 최근에 들어와 사찰을 중건했다. 옛 유적으로는 묘명탑, 석조군(石雕群), 마애석각, 세발암천(洗鉢岩泉) 등이 있다.

사찰 앞에는 상산광장(湘山廣場)이 조성되어 있다. 원래 상산광장과 그 주변 지역은 옛 사찰의 경내였다. 광장 입구에는 '상산사'라고 적은 패루가 세워져 있다. 광장 오른편에는 1879년(광서 5)에 사자, 기린, 개구리, 게, 물고기, 조개, 용, 학, 와불 등 20여 개의 조각이 새겨진 석각군 연못이 있다.[23] 광장 끝부분에는 최근 새로 조성한 원통보전(圓通寶殿)이 있다. 원통보전에는 석가모니불을 중심으로 좌우에 아미타불, 약사여래불이 모셔져 있다. 원통보전 뒤편의 산기슭에는 개산조 전진화상을 모신 무량수불전(無量壽佛殿)과 874년(건부 1)에 유첨(劉瞻)이 조성한 묘명탑이 세워져 있다. 묘명탑 주변 석벽에는 남송 유잠(劉岑)이 적은 '상산(湘山)' 글씨, 청초 화가 석도(石濤)의 난초 그림, 1783년(건륭 48)에 안남국(베트남) 사자 황중정(黃仲政)이 적은 시 등 1백여 점의 석각이 새겨져 있다. 또 산 중턱에는 강희제가 쓴 '수세자음(壽世慈蔭)' 글씨가 새겨져 있다.

1311년(지대 4)에 상산사는 고려와 깊은 인연을 맺었다. 『[강희]상산지(湘山志)』 권1 「인연(因緣)」에서:

---

23 상상광장의 석조군 연못은 예전의 방생지이다. 1994년 7월 8일에 광서장족자치구 중요 문물보호단위로 지정되었다.

元至大間, 有鐵山長老者募之高麗國王. 辛亥夏, 國王崇使賚金輪相頂, 八寶, 鳳翅帽, 金字華嚴經, 金繡千佛袈裟, 金鉢盂. 從鐵山導引, 以其年七月朔六到山, 詰旦, 安金輪相于鐵塔之頂, 加聖體八寶帽, 披金繡袈裟. 郡邑守令紳衿著老, 拈香頂禮, 上齋供甫畢, 鐵山長老儵見金色毫光隱隱乘空而去, 時皆訝, 謂長老又卽師之化身也.

원 지대(至大) 연간에 철산장로(鐵山長老)가 고려 국왕에게 보시를 청하였다. 신해년 여름에 (고려)국왕이 사절을 보내어 금륜상정(金輪相頂), 팔보(八寶), 봉시모(鳳翅帽), 금자화엄경(金字華嚴經), 금수천불가사(金繡千佛袈裟), 금발우(金鉢盂)를 보시했다. 철산장로의 인도 아래 동년 7월 6일에 산에 도착했다. 이튿날 아침에 금륜상정을 철탑 꼭대기에 안장하고, 성체(聖體)에 팔보(八寶) 모자를 입히고 금수 가사를 걸쳤다. 도읍 수령과 명사, 기로들이 향불을 올리고 예불을 했다. 재가 막 끝났을 때 철산장로가 금색 호광이 허공으로 은은히 사라진 것을 보았다. 이때 모두 놀라면서 장로가 (전진)조사의 화신이라고 말했다.

여기에 고려 충선왕(忠宣王)이 상산사에 보물을 보시한 기록이 보인다. 원 지대 연간(1308~1311)에 철산장로, 즉 철산소경(鐵山紹瓊)이 충선왕에게 상산사에 보시해줄 것을 청했고, 신해년, 즉 1311년(충선왕 3) 여름에 충선왕은 차사를 보내어 진귀한 보물을 보시했다. 충선왕은 독실한 불교도였다. 일찍이 민천사(旻天寺)에 불전을 세워 경전을 하사했고, 1317년(충숙왕 4)에 보은광교사(報恩光敎寺)를 세웠으며, 1319년(충숙왕 6)에 이제현(李齊賢), 권한공(權漢功) 등을 이끌고 관음보살의 도량인 보타산(普陀山)에 가서 강향했다.

충선왕이 상산사에 보시한 보물은 세상을 밝히는 여명주, 팔보로 만든 비로상, 봉황 깃털로 만든 모자, 금자로 적은 『화엄경(華嚴經)』, 금실로 수놓은 가사, 금으로 만든 발우 등 6종이다. 1311년(충선왕 3) 7월

6일에 차사가 가지고 온 충선왕의 보물이 철산소경의 인도 아래 상산사에 도착했고, 이튿날 아침에 도읍지 대소 관원과 민중들이 모여 불사를 펼쳤다. 이때 기이한 일이 발생했다. 봉황 깃털 모자와 금수 가사를 등신불 전진조사에게 입히자, 갑자기 금색 호광을 발하며 허공으로 사라졌다. 사람들은 이 장면을 보고 철산장로가 전진조사의 화신이라며 경외심을 표시했다.

광주 전주 상산사 묘명탑

상산사는 충선왕이 보시한 보물들을 소중하게 보존하였다. 사찰에서 화엄당을 지어 금자『화엄경』을 보관했고, 비로정을 지어 팔보 비로상을 모셨으며, 전진화상 등신불을 모신 묘명탑의 꼭대기에 여명주를 걸어두었다. 아쉽게도 훗날 여러 보물은 유실되었고, 묘명탑 여명주는 1945년 일본군이 철수할 때 훔쳐 갔다고 전해진다.『[민국]전현지』에는 요금패(廖錦沛), 장작준(蔣作準) 등 유력 인사가 상산사를 배경으로 찍은 사진이 실려 있다. 이 사진을 살펴보니 멀리 묘명탑이 보이는데, 아쉽게도 사진이 희미해서 묘명탑 탑두 부분에 여명주가 있는지가 확인되지 않는다.

2. 고려 왕사(王師)의 서선당(西禪堂) 종(鐘) 증맹(証盟)

상산사와 관련된 또 하나의 고려 유물이 있다. 장담연수정본『[강희]
상산지』는 1708년(강희 47)에 원본 격인 서필주수본『[강희]상산지(湘山
志)』가 난잡하다며 대폭 수정한 책자이다. 장담연수정본은 현재 1853
년(함풍 3년) 중수본(重修本; 全州縣文物管理所館藏複寫本)과 연도 미상본
(廣西第一圖書館藏本) 등 2종의 이본이 있다. 두 이본 간의 내용은 대다
수 일치하나, 끝부분이 조금 다르다. 광서제일도서관(廣西第一圖書館)
소장 장담염수정본『[강희]상산지』중「상산승적(湘山勝迹)」에서:

> 湘山寺龍泉山西禪堂鐘, 元泰定四年丁卯冬鑄, 高麗國王師鐵山明眼
> 和尙証盟.
> 상산사 용천산 서선당 종은 원 태정 4년 정묘 겨울에 주조했다. 고려
> 국 왕사 철산명안화상(鐵山明眼和尙)이 증맹(証盟)했다.

용천산(龍泉山) 서선당(西禪堂) 종은 1327년(태정 4)에 주조되었는데,
고려국 왕사 철산명안화상(鐵山明眼和尙)이 증맹(証盟)했다.『[강희]상
산지』「초남제일선림지도(楚南第一禪林之圖)」에 의하면 상산사 뒤편에
용천암(龍泉菴)이 있다. 용천암은 상산사 소속의 암자이고, 서선당은
용천암의 한 건물이다.

고려국 왕사 철산명안화상은 누구인가? 앞서 충선왕에게 상산사에
보물을 보시하도록 권유한 철산소경(鐵山紹瓊)이다. 1304년(충렬왕 30)에
철산소경은 고려국에 머물고 있을 때 왕사로 임명되었던 것으로 추정
된다.『선종역대고승화전(禪宗歷代高僧畫傳)』에는 철산소경의 화상이
수록되어 있는데, 그 화제에 '오십오세고려철산소선사(五十五世高麗鐵

山瓊禪師)'라고 적혀 있다.

철산소경은 남송 상담(湘潭) 출신의 임제종 화상이다. 22세(일설 18세)에 출가했고, 24세에 구족계를 받았다. 얼마 후 앙산(仰山)에 들어가 설암조흠(雪巖祖欽)을 알현하고 깨달음을 얻었다. 1304년(충렬왕 30)에 고려 충감국사(沖鑑國師)가 철산소경이 도행이 높다는 소문을 듣고 고려국으로 모셨다.[24] 충렬왕은 철산소경이 온다는 소식을 접하고 승지를 보내어 정중하게 맞이했다. 철산소경은 궁중에서 충렬왕과 숙창원비(淑昌院妃)에게 보살계를 수여하고 간화선을 말하며『화엄경』을 독경했다.[25] 또 철산소경은 고려국의 여러 지방을 유력했으며, 강화도 보문사(普門社)에서 허평(許評) 부부가 봉안한 대장경(大藏經)을 얻어 강서 원주(袁州; 현 강서 宜春) 앙산(仰山)으로 옮겼다.[26] 철산소경은 중국 대륙으로 돌아간 이후 원주(袁州) 자화사(慈化寺), 전주 상산사 등지에서 활동했다. 이 시기에도 고려국과 불연(佛緣)을 계속 맺었다. 앞서 언급했듯이 충렬왕의 아들 충선왕에게 상산사에게 보물을 보시하도록 권유했다.

서선당 종이 어디에서 주조되었는가? 여기에 대한 기록은 보이지 않

---

24 「普光寺重創記」: "拂依遊諸廳, 宿留吳楚, 聞鐵山瓊禪師道行甚高, 迎之東還."

25 『고려사』권32「충렬왕」30년 7월 기묘일: "江南僧紹瓊來, 遺承旨安于器, 迎于郊. 瓊, 自號鐵山."; 동서 권32「충렬왕」30년 8월 정해일: "王率群臣, 具禮服, 邀紹瓊于壽寧宮, 聽說禪."; 동서 권104「韓希愈」: "王召僧紹瓊于宮中, 點眼畫佛, 讀『華嚴經』, 王與淑昌院妃受菩薩戒."

26 靜嘉堂文庫藏本「高麗國大藏移安記」: "師(南嶽鐵山和尙)因遊化, 到江華普門社, 見藏經三本, 問其來由, 曰: 二本乃往古群臣所安, 一是今奉翊大夫知密直司事軍簿判書上護軍許平, 同瑞原郡夫人廉氏, 了因所營也. … 彼江西春之仰山, 開山祖師曰小釋迦, … 許公聞之, 喜若發蒙, 剋日將付歸舟.""(一潮閣本, 708쪽 재인용)「고려국대장이안기」는 1304년(大德 10; 충렬왕 32) 9월에 작성되었다.

지만, 혹 고려국에서 주조되었을 가능성이 있다. 서선당 종을 증명한 자가 고려국 왕사 철산명안, 즉 철산소경이다. 서선당 종이 주조된 연도는 1327년(태정 4)이다. 이 시점은 충선왕 사후(1325) 2년 뒤, 즉 1327년(충숙왕 14)이다. 충숙왕은 일전에 부친 충선왕이 철산소경의 인도 아래 보물을 상산사에 보시했던 전례를 이어받아 고려에서 주조한 종을 고려국 왕사 철산소경을 통해 상산사 용천암으로 보냈을 가능성이 있다.

3. 조학정(曹學程)의 임진왜란 지원

임진왜란 때 조선 지원과 관련된 활동을 펼치다가 황제의 노여움을 사 억울한 옥살이를 한 광서 전주 출신 조학정(曹學程)이 있다. 조학정의 자는 희명(希明)이고, 호는 심락(心洛)이며, 전주 서우(西隅; 현 才灣鎭 田心村 曹家巷) 사람이다. 1563년(가정 42)에 전주에서 태어났다. 1579년(만력 7)에 과거 급제했고, 1583년(만력 11)에 진사(進士)가 되었다. 그 후 석수(石首), 영해지현(寧海知縣) 등을 거쳐 1590년(만력 18)에 어사(御使)가 되었다.

1592년(선조 25)에 일본 도요토미 히데요시(豊臣秀吉; 풍신수길)가 대규모 군사를 일으켜 조선으로 침략하면서 임진왜란이 발생하였다. 곧이어 명 신종이 대규모 군사를 조선으로 지원하면서 동아시아 국제전쟁으로 확산하였다. 명나라는 처음에 군사력으로 평양성을 탈환하며 기세를 올렸으나 일본군이 동남연해안으로 물러간 뒤로 일본과 강화협상을 통해 전란을 종식하는 전략으로 바꾸었다. 이후 지리멸렬한 명일강화회담 끝에 명나라 책봉사절이 일본열도로 들어갔으나 끝내 무산되었다. 1597년(선조 30)에 도요토미 히데요시가 다시 대규모 일본군을 일으

광서 전주 조가사당

켜 조선을 침략하는 정유재란이 발생하였다.

명일강화회담 기간에 조학정은 어사의 신분에서 「간봉왜소(諫封倭疏)」를 올려 강화회담의 부당함을 지적했다. 명 신종은 크게 노하여 조학정을 투옥하고 심한 고문을 가했으며, 심지어 4차례나 극형에 처하려고 했다. 조정 대신들이 조학정의 억울함을 호소하고 아들 조정유(曹正儒)가 부친을 풀어주기를 간청하였으나, 조학정은 신종의 노여움으로 감옥에서 나올 수가 없었다. 1606년(만력 34)이 되어서야 조학정은 호광(湖廣) 영원위(寧遠衛)로 귀양 갔다. 곧이어 사면을 받아 고향으로 돌아왔지만, 장기간의 투옥 생활로 인하여 1608년(만력 36)에 병사했다. 천계 연간에 희종은 조학정의 곧은 충정을 높이 평가하고 태복소경(太僕少卿)으로 추증하였다. 문집으로 『충간록(忠諫錄)』이 있다.[27]

광서 전주현 재만진(才灣鎮) 전심촌(田心村) 조가항(曹家巷)은 조학정 후손들이 거주하는 집단촌이다. 촌락에는 2백여 년 전에 지어졌다고 전하는 조가사당(曹家祠堂)이 있다. 문화대혁명 때 사당 건물이 훼손되었지만, 아직 옛 건물 모습이 그대로 잘 보존되어 있다. 필자 일행이 조가사당을 방문했을 때 조가항 사람들이 모두 나와 방문을 열렬히 환영해 주었고, 사당 문미에 '항왜영웅(抗倭英雄)'이라는 붉은 종이를 붙

---

27 『明史』 권234 「曹學程傳」 참조.

여 조학정의 충정을 선양하였다.

이와 경우는 좀 다르지만, 조선과 간접적으로 관련된 전주 출신 인물이 있다. 전주 출신 장양기(蔣良驥)는 청초 역사서인『동화록(東華錄)』을 저술했다. 이 책자에는 조선과 관련된 기록이 많이 수록되어 있다. 현재 국립중앙도서관, 고려대 등에 청판본『동화록』이 소장되어 있다.

VI. 결론

광서 전주는 광서장족자치구 서북쪽 경계에 자리한 계림 지구에 소속된 현급 행정구획이다. 최근 한국에서는 전주 KBS 다큐멘터리「최초 보고 – 백제의 타임캡슐: 중국에도 전주가 있다」가 방영된 것을 기폭제로 똑같은 지명을 가진 광서 전주에 대한 관심도가 크게 높아졌다. 다큐멘터리와 선행학자들은 후백제가 멸망한 직후 유민들이 광서 전주로 이주했다는 후백제 연계설을 제시하였다.

그러나 다큐멘터리와 선행학자들이 제기한 후백제 연계설은 성립되지 않는다. 광서 전주 지명은 후진 천복 연간에 초왕 마희범이 상산사 개산조 전진(全眞)을 존경하여 현에서 주로 승격하고 그의 법명을 따서 지은 것이다. 광서 전주의 완산 지명은 명 정덕 연간에 전주지주 고린이 산의 형태가 완정하고 빼어난 인물이 모였다는 의미를 따와 지은 것이다. 광서 전주에 소재한 금산사는 후백제 멸망 후 1천 년 정도가 지난 명대 후기에 창건되었다. 광서 전주의 관할지인 태평, 안덕 등 지명은 다른 곳에서도 널리 사용되고 중국에서 자생적으로 명명된 것이다.

그렇다고 광서 전주가 옛 한국과 전혀 교류가 없는 지역은 아니다.

광서 전주 시내에 상산사(湘山寺)라는 고찰이 있다. 원 지정 연간에 철산소경(鐵山紹瓊)이 고려 충선왕에게 보시를 청하자, 충선왕은 사자를 보내 여명주, 불상, 금자(金字)『화엄경(華嚴經)』등 진귀한 보물을 보시했다. 이들 보물은 오랫동안 상산사의 소중한 보물로 남아 있었다. 상산사 소속 용천암(龍泉菴)의 서선당(西禪堂)에는 고려국 왕사 철산명안(鐵山明眼)이 증맹했던 종을 간직하고 있었다. 아쉽게도 오늘날 이들 문물은 전해오지 않는다. 임진왜란 때 광서 전주 출신 조학정(曹學程)은 어사의 신분으로 도요토미 히데요시(豐臣秀吉)를 책봉하여 전란을 종식시키고자 하는 강화회담의 부당함을 지적하다가 명 신종의 노여움을 사서 투옥되었다. 광서 전주현 조가항(曹家巷)은 조학정을 모시는 조가사당(曹家祠堂)이 있다.

끝으로 본 논고를 작성하면서 느꼈던 사항을 첨부한다. 중국 대륙속의 지명을 조사해보면 한국과 동일한 지명을 가진 지역을 어렵지 않게 찾아볼 수 있다. 어떤 동일 지명은 우리 민족의 뿌리에서 나왔거나 연계 고리가 강하게 결합되어 있고, 또 어떤 지명은 우리와 연계 고리가 약하거나 전혀 무관하다. 그러나 설령 우리와 연계 고리가 약하거나 무관한 동일 지명일지라도 향후 우리의 노력 여하에 따라 또 하나의 새로운 우호 관계를 창출해낼 수 있는 좋은 결과를 맞이할 수 있다. 광서 전주는 전북 전주와 지명이 같다. 두 지역 간에 음식 재료의 특징, 민속 풍속이 비슷한 점이 많고, 또 우호 교류의 역사가 흐르고 있다. 최근 전북 전주와 광서 전주는 우호 협정을 맺었다. 앞으로도 두 지역이 우호 협정을 바탕으로 교류 관계가 더욱 긴밀하게 전개되어 또 하나의 좋은 우호 사례로 남기를 진심으로 기대한다. [燁爀之樂室]

劉昫等著, 『舊唐書』, 中華書局, 北京, 1975.

徐松輯, 『宋會要輯稿』, 新文豊出版公司, 臺北, 1976.

熊夢祥纂, 『析津志輯佚』, 北京古籍出版社, 北京, 2001.

沈榜編著, 『宛署雜記』, 北京古籍出版社, 北京, 1982.

于敏中等編纂, 『日下舊聞考』, 北京古籍出版社, 北京, 1983.

清乾隆勅編, 『欽定八旗通志』(『景印文淵閣本四庫全書本』), 臺灣商務印書館, 臺北, 1983.

唐執玉等監修, 田易等纂, 『[옹정]畿輔通志』(『景印文淵閣本四庫全書本』), 臺灣商務印書館, 臺北, 1983.

周家楣·繆荃孫等編纂, 『[광서]順天府志』, 北京古籍出版社, 北京, 2001.

吳存禮修, 陸茂騰纂, 『[강희]通州志』(『中國地方志集成』), 上海書店, 上海; 巴蜀書社, 成都; 江蘇古籍出版社, 南京, 2002.

高天鳳修, 金梅纂, 『[건륭]通州志』(『華東師範大學圖書館藏稀見方志叢刊』), 北京圖書館出版社, 北京, 2005.

金士堅等纂輯, 『[민국]通州志要』(『中國方志叢書』), 成文出版社, 臺北, 1968.

李芳等修, 楊得馨等纂, 『[민국]順義縣志』(『中國方志叢書』), 成文出版社, 臺北, 1968.

吳都梁修, 潘問奇等編, 『[강희]昌平州志』(『中國地方志集成』), 上海書店, 上海; 巴蜀書社, 成都; 江蘇古籍出版社, 南京, 2002.

吳履福等修, 繆荃孫等編纂, 『[광서]昌平州志』(『中國方志叢書』), 成文出版社, 臺北, 1968.

唐執玉等監修, 田易等纂, 『[옹정]畿輔通志』(『景印文淵閣本四庫全書本』), 臺灣商務印書館, 臺北, 1983.

牛昶煦等纂修, 『[광서]豊潤縣志』(『中國方志叢書』), 成文出版社, 臺北, 1968.

仇錫延等纂修, 『[민국]重修薊縣志』(『中國方志叢書』), 成文出版社, 臺北, 1969.

樂史纂, 『太平寰宇記』(『景印文淵閣藏四庫全書本』), 臺灣商務印書館, 臺北, 1983.

于欽纂, 『齊乘』(『景印文淵閣藏四庫全書本』), 臺灣商務印書館, 臺北, 1983.

王存, 魏嵩山等纂, 『元豊九域志』(『景印文淵閣藏四庫全書本』), 臺灣商務印書館, 臺北, 1983.

郝經, 『郝氏續後漢書』(『景印文淵閣藏四庫全書本』), 臺灣商務印書館, 臺北, 1983.

王丕煦等纂, 梁秉錕等修, 『[민국]萊陽縣志』(『中國方志叢書』), 成文出版社, 臺北, 1970.

孔尙任, 劉以貴纂, 『[강희]萊州府志』, 天津圖書館據淸康熙51年(1712)刻本影印本.

衛元爵・張重潤纂, 萬邦雄修, 『[강희]萊陽縣志』(『中國地方志集成』), 江蘇古籍出版社, 南京; 上海書局, 上海; 巴蜀書社, 成都, 2004.

包桂纂修, 『[건륭]海陽縣志』(『中國地方志集成』), 鳳凰出版社, 南京; 上海書局, 上海; 巴蜀書社, 成都, 2004.

周悅讓・慕榮樳纂, 方汝翼・賈瑚修, 『[광서]增修登州府志』(『中國地方志集成』), 鳳凰出版社, 南京; 上海書局, 上海; 巴蜀書社, 成都, 2004.

于建新, 姜醉, 孫永仁等編, 『行村鎭志』(『山東省地方志叢書』), 海陽縣行村鎭, 海陽, 1992.

樂史著, 『太平寰宇記』(『景印文淵閣藏四庫全書本』), 臺灣商務印書館, 台北, 1983.

顧祖禹著, 『讀史方輿紀要』(『續修四庫全書』), 上海古籍出版社, 上海, 1995.

陳耆卿纂, 『[가정]赤城志』, 中國文史出版社, 北京, 2004.

河奏簧纂, 『[민국]臨海縣志』, 中國文史出版社, 北京, 2006.

李光益・金城修, 褚傳誥纂, 『[민국]天台縣志稿』(『中國地方志集成: 浙江府縣志輯』), 上海書店, 上海, 1993.

趙廷錫・李德耀編修, 袁日華等編纂, 『[강희]天台縣志』, 淸康熙22年刊本配後代抄本, 天台縣博物館藏本.

黃仲昭著, 『[홍치]八閩通誌』(『北京圖書館古籍珍本叢刊』), 書目文獻出版社, 北京, 1988.

洪頤煊著, 『台州札記』, 中國文史出版社, 北京, 2004.

何喬遠著, 『閩書』(『四庫全書存目叢書』), 齊魯書社, 濟南, 1996.

李紱等纂, 曾日瑛等修, 『[건륭]汀州府志』(『中國地方志集成』: 福建府縣志輯), 上海書店, 上海, 2000.

杜翰生等纂, 馬龢鳴等修, 『[민국]龍巖縣志』(『中國地方志集成』: 福建府縣志輯), 上海書店, 上海, 2000.

黃任・郭賡武著, 『泉州府志』(『中國地方志集成』: 福建府縣志輯), 上海書店, 上海, 2000.

劉佑督修, 『[강희]南安縣志』, 台北市南安同鄕會印行, 台北, 1973.

林長存修, 王启輔纂, 『[강희]靈山縣志』, 淸康熙11年抄本, 中國國家圖書館藏本.

盛熙祚修纂, 『[옹정]靈山縣志』(『日本藏中國罕見地方志叢刊』 책25), 書目文獻出版

社, 北京. 1992.

黃元基修纂, 『[건륭]靈山縣志』(『故宮珍本叢刊』, 책203), 海南出版社, 海南, 2001.

張孝詩修, 梁炅纂, 『[가경]靈山縣志』, 淸嘉慶25年刻本. 天津圖書館藏本.

紀載邦·謝禹廷修, 劉運熙·李敏中纂, 『[민국]靈山縣志』, 靈山縣志編纂委員會辦公
　　室, 靈山, 1987.

黃志章纂, 『[강희]全州志』, 淸康熙21年刊本, 全州縣檔案室藏本.

溫之誠, 曹文深纂, 『[가경]全州志』, 淸嘉慶4年刊本, 中國國家圖書館藏本.

黃昆山等修, 唐載生等纂, 『[민국]全縣志』, 民國31年排印本, 中國國家圖書館藏本.

徐泌主修, 謝久夏纂, 『[강희]湘山志』(『中國佛寺志叢刊』 책144), 江蘇廣陵古籍刻印
　　社, 揚州, 1996.

張澔烟修訂, 『[강희]湘山志』, 1853年(咸豊3)複寫本, 全州縣文物管理所館藏本.

袁濤主編, 『中國村鑒』(北京卷), 中國農業大學出版社, 北京, 2004.

唐山市政協文史資料委員會等編, 『唐山歷史寫眞』, 中國文史出版社, 北京, 1999.

薊縣志編修委員會編著, 『[1991년]薊縣志』, 南開大學出版社·天津社會科學院出版
　　社, 天津, 1991.

豊潤縣志方志編纂委員會編, 『[1993년]豊潤縣志』, 中國社會科學院, 北京, 1993.

釋傳燈纂, 『天台山方外志』, 百通出版社, 香港, 2001.

張聯元纂, 『天台山全志』(『續修四庫全書』), 上海古籍出版社, 上海, 1995.

天台縣志編纂委員會編, 『[1995년]天台縣志』, 漢語大辭典出版社, 上海, 1995.

天台崔氏編, 『天台崔氏宗譜』, 民國17年(1928)刊本, 崔家村 崔小錢所藏本.

天台崔氏編, 『天台崔氏宗譜』, 2000年重修本, 天台崔家村.

曹志天·許尙樞纂, 『天台山民俗風物』, 西安地圖出版社, 西安, 2004.

古橋崔氏編, 『台州古橋崔氏宗譜』, 2007年編撰本, 台州市椒江區章安辦事處.

黃瑞纂, 『台州金石錄』(『石刻史料新編』第一輯), 法仁文化社, 서울, 1987.

李一·周琦主編, 『台州文化槪論』, 中國文聯出版社, 北京, 2002.

任林豪·馬曙明編著, 『臨海文物志』, 文物出版社, 北京, 2005.

丁天魁主編, 『國淸寺志』, 華東師範大學出版社, 上海, 1995.

朱封鰲·韋彦鐸編著, 『高明寺志』, 當代中國出版社, 北京, 1995.

天台縣民間文學集成編輯部編, 『中國民間文學集成浙江省天台縣故事歌謠諺語卷』,
　　浙江省民間文學集成辦公室, 杭州, 1992.

呂前金氏續編理事會編, 『呂前金氏宗譜』, 2000년 간행본.

黃柏齡著, 『九日山誌』, 福建省晉江地區文化局文管會出版, 晉江, 1983.

陳鵬鵬主編,『泉州文物手冊』, 泉州市文物管理委員會, 泉州, 2000.

郭義山·張龍泉主編,『閩西掌故』, 福州人民出版社, 福州, 2002,

張兆聲主編,『龍岩民俗文物』, 海潮攝影藝術出版社, 福州, 2004.

陵文斌主編,『安溪姓氏志』, 方志出版社, 北京, 2006.

靈山縣志編纂委員會編,『[2000년]靈山縣志』, 廣西西人民出版社, 南寧, 2000.

廣西壯族自治區邕寧縣地方志編纂委員會編纂,『[1995년]邕寧縣志』, 中國城市出版
    社, 北京, 1995.

全州縣志編纂委員會編,『[1998년]全州縣志』, 廣西人民出版社, 南寧, 1998.

張聲震主編,『廣西壯語地名選集』, 廣西民族出版社, 南寧, 1988.

李肇隆, 蔣太福, 房永明編著,『湘山寺與壽佛爺』, 廣西人民出版社, 南寧, 2002.

韓萬珍著,「大高力莊與小高力莊」,『文史選刊』13집, 北京市通縣委員會文史資料委
    員會, 1993.

張洪河著,「唐山高麗鋪堡文物毁壞嚴重亟待保護」, 新華网, 2003年10月17日字.

劉秉虎著,「河北省靑龍縣朴氏朝鮮族社會歷史調查」,『朝鮮族歷史論叢』(一), 延邊
    大學 民族硏究所, 延邊大學出版社, 延吉, 1987.

朴書英著,「靑龍縣朴氏朝鮮族史」,『靑龍文史資料』4輯, 政辦靑龍滿族自治縣委員
    會文史資料硏究委員會編, 1988.

金城著,「靑龍少數民族槪況」,『靑龍文史資料』4집, 政辦靑龍滿族自治縣委員會文
    史資料硏究委員會編, 1988.

千壽山著,「論淸朝時期朝鮮族的遷入」,『中國朝鮮族史硏究』, 延邊大學出版社, 延吉,
    1993.

張國中著,「靑松嶺下朴姓朝鮮族來歷」,『燕趙都市報』2018년 9월 2일자.

王得成·李雙雲著,「朝鮮人進京的重要驛站: 高麗鋪」,『唐山宣傳』, 1993年 7期(총
    71期)

王得成著,「中朝·中韓交往的重要驛站 - 高麗鋪」,『河北學刊』82號, 1995.

勁馳·順新著,「尋訪"高麗鋪驛站"」,『鄉音』, 2002年 8期.

黃普基著,「"心存卽爲鄉":淸代朝鮮使者對"高麗鋪"歷史的構建」,『社會科學』, 2013
    年 2期.

王遠新著,「河北省抚寧縣朝鮮族村的語言使用狀況和雙語敎學」,『民族敎育硏究』,
    2004年 6期.

丁伋著,「台州海外交通史事鈎沈」,『台州歷史文化』, 浙江文史資料選輯, 53집, 1993;
    『「台州地區志」志餘輯要』, 浙江人民出版社, 杭州, 1996.

林士民著,「唐吳越時期浙東與朝鮮半島通商貿易和文化交流之研究」,『海交史硏究』,
　　中國海外交通史硏究會, 1993年 1期.

貝逸文著,「吳越時期舟山寺院文化與海外交流」,『浙江海洋學院學報』(人文科學版),
　　浙江海洋學院, 2003年 1期.

葉恩典著,「古代泉州與新羅高麗的海上交通及文物史迹探源」, 古代中韓海上交流學
　　術硏討會, 浙江大學韓國硏究所, 福建 泉州, 2005.

文平志著,「楚南無量壽佛崇拜」,『世界宗敎文化』, 2005年 第1期, 2005.

唐國輝·唐玉蘭·寥文麗著,「雲罩霧鎖金山寺」,『楚南文學』1호, 楚南文學社, 2010.

鄭麟趾等纂,『高麗史』, 亞細亞文化社, 서울, 1990.

權橃著,『冲齋先生文集』, 安東權氏忠定公派 서울宗親會, 서울, 1982.

裵三益著,『臨淵齋先生文集』(『韓國歷代文集叢書』), 景仁文化社, 서울, 1997.

李好閔著,『五峯先生集』(『影印標點韓國文集叢刊』), 民族文化推進會, 서울, 1990.

李安訥著,『東岳先生集』(『影印標點韓國文集叢刊』), 民族文化推進會, 서울, 1991.

李宜顯著,『陶谷集』(『影印標點韓國文集叢刊』), 民族文化推進會, 서울, 1997.

洪大容著,『湛軒書』(『影印標點韓國文集叢刊』), 民族文化推進會, 서울, 2000.

金熤著,『竹下集』(『影印標點韓國文集叢刊』), 民族文化推進會, 서울, 1999.

徐有聞著,『戊午燕行錄』(『燕行錄選集』), 民族文化推進會, 서울, 1976.

朴趾源著,『熱河日記』(國譯本), 民族文化推進會, 서울, 1966.

金正中著,『燕行錄』(『燕行錄全集』), 東國大學校出版部, 서울, 2001.

盧以漸著,『隨槎錄』(『燕行錄全集』), 東國大學校出版部, 서울, 2001.

尹汲著,『燕行日記』(『燕行錄全集 日本所藏編』), 東國大 韓國文化硏究所, 서울,
　　2001.

李器之著,『一菴燕行日錄』(『燕行錄選集補遺』), 동아시아學術院 大東文化硏究院,
　　서울, 2008.

韓弼敎著,『隨槎錄』(『燕行錄選集補遺』), 동아시아學術院 大東文化硏究院, 서울,
　　2008.

金文經·金成勳·金井昊纂,『張保皐 해양경영사연구』, 이진출판사, 서울, 1993.

金聖昊著,『중국진출 백제인의 해상활동 천오백년』, 맑은소리, 서울, 1996.

申瀅植等纂,『중국 동남연해지역의 신라유적조사』, 해상왕장보고기념사업회, 서
　　울, 2004.

李道學著,『백제장군 흑치상지 평전』, 주류성, 서울, 1996.

송기윤 저,『중국에도 전주가 있다』, 두인, 전주, 2002.

百濟文化開發硏究院編, 『중국유적답사 광서 옹령현 백제허 현지탐방』, 백제문화
　　개발연구원, 서울, 2006.
후백제문화사업회 편, 『후백제의 대외교류와 문화』, 후백제문화사업회, 신아출판
　　사, 전주, 2004.
충남대학교 백제연구소 편, 『후백제와 견훤』, 서경문화사, 서울, 2000
全州歷史博物館編, 『한국 全州와 중국 全州』, 全州歷史博物館, 全州, 2011.
梁鍾國著, 『中國史料로 보는 百濟』, 서경문화사, 서울, 2006.
황유복·전홍렬·김경식 저, 「옛 고구려 사람들이 살았던 고려포(하북성 풍윤현)를
　　찾아서」, 『한민족』 2집, 敎文社, 서울, 1990.
김호림 저, 「고려인들이 숨결 서러있는 고려포」, 통일한국, 1997년 4월호, 평화문
　　제연구소, 1997.
朴現圭著, 「최근 발굴된 중국 소장 海東 관련 금석문: 고려인 이슬람교도 剌馬丹
　　묘비」, 『中國學論叢』 17집, 韓國中國文化學會, 2004.
朴現圭著, 「膠東半島 高句麗 관련 해양유적과 전설; 당 태종 연간 고구려 전쟁을
　　중심으로」, 『中國史學報』 52집, 中國史學會, 2008.
朴現圭著, 「조선출신 滿洲旗人 韓氏·金氏 일족 묘비문과 정착 특징」, 『中國史硏究』
　　132집, 中國史學會, 2021.
金文經著, 「9-11세기 신라 사람들과 강남」, 『中國의 江南社會와 韓中交涉』, 集文
　　堂, 서울, 1997.
許興植著, 「1306年 高麗國大藏利安記」, 『高麗佛敎史硏究』, 一潮閣, 서울, 1989.
蘇鎭轍著, 「나의 廣西, “百濟鄕” 방문기: 黑齒常之의 고향을 가다」, 『白山學報』 64
　　호, 白山學會, 2002.
蘇鎭轍著, 「『魏書』의 黑齒國은 어디인가?: 廣西 百濟鄕은 黑齒國의 도읍지」, 『白山
　　學報』 68호, 白山學會, 2004.
趙法鍾, 「後百濟 ‘全州’와 中國 ‘全州’의 관계」, 『백산학보』 65호, 2003.

박현규(朴現圭)

순천향대학교 중어중문학과 교수
천진외국어대학 객좌교수
전 한국중국문화학회 회장

저서『임진왜란 중국 사료 연구』,『임진왜란 남원성 전투와 명군 문물』,『동아시아
해상 표류와 해신 마조』,『중국 명말·청초 조선시선집 연구』,『19세기 중국에서
본 한국 자료』,『廣韻版本考』(중문),『臺灣公藏韓國古書籍聯合書目』(중문),『抗倭援
朝 – 季金』(중문),『石湖集』(역서) 외 논저물 305편

중국 대륙 속의 한민족 디아스포라 지명

2022년 8월 23일 초판 1쇄 펴냄

지은이 박현규
펴낸이 김흥국
펴낸곳 보고사

책임편집 이소희
표지디자인 김규범

등록 1990년 12월 13일 제6-0429호
주소 경기도 파주시 회동길 337-15 보고사
전화 031-955-9797(대표), 02-922-5120~1(편집), 02-922-2246(영업)
팩스 02-922-6990
메일 kanapub3@naver.com / bogosabooks@naver.com
http://www.bogosabooks.co.kr

ISBN 979-11-6587-345-5   93910
ⓒ 박현규, 2022